中國歷代思想家傳記匯詮 一

王蘧常 主編

本書爲國家古籍整理出版專項經費資助項目

再 版 說 明

《中國歷代思想家傳記匯詮》是王蘧常先生晚年主編的一部記錄中國古代各個時期重要思想家生平和思想發展的傳記文選，凡二百六十四篇，所涉人物上起周公，下訖章炳麟，並附有簡明扼要的詮注。全書不僅爲我們了解各位思想家提供了便利，也從一個角度勾勒出近三千年中國思想領域演變的基本情況。

本次再版，以復旦大學出版社1993年版爲底本進行重新校訂。審校過程中的具體工作如下：

一、原版用簡化字，今改爲繁體字，以更好地反映文獻原貌。

二、對原版所收的傳記，利用較好的古籍原本或現今較爲權威的校點整理本重新審核，改正原版中的一些訛誤，並删除一篇不宜收録的傳記。具體的參考書目附於書後。

三、對原版一些注釋中的疏誤差錯進行修改，對重複出現的注釋條目進行删併。注釋中有關中國行政區劃的今地，統一按照最新的中華人民共和國行政區劃予以調整。文化遺址，按確定的考古新發現加以注明。

審校過程中的不當之處，敬請讀者批評指正。

復旦大學出版社
2020年10月

序

我中華爲有五千年歷史之文明古國,歷代思想家爲建設中華之文明,莫不殫精竭慮,繼繼承承,遂有今日燦爛之文化。此後欲建設高度之社會主義精神文明,我民族固有之成果,捨此將無由表見;然非瞭解歷代思想家之生平業績,亦將無由措手。孟子曰:"讀其書,不知其人可乎?"既知之矣,方能擷其菁華而去其糟粕,方能成爲社會主義精神文明之建設者。同人韙之,遂有本書之作。不遺衰朽,承乏總編,挈其綱要:自周初起,至近代止,多取正史。正史無有或過簡,則取別史或其他。他無可徵者,則由不佞補其缺。大率全傳照錄,以見原貌。原文有誤,則加辨正。凡所詮釋,重於思想,其他從簡。其排列則以公元前後爲定,如不能考,則定一約數。本書以中國思想家爲名,凡外人鞮譯佛經者,概不闌入;凡經學家之專論訓詁與音韵者,亦不闌入。其所取或有不理於人口,而確有思想影響者,則不以人廢言。

本書由復旦大學哲學系中國哲學史教研室及從事中國哲學史專業之同志,分工合作而成。先秦兩漢部分,由李定生、張士楚、施志偉、戴洪才詮釋,李定生主編;魏晉南北朝隋唐部分,由陳士強、賀聖迪、王雷泉詮釋,陳士強主編;宋元部分,由潘富恩、周瀚光、徐餘慶詮釋,潘富恩主編;明清近代部分,由胡嘯、施忠連、吕進寶詮釋,胡嘯主編。凡二百六十四篇。昭代體大,則俟他日。篳路藍縷,紕繆必多,惟内外學者嚴繩之。

王蘧常
1986 年 4 月

編 注 者

先秦兩漢部分

　　李定生(副主編)　　張士楚　　施志偉　　戴洪才

魏晉南北朝隋唐部分

　　陳士強(副主編)　　賀聖迪　　王雷泉

宋元部分

　　潘富恩(副主編)　　周瀚光　　徐餘慶

明清近代部分

　　胡　嘯(副主編)　　施忠連　　呂進寶

目　録

西周

　　周　公（？—約前 1095）……………………………（ 3 ）

春秋

　　管　仲（？—前 645）………………………………（ 15 ）
　　公孫僑（約前 580—前 522）…………………………（ 19 ）
　　鄧　析（約前 545—前 501）…………………………（ 56 ）
　　晏　嬰（？—前 500）………………………………（ 60 ）
　　老　子（春秋末）……………………………………（ 64 ）
　　孔　子（前 551—前 479）……………………………（ 70 ）
　　關　尹（春秋末）……………………………………（111）
　　文　子（春秋末）……………………………………（116）
　　仲尼弟子（春秋末）…………………………………（122）
　　孫　武（春秋末）……………………………………（150）
　　范　蠡（春秋末）……………………………………（153）

戰國

　　吳　起（？—前 381）………………………………（175）
　　墨　子（前 468—前 376）……………………………（182）

列　子（戰國初）……………………………………（197）
楊　朱（戰國初）……………………………………（203）
商　鞅（約前390—前338）…………………………（207）
申不害（約前385—前337）…………………………（223）
尸　佼（約前390—約前330）………………………（225）
慎　到（約前395—約前315）………………………（228）
孫　臏（戰國中期）…………………………………（243）
鬼谷子（戰國中期）…………………………………（248）
鶡冠子（戰國中期）…………………………………（251）
惠　施（約前370—前310）…………………………（253）
蘇　秦（戰國中期）…………………………………（261）
張　儀（？—前310）………………………………（298）
宋　鈃（約前382—前300）…………………………（328）
孟　子（約前372—前289）…………………………（333）
莊　子（約前369—前286）…………………………（335）
尹　文（約前360—前280）…………………………（338）
屈　原（約前340—約前278）………………………（343）
公孫龍（約前330—前242）…………………………（353）
騶　衍（約前305—前240）…………………………（361）
荀　子（約前313—前238）…………………………（365）
呂不韋（？—前235）………………………………（368）
韓　非（約前280—前233）…………………………（378）
尉　繚（戰國）………………………………………（390）

秦

李　斯（？—前208）………………………………（397）

西漢

陸　賈（西漢初）……………………………………（437）

賈　誼（前 200—前 168）…………………………（445）

劉　安（前 179—前 122）…………………………（455）

司馬談（？—前 110）………………………………（473）

董仲舒（前 197—前 104）…………………………（485）

司馬遷（前 145—前 86）……………………………（524）

京　房（前 77—前 37）……………………………（550）

劉　向（約前 77—前 6）……………………………（559）

揚　雄（前 53—18）…………………………………（591）

劉　歆（前？—23）…………………………………（645）

東漢

桓　譚（約前 20—56）………………………………（657）

王　充（27—約 97）…………………………………（667）

左　雄（？—138）……………………………………（669）

王　符（約 85—162）………………………………（688）

崔　寔（？—約 170）………………………………（706）

魏伯陽（東漢中期）…………………………………（719）

鄭　玄（127—200）…………………………………（722）

荀　悅（148—209）…………………………………（737）

徐　幹（171—218）…………………………………（748）

仲長統（180—220）…………………………………（752）

高　誘（東漢末）……………………………………（775）

三國

曹　操（155—220）……………………………（781）

諸葛亮（181—234）……………………………（848）

何　晏（？—249）………………………………（871）

王　弼（226—249）……………………………（873）

傅　嘏（209—255）……………………………（880）

劉　劭（魏時）…………………………………（891）

阮　籍（210—263）……………………………（895）

嵇　康（224—263）……………………………（906）

西晉

向　秀（約 227—272）…………………………（927）

傅　玄（217—278）……………………………（931）

楊　泉（魏晉之際）……………………………（944）

歐陽建（？—300）………………………………（945）

裴　頠（267—300）……………………………（947）

郭　象（252—312）……………………………（964）

魯　勝（西晉）…………………………………（967）

東晉

葛　洪（284—364）……………………………（973）

鮑敬言（東晉中期）……………………………（981）

支　遁（314—366）……………………………（982）

張　湛（東晉中期）……………………………（993）

孫　盛（302—371）……………………………（996）

道　安（314—385）……………………………（1001）

戴逵（？—395）……………………………………（1017）

僧肇（384—414）……………………………………（1023）

慧遠（334—416）……………………………………（1034）

南北朝

陶潛（約 365—427）…………………………………（1057）

竺道生（355—434）…………………………………（1069）

何承天（370—447）…………………………………（1075）

寇謙之（365—448）…………………………………（1095）

顧歡（宋齊之際）……………………………………（1103）

范縝（約 450—約 510）………………………………（1117）

保誌（418—514）……………………………………（1132）

劉峻（462—521）……………………………………（1137）

邢邵（496—？）………………………………………（1158）

陶弘景（456—536）…………………………………（1166）

樊遜（？—約 565）……………………………………（1174）

隋

智顗（538—597）……………………………………（1197）

王通（584—617）……………………………………（1229）

唐

吉藏（549—623）……………………………………（1233）

成玄英（唐初）………………………………………（1242）

玄奘（596—664）……………………………………（1243）

呂才（約 600—665）…………………………………（1311）

道　宣（596—667）………………………………（1327）
窺　基（632—682）………………………………（1335）
王玄覽（626—697）………………………………（1345）
神　秀（約606—706）……………………………（1350）
法　藏（643—712）………………………………（1355）
慧　能（638—713）………………………………（1360）
玄　覺（665—713）………………………………（1371）
司馬承禎（647—735）……………………………（1376）
李　筌（唐代中期）………………………………（1382）
神　會（686—760）………………………………（1386）
吳　筠（？—778）…………………………………（1391）
湛　然（711—782）………………………………（1394）
懷　海（720—814）………………………………（1401）
柳宗元（773—819）………………………………（1405）
韓　愈（768—824）………………………………（1408）
澄　觀（737—838）………………………………（1428）
宗　密（780—841）………………………………（1437）
李　翱（772—841）………………………………（1450）
劉禹錫（772—842）………………………………（1459）

五代

杜光庭（850—933）………………………………（1469）
譚　峭（五代）……………………………………（1475）

北宋

石　介（1005—1045）……………………………（1481）

孫　復（992—1057）……………………………（1489）
胡　瑗（993—1059）……………………………（1492）
李　覯（1009—1059）…………………………（1495）
周敦頤（1017—1073）…………………………（1500）
邵　雍（1011—1077）…………………………（1507）
張　載（1020—1077）…………………………（1512）
程　顥（1032—1085）…………………………（1519）
司馬光（1019—1086）…………………………（1529）
王安石（1021—1086）…………………………（1554）
呂大臨（約1042—約1090）……………………（1574）
蘇　軾（1037—1101）…………………………（1577）
謝良佐（約1050—1103）………………………（1604）
程　頤（1033—1107）…………………………（1605）
蘇　轍（1039—1112）…………………………（1617）
游　酢（1053—1123）…………………………（1638）

南宋

楊　時（1053—1135）…………………………（1641）
胡　宏（1105—1155）…………………………（1651）
康與之（南宋初）………………………………（1658）
李　侗（1093—1163）…………………………（1661）
薛季宣（1134—1173）…………………………（1667）
陸九齡（1132—1180）…………………………（1673）
張　栻（1133—1180）…………………………（1676）
呂祖謙（1137—1181）…………………………（1685）
唐仲友（1135—1187）…………………………（1690）

陸九淵（1139—1193）……………………………………（1695）

陳　亮（1143—1194）……………………………………（1701）

蔡元定（1135—1198）……………………………………（1722）

朱　熹（1130—1200）……………………………………（1726）

陳傅良（1137—1203）……………………………………（1757）

葉　適（1150—1223）……………………………………（1762）

楊　簡（1141—1225）……………………………………（1771）

蔡　淵（南宋中期）………………………………………（1777）

蔡　沉（1167—1230）……………………………………（1779）

真德秀（1178—1235）……………………………………（1781）

魏了翁（1178—1237）……………………………………（1797）

元

姚　樞（1203—1280）……………………………………（1811）

黄　震（1212—1280）……………………………………（1812）

許　衡（1209—1281）……………………………………（1815）

趙　復（元初）……………………………………………（1817）

竇　默（元初）……………………………………………（1819）

劉　因（1249—1293）……………………………………（1820）

鄧　牧（1247—1306）……………………………………（1821）

鄭思肖（1241—1318）……………………………………（1825）

吳　澄（1249—1333）……………………………………（1828）

鄭　玉（？—1357）………………………………………（1831）

明

謝應芳（明初）……………………………………………（1835）

劉　基（1311—1375）……………………………（1837）
方孝孺（1357—1402）……………………………（1846）
曹　端（1376—1434）……………………………（1851）
薛　瑄（1389—1464）……………………………（1855）
吴與弼（1391—1469）……………………………（1860）
胡居仁（1434—1484）……………………………（1864）
陳獻章（1428—1500）……………………………（1869）
王守仁（1472—1528）……………………………（1871）
王　艮（1483—1541）……………………………（1885）
何　瑭（1474—1543）……………………………（1887）
王廷相（1474—1544）……………………………（1889）
羅欽順（1465—1547）……………………………（1893）
黄　綰（1477—1551）……………………………（1897）
顔　鈞（明代中期）………………………………（1903）
歐陽德（1496—1554）……………………………（1905）
湛若水（1466—1560）……………………………（1908）
鄒守益（1491—1562）……………………………（1911）
聶　豹（1487—1563）……………………………（1915）
羅洪先（1504—1564）……………………………（1918）
陳　建（1497—1567）……………………………（1922）
錢德洪（1496—1574）……………………………（1923）
何心隱（1517—1579）……………………………（1925）
張居正（1525—1582）……………………………（1929）
王　畿（1498—1583）……………………………（1944）
胡　直（1517—1585）……………………………（1946）
羅汝芳（1515—1588）……………………………（1949）

李　贄（1527—1602）……………………………（1951）
顧憲成（1550—1612）……………………………（1957）
吕　坤（1536—1618）……………………………（1964）
焦　竑（1540—1620）……………………………（1976）
楊東明（1548—1624）……………………………（1979）
高攀龍（1562—1626）……………………………（1980）
徐光啓（1562—1633）……………………………（1986）
劉宗周（1578—1645）……………………………（1991）
黃道周（1585—1646）……………………………（2019）

清

宋應星（1587—？）………………………………（2037）
熊伯龍（1620—1669）……………………………（2040）
方以智（1611—1671）……………………………（2042）
陸世儀（1611—1672）……………………………（2046）
張履祥（1611—1674）……………………………（2048）
朱之瑜（1600—1682）……………………………（2050）
孫奇逢（1584—1675）……………………………（2054）
陳　確（1604—1677）……………………………（2057）
顧炎武（1613—1682）……………………………（2061）
應撝謙（1615—1683）……………………………（2069）
傅　山（1607—1684）……………………………（2071）
湯　斌（1627—1687）……………………………（2074）
朱用純（1617—1688）……………………………（2082）
王夫之（1619—1692）……………………………（2084）
陸隴其（1630—1692）……………………………（2088）

黄宗羲（1610—1695）……………………………（2092）
劉獻廷（1648—1695）……………………………（2099）
費　密（1623—1699）……………………………（2103）
唐　甄（1630—1704）……………………………（2106）
顔　元（1635—1704）……………………………（2108）
李　顒（1627—1705）……………………………（2110）
王　源（1648—1710）……………………………（2113）
毛奇齡（1623—1716）……………………………（2115）
李光地（1642—1718）……………………………（2119）
張伯行（1651—1725）……………………………（2126）
李　塨（1659—1733）……………………………（2131）
王懋竑（1668—1741）……………………………（2134）
方　苞（1668—1749）……………………………（2138）
江　永（1681—1762）……………………………（2144）
程廷祚（1691—1767）……………………………（2147）
戴　震（1723—1777）……………………………（2149）
汪　縉（1725—1792）……………………………（2156）
汪　中（1745—1794）……………………………（2158）
彭紹升（1740—1796）……………………………（2162）
洪亮吉（1746—1809）……………………………（2164）
章學誠（1738—1801）……………………………（2176）
焦　循（1763—1820）……………………………（2178）
劉逢禄（1776—1829）……………………………（2183）

近代

龔自珍（1792—1841）……………………………（2191）

阮　元（1764—1849）…………………………（2193）
魏　源（1794—1857）…………………………（2199）
唐　鑑（1778—1861）…………………………（2202）
洪仁玕（1822—1864）…………………………（2204）
曾國藩（1811—1872）…………………………（2212）
馮桂芬（1809—1874）…………………………（2235）
陳　澧（1810—1882）…………………………（2238）
薛福成（1838—1894）…………………………（2241）
譚嗣同（1865—1898）…………………………（2244）
馬建忠（1845—1900）…………………………（2247）
陳天華（1875—1905）…………………………（2250）
吳　樾（1878—1905）…………………………（2253）
鄒　容（1885—1905）…………………………（2256）
皮錫瑞（1850—1908）…………………………（2263）
張之洞（1837—1909）…………………………（2268）
嚴　復（1853—1921）…………………………（2275）
孫中山（1866—1925）…………………………（2280）
康有爲（1858—1927）…………………………（2297）
梁啓超（1873—1929）…………………………（2302）
廖　平（1852—1932）…………………………（2318）
章炳麟（1869—1936）…………………………（2323）

參考書目 ………………………………………（2338）

西　周

周　　公 （？—約前 1095）

　　周公旦者[1],周武王弟也[2]。自文王在時[3],旦爲子孝,篤仁,異於羣子。及武王即位,旦常輔翼武王,用事居多。武王九年,東伐,至盟津,周公輔行。十一年,伐紂,至牧野,周公佐武王,作《牧誓》[4]。破殷,入商宫。已殺紂,周公把大鉞[5],召公把小鉞,以夾武王,釁社[6],告紂之罪於天,及殷民。釋箕子之囚[7]。封紂子武庚禄父,使管叔、蔡叔傅之,以續殷祀。遍封功臣同姓戚者。封周公旦於少昊之虚曲阜[8],是爲魯公。周公不就封,留佐武王。

【注】

〔1〕周,地名。殷時古公亶父自豳遷岐,始定國號曰周。岐山之陰本太王所居,後爲周公采邑,故稱周公。姬姓,旦名,又稱叔旦。
〔2〕周武王,周文王子,名發。殷末,嗣爲西伯,殷紂無道,武王率諸侯東征,敗紂於牧野,紂自焚死。武王乃有天下,都鎬,在位十九年,謚曰武。
〔3〕文王,周公文,姓姬,名昌。殷紂時爲西伯,國於岐山之下。武王有天下,追尊父爲文王。
〔4〕牧野,地名,在今河南省新鄉市。周武王克紂於此,遂滅商。誓,告誡將士或互相約束的言辭。《牧誓》,題意爲王朝至於商郊牧野乃誓。
〔5〕鉞,大斧。

〔6〕釁,音喜,血祭。
〔7〕箕子,商紂諸父(同宗叔伯),名胥餘,爲太師,封子爵,國於箕,故稱箕子。紂無道,箕子諫不聽,乃披發佯狂爲奴。
〔8〕少昊,傳説的古帝,亦作少皞。相傳黄帝之子,嫘祖所生,名摯,修太昊之法,故曰少昊。都曲阜,在位八十四年。

　　武王克殷二年,天下未集,武王有疾,不豫[1],羣臣懼,太公、召公乃繆卜[2]。周公曰:"未可以戚我先王[3]。"周公於是乃自以爲質,設三壇[4],周公北面立,戴璧秉圭[5],告於太王[6]、王季[7]、文王。史策祝曰[8]:"惟爾元孫王發,勤勞阻疾[9]。若爾三王是有負子之責於天,以旦代王發之身[10]。旦巧能,多材多藝,能事鬼神。乃王發不如旦多材多藝,不能事鬼神。乃命於帝庭[11],敷佑四方,用能定汝子孫於下地[12],四方之民罔不敬畏。無墜天之降葆命,我先王亦永有所依歸[13]。今我其即命於元龜[14],爾之許我,我以其璧與圭歸,以俟爾命[15]。爾不許我,我乃屏璧與圭[16]。"周公已令史策告太王、王季、文王,欲代武王發,於是乃即三王而卜。卜人皆曰吉,發書視之,信吉。周公喜,開籥[17],乃見書遇吉。周公入賀武王曰:"王其無害。且新受命三王,維長終是圖[18]。兹道能念予一人[19]。"周公藏其策金縢匱中[20],誡守者勿敢言[21]。明日,武王有瘳[22]。

【注】
〔1〕集,成就。古時天子生病稱不豫,此言不能豫政。《爾雅·釋

詁》:"豫,樂也。"

〔2〕繆卜,即穆卜,敬卜吉凶。

〔3〕戚,憂。

〔4〕質,抵押品。壇,祭壇。

〔5〕戴璧秉圭,戴璧以敬神,秉圭爲人禮。

〔6〕告,祝辭。周文王之祖,即古公亶父。

〔7〕王季,太王子,文王父,名季歷。及武王有天下,追尊爲王季。

〔8〕史,史官。策,簡書。祝,禱告的祝詞。謂史官把周公禱告時祝詞寫在典册上。

〔9〕元孫,長孫。阻疾,染疾。

〔10〕負子,諸侯病曰"負子"。三王於殷爲諸侯,故稱之。以旦代王發之身,謂以周公旦代替武王發。

〔11〕乃命於帝庭,在天帝之庭接受任命。

〔12〕用,因而。下地,人間。

〔13〕無墜,不要毁掉。葆命,寶命。此謂不救法,則墜天寶命;救法,則先王長有所歸依,宗廟有祭。

〔14〕元龜,大龜,占卜之具。

〔15〕歸,回。俟,等候。謂答應我的請求,讓我代武王死,我就將璧和圭帶回到三王身邊,等待天命。

〔16〕屏,棄。

〔17〕籥,通"鑰"。開籥,開藏之鎖。

〔18〕維長終是圖,考慮永遠保持統治之道。

〔19〕予一人,指武王。古時只有天子可稱"予一人"。

〔20〕金縢匱,藏之於匱,封之以金,不讓人開。匱,匣。

〔21〕誡,告誡。

〔22〕瘳,病愈。以上見《尚書·金縢》。

其後武王既崩,成王少,在强葆之中[1]。周公恐天下聞武王崩而畔,周公乃踐阼代成王攝行政當國[2]。管叔及其羣弟流言於國曰:"周公將不利於成王。"周公乃告太公望[3]、召公奭曰[4]:"我之所以弗辟而攝行政者[5],恐天下畔周,無以告我先王太王、王季、文王。三王之憂勞天下久矣,於今而後成。武王蚤終[6],成王少,將以成周,我所以爲之若此。"於是卒相成王,而使其子伯禽代就封於魯。周公戒伯禽曰:"我文王之子,武王之弟,成王之叔父,我於天下亦不賤矣。然我一沐三捉髮,一飯三吐哺[7],起以待士,猶恐失天下之賢人。子之魯,慎無以國驕人。"

【注】

[1] 强葆,通"襁褓"。

[2] 踐阼,即踐祚,皇帝登位。

[3] 太公望,吕尚,周東海人。本姓姜氏,其先封於吕,字子牙,年老隱於釣,文王出獵,遇於渭水之陽,與語大悦,曰:"吾太公望子久矣。"因號太公望。載其俱歸,立爲師,爲文王四友之一。武王尊爲師尚父。武王滅紂,有天下,以吕尚謀居多,封於齊營丘。世傳其兵書有《六韜》六卷。

[4] 召公奭,周文王庶子,名奭,食採於召,武王滅紂,封於北燕。成王時,爲三公,與周公分陝而治,爲二伯。

[5] 辟,通"避"。

[6] 蚤,通"早"。

[7] 捉髮,手持其髮。吐哺,吐出口中的食物。此形容周公忙於接待來客。

管、蔡、武庚等果率淮夷而反。周公乃奉成王命,興師東伐,作《大誥》[1]。遂誅管叔,殺武庚,放蔡叔。收殷餘民,以封康叔於衛[2],封微子於宋[3],以奉殷祀。寧淮夷東土,二年而畢定。諸侯咸服宗周。

【注】

[1]《大誥》,陳大道以告天下,遂以名篇,收入《尚書》中。
[2] 康叔,周武王同母少弟,名封,初封於康。周公既誅武庚,以殷餘民封康叔爲衛君,康叔能和集其民,民大悦,及成王長用事,舉爲司寇。
[3] 微子,商紂兄,子爵,名啓,爲紂卿士。紂淫亂,數諫不聽,去之。周武王滅紂,復其官,周公誅紂子武庚,命微子代殷後,國於宋。

　　天降祉福,唐叔得禾,異母同穎[1],獻之成王,成王命唐叔以饋周公於東土[2],作《饋禾》。周公既受命禾,嘉天子命,作《嘉禾》。東土以集,周公歸報成王,乃爲詩貽王,命之曰《鴟鴞》[3]。王亦未敢訓周公[4]。

【注】

[1] 母,通"畝"。穎即穗。
[2] 饋,饋贈,以食供人。
[3] 集,成就。貽,贈送。鴟鴞,録於《詩·豳風》。又見本書《賈誼》注。
[4] 訓,《尚書·金縢》作誚。

成王七年二月乙未,王朝步自周[1],至豐[2],使太保召公先之雒相土[3]。其三月,周公往營成周雒邑[4],卜居焉,曰吉,遂國之[5]。

【注】
[1] 朝,朝拜。步,步行。周,鎬京。
[2] 豐,文王廟所在。
[3] 相,視。
[4] 成周,西周的東都洛邑,何休云:成周者,周道始成,王所都也。
[5] 遂國之,遂建國於洛邑,據《尚書・洛誥》,成王要求周公留守洛邑,處理政務。

成王長,能聽政。於是周公乃還政於成王,成王臨朝。周公之代成王治,南面倍依以朝諸侯[1]。及七年後,還政成王,北面就臣位,匔匔如畏然[2]。

【注】
[1]《禮記》:"周公朝諸侯於明堂之位,天子負斧依,南向而立。"負,倍也。南面而立以朝諸侯。
[2] 匔匔,音窮窮,謹敬的樣子。

初,成王少時,病,周公乃自揃其蚤沈之河[1],以祝於神曰:"王少未有識,奸神命者乃旦也。"亦藏其策於府。成王病有瘳。及成王用事,人或譖周公,周公奔楚。成王發府,見周公禱書,乃泣,反周公[2]。

【注】

〔1〕揃,也作"鬋",剪下髮鬚。蚤,讀爲爪,指甲。沈,同"沉"。
〔2〕反,接周公返回。

周公歸,恐成王壯,治有所淫佚,乃作《多士》,作《毋逸》。《毋逸》稱:"爲人父母,爲業至長久,子孫驕奢忘之,以亡其家,爲人子可不慎乎!故昔在殷王中宗[1],嚴恭敬畏天命,自度治民,震懼不敢荒寧[2],故中宗饗國七十五年[3]。其在高宗,久勞於外,爲與小人[4],作其即位,乃有亮暗[5],三年不言,言乃讙[6],不敢荒寧,密靖殷國[7],至於小大無怨[8],故高宗饗國五十五年。其在祖甲[9],不義惟王,久爲小人於外,知小人之依[10],能保施小民,不侮鰥寡,故祖甲饗國三十三年[11]。"《多士》稱曰:"自湯至於帝乙,無不率祀明德,帝無不配天者[12]。在今後嗣王紂,誕淫厥佚[13],不顧天及民之從也。其民皆可誅。"周多士[14]。"文王日中昃不暇食[15],饗國五十年。"作此以誡成王。

【注】

〔1〕殷王中宗,商湯王的玄孫,太庚之子太戊。
〔2〕自度,用法度。荒寧,荒廢安逸。
〔3〕饗,享。
〔4〕高宗,即武丁。相傳武丁爲太子時,其父小乙使行役於外。與小人從事,知小人艱難勞苦。
〔5〕作,及,等到。亮暗,《尚書·無逸》作"亮陽",《尚書大傳》作"梁暗",鄭玄注云:"楣謂之梁,暗謂廬也。"此謂結廬隱居。

〔6〕譁,同"歡"。意乃譁,謂臣民望其言已久,故喜悦。
〔7〕密,安。
〔8〕小大無怨,小大之政,民無怨言。
〔9〕祖甲,武丁之子帝甲。
〔10〕不義惟王,祖甲有兄祖庚,武丁廢長立少,祖甲以爲不義,逃亡民間,故知民間疾苦。
〔11〕見《尚書·無逸》。
〔12〕率祀明德,謹慎祭天,努力教化。無不配天,不失天道,故可以配天。
〔13〕誕淫厥佚,誕,大。厥,其。淫佚,腐化墮落。
〔14〕"周多士"三字,疑爲衍文。
〔15〕昃,音仄,日過午。謂謹勞無暇飲食。

　　成王在豐,天下已安,周之官政未次序,於是周公作《周官》,官別其宜。作《立政》,以便百姓。百姓説。
　　周公在豐,病,將没,曰:"必葬我成周,以明吾不敢離成王。"周公既卒,成王亦讓[1],葬周公於畢[2],從文王,以明予小子不敢臣周公也。

【注】
〔1〕讓,責。
〔2〕畢,周文王始封其子畢高公之地。在今陝西咸陽西北。

　　周公卒後,秋未穫,暴風雷,禾盡偃,大木盡拔[1]。周國大恐。成王與大夫朝服以開金縢書,王乃得周公所自以爲功代武王之説。二公及王乃問史、百執事[2],史、百執事曰："信有,昔周公命我勿敢言。"成王執書以泣,曰："自今後其無繆卜乎[3]！昔周公勤勞王家,惟予幼人弗及知。今天動威以彰周公之德,惟朕小子其迎[4],我國家禮亦宜之。"王出郊,天乃雨,反風,禾盡起[5]。二公命國人,凡大木所偃,盡起而築之[6],歲則大孰[7]。於是成王乃命魯得郊祭文王[8]。魯有天子禮樂者,以襃周公之德也。

【注】

[1] 秋未穫,秋天没有收成。偃,倒伏。
[2] 史、百執事,史百執事當時皆從周公請命。
[3] 無繆卜,謂天意甚明,不必再穆卜吉凶。
[4] 迎,以禮迎周公之靈。
[5] 反,通"返"。反風起禾。
[6] 築之,把大樹木扶立起來。
[7] 孰,通"熟"。
[8] 郊,郊祭。祭文王,一般諸侯不得祖祭天子,但魯以周公之故,特立文王廟以祭之。《封禪書》:"周公既相成王,郊祀后稷以配天,宗祀文王於明堂,以配上帝。"故魯有天子之禮樂。

選自《史記》卷三十三《魯周公世家》

春秋

管　　仲（？—前645）

　　管仲夷吾者[1]，潁上人也[2]。少時常與鮑叔牙游[3]，鮑叔知其賢。管仲貧困，常欺鮑叔[4]，鮑叔終善遇之，不以爲言。已而鮑叔事齊公子小白，管仲事公子糾[5]。及小白立爲桓公[6]，公子糾死，管仲囚焉。鮑叔遂進管仲[7]。管仲既用，任政於齊，齊桓公以霸[8]，九合諸侯[9]，一匡天下[10]，管仲之謀也。

【注】

〔1〕管仲，名夷吾，字仲。謚號敬，故又稱管敬仲，春秋時齊國大夫。
〔2〕潁上，潁水之上。
〔3〕鮑叔牙，即鮑叔，春秋時齊國大夫。游，交游，來往。
〔4〕欺，《呂氏春秋》釋爲分財利，多自取。
〔5〕公子小白、公子糾，異母兄弟，二人争奪齊國君位。
〔6〕桓公，即齊桓公，公元前685年—前644年在位。
〔7〕進，推薦進用。
〔8〕霸，諸侯的盟主。齊桓公爲春秋第一霸。
〔9〕九合諸侯，齊桓公糾合諸侯共十一次，取"九"字以示多次。
〔10〕一匡天下，使天下納入正軌。

　　管仲曰："吾始困時，嘗與鮑叔賈[1]，分財利多自與，鮑叔不以我爲貪,知我貧也。吾嘗爲鮑叔謀事而更窮困,鮑叔不以我爲愚,知時有利不利也。吾嘗三仕三見逐於君[2],鮑叔不以我爲不肖[3],知我不遭時也[4]。吾嘗三戰三走[5],鮑叔不以我爲怯,知我有老母也。公子糾敗,召忽死之[6],吾幽囚受辱[7],鮑叔不以我爲無恥,知我不羞小節而恥功名不顯於天下也。生我者父母,知我者鮑子也。"

【注】
〔1〕賈,經商,做買賣。
〔2〕三仕,三次做官。三見逐於君,三次被國君驅逐。
〔3〕不肖,不賢。
〔4〕遭時,遇時。
〔5〕走,逃跑。
〔6〕召忽,曾與管仲一起侍奉公子糾,出居在魯國。公子小白即位,興兵伐魯,魯殺公子糾,召忽自殺以殉。
〔7〕幽囚,囚禁。

　　鮑叔既進管仲,以身下之[1]。子孫世禄於齊[2],有封邑者十餘世,常爲名大夫。天下不多管仲之賢而多鮑叔能知人也[3]。

【注】
〔1〕下,退讓,屈己尊人。
〔2〕世禄,世代享有禄位。
〔3〕多,稱讚。

管仲既任政相齊[1],以區區之齊在海濱,通貨積財,富國強兵,與俗同好惡。故其稱曰:"倉廩實而知禮節[2],衣食足而知榮辱,上服度則六親固[3]。四維不張[4],國乃滅亡。下令如流水之原,令順民心。"故論卑而易行[5]。俗之所欲,因而予之;俗之所否,因而去之。

【注】
〔1〕相齊,在齊國爲相。
〔2〕倉廩,貯藏米穀的倉庫。實,充滿。
〔3〕上服度,在上者尊禮守法。
〔4〕四維,指禮、義、廉、恥。
〔5〕論卑,謂政令順俗不繁。

其爲政也,善因禍而爲福,轉敗而爲功。貴輕重[1],慎權衡。桓公實怒少姬,南襲蔡[2],管仲因而伐楚,責包茅不入貢於周室[3]。桓公實北征山戎[4],而管仲因而令燕修召公之政[5]。於柯之會[6],桓公欲背曹沫之約[7],管仲因而信之[8],諸侯由是歸齊。故曰:"知與之爲取,政之寶也[9]。"

【注】
〔1〕貴,重視。輕重,指錢。今《管子》有《輕重篇》。
〔2〕據《史記·齊太公世家》記載,齊桓公二十九年,與夫人、蔡穆公之妹蔡姬乘舟嬉戲。蔡姬泄蕩舟,桓公懼而止之,蔡姬不聽。桓公發怒,把蔡姬送回蔡國,但未斷絕關係。蔡國將蔡姬嫁與他人,桓公於是興師伐蔡。

〔3〕包茅,古時祭祀時用以濾酒去滓的束成捆的草。又作"苞茅"。
〔4〕山戎,北方少數民族。
〔5〕召公,即召公奭。
〔6〕柯之會,在柯會盟。柯,齊邑,在今山東陽谷縣東北。
〔7〕曹沫之約,據《史記·齊太公世家》記載:於柯之會,"魯將盟,曹沫以匕首劫桓公於壇上,曰:'反魯之侵地!'桓公許之"。曹沫,《左傳》作"曹劌"。
〔8〕管仲因而信之,指於柯之會,管仲勸桓公不要背棄對曹沫所作的許諾,歸還了所占的魯國土地。
〔9〕知與之爲取,語見《管子》。《老子》曰:"將欲取之,必固與之。"

　　管仲富擬於公室〔1〕,有三歸、反坫〔2〕,齊人不以爲侈。管仲卒,齊國遵其政,常强於諸侯。後百餘年而有晏子焉〔3〕。

【注】
〔1〕擬,比,類。　公室,指齊君的家族。
〔2〕三歸,其説不一。據《管子·山至數》,指佔有按所得十分之三的比例歸於公室的市租。反坫,古代宴會時放酒器的平臺。按周禮,此皆君侯之禮。
〔3〕晏子,即晏嬰。本書有傳。

　　　　　　　　　　選自《史記》卷六十二《管晏列傳》

公　孫　僑（約前580—前522）

　　公子發[1]，字子國，穆公子[2]，國氏之始也[3]。穆公薨[4]，發事襄公[5]。襄公薨，悼公即位[6]。元年[7]，以我伐許故[8]，許愬公於楚[9]。公如楚[10]，訟不勝，楚人執發及皇戌[11]。公遂叛楚，與晉盟[12]。悼公薨，成公即位[13]。成公三年，楚以重賂求我。公會楚公子成於鄧[14]。發復歸事成公。十四年，成公薨。僖公少[15]，於是公子喜當國[16]，公子騑爲政[17]，發爲司馬[18]。僖公三年，發聘於魯[19]，通嗣君也[20]。五年，僖公薨，簡公即位[21]。元年，發侵蔡[22]，獲蔡公子燮。三年，尉氏、司氏五族作亂。殺發及公子騑、公孫輒[23]，子僑嗣[24]。

【注】

[1] 公子發，公孫僑之父。
[2] 穆公，春秋鄭國國君，公元前627—前606年在位。
[3] 氏，古代貴族標誌宗族系統的稱號，爲姓的支系，用以區別子孫之所由出生。
[4] 薨，周代諸侯死之稱。
[5] 襄公，鄭國國君，公元前604—前587年在位。
[6] 悼公，鄭國國君，公元前586—前585年在位。
[7] 元年，指悼公元年，即公元前586年。
[8] 我，指鄭國。許，周代的諸侯國，在今河南許昌東。

〔9〕愬,通"訴",控告。楚,古國名,春秋大國之一。
〔10〕如,往,去。
〔11〕皇戌,鄭卿。
〔12〕晉,古國名,春秋大國之一。在今山西西南部。 盟,締約結盟。
〔13〕成公,鄭國國君,公元前584—前571年在位。
〔14〕鄧,古地名。春秋時鄧有三:一爲魯地,在今山東汶河以南、運河以北地區;一爲蔡地,在今河南郾城東南;一爲鄧國,今湖北襄陽市北鄧城鎮。
〔15〕僖公,鄭國國君,公元前570—前566年在位。
〔16〕公子喜,字子罕,鄭穆公之子,鄭卿。當國,主持國政。
〔17〕公子騑,字子駟,鄭穆公之子,鄭卿。爲政,治理國政。
〔18〕司馬,官名。掌管軍政和軍賦。
〔19〕聘,古代國與國之間遣使訪問。 魯,古國名,在今山東省西南部。
〔20〕通,通報。 嗣君,指鄭僖公。
〔21〕簡公,鄭國國君,公元前565—前530年在位。
〔22〕蔡,周公封的諸侯國。公元前447年爲楚所滅。
〔23〕公孫輒,字子耳,鄭國司空。
〔24〕僑,即公孫僑。春秋時鄭國人,鄭穆公之孫,子國之子。因公子之子稱公孫,故名公孫僑。因以父字爲氏,故又稱國僑。

僑字子產,又字子美。簡公元年,發侵蔡,獲蔡公子燮,國人皆喜,唯僑不順[1]。曰:"小國無文德,而有武功,禍莫大焉。楚人來討[2],能勿從乎? 從之,晉師必至。晉、楚伐鄭,自今鄭國不四、五年弗得寧矣。"發怒之曰:"爾何知！國有大命[3]，而有正卿[4]，童子言焉，將爲戮矣！"三年，尉止、司臣、侯晉、堵女父、子師僕五族亂，殺發及公子騑、公孫輒。騑之子公孫夏聞盜[5]，不儆而出[6]，屍而追盜[7]。盜入於北宮[8]，乃歸，授甲[9]，臣妾多逃[10]，器用多喪。僑聞盜，爲門者[11]，庀羣司[12]，閉府庫[13]，慎閉藏[14]，完守備[15]，成列而後出[16]，兵車十七乘[17]。屍而攻盜於北宮，殺尉止、子師僕，盜衆盡死，餘盜奔宋[18]。公子嘉當國[19]，爲載書[20]，以位序聽政辟[21]。大夫、諸司、門子弗順[22]。將誅之，僑止之，請爲之焚書。嘉不可，曰："爲書以定國，衆怒而焚之，是衆爲政也，國不亦難乎[23]？"僑曰："衆怒難犯，專欲難成，合二難以安國，危之道也。不如焚書以安衆，子得所欲，衆亦得安，不亦可乎？專欲無成，犯衆興禍，子必從之。"乃焚書於倉門之外[24]，衆而後定。

【注】

〔1〕不順，不隨從附和。

〔2〕討，征伐。

〔3〕大命，重大的命令和決定。

〔4〕正卿，指公子騑，時專鄭政。

〔5〕公孫夏，字子西。 盜，指尉氏等五族。

〔6〕儆，同"警"，戒備。

〔7〕屍而追盜，先收拾屍骨而後追盜。

〔8〕北宮，鄭君北面的寢宮。

〔9〕授甲，發給士兵甲衣。

〔10〕臣妾,指家中之男女奴僕。
〔11〕爲門者,置守門之人。
〔12〕庀羣司,備衆官。
〔13〕府庫,官府儲藏文書、財貨、兵器等的倉庫。
〔14〕閉藏,收藏,保管。
〔15〕完,修治。
〔16〕成列,排列好隊伍。
〔17〕乘,古時一車四馬爲一乘。
〔18〕宋,古國名,轄境主要在今河南東部。公元前286年爲齊所滅。
〔19〕公子嘉,鄭穆公之子,字子孔。
〔20〕載書,會盟時所訂的誓約文字。
〔21〕以位序聽政辟,杜預謂:"自羣卿、諸司各守其職位,以受執政之法,不得與朝政。"
〔22〕諸司,各種官吏。門子,大夫之子。
〔23〕難,指難以至治。
〔24〕倉門,鄭之東南門。

　　五族之亂也。公子嘉知之,故不死,又爲政專[1],國人患之[2]。十二年,殺嘉。使公孫舍之當國[3],公孫夏聽政,立僑爲少正[4]。十五年,晉徵朝於我。我使僑對,曰:"在晉先君悼公九年,我寡君於是即位[5]。即位八年,而我先大夫子駟從寡君以朝於執事[6],執事不禮於寡君,寡君懼,因是行也。我二年六月朝於楚,晉是以有戲之役[7]。楚人猶競[8],而申禮於敝邑[9]。敝邑欲從執事,而懼爲大尤[10],曰,'晉其謂我不共有禮[11]',是以不敢攜貳於楚[12]。我四年三月,先大夫子蟜又從寡君以觀釁於楚[13],晉於是乎有蕭魚之役[14]。謂我敝邑,邇在晉國[15],譬諸草木,吾臭味也[16],而何敢差池[17]?楚亦不競,寡君盡其土實[18],重之以宗器[19],以受齊盟[20]。遂羣臣隨於執事,以會歲終[21]。貳於楚者,子侯、石盂[22],歸而討之。湨梁之明年[23],子蟜老矣,公孫夏從寡君以朝於君,見於嘗酎與執燔焉[24]。間二年[25],聞君將靖東夏[26],四月,又朝以聽事期[27]。不朝之間,無歲不聘,無役不從[28]。以大國政令之無常,國家罷病[29],不虞薦至[30],無日不惕,豈敢忘職[31]!大國若安定之,其朝夕在庭,何辱命焉[32]?若不恤其患,而以爲口實,其無乃不堪任命,而翦爲仇讎[33],敝邑是懼,其敢忘君命[34]!委諸執事,執事實重圖之。"

【注】

〔1〕專,專擅,獨斷獨行。
〔2〕患,憂慮。
〔3〕公孫舍之,字子展,公子喜之子。
〔4〕少正,指亞卿。據《左傳》和《史記·鄭世家》,簡公十二年僑爲卿。少正即正卿的副職。
〔5〕晉悼公九年即鄭簡公元年。
〔6〕執事,侍從。
〔7〕戲,即戲童。戲童山在今河南登封市嵩山北。
〔8〕競,爭。
〔9〕申禮,表明禮節。此爲飾辭,實乃楚伐鄭。
〔10〕尤,過失,罪過。

〔11〕共,通"恭"。
〔12〕攜貳,叛離。
〔13〕子蟜,即公孫蠆,曾任鄭國司馬,卒於鄭簡公十二年。釁,爭端。此處不說"朝楚",而説"觀釁",是一種飾辭。
〔14〕蕭魚,地名,在今河南許昌市。
〔15〕邇,近。
〔16〕臭味,氣味。喻同類之事。
〔17〕差池,不齊。引申爲差錯。
〔18〕土實,土地所生的物器。
〔19〕宗器,古代宗廟祭祀所用的器物。
〔20〕齊,通"齋",齋戒。古人在祭祀前或舉行典禮前,清心潔身以示莊敬。
〔21〕以會歲終,參加年終的會見。爲春秋時尊事霸主之法。
〔22〕子侯、石盂,蓋鄭之二大夫。
〔23〕溴梁,溴水的大堤。鄭簡公九年,與晉、宋等國諸侯會於溴梁。
〔24〕嘗酎,以酎進行嘗祭。嘗,古代秋祭名。酎,重釀的新酒。執燔,助祭。
〔25〕間,間隔。
〔26〕靖,安定。東夏,中原地區。
〔27〕聽事期,聽取結盟的日期。
〔28〕役,事。
〔29〕罷病,疲勞困乏。
〔30〕不虞,憂患。 薦,屢。
〔31〕職,指朝於晉。
〔32〕辱命,辜負君命。
〔33〕翦,斷,斬斷。仇讎,讎敵,敵國。

〔34〕其敢,豈敢。"其""豈"音近,二字互通。

　　十八年[1],公孫舍之及僑伐陳[2],入之。僑獻捷於晉[3],戎服將事[4]。晉人問陳之罪。對曰:"晉虞閼父爲周陶正[5],以服事我先王[6]。我先王賴其利器用也,與其神明之後也[7],庸以元女大姬配胡公[8],而封諸陳,以備三恪[9]。則我周之自出,自於今是賴[10]。桓公之亂[11],蔡人欲立其出[12],我先君莊公奉五父而立之[13],蔡人殺之,我又與蔡人奉戴厲公[14]。至於莊、宣[15],皆我之自立。夏氏之亂[16],成公播蕩[17],又我之自入,君所知也。今陳忘周之大德,蔑我大惠,棄我姻親,介恃楚衆[18],以馮陵我敝邑[19],不可億逞[20],我是以有往年之告[21]。未獲成命[22],則有我東門之役[23]。當陳隧者[24],井堙木刊[25]。敝邑大懼不競而恥大姬[26],天誘其衷[27],啓敝邑心[28]。陳知其罪,授手於我[29]。用敢獻功[30]。"晉人曰:"何故侵小?"對曰:"先王之命,唯罪所在,各致其辟[31]。且昔天子之地一圻[32],列國一同[33],自是以衰。今大國多數圻矣,若無侵小,何以亘焉?"晉人曰:"何故戎服?"對曰:"我先君武、莊爲平、桓卿士[34]。城濮之役[35],文公佈命[36],曰:'各復舊職。'命我文公戎服輔王[37],以受楚捷,不敢廢王命故也。"晉人不能詰[38],乃受之[39]。

【注】

〔1〕此前據《左傳》魯襄公二十四年(公元前594)記載:"晉范宣子爲政,諸侯之幣重。子產寓書以告宣子曰:'子爲晉國,四鄰諸

侯不聞令德,而聞重幣,僑也惑之。僑聞君子長國家者,非無賄之患,而無令名之難。夫諸侯之賄聚於公室,則諸侯貳。若吾子賴之,則晉國貳。諸侯貳,則晉國壞;晉國貳,則子之家壞,何沒沒也!將焉用賄?夫令名,德之輿也;德,國家之基也。有基無壞,無亦是務乎!有德則樂,樂則能久。《詩》云,'樂只君子,邦家之基',有令德也夫!'上帝臨女,無貳爾心',有令名也夫!恕思以明德,則令名載而行之,是以遠至邇安。毋寧使人謂子'子實生我',而謂'子浚我以生'乎?象有齒以焚其身,賄也。'宣子說,乃輕幣。"

〔2〕陳,古國名,轄今河南東部和安徽一部分。公元前478年爲楚所滅。

〔3〕捷,戰利品。

〔4〕戎服,軍服。

〔5〕虞閼父,虞舜的後人。 陶正,主掌陶器之官。

〔6〕先王,指周武王。

〔7〕神明,指虞舜。

〔8〕庸,乃,於是。 元女大姬,武王之長女。胡公,虞閼父之子。

〔9〕三恪,指古代新的統治王朝,封前代三個王朝的子孫,以公侯的名號。恪,尊敬的意思。

〔10〕賴,依賴,倚靠。

〔11〕桓公,指陳桓公,公元前774—前707年在位。他死後,陳國發生變亂。

〔12〕出,指姐妹之子。陳桓公之子陳厲公,其母爲蔡女。

〔13〕莊公,鄭國國君,公元前743—前701年在位。五父,即五父陀,陳桓公弟。

〔14〕厲公,陳國國君,公元前706—前700年在位。

〔15〕莊,即陳莊公,公元前699—693年在位。宣,即陳宣公,公元

前 692—前 648 年在位。
〔16〕夏氏,即夏徵舒。公元前 599 年,夏徵舒殺陳靈公。
〔17〕成公,即陳成公,公元前 598—前 569 年在位。播蕩,流移失所。
〔18〕介恃,仗恃,依仗。
〔19〕馮陵,進逼,侵陵。
〔20〕億逞,滿足。
〔21〕有往年之告,指鄭國曾告晉國請伐陳國。
〔22〕未獲成命,指未得到晉國允許伐陳的命令。
〔23〕車門之役,指前一年陳從楚伐鄭東門。
〔24〕隧,道路。
〔25〕堙,堵塞。刊,砍;削。
〔26〕恥大姬,使大姬受辱於上天。大姬即上文"元女大姬"。
〔27〕天誘其衷,當時習語,天心在我之意。
〔28〕啓,開導,啓發。
〔29〕授手,即授首,謂罪人得其懲罰。
〔30〕用,因。
〔31〕辟,刑。
〔32〕一圻,方千里。
〔33〕一同,方百里。
〔34〕武,指鄭武公。莊,指鄭莊公。平,指周平王。桓,指周桓王。卿士,官名,西周的執政官。
〔35〕城濮之役,指公元前 632 年晉楚在城濮(今山東鄄城西南)的一次戰役,結果晉軍大敗楚軍。
〔36〕文公,即晉文公,公元前 636—前 628 年在位。
〔37〕文公,指鄭文公。王,指周天子。
〔38〕詰,責問。

〔39〕此下《左傳》魯襄公二十五年記載有:"子大叔問政於子產。子產曰:'政如農功,日夜思之,思其始而成其終,朝夕而行之。行無越思,如農之有畔,其過鮮矣。'"

十九年,公賞入陳之功,賜舍之先路三命之服[1],先八邑[2];賜僑再命之服,先六邑。僑辭邑,曰:"自上以下,隆殺以兩[3],禮也。臣之位在四[4],且舍之之功也,臣不敢及賞禮,請辭邑。"公固予之,乃受三邑。

【注】

〔1〕先路,古代的一種車子。路亦作"輅"。古代天子、諸侯乘車及卿大夫接受天子、諸侯所賜之車曰"路"。路分幾等,先路爲其中一等。三命,古代於卿大夫有"三命""再命""一命"之別,命多則尊貴,車服也隨之華麗。據《左傳》,卿大夫最高不過"三命"。
〔2〕先八邑,先於八邑。古代送禮,先送以輕物,此以路服爲邑先。
〔3〕隆殺以兩,謂以三數遞減。隆,誤,當作"降"。
〔4〕臣之位在四,據《左傳》魯襄公二十七年記載,鄭卿之次序爲:公孫舍之、良霄、公孫夏、公孫僑,僑位在四。

冬,楚伐我,國人將禦之。僑曰:"晉、楚將平[1],諸侯將和,楚王是故昧於一來。不如使逞而歸[2],乃易成也。夫小人之性,釁於勇[3]、嗇於禍[4]、以足其性而求名焉者,非國家之利也,若何從之?"公孫舍之説[5],不禦寇。明年,晉、楚果平,諸侯盟於宋。

【注】

〔1〕平,媾和。

〔2〕逞,快心;稱願。

〔3〕釁,通"興",衝動。

〔4〕嗇,貪。

〔5〕說,通"悅",高興。

　　二十一年,蔡侯歸自晉,入於鄭。公享之⁽¹⁾,不敬。僑曰:"蔡侯其不免乎⁽²⁾!日其過此也⁽³⁾,君使子展迋勞於東門之外⁽⁴⁾,而傲。吾曰猶將更之⁽⁵⁾。今還,受享而惰,乃其心也。君小國⁽⁶⁾,事大國,而惰傲以爲己心,將得死乎⁽⁷⁾?若不免,必由其子。其爲君也,淫而不父⁽⁸⁾,通大子班之妻⁽⁹⁾。僑聞之,如是者,恒有子禍⁽¹⁰⁾。"

【注】

〔1〕享,通"饗"。用酒食款待人。

〔2〕不免,指不免禍。

〔3〕日,往日。過此,指往晉時經鄭。

〔4〕迋,通"往"。勞,慰勞。

〔5〕更,改。

〔6〕君小國,尊小國之君。

〔7〕得死,得善終。

〔8〕不父,不像做父親的樣子。

〔9〕通,通姦。大子班,即太子班,《左傳》作大子般。

〔10〕據《左傳》魯襄公二十八年記載:"子產相鄭伯以如楚。舍不爲壇。外僕言曰:'昔先大夫相先君適四國,未嘗不爲壇。自

是至今亦皆循之。今子草舍，無乃不可乎？'子產曰：'大適小，則爲壇；小適大，苟舍而已，焉用壇？僑聞之，大適小有五美：宥其罪戾，赦其過失，救其菑患，賞其德刑，教其不及。小國不困，懷服如歸，是故作壇以昭其功，宣告後人，無怠於德。小適大有五惡：説其罪戾，請其不足，行其政事，共其職貢，從其時命。不然，則重其幣帛，以賀其福而弔其凶，皆小國之禍也，焉用祝壇以昭其禍？所以告子孫，無召禍焉可也。'"

公孫黑將伐良霄[1]，大夫和之。二十三年，僑相公以如晉，羊舌肸問鄭國之政焉[2]。對曰："吾得見與否，在此歲也。駟、良方爭[3]，未知所成。若有所成，吾得見，乃可知也。"肸曰："不既和矣乎？"對曰："伯有侈而愎[4]，子晳好在人上，莫能相下也。雖其和也，猶相積惡也，惡至無日矣。"

【注】

[1] 事在鄭簡公二十二年。公孫黑，字子晳，公子騑之次子，公孫夏之弟。良霄，字伯有，公孫輒之子。
[2] 羊舌肸，字叔向，晉國大夫。
[3] 駟，指公孫黑。公孫黑乃駟氏。良，指良霄。
[4] 侈而愎，驕泰奢侈而又倔强固執。

夏，僑如陳涖盟[1]，歸，復命[2]。告大夫曰："陳，亡國也，不可與也[3]。聚禾粟，繕城郭[4]，恃此二者，而不撫其民，其君弱植[5]，公子侈[6]，大子卑，大夫敖，政多門[7]，以介於大國，能無亡乎？不過十年矣。"

【注】

〔1〕莅盟，兩國修好臨某地會盟。
〔2〕復命，回報。
〔3〕不可與，不可結好。
〔4〕繕，修；整治。城郭，指内城與外城。
〔5〕弱植，猶言根基不固。
〔6〕公子，古稱諸侯的兒子，此特稱陳國公子留。
〔7〕政多門，政不由一人。

　　秋，公孫黑以駟氏之甲伐良霄，霄奔許。人謂僑就直助彊[1]。僑曰："豈爲我徒[2]？國之禍難，誰知所敝[3]？或主彊直[4]，難乃不生。姑成吾所[5]。"斂伯有氏之死者而殯之[6]，不及謀而遂行。罕虎自止之[7]。僑入，受盟於子晳氏。公及大夫盟於大宫[8]。既而[9]，良霄入，伐舊北門。駟帶伐之[10]。皆召僑。僑曰："兄弟而及此[11]，吾從天所與[12]。"良霄死，僑襚之[13]，枕之股而哭之，斂而殯諸伯有之臣在市側者，既而葬諸斗城[14]。

【注】

〔1〕就，趨從。彊，同"强"，指公孫黑勢力大。
〔2〕徒，類。
〔3〕敝，借爲"弊"。止，止息。
〔4〕主，指國之主政者。
〔5〕姑成吾所，我還是站在不偏袒的位置上。
〔6〕斂，收。　殯，停放靈柩和埋葬皆可稱"殯"。此泛指喪葬。
〔7〕罕虎，字子皮，公孫舍之子。舍之卒，虎代父爲鄭上卿。自止

之,親自勸阻公孫僑。
〔8〕大宮,即太廟。帝王諸侯的祖廟。
〔9〕既而,不久之後。
〔10〕駟帶,公孫夏之子,公孫黑的宗主。
〔11〕兄弟,指良霄、駟帶並鄭穆公曾孫,則兄弟輩;公孫僑、公孫黑、公孫段並穆公孫,亦兄弟輩。
〔12〕從天所與,順從天意。
〔13〕襚,給屍體穿衣。
〔14〕斗城,在今河南省通許縣東北。

　　罕虎授僑政。僑爲政,有事公孫段[1],賂與之邑。游吉曰[2]:"國皆其國也[3],奚獨賂焉?"僑曰:"無欲實難。皆得其欲,以從其事,而要其成[4]。非我有成,其在人乎[5]?何愛於邑,邑將焉往?"吉曰:"若四國何[6]?"僑曰:"非相違也,而相從也,四國何尤焉[7]?《鄭書》有之[8]:'安定國家,必大焉先[9]。'姑先安大,以待其所歸。"既公孫段懼而歸邑[10],卒與之。

【注】
〔1〕公孫段,公子豐之子,鄭穆公之孫,字子石,又曰伯石,以別於印段(亦字子石)。
〔2〕游吉,即子大叔,公孫蠆之子。
〔3〕國皆其國也,國爲大家的國家。
〔4〕要,通"徼",求取。
〔5〕其,通"豈"。
〔6〕四國,四方之鄰國。

〔7〕尤,歸咎,怨恨。
〔8〕《鄭書》,鄭國史籍。
〔9〕必大焉先,必先大焉。
〔10〕既,不久之後。

二十四年,公如晉,僑爲相[1]。晉以魯襄公之喪故[2],未之見。僑使盡壞其館之垣而納車馬焉[3]。士匄讓之[4]。對曰:"以敝邑褊小,介於大國,謀求無時,而未得見;又不獲聞命,未知見時。不敢輸幣[5],亦不敢暴露[6]。其輸之,則君之府實也[7],非薦陳之[8],不敢輸也。其暴露之,則恐燥濕之不時而朽蠹[9],以重敝邑之罪。僑聞文公之爲盟主也,宮室卑庳[10],無觀臺榭[11],以崇大諸侯之館,館如公寢[12];庫廄繕修[13],司空以時平易道路[14],圬人以時塓館宮室[15];諸侯賓至,甸設庭燎[16],僕人巡宮,車馬有所,賓從有代,巾車脂轄[17],隸人、牧、圉各瞻其事[18];百官之屬各展其物;公不留賓[19],而亦無廢事;憂樂同之,事則巡之,教其不知,而恤其不足[20]。賓至如歸,無寧災患?不畏寇盜,而亦不患燥濕。今銅鞮之宮數里[21],而諸侯舍於隸人[22],門不容車,而不可逾越;盜賊公行,而天厲不戒[23]。賓見無時,命不可知。若又勿壞,是無所藏幣以重罪也。敢請執事[24],將何所命之?雖君之有魯喪,亦敝邑之憂也。若獲薦幣,修垣而行,君之惠也,敢憚勤勞[25]!"士匄復命。趙武曰[26]:"信[27]。我實不德,而以隸人之垣以嬴諸侯[28],是吾罪也。"使匄謝不敏焉[29]。乃築諸侯之館。羊舌肸曰:"辭之不可以已也如是夫[30]！子產有辭,諸侯賴之,若之何其釋辭也[31]?"

【注】

[1] 相,贊禮者,舉行典禮時導行儀節的人。
[2] 魯襄公,公元前572—前542年在位。
[3] 館,賓館。垣,牆。納,使進入。
[4] 士匃,即士文伯,晉國大夫。讓,責備。
[5] 輸,送。幣,指禮物。
[6] 暴露,日曬夜露。
[7] 府,指晉國的府庫。
[8] 薦陳,進獻。
[9] 朽,物自腐朽。蠹,爲蟲所敗壞。
[10] 卑庳,低矮。
[11] 榭,建在高土臺上的敞屋。
[12] 館如公寢,謂以前文公之客館如今日晉君之路寢。
[13] 廄,馬房。
[14] 司空,古官名,掌管工程。
[15] 圬人,泥水匠。墁,涂墻壁。
[16] 甸,即甸人,掌供野物柴薪之官。庭燎,有二説:一説燒柴於庭爲火,一説如今之大火把,用手執之於庭。
[17] 巾車,古代官名。掌公車之政令,爲車官之長。脂,膏脂,此作動詞,上油。轄,古代車上的零件,插在軸端的孔内,使車輪不至於脱落。
[18] 隸人,職位低微的吏役。牧,指放飼牧畜者。圉,掌養芻牧之事者。各瞻其事,都盡職治事。
[19] 不留賓,指賓來則見,不使賓無故滯留。
[20] 恤,體恤,周濟。

〔21〕銅鞮之宮,晉國離宮,在今山西沁縣南。銅鞮山,一名紫金山。

〔22〕舍於隸人,住於隸人之舍。

〔23〕厲,"癘"之借字,指疾疫。

〔24〕請,請問。

〔25〕敢,豈敢。憚,怕,畏懼。

〔26〕趙武,即趙文子,亦稱趙孟。晉執政大夫。

〔27〕信,誠如所言。

〔28〕贏,通"盈",充滿,接受。

〔29〕謝,道歉。不敏,不聰明。

〔30〕已,止,廢止。

〔31〕釋,捨棄。此下據《左傳》魯襄公三十一年記載有:"鄭人游於鄉校,以論執政。然明謂子產曰:'毀鄉校何如?'子產曰:'何爲?夫人朝夕退而游焉,以議執政之善否。其所善者,吾則行之;其所惡者,吾則改之,是吾師也。若之何毀之?我聞忠善以損怨,不聞作威以防怨。豈不遽止?然猶防川。大決所犯,傷人必多,吾不克救也。不如小決使道,不如吾聞而藥之也。'""子皮欲使尹何爲邑。子產曰:'少,未知可否。'子皮曰:'願,吾愛之,不吾叛也。使夫往而學焉,夫亦愈知治矣。'子產曰:'不可。人之愛人,求利之也。今吾子愛人則以政,猶未能操刀而使割也,其傷實多。子之愛人,傷之而已,其誰敢求愛於子?子於鄭國,棟也。棟折榱崩,僑將厭焉,敢不盡言?子有美錦,不使人學制焉。大官、大邑,身之所庇也,而使學者制焉,其爲美錦不亦多乎?僑聞學而後入政,未聞以政學者也。若果行此,必有所害。譬如田獵,射御貫,則能獲禽,若未嘗登車射御,則敗績厭覆是懼,何暇思獲?'……子皮以爲忠,故委政焉,子產是以能爲鄭國。"

二十五年,公孫黑與游楚爭妻[1]。楚擊黑以戈。大夫謀之。僑曰:"直鈞,幼賤有罪,罪在楚也[2]。"乃執楚而數之,曰:"國之大節有五,女皆奸之[3]。畏君之威,聽其政,尊其貴,事其長,養其親,五者所以爲國也。今君在國,女用兵焉,不畏威也;奸國之紀,不聽政也;子晳,上大夫;女,嬖大夫[4],而弗下之,不尊貴也;幼而不忌[5],不事長也;兵其從兄,不養親也。君曰:'余不忍女殺[6],宥女以遠[7]。'勉[8],速行乎,無重而罪!"遂放楚於吳[9]。

【注】

[1] 游楚,即公孫楚,字子南,游氏,乃鄭穆公孫,游吉爲其兄子。
[2] 直鈞,謂各有理由。公孫黑欲奪游楚妻,不得,又欲殺游楚,楚因而傷黑。公孫僑以黑大族,故佯聽黑之訴,而以楚傷之爲無理。
[3] 女,通"汝",你。奸,犯,擾亂。
[4] 嬖大夫,下大夫的別稱。
[5] 忌,敬。
[6] 不忍女殺,即不忍殺女。
[7] 宥女以遠,宥赦汝死罪,逐於遠方。
[8] 勉,謂盡你的力量。
[9] 吳,古國名,轄今江蘇大部分和安徽、浙江一部分。公元前473年爲越所滅。

秋,晉侯有疾[1]。公使僑如晉聘,且問疾。羊舌肸問焉:"寡君之疾病,卜人曰:'實沈、臺駘爲祟[2],'史莫之知[3]。敢問此何神也?"僑曰:"昔高辛氏有二子[4],伯曰闕伯[5]，季曰實沈[6]，居於曠林[7]，不相能也[8]，日尋干戈，以相征討。后帝不臧[9]，遷闕伯於商丘[10]，立辰[11]。商人是因[12]，故辰爲商星。遷實沈於大夏[13]，主參[14]，唐人是因[15]，以服事夏、商[16]。其季世曰唐叔虞[17]。當武王邑姜方震大叔[18]，夢帝謂己[19]：'余命而子曰虞[20]，將與之唐，屬諸參，而蕃育其子孫。'及生，有文在其手曰'虞'，遂以命之。及成王滅唐[21]，而封大叔焉[22]，故參爲晉星。由是觀之，則實沈，參神也。昔金天氏有裔子曰昧[23]，爲玄冥師[24]，生允格、臺駘。臺駘能業其官[25]，宣汾、洮[26]，障大澤[27]，以處大原[28]。帝用嘉之[29]。封諸汾川[30]，沈、姒、蓐、黃實守其祀[31]。今晉主汾而滅之矣[32]。由是觀之。則臺駘，汾神也。抑此二者[33]，不及君身[34]。山川之神，則水旱癘疫之災，於是乎禜之[35]；日月星辰之神，則雪霜風雨之不時，於是乎禜之。若君身，則亦出入、飲食、哀樂之事也[36]。山川、星辰之神又何爲焉？僑聞之，君子有四時，朝以聽政，晝以訪問，夕以修令[37]，夜以安身。於是乎節宣其氣，勿使有所壅閉湫底以露其體[38]，茲心不爽，而昏亂百度[39]。今無乃壹之[40]，則生疾矣。僑又聞之，內官不及同姓[41]，其生不殖[42]。美先盡矣[43]，則相生疾，君子是以惡之。故《志》曰[44]：'買妾不知其姓，則卜之[45]。'違此二者[46]，古之所慎也。男女辨姓，禮之大司也[47]。今君內實有四姬焉[48]，其無乃是也乎？若由是二者，弗可爲也已[49]。四姬有省猶可，無則必生疾矣。"晉侯聞之曰：

"博物君子也[50]。"重賄之。

【注】
〔1〕晉侯,指晉平公,公元前 557—前 537 年在位。
〔2〕實沈,星次名。古代神話中高辛氏季子名實沈,是參宿之神。臺駘,傳說汾水之神。祟,作怪。
〔3〕史,古官名。掌管祭祀和記事等。
〔4〕高辛氏,即帝嚳。傳說的古代部族首領。
〔5〕伯,指兄弟中最長者。
〔6〕季,指排行最小的。
〔7〕曠林,説法不一。杜預以爲地名而不知所在,賈逵訓曠爲大,《文選》李善注引作"曠野"。
〔8〕不相能,不相投合。
〔9〕后帝,指堯。不臧,不以爲善。臧,善。
〔10〕商丘,據顧棟高《春秋大事表》,今河南商丘市西南有商丘,周三百步,世稱閼臺。
〔11〕立辰,以辰星來定時節。辰,指心宿,亦名商星,有星三顆。
〔12〕商,朝代名,爲周武王所滅。因,沿襲。
〔13〕大夏,或謂即今太原市,或謂當今山西翼城、隰縣、吉縣。
〔14〕主參,以參爲辰星而定時節。參,參宿,即獵户座諸星。
〔15〕唐,古國名。相傳爲祁姓,堯的後裔。在今山西翼城西,爲周成王所滅。
〔16〕夏,中國史上第一個朝代,所傳史事多待印證。
〔17〕季世,末世。叔虞,唐國末期之君,與下文叔虞即大叔不同。
〔18〕武王邑姜,即謂周武王之后邑姜。震,通"娠"。懷孕。大叔,即叔虞,周成王同母帝。
〔19〕帝,即天帝。

〔20〕而,通"爾",你。
〔21〕成王,即周成王。周武王之子。
〔22〕叔大叔焉,前"叔"字誤。《左傳》魯昭公元年作"封"。《史記·晉世家》云,叔虞封唐侯,子燮父改爲晉侯。叔虞實爲晉建國之君。
〔23〕金天氏,即少皞,傳説中古代東夷族首領。 裔,遠。
〔24〕玄冥師,水官之長。玄冥,水官。
〔25〕業,承襲世業。
〔26〕宣,疏通。 汾,水名,今在山西省中部。洮,水名,今在甘肅省西南部。
〔27〕障,指築堤防。大澤,《清一統志》云:"臺駘澤在太原府南十里,舊爲晉水匯處,蒲魚所鍾,今久涸。"
〔28〕大原,即太原,指汾水流域一帶高平之地。
〔29〕帝,據服虔、杜預説指顓頊帝。用,因。嘉,贊許,表揚。
〔30〕汾川,即汾水流域。
〔31〕沈、姒、蓐、黄,臺駘的後代所建立的四個古國。
〔32〕主汾,爲汾水流域之主。
〔33〕二者,指實沈與臺駘。
〔34〕不及君身,與晉君之病無關。
〔35〕癘疫,瘟疫。禜,古代禳災之祭。
〔36〕出入,指逸勞。
〔37〕修令,確定政令。
〔38〕壅閉湫底,指血氣集中壅塞不通。湫,集;底,滯。露,敗壞。
〔39〕百度,百事的節度。
〔40〕今無乃壹之,如今恐怕血氣聚於一處。
〔41〕内官,指國君之姬妾。
〔42〕殖,繁殖,孳生。

〔43〕美先盡矣,謂美者先集中於一人。周時之禮,同姓不婚,今取同姓,必其人甚美。

〔44〕《志》,指記事的古書。

〔45〕卜,占卜。

〔46〕二者,指晝夜昏亂和娶同姓美女二事。

〔47〕大司,大事。

〔48〕内實,此謂宮内姬妾。

〔49〕弗可爲也已,言疾不可治療。爲,治。

〔50〕博物,能辨識許多事物。

楚公子圍使公子黑肱、伯州犁城犨、櫟郟[1]。國人懼。僑曰:"不害。令尹將行大事[2],而先除二子也[3]。禍不及鄭,何患焉?"既而,圍弑郟敖[4],殺伯州犁。二十六年,公孫黑將作亂殺游氏。僑數其三罪而殺之[5]。二十七年,僑相公如楚。楚子享之。僑賦《吉日》[6]。既享,僑乃具田備[7],王以田江南之夢[8]。二十八年,楚使如晉求諸侯[9]。楚子問於僑曰:"晉其許我諸侯乎[10]?"對曰:"許君。晉君少安[11],不在諸侯。其大夫多求,莫匡其君[12]。在宋之盟又曰如一[13]。若不許君,將焉用之?"楚子曰:"諸侯其來乎?"對曰:"必來。從宋之盟,承君之歡,不畏大國[14],何故不來?不來者,其魯、衛、曹、邾乎[15]!曹畏宋。邾畏魯,魯、衛逼於齊而親於晉[16],唯是不來。其餘,君之所及也,誰敢不至?"楚子曰:"然則吾所求者無不可乎?"對曰:"求逞於人,不可;與人同欲,盡濟[17]。"夏,諸侯如楚,魯、衛、曹、邾不會。楚子使問禮於宋向戌及僑[18]。戌獻公合諸侯之禮六[19]。僑獻伯、子、男會公之禮六[20]。君子謂戌善守先代[21],僑善相小國[22]。

【注】

[1] 城,築城。犨,在今河南魯山縣東南、葉縣西。櫟,在今河南新蔡縣北。郟,在今平頂山市東北之郟縣舊治。
[2] 令尹,官名。春秋、戰國時楚國所設,爲楚國的最高官職,掌軍政大權。時公子圍任楚國令尹。
[3] 二子,指公子黑肱、伯州犂。
[4] 弑,子殺父、臣殺君。郟敖,楚國國君,公元前544—前541年在位。
[5] 據《左傳》魯昭公二年記載:"子產使吏數之,曰:'伯有之亂,以大國之事,而未爾討也。爾有亂心無厭,國不女堪。專伐伯有,而罪一也;昆弟争室,而罪二也;薰隧之盟,女矯君位,而罪三也。有死罪三,何以堪之? 不速死,大刑將至。'再拜稽首,辭曰:'死在朝夕,無助天爲虐。'子產曰:'人誰不死? 兇人不終,命也。作兇事,爲兇人。不助天,其助兇人乎!'請以印爲褚師。子產曰:'印也若才,君將任之;不才,將朝夕從女。女罪之不恤,而又何請焉? 不速死,司寇將至。'七月戊寅,縊。屍諸周市之衢,加木焉。"
[6] 此句誤。《左傳》魯昭公三年說:"楚子享之,賦《吉日》。"杜預注:"《吉日》,《詩·小雅》,宣王田獵之詩。楚王欲與鄭伯共田,故賦之。"賦《吉日》者當爲楚子,非僑也。楚子,即楚王。楚之爵位爲子。此楚子乃楚靈王,上文的公子圍,公元前540—前529年在位。

〔7〕田備，田獵用具。

〔8〕以，與。田，打獵。夢，亦稱"雲"或"雲夢"，古澤藪名。此處泛指春秋戰國時楚王的游獵區。

〔9〕求諸侯，指求得諸侯的擁護。

〔10〕許我諸侯乎，允許諸侯歸服我國嗎。

〔11〕少安，安於小處，不能圖遠。

〔12〕匡，幫助，救助。

〔13〕宋之盟，指公元前546年，宋左師向戌約盟晉、楚，並會合各國在宋結盟。如一，兩國友好如同一國。

〔14〕大國，指晉國。

〔15〕衛，古國名，周武王弟康叔封地，公元前209年爲秦所滅。曹，古國名，公元前487年爲宋所滅。邾，古國名，即鄒，傳爲顓頊後裔挾所建立，戰國時爲楚所滅。

〔16〕齊，古國名，在今山東北部。

〔17〕濟，成。

〔18〕向戌，宋桓公的曾孫，官左師，執國政，封邑在合，又稱合左師。

〔19〕公，古爵位名。爲五等爵的第一等。宋之爵位爲公。禮六，禮的六種儀節。

〔20〕伯、子、男，古爵位名。分別爲五等爵的第三、四、五等。

〔21〕守，保持。 先代，指宋襄公。襄公嘗欲稱霸，故有合諸侯之禮。

〔22〕小國，指鄭國。

　　僑作丘賦[1]，國人謗之，曰："其父死於路[2]，己爲蠆尾[3]，以令於國，國將若之何？"渾罕以告[4]。僑曰："何害？苟利社稷[5]，死生以之[6]。且吾聞爲善者不改其度，故能有濟也。民不可逞[7]，度不可改。《詩》曰：'禮義不愆，何恤於人言[8]？'吾不遷矣[9]。"二十九年，僑相公會晉侯於邢丘[10]。三十年，鑄刑書[11]。晉羊舌肸遺僑書[12]，讓之曰："民知爭端矣，將棄禮而征於書。終子之世。鄭其敗乎？"僑復書曰："若吾子之言，僑不才，不能及子孫，吾以救世也。既不承命[13]，敢忘大惠！"三十一年，僑聘於晉。晉侯有疾，韓起逆客[14]，私焉曰："寡君寢疾[15]，於今三月矣，並走羣望[16]，有加而無瘳[17]。今夢黃熊入於寢門，其何厲鬼也？"對曰："以君之明，子爲大政[18]，其何厲之有？昔堯殛鯀於羽山[19]。其神化爲黃熊，以入於羽淵[20]，實爲夏郊[21]，三代祀之[22]。晉爲盟主，其或者未之祀也乎！"起祀夏郊，晉侯有間[23]，賜僑莒之二方鼎[24]。三十五年，楚執蔡侯，殺之，而圍蔡。晉爲會於厥憖[25]，謀救蔡。罕虎將行。僑曰："行不遠，不能救蔡也。蔡小而不順，楚大而不德，天將棄蔡以壅楚[26]，盈而罰之[27]，蔡必亡矣。且喪君而能守者鮮矣[28]。三年，王其有咎乎！美惡周必復[29]，王惡周矣。"晉請蔡[30]，楚弗許，卒滅之。三十六年，簡公薨，定公即位[31]。夏，僑相公如晉。五月，葬簡公。將爲葬除[32]，司墓之室有當道者[33]，毀之，則朝而堋[34]；弗毀，則日中而堋[35]。游吉請毀之，曰："無若諸侯之賓何[36]？"僑曰："諸侯之賓能來會吾喪，豈憚日中？無損於賓，而民不害，何故不爲？"遂弗毀，日中而葬。

【注】

〔1〕丘賦，按田畝徵發的軍賦。《漢書·刑法志》："方一里爲井，十六井爲丘，每丘出戎馬一匹，牛三頭。"

〔2〕其父死於路，指公孫僑父公子發爲尉氏等所殺。

〔3〕己爲蠆尾，此爲雙關語。既謂公孫僑繼公孫蠆之業，爲執政，位在鄭卿之二（蠆繼僑父公子發任司馬，位在鄭卿之二）；又謂公孫僑毒如蠆尾。蠆，蝎類毒蟲，後腹狹長如尾，其末端有毒鈎。

〔4〕渾罕，字子寬，鄭大夫。

〔5〕社稷，本指古代帝王、諸侯所祭的土神和穀神，後作爲國家的代稱。

〔6〕以，由。

〔7〕逞，放任。

〔8〕禮義不愆，何恤於人言，此二句不見於今傳《詩經》。杜預曰："逸詩也。"愆，失誤，亂。恤，憂慮。

〔9〕遷，變更。

〔10〕邢丘，在今河南溫縣東北。

〔11〕鑄刑書，把所制定的刑法鑄在鼎上公佈。

〔12〕遺，送。書，書信。

〔13〕不承命，不受其言。

〔14〕韓起，即韓宣子，晉國正卿。逆，迎接。

〔15〕寢疾，病臥。

〔16〕並走羣望，遍祭晉國應祭的山川。望，古代祭祀山川的專名。

〔17〕瘳，病愈。

〔18〕大政，正卿。

〔19〕堯，唐堯。殛，誅戮。鯀，夏禹的父親。因治水未成而被殺。羽山，説法不一，或云在山東郯城東北，或云在山東蓬萊東南。

〔20〕羽淵,羽山流水匯成的淵。

〔21〕夏郊,夏人祭天。

〔22〕三代,指夏、商、周。

〔23〕有間,病勢稍有好轉。

〔24〕莒,西周分封的諸侯國。春秋初年遷於莒(今山東莒縣)。公元前431年爲楚所滅。《左傳》魯昭公七年載:"及子產適晉,趙景子問焉,曰:'伯有猶能爲鬼乎?'子產曰:'能。人生始化曰魄,既生魄,陽曰魂。用物精多,則魂魄強,是以有精爽至於神明。匹夫匹婦強死,其魂魄猶能馮依於人,以爲淫厲,況良霄,我先君穆公子胄,子良之孫,敝邑之卿,從政三世矣。鄭雖無腆,抑諺曰'蕞爾國',而三世執其政柄,其用物也弘矣,其取精也多矣,其族又大,所馮厚矣,而強死,能爲鬼,不亦宜乎!"

〔25〕厥慭,地名,不詳,或曰在今河南新鄉縣境。

〔26〕壅,蒙蔽。

〔27〕盈而罰之,惡盈而懲罰。

〔28〕鮮,少。

〔29〕復,報復,報應。

〔30〕請蔡,請寬容蔡國。

〔31〕定公,鄭國國君,公元前529—前514年在位。

〔32〕葬除,爲葬埋清除道路障礙。

〔33〕司墓之室,鄭國掌公墓大夫徒屬之家。

〔34〕朝,早晨。堋,棺下土,落葬。

〔35〕日中,中午。

〔36〕諸侯之賓,指各國所使來會葬者。

定公元年,公會諸侯,同盟於平丘[1]。僑及游吉相。及盟,僑爭承[2],曰:"昔天子班貢[3],輕重以列。列尊貢重,周之制也。卑而貢重者,甸服也[4]。鄭伯,男也[5],而使從公侯之貢,懼弗給也[6],敢以爲請。諸侯靖兵[7],好以爲事。行理之命無月不至[8],貢之無藝[9],小國有闕,所以得罪也。諸侯修盟,存小國也。貢獻無極,亡可待也。存亡之制,將在今矣。"自日中以爭,至於昏[10],晉人許之。游吉咎之曰:"諸侯若討[11],其可瀆乎[12]?"僑曰:"晉政多門,貳偷之不暇[13],何暇討?國不競亦陵[14],何國之爲?"四年,晉韓起來聘。起有環,其一在鄭商。起謁諸公[15],僑弗與,曰:"非官府之守器也[16],寡君不知。"游吉、子羽謂僑曰[17]:"韓子亦無幾求[18],晉國亦未可以貳,晉國、韓子不可偷也。若屬有讒人交鬬其間,鬼神而助之,以興其兇怒,悔之何及?吾子何愛於一環,其以取憎於大國也?盍求而與之[19]?"僑曰:"吾非偷晉而有二心,將終事之,是以弗與,忠信故也。僑聞君子非無賄之難,立而無令名之患[20]。僑聞爲國非不能事大字小之難[21],無禮以定其位之患。夫大國之人令於小國,而皆獲其求,將何以給之?一共一否,爲罪滋大[22]。大國之求,無禮以斥之,何饜之有[23]?吾且爲鄙邑,則失位矣。若韓子奉命以死[24],而求玉焉,貪淫甚矣,獨非罪乎[25]?出一玉以起二罪,吾又失位,韓子成貪,將焉用之?且吾以玉賈罪[26],不亦鋭乎[27]?"韓起買諸賈人,既成賈矣。商人曰:"必告君大夫!"韓起請諸僑曰:"日起請夫環[28],執政弗義,弗敢復也。今買諸商人,商人曰'必以聞',敢以爲請。"僑對曰:"昔我先君桓公與商人皆出自周[29],庸次比耦以艾殺此地[30],斬之蓬、蒿、藜、藋[31],而共處之;世有盟誓,以相信也,曰:'爾無我叛,我無强賈,毋或匄奪[32]。爾有利市寶賄[33],我勿與知。'恃此質誓[34],故能相保以至於今。今吾子以好來辱,而謂敝邑强奪商人,是教敝邑背盟誓也,毋乃不可乎!吾子得玉,而失諸侯,必不爲也。若大國令,而共無藝,鄭鄙邑也,亦弗爲也。僑若獻玉,不知所成[35]。敢私布之[36]。"韓起辭玉,曰:"起不敏,敢求玉以徼二罪[37]?敢辭之。"乃六卿餞起於郊[38],起私覿於僑以玉與馬,曰:"子命起舍玉,是賜我玉而免吾死也,敢不藉手以拜!"六年夏五月,鄭災[39]。火之作也,僑授兵登陴[40]。游吉曰:"晉無乃討乎?"僑曰:"吾聞之,小國忘守則危,況有災乎?國之不可小[41],有備故也。"既,晉之邊吏讓鄭曰:"鄭國有災,晉君、大夫不敢寧居,卜筮走望[42],不愛牲玉[43]。鄭之有災,寡君之憂也。今執事㨢然授兵登陴[44],將以誰罪?邊人恐懼,不敢不告。"僑對曰:"若吾子之言,敝邑之災,君之憂也。敝邑失政,天降之災,又懼讒慝之間謀之[45],以啓貪人[46],薦爲敝邑不利[47],以重君之憂。幸而不亡,猶可說也[48];不幸而亡,君雖憂之,亦無及也。鄭有他竟[49],望走在晉。既事晉矣,敢有貳心[50]?"

【注】

〔1〕平丘,在今河南封丘縣東、長垣縣南。
〔2〕承,指所出貢賦多少先後之名次。
〔3〕班貢,定貢獻之次序。

〔4〕甸服,古九服之一。相傳古代天子所住京都以外的地方按遠近分爲九等,叫九服。方千里稱王畿,其外方五百里叫侯服,又其外方五百里叫甸服,又其外方五百里叫男服,等等。
〔5〕男,指男服。
〔6〕給,足。
〔7〕靖,息,安定。
〔8〕行理之命,由晉國使者傳達的催貢之命。行理,亦作"行旅",使者。
〔9〕藝,極。
〔10〕昏,傍晚。
〔11〕討,討罪,討伐。
〔12〕瀆,輕慢。
〔13〕貳偷,相互牽制。
〔14〕競,強。陵,侵侮。
〔15〕謁,請求。
〔16〕守器,國家保管的器物。
〔17〕子羽,公孫揮的字,鄭國行人。
〔18〕無幾,沒有多少。
〔19〕盍,何不。求,尋找;找來。
〔20〕立,指立爲卿。 令名,美名。
〔21〕字,養育。
〔22〕一,或。共,通"供",供給。 否,指拒絶供給。滋,益,更加。
〔23〕饜,滿足。
〔24〕死,據《左傳》魯昭公十六年作"使"。
〔25〕獨,豈。
〔26〕賈,買。
〔27〕鋭,細小,犯不上。

〔28〕日,往日。
〔29〕桓公,鄭桓公。周厲王之少子,周宣王之弟。公元前806—前771年在位。
〔30〕庸次比耦,猶言共同合作。 芟殺,猶言清除。芟,《左傳》魯昭公十六年作"艾"。
〔31〕蓬、蒿、藜、藋,四種野生草木。
〔32〕毋或匄奪,謂勿乞求,勿掠奪。匄,通"丐"。
〔33〕利市,猶言好買賣。寶賄,猶言奇貨。
〔34〕質,盟約。
〔35〕不知所成,猶言不知有何道理與好處。
〔36〕布,告。
〔37〕徼,通"邀"。求取。
〔38〕六卿,指罕齊、公孫僑、游吉、駟偃、豐施、印癸六位鄭國大臣。
〔39〕災,指火災。據《左傳》魯昭公十八年記載:"裨竈曰:'不用吾言,鄭又將火。'鄭人請用之,子產不可。子大叔曰:'寶以保民也,若有火,國幾亡,可以救亡,子何愛焉?'子產曰:'天道遠,人道邇,非所及也,何以知之?竈焉知天道?是亦多言矣,豈不或信?'遂不與。亦不復火。"
〔40〕郫,城墻上的女墻。
〔41〕小,輕視。
〔42〕卜筮,占卜。走望,謂四出祭祀名山大川。
〔43〕牲玉,指祭祀用的犧牲玉帛。
〔44〕閒然,猛貌。
〔45〕讒慝,好進讒言的壞人。間謀,乘機打主意。
〔46〕啟,啟發,引誘。
〔47〕薦,重,再次。
〔48〕猶可說也,指授兵之事尚可解釋。

〔49〕竟，通"境"。邊境，國境。
〔50〕此下據《左傳》魯昭公十九年記載有："鄭大水，龍鬭於時門之外洧淵，國人請爲禜焉。子產弗許，曰：'我鬭，龍不我覿也；龍鬭，我獨何覿焉？禳之則彼其室也。吾無求於龍，龍亦無求於我。'乃止也。"

八年[1]，僑卒。仲尼聞之[2]，出涕曰："古之遺愛也[3]。"僑之從政也，擇能而使之。馮簡子能斷大事[4]；游吉美秀而文[5]；公孫揮能知四國之爲[6]，而辨於其大夫之族姓、班位、貴賤、能否[7]，而又善爲辭令；裨諶能謀[8]，謀於野則獲，謀於邑則否。鄭國將有諸侯之事，僑乃問四國之爲於揮，且使多爲辭令；與裨諶乘以適野[9]，使謀可否；而告馮簡子使斷之。事成，乃授游吉使行之，以應對賓客。是以鮮有敗事。僑之爲政也，使都鄙有章[10]，上下有服[11]；田有封洫[12]，廬井有伍[13]。大人之忠儉者[14]，從而與之[15]；泰侈者，因而斃之[16]。從政一年，輿人誦之[17]，曰："取我衣冠而褚之[18]，取我田疇而伍之[19]。孰殺子產，吾其與之[20]。"及三年，又誦之，曰："我有子弟，子產誨之；我有田疇，子產殖之[21]。子產而死，誰其嗣之？"

【注】
〔1〕《左傳》魯昭公二十年記載："鄭子產有疾，謂子大叔曰：'我死，子必爲政。唯有德者能以寬服民，其次莫如猛。夫火烈，民望而畏之，故鮮死焉；水懦弱，民狎而翫之，則多死焉，故

寬難'。"

〔2〕仲尼,即孔子。本書有傳。

〔3〕古之遺愛,謂子產之仁愛有古人之遺風。

〔4〕馮簡子,鄭大夫。

〔5〕美秀,就其外貌舉止而言。文,指熟悉典章制度詩樂。

〔6〕四國,四方諸侯。 爲,指政令。

〔7〕辨,明察。 班位,指在朝做官的位次。

〔8〕裨堪,鄭大夫。

〔9〕乘,坐車。 適,往。

〔10〕都,指城市。凡大夫之采邑、侯國之下邑皆可稱都。 鄙,郊野。 有章,有別。

〔11〕服,事,職。

〔12〕封,田界。 洫,水溝。

〔13〕廬井,廬舍與井田。 伍,"賦"之借字。

〔14〕大人,謂卿大夫。

〔15〕與,謂親近、嘉許或舉拔。

〔16〕泰侈,又作"汏侈",驕縱。 斃,謂罰而使之去職。

〔17〕輿人,眾人。

〔18〕褚,通"儲"。貯藏。暗指公孫僑收取財物稅。

〔19〕疇,耕地。

〔20〕其,將,與,助。

〔21〕殖,謂增加產量。

　　僑子參,字子思。初事定公。定公薨,事獻公[1]。獻公四年,參及諸侯之大夫會於狄泉[2],城成周[3]。獻公薨,事聲公[4]。聲公十一年,駟秦富而侈[5],鄭人惡而殺之。参曰："《詩》曰：'不解於位，民之攸墍[6]。'不守其位而能久者鮮矣。《商頌》曰：'不僭不濫，不敢怠皇，命以多福[7]。'"十三年，宋圍曹。参曰："宋人有曹，鄭之患也，不可以不救。"冬，救曹。三十三年，晉荀瑤伐我[8]。我請救於齊，齊救之，及濮[9]，雨，不涉。参曰："大國在敝邑宇下[10]，是以告急。今師不行，恐無及也。"齊師出，瑤乃還。参卒，諡曰桓[11]。

【注】

〔1〕獻公，鄭國國君，公元前513—前501年在位。
〔2〕狄泉，在今河南洛陽。
〔3〕成周，指西周的東都洛邑。
〔4〕聲公，鄭國國君。公元前500年即位。據《史記·鄭世家》，即位三十七年卒。《史記·諸侯年表》則云三十八年卒。
〔5〕駟秦，鄭嬖大夫。
〔6〕不解於位，民之攸墍，見《詩經·大雅·假樂》。謂百官勤於職守，民所以得安寧。解，同"懈"。攸，所。墍，息，安寧。
〔7〕《詩經·商頌·殷武》作："不僭不濫，不敢怠遑。命於下國，封建厥福。"謂賞罰不亂，不敢怠惰，則受天命而多福。僭，差失。濫，過度。皇，閒暇。
〔8〕荀瑤，晉卿，即智伯襄子。
〔9〕濮，水名，在今河南滑縣與延津縣境。
〔10〕大國，指晉國。宇下，屋檐之下。喻近鄰。
〔11〕諡，古代帝王、貴族等死後被加的帶有褒貶意義的稱號。

選自《尚史列傳》卷十九

附

　　子產者,鄭之列大夫也。鄭昭君之時,以所愛徐摯爲相,國亂,上下不親,父子不和。大宮子期言之君,以子產爲相。爲相一年,豎子不戲狎,斑白不提挈,僮子不犂畔。二年,市不豫賈。三年,門不夜關,道不拾遺。四年,田器不歸。五年,士無尺籍,喪期不令而治。治鄭二十六年而死,丁壯號哭,老人兒啼,曰:"子產去我死乎!民將安歸?"(録自《史記》卷一百十九《循吏列傳》)

　　簡公元年,諸公子謀欲誅相子駟,子駟覺之,反盡誅諸公子。二年,晉伐鄭,鄭與盟,晉去。冬,又與楚盟。子駟畏誅,故兩親晉、楚。三年,相子駟欲自立爲君,公子子孔使尉止殺相子駟而代之。子孔又欲自立。子產曰:"子駟爲不可,誅之,今又效之,是亂無時息也。"於是子孔從之而相鄭簡公。

……

　　十二年,簡公怒相子孔專國權,誅之,而以子產爲卿。十九年,簡公如晉請衛君還,而封子產以六邑。子產讓,受其三邑。二十二年,吳使延陵季子於鄭,見子產如舊交,謂子產曰:"鄭之執政者侈,難將至,政將及子。子爲政,必以禮;不然,鄭將敗。"子產厚遇季子。二十三年,諸公子爭寵相殺,又欲殺子產。公子或諫曰:"子產仁人,鄭所以存者子產也,勿殺!"乃止。

二十五年,鄭使子產於晉,問平公疾。平公曰:"卜而曰實沈、臺駘爲祟,吏官莫知,敢問?"對曰:"高辛氏有二子,長曰閼伯,季曰實沈,居曠林,不相能也,日操干戈以相征伐。后帝弗臧,遷閼伯於商丘,主辰,商人是因,故辰爲商星。遷實沈於大夏,主參,唐人是因,服事夏、商,其季世曰唐叔虞。當武王邑姜方娠大叔,夢帝謂己:'余命而子曰虞,乃與之唐,屬之參而蕃育其子孫。'及生有文在其掌曰'虞',遂以命之。及成王滅唐而國大叔焉。故參爲晉星。由是觀之,則實沈,參神也。昔金天氏有裔子曰昧,爲玄冥師,生允格、臺駘。臺駘能業其官,宣汾、洮,障大澤,以處太原。帝用嘉之,國之汾川。沈、姒、蓐、黃實守其祀。今晉主汾川而滅之。由是觀之,則臺駘,汾、洮神也。然是二者不害君身。山川之神,則水旱之菑祭之;日月星辰之神,則雪霜風雨不時祭之;若君疾,飲食哀樂女色所生也。"平公及叔向曰:"善,博物君子也!"厚爲之禮於子產。

二十七年夏,鄭簡公朝晉。冬,畏楚靈王之强,又朝楚,子產從。二十八年,鄭君病,使子產會諸侯,與楚靈王盟於申,誅齊慶封。

三十六年,簡公卒,子定公寧立。……

……

四年,晉昭公卒,其六卿彊,公室卑。子產謂韓宣子曰:"爲政必以德,毋忘所以立。"

六年,鄭火,公欲禳之。子產曰:"不如修德。"

……

聲公五年,鄭相子產卒,鄭人皆哭泣,悲之如亡親戚。子產者,鄭成公少子也。爲人仁愛人,事君忠厚。孔子嘗過鄭,與子產如兄弟云。及聞子產死,孔子爲泣曰:"古之遺愛也"! （録自《史記》卷四十二《鄭世家》）

鄧　　析（約前545—前501）

　　鄧析者，鄭人也[1]。嘗爲大夫[2]。好刑名[3]，操兩可之説[4]，設無窮之辭[5]。洧水甚大[6]，鄭之富人有溺者，人得其死者[7]，富人請贖之，其人求金甚多，以告鄧析。析曰："安之，人必莫之賣矣[8]。"得死者患之，以告析。析又答之曰："安之，此必無所更買矣[9]。"子產治鄭[10]，析務難之。鄭國多相縣以書者[11]，子產令無縣書，析致之[12]。子產令無致書，析倚之[13]。令無窮，析應之亦無窮。與民之有獄者約：大獄一衣，小獄襦袴[14]，民之獻衣襦袴而學訟者不可勝數。以非爲是，以是爲非，是非無度，而可與不可日變。所欲勝因勝，所欲罪因罪。鄭國大亂，民口讙譁[15]。子產患之，於是討析而僇之[16]，民心乃服，是非乃定，法律乃行[17]。或曰駟歂殺之[18]。初，子產鑄刑書於鼎[19]，析欲改所鑄舊制，别造竹刑[20]，書之於竹簡，故云，蓋別於子產之鑄鼎也。子產卒後二十一年[21]，駟歂爲政，乃殺析而用其竹刑，以爲其法可取[22]。君子謂駟歂於是不忠。苟有可以加於國家者，棄其邪可也，故用其道，不棄其人。《詩》云："蔽芾甘棠，勿剪勿伐，召伯所茇[23]。"思其人，猶愛其樹，況用其道而不恤其人乎[24]？駟歂無以勸能矣[25]。或稱子產誅析，非也。《漢書·藝文志》有書二篇在名家。今本《轉辭》、《無厚》二篇，節次不相屬，似出後人掇拾。其言如天於人無厚,君於民無厚,父於子無厚,兄與弟無厚;勢者君之輿,威者君之策,則其旨同於申、韓[26]。如今煩則民詐,政擾則民不定;心欲安靜,慮欲深遠,則又同於黃、老[27]。然與孫卿子與惠施同譏所謂[28]:山淵平,天地比[29],齊秦襲[30],入乎耳,出乎口,鉤有鬚[31],卵有毛,甚察而不惠,辯而無用者[32],與公孫龍同類[33]。疑後世公孫龍之徒托之於析以自重歟[34]?所作竹刑,今不可考。子產鑄刑書,爲國法制,竹刑則私著也。私著言法自析始,則析爲法家之祖也。

【注】

〔1〕鄧析,春秋末法家先驅,鄭國(今河南新鄭一帶)人。
〔2〕大夫,官名。此據《左傳》昭公二十年杜預注。
〔3〕刑名,亦作"形名"。原指形體(實)和名稱。法家則把"刑名"和"法術"相聯繫,把"名"引申爲法令、名分、言論等。主張循名責實,慎賞明罰。
〔4〕兩可之説,可是可非,模棱兩可的學説。
〔5〕以上三句見《別錄》。又《列子·力命》語同。
〔6〕洧水,即今位於河南的雙洎河。
〔7〕死,通"屍"。
〔8〕人必莫之賣矣,得屍者無處可賣此死屍。
〔9〕此必無所更買矣,買屍者無處可賣此死屍。
〔10〕子產,即公孫僑,見前傳。
〔11〕相縣以書,以書相對抗。即今所謂"答辯"。縣,通"懸"。
〔12〕致之,即致書,謂文飾法律。
〔13〕倚之,倚書,謂曲解法律條文。倚,偏。

〔14〕襦,短襖。裨,單衣。裨,一作"袴"。
〔15〕讙譁,喧嘩不休。
〔16〕討析而僇之,討伐鄧析的罪行而後殺掉。僇,通"戮"。
〔17〕以上皆據《呂氏春秋·離謂》。
〔18〕駟歂,字子然,鄭國大夫。《左傳》定公九年:"鄭駟歂殺鄧析,而用其竹刑。"
〔19〕此據《左傳》昭公六年文。鑄刑書於鼎,把法律條文刻鑄在鼎上,公佈於衆,以爲國之常法。這是子產實行的一項重大改革。
〔20〕此據《左傳》定公九年杜預注及孔穎達《正義》。竹刑,刻寫於竹簡上的法律條文。
〔21〕二十一年,此據《別錄》。案原作二十年,今核實改正。
〔22〕此據《左傳》定公九年文,及《左傳正義》。
〔23〕見《詩·召南·甘棠》。蔽芾,樹高大覆蓋貌。甘棠,喬木,其高可達十公尺。茇,草舍。召伯,即召公奭,周武王之臣,封地在召,故名。
〔24〕恤,顧惜。
〔25〕以上見《左傳》定公九年文。
〔26〕申,申不害,戰國時法家,鄭國人。韓,韓非,戰國法家集大成者。本書均有傳。
〔27〕此據《四庫全書總目提要》。黃老,指黃老之學。黃,黃帝;老,老子。
〔28〕孫卿子,即荀子。惠施,戰國時名家。本書均有傳。
〔29〕比,接近。
〔30〕襲,依合。
〔31〕鉤有鬚,婦女有鬍鬚。鉤是"姁"的假借字。姁,即"嫗"。
〔32〕以上見《荀子·不苟》。

〔33〕公孫龍,戰國時名家,本書有傳。
〔34〕此據《別録》。

　　王蘧常曰：世傳析過衛,見五丈夫負缶而灌韭[1],析教以爲機[2]。五丈夫述師言以爲有機知之巧[3],必有機知之敗。析不懌[4],至病[5]。或亦深感於己用機之過,而終不能改,卒以取敗,惜哉！然其機鬭之勇,亦足異已。

【注】
〔1〕丈夫,男子的通稱。缶,一種吸水或盛流質的瓦器。
〔2〕機,器械。
〔3〕知,通"智"。
〔4〕懌,快樂。
〔5〕以上據《説苑·反質》。

王蘧常《諸子新傳》

晏　　嬰（？—前500）

　　晏平仲嬰者[1]，萊之夷維人也[2]。事齊靈公、莊公、景公，以節儉力行重於齊[3]。既相齊，食不重肉[4]，妾不衣帛。其在朝，君語及之，即危言[5]；語不及之，即危行[6]。國有道，即順命；無道，即衡命[7]。以此三世顯名於諸侯。

【注】

[1] 晏平仲，春秋時齊國大夫，姓晏，名嬰，字平仲。
[2] 萊之夷維，今山東省高密縣。
[3] 重，重視，敬重。齊，古國名，春秋大國之一，在今山東省東北部。
[4] 重，重複，多。
[5] 危言，直言陳詞。
[6] 危行，正直行事。
[7] 衡命，權衡情理。

　　越石父賢，在縲紲中[1]。晏子出，遭之塗[2]，解左驂贖之[3]，載歸。弗謝，入閨[4]。久之，越石父請絕[5]。晏子戄然[6]，攝衣冠謝曰[7]："嬰雖不仁，免子於厄[8]，何子求絕之速也？"石父曰："不然。吾聞君子詘於不知己而信於知己者[9]。方吾在縲紲中，彼不知我也。夫子既已感寤而贖我[10]，是知己；知己而無禮，固不如在縲紲之中。"

晏子於是延入爲上客[11]。

【注】

[1] 越石父，晉人。縲絏，拘繫犯人的繩索，引申爲囚禁。
[2] 塗，通"途"，道路。《晏子春秋》云：晏子之晉，至牟中，遇越石父。
[3] 左驂，馬車左旁一馬。
[4] 閨，内室，即家中。
[5] 絶，斷絶交情、來往。
[6] 懼然，敬畏貌。
[7] 攝，整頓。謝，道歉。
[8] 厄，苦難困窮。
[9] 詘，通"屈"。 信，通"申"。
[10] 寤，通"悟"。
[11] 延，聘進。

晏子爲齊相，出，其御之妻從門間而窺其夫[1]。其夫爲相御，擁大蓋[2]，策駟馬[3]，意氣揚揚，甚自得也。既而歸[4]，其妻請去[5]。夫問其故。妻曰："晏子長不滿六尺，身相齊國，名顯諸侯。今者妾觀其出，志念深矣，常有以自下者[6]。今子長八尺，乃爲人僕御，然子之意自以爲足，妾是以求去也。"其後夫自抑損[7]。晏子怪而問之，御以實對。晏子薦以爲大夫。

【注】

[1] 御，駕駛車馬的人。窺，從縫隙或隱僻處偷看。

〔2〕擁大蓋,謂居車蓋之側。
〔3〕策,鞭打。 駟馬,同駕一輛車的四匹馬。
〔4〕既而,猶已而,不久。
〔5〕去,離開。
〔6〕下,退讓,屈己尊人。
〔7〕抑損,謙遜。

　　太史公曰[1]：吾讀管氏《牧民》、《山高》、《乘馬》、《輕重》、《九府》[2],及《晏子春秋》[3],詳哉其言之也。既見其著書,欲觀其行事,故次其傳。至其書,世多有之,是以不論,論其軼事。管仲世所謂賢臣,然孔子小之[4]。豈以爲周道衰微,桓公既賢,而不勉之至王,乃稱霸哉？語曰"將順其美,匡救其惡,故上下能相親也"。豈管仲之謂乎？方晏子伏莊公屍哭之,成禮然後去,豈所謂"見義不爲無勇"者邪？至其諫説,犯君之顏,此所謂"進思盡忠,退思補過"者哉[5]！假令晏子而在,餘雖爲之執鞭,所忻慕焉[6]。

【注】
〔1〕太史公,即司馬遷,本書有傳。《史記正義》引虞喜《志林》云："古者主天官者皆上公,自周至漢,其職轉卑,然朝會坐位猶居公上。尊天之道,其官屬仍以舊名尊而稱也。"司馬遷父談居太史公位。
〔2〕管氏,指管仲,本書有傳。《山高》、《九府》,劉向《別錄》曰："《九府》民間無有。《山高》一名《形勢》。"
〔3〕《晏子春秋》,舊題《春秋齊晏嬰傳》。1972年山東臨沂銀雀山西漢墓出土的《晏子》殘簡與今本有關章節相對照,內容大體

一致。

〔4〕小,小看,輕視。此指孔子說管仲不知禮(見《論語・八佾》篇)。

〔5〕進思盡忠,退思補過,謂進見國君時,想到盡忠直言;退朝後,考慮彌補國君的過失。

〔6〕忻慕,欣喜愛慕。

選自《史記》卷六十二《管晏列傳》

老　　子（春秋末）

　　老子者〔1〕,楚苦縣厲鄉曲仁里人也〔2〕,姓李氏,名耳,字聃,周守藏室之史也〔3〕。

【注】
〔1〕老子,春秋時哲學家,道家的創始人。生卒年不可考,長於孔子。
〔2〕楚,古國名,都於郢(今湖北江陵西北紀王城)。苦縣,古縣名,今河南鹿邑東。
〔3〕史,官名。周守藏室之史,即周朝管理藏書的史官。《史記·張湯列傳》謂"老子爲柱下史"。《莊子·天道》謂"周之徵藏史"。

　　孔子適周,將問禮於老子〔1〕。老子曰:"子所言者〔2〕,其人與骨皆已朽矣,獨其言在耳〔3〕。且君子得其時則駕〔4〕,不得其時則蓬纍而行〔5〕。吾聞之,良賈深藏若虛〔6〕,君子盛德,容貌若愚〔7〕。去子之驕氣與多欲,態色與淫志〔8〕,是皆無益於子之身。吾所以告子,若是而已。"孔子去,謂弟子曰:"鳥,吾知其能飛;魚,吾知其能游;獸,吾知其能走〔9〕。走者可以爲罔,游者可以爲綸,飛者可以爲矰〔10〕。至於龍吾不能知,其乘風雲而上天。吾今日見老子,其猶龍邪〔11〕!"

【注】

〔1〕適,往。將,打算。孔子問禮於老子事,又見於《史記·孔子世家》和《禮記·曾子問》。
〔2〕子,古代對男子的尊稱。指孔子。
〔3〕其人,指言禮者。
〔4〕君子,泛稱有才德的人。駕,指乘馬車。
〔5〕蓬纍,無主貌。《史記正義》:"言君子得明主則駕車而事,不遭時則若蓬轉流移而行,可止則止也。"孟子說孔子可以速而速,可以久而久,可以處而處,可以仕而仕,"孔子聖之時者也"。蓋受此教。
〔6〕良賈,善於做買賣的坐商。深藏,隱藏其貨物,不使人見,故云若虛。
〔7〕盛德,品行高尚。容貌若愚,外表像愚笨無知。
〔8〕與,猶"以"也。謂因多欲而驕氣。淫,若"太"也。謂因志大而色慢。此即《莊子·外物》說:"丘,去女躬矜與女容知(智)。"
〔9〕走,跑。
〔10〕罔,通"網"。捕魚獸的工具。綸,釣絲。釣魚的工具。矰,繫有絲的箭。射鳥的工具。
〔11〕龍,古代傳說中的一種善於變化,能興雲雨、利萬物的神異動物。孔子稱老子猶龍,喻非常之人。《莊子·天運》也記此事。

　　老子修道德[1],其學以自隱無名爲務[2]。居周久之,見周之衰,迺遂去[3]。至關,關令尹喜曰[4]:"子將隱矣,彊爲我著書[5]。"於是老子迺著書上下篇[6],言道德之意五千餘言而去[7],莫知其所終[8]。

【注】

〔1〕道德,中國哲學中的一對範疇。道指事物運動變化所必須遵循的規律或事物的本原,德指具體事物從道所得的特殊規律或特殊的性質。人對道的認識修養有得於己,亦稱"道德"。《禮記·曲禮》鄭玄注:"道者通物之名,德者得理之稱。"

〔2〕自隱無名,《老子》曰:"道隱無名。"他是修道德的隱士,下文説"老子隱君子也"。故曰其學以自隱無名爲務。務,勉力從事。

〔3〕迺,同"乃",於是。遂,猶"因"字,繼事之辭。

〔4〕關,通指函谷關。在今河南靈寶東。或説散關。據《戰國策》和《史記》考之,前説爲是。令,官名。尹喜,人名。

〔5〕子,稱老子。彊,即"強"字。

〔6〕上下篇,指《道德》上下篇。據帛書《老子》應爲《德道》上下篇。

〔7〕五千餘言,五千多字。

〔8〕終,指老子死處。《莊子·養生主》:"老聃死,秦佚弔之。"則老子死於秦。《廣弘明集·辨惑》釋道宣序云,李叟生於厲鄉,死於槐里,莊生可爲實録,秦佚誠非妄説。又道宣跂孫盛《老子疑問反訊》云,老子遜於西裔,行及秦境,死於扶風,葬於槐里。《路史》後記也注云,鄠縣柳谷水西有老子墓。

或曰[1]:老萊子亦楚人也,著書十五篇[2],言道家之用,與孔子同時云[3]。

【注】

〔1〕或,疑辭。此冠"或曰",蓋老萊子是否楚人,是否與孔子同時,疑之而不能詳。故附記別説。

〔2〕老萊子,春秋末年楚之隱士。相傳逃世耕於蒙山之陽,有孝

行,楚王迎其出仕,不就而去,是古之壽者。《漢書·藝文志》著録《老萊子》十六篇。

〔3〕用,見用於世。云,語末助詞。《史記·仲尼弟子列傳》序曰:孔子之所嚴事,於周則老子,於楚老萊子。又本傳説,"老子迺著上下篇,言道德之意","老萊子著書十五篇,言道家之用",二人之書後世俱在。可見司馬遷明確二者非一人。又檢《莊子》、《禮記》、《戰國策》、《漢書》等,老子和老萊子均爲二人。

蓋老子百有六十餘歲,或言二百餘歲,以其修道而養壽也〔1〕。

【注】

〔1〕蓋,大概,也是疑辭。老子生卒何年,今不可考。《史記索隱》説:"此前古之好事者據外傳,以老子生年至孔子時,故百六十歲。或言二百餘歲者,即以周太史儋爲老子,故二百餘歲也。"好事者妄測之言,《荀子·王霸》説:"人無百歲之壽。"誠可信也。

自孔子死之後百二十九年〔1〕,而史記周太史儋見奉獻公曰〔2〕:"始秦與周合,合五百歲而離,離七十歲而霸王者出焉〔3〕。"或曰儋即老子,或曰非也,也莫知其然否〔4〕。老子,隱君子也。

【注】

〔1〕百二十九年,誤。《史記集解》引徐廣曰:"實百一十九年",亦誤。《周本紀》:"烈王二年,周太史儋見秦獻公。"《秦本紀》:

"獻公十一年,周太史儋見獻公。"按《史記·六國年表》,周烈王二年,正秦獻公十一年。即公元前374年,去孔子實一百零五年。

〔2〕太史儋,太史,官名。西周春秋時,掌起草文書,策命諸侯卿大夫,記載史事,編寫史書,兼管國家典籍,天文曆法,祭禮等。儋,人名。秦獻公,秦靈公之子嬴師隰,公元前384—前362年在位。

〔3〕周、秦二本紀並云,始周與秦國合而別。別五載又合,合七十歲而霸王者出。《周本紀·正義》:"秦孝公,是霸也;孝公子惠王稱王,是王者出也。"

〔4〕太史儋是否是老子,司馬遷不知其然否,故據傳述者之辭附見於此。然其明確説,孔子問禮於老子,老子作上下篇言道德之意,而孔子死後百餘年之太史儋,則未肯定即作上下篇之老子。故知二者決非一人。高亨《史記老子傳箋證》認爲,太史儋是老聃之後。因老聃爲周史,老而免官,去周適秦,古者官以世及,其子廥爲周史,一傳或再三傳,歷百許年,至儋爲周太史,又去周適秦,因其爲一家人,姓同,官同,行蹤又同,聃、儋音又相近,故後世傳爲一人。

老子之子名宗,宗爲魏將,封於段干[1]。親子注,注子宮,宮玄孫假,假仕於漢孝文帝[2]。而假之子解爲膠西王卬太傅[3],因家於齊焉。

【注】

〔1〕宗,太史儋之子。高亨《史記老子傳箋證》認爲,太史儋是老子之後,後世傳爲一人。而宗者,太史儋之子,因封於段干,而稱段干宗。即《史記·魏世家》之魏將段干子,《戰國策·魏策》之段干崇。宗、崇音近通用。故宗決非老子之子。

〔2〕玄孫,曾孫之子。即本身以下的第五代。漢孝文帝,西漢皇帝劉恆,公元前180—前157年在位。
〔3〕膠西,西漢諸侯國名。漢文帝時立,治所高密,轄境約當今山東膠河以西、高密以北地區。王卬,膠西國王劉卬,漢文帝二年封。太傅,官名。西漢時爲輔導太子之官,此指輔助膠西王劉卬之官。

　　世之學老子者則絀儒學,儒學亦絀老子〔1〕。"道不同不相爲謀"〔2〕,豈謂是邪?李耳無爲自化,清静自正〔3〕。

【注】
〔1〕絀,通"黜",排除,貶退。老子,指道家。儒學,指儒家學説。
〔2〕此引《論語·衛靈公》語。謀,謀劃,咨詢。
〔3〕《老子》曰:"我無爲而民自化,我好静而民自正。"

　　　　　　選自《史記》卷六十三《老子韓非列傳》

孔　　子（前551—前479）

　　孔子生魯昌平鄉陬邑[1]。其先宋人也，曰孔防叔[2]。防叔生伯夏，伯夏生叔梁紇。紇與顏氏女野合而生孔子[3]。禱於尼丘得孔子[4]。魯襄公二十二年而孔子生[5]。生而首上圩頂[6]，故因名曰丘云。字仲尼，姓孔氏。

【注】
〔1〕陬邑，孔子父親叔梁紇所治邑，在今山東曲阜。
〔2〕其先，孔子的祖先。孔子先祖孔父嘉是宋國宗室，因爲距離宋國始祖已過五代，便改爲孔氏。孔父嘉被華父督殺害，孔父嘉的後代孔防叔畏懼華氏的逼迫而出奔魯國。
〔3〕野合，過齡而婚，不合禮義，謂野合。
〔4〕尼丘，尼丘山在陬邑西。
〔5〕魯襄公二十二年，公元前551年。
〔6〕圩頂，圩音烏，中低而四面高，頂，頭頂。

　　丘生而叔梁紇死[1]，葬於防山[2]。防山在魯東，由是孔子疑其父墓處，母諱之也[3]。孔子爲兒嬉戲，常陳俎豆[4]，設禮容。孔子母死，乃殯五父之衢[5]。蓋其慎也[6]。陬人挽父之母誨孔子父墓[7]，然後往合葬於防焉。

【注】

〔1〕《孔子家語》云,孔子三歲而梁紇死。
〔2〕防山,在曲阜東。
〔3〕疑其父墓處,不知其父墳墓在什麽地方。諱,隱諱,迴避。
〔4〕陳俎豆,行祭祀禮儀。
〔5〕衢,街道。五父之衢,在曲阜西南。
〔6〕慎,孔子不知父墓,故先謹慎地將母殯於五父衢。
〔7〕陬,即鄹。謂鄹人挽父的母親告訴孔子其父墓在防山。

　　孔子要絰[1],季氏饗士,孔子與往[2]。陽虎絀曰:"季氏饗士,非敢饗子也[3]。"孔子由是退。

【注】

〔1〕要絰,披孝。
〔2〕季氏饗士,謂季氏饌飲魯國文學之士。
〔3〕陽虎,即陽貨。春秋魯人,爲季氏家臣。敢,冒昧之辭。子,指孔子。

　　孔子年十七,魯大夫孟釐子病且死[1],誡其嗣懿子曰:"孔丘,聖人之後[2],滅於宋[3]。其祖弗父何始有宋而嗣讓厲公[4]。及正考父佐戴、武、宣公,三命兹益恭[5],故鼎銘云:'一命而僂,再命而傴,三命而俯[6],循墻而走[7],亦莫敢余侮[8]。饘於是,粥於是,以糊余口[9]。'其恭如是。吾聞聖人之後,雖不當世,必有達者。今孔丘年少好禮,其達者歟?吾即没,若必師之。"及釐子卒,懿子與魯人南宫敬叔往學禮焉。是歲,季武子卒,平子代立。

【注】

〔1〕且,將。
〔2〕聖人,指商湯,宋的先祖爲殷商後裔。
〔3〕滅於宋,指孔子先祖孔父嘉爲宋華督所殺。
〔4〕弗父何,孔父嘉的高祖,宋愍公的長子,厲公的兄長,當先繼位而讓位於弟爲厲公。
〔5〕正考父,弗父何的曾孫。三命,上卿。
〔6〕鼎銘,刻在鼎上的銘文。僂、傴、俯,都是恭敬的樣子。
〔7〕循墻而走,指行爲謹慎。
〔8〕莫敢余侮,人們不敢侮慢他。
〔9〕饘,厚粥。糊,食粥。形容其節儉。

　　孔子貧且賤。及長,嘗爲季氏史,料量平[1];嘗爲司職吏而畜蕃息[2]。由是爲司空[3]。已而去魯,斥乎齊,逐乎宋、衛,困於陳、蔡之間,於是反魯[4]。孔子長九尺有六寸,人皆謂之"長人"而異之。魯復善待,由是反魯。

【注】

〔1〕史,又作委吏,主管委積倉庫之吏。料量,稱量算數。
〔2〕司職吏,管理牧場飼養六畜的小吏。職,讀爲樴。樴,繫牛羊的小木樁。《孟子》作乘田。
〔3〕司空,官名,主水利工程等事。
〔4〕反,通"返"。

　　魯南宮敬叔言魯君曰:"請與孔子適周[1]。"魯君與之一乘車,兩馬,一豎子俱,適周問禮[2],蓋見老子云[3]。辭去,而老子送之曰:"吾聞富貴者送人以財,仁人者送人以言。吾不能富貴,竊仁人之號[4],送子以言,曰:'聰明深察而近於死者,好議人者也。博辯廣大危其身者,發人之惡者也。爲人子者毋以有己,爲人臣者毋以有己[5]。'"孔子自周反於魯,弟子稍益進焉。

【注】
〔1〕適,去。
〔2〕問,求教。
〔3〕老子,即老聃李耳,道家創始人。本書有傳。
〔4〕竊,謙詞。號,名。
〔5〕爲人子者毋以有己,爲人臣者毋以有己,意謂身體父母所給,不能捨父母而存己,作爲臣的品節,則言聽則仕,不用則去,保身全行。這是針對孔子"斥乎齊,逐乎宋、衛,困於陳、蔡之間"的經歷而作的規勸。

　　是時也,晉平公淫,六卿擅權[1],東伐諸侯;楚靈王兵彊,陵轢中國[2];齊大而近於魯。魯小弱,附於楚則晉怒;附於晉則楚來伐;不備於齊,齊師侵魯。

【注】
〔1〕晉平公,公元前557—前532年在位。六卿,指范、中行、知、趙、韓、魏六大家族。
〔2〕楚靈王,公元前540—前529年在位。陵轢,欺凌踐踏。

　　魯昭公之二十年[1],而孔子蓋年三十矣。齊景公與晏嬰來適魯[2]，景公問孔子曰："昔秦穆公國小處辟[3]，其霸何也？"對曰："秦，國雖小，其志大；處雖辟，行中正。身舉五羖[4]，爵之大夫，起纍紲之中[5]，與語三日，授之以政。以此取之，雖王可也，其霸小矣。"景公說[6]。

【注】

〔1〕魯昭公之二十年，公元前522年。
〔2〕齊景公，公元前547—前490年在位。晏嬰，字平仲，先為卿，後相齊，本書有傳。
〔3〕辟，通"僻"。
〔4〕五羖，百里奚。
〔5〕纍紲，拘囚犯人的繩子，喻指囚徒。
〔6〕說，通"悅"。

　　孔子年三十五，而季平子與郈昭伯以鬭雞故[1]，得罪魯昭公[2]，昭公率師擊平子，平子與孟氏、叔孫氏三家共攻昭公，昭公師敗，奔於齊，齊處昭公乾侯。其後頃之[3]，魯亂。孔子適齊，為高昭子家臣，欲以通乎景公。與齊太師語樂，聞《韶》音[4]，學之，三月不知肉味[5]，齊人稱之。

【注】

〔1〕季平子，即季氏。鬭雞，曲阜東南有二所鬭雞臺。鬭雞之風，山東至今不衰。
〔2〕魯昭公，公元前541—前510年在位。
〔3〕頃之，不久。
〔4〕《韶》，虞舜之樂。

〔5〕三月不知肉味,形容其專心一致。

景公問政孔子[1],孔子曰:"君君,臣臣,父父,子子[2]。"景公曰:"善哉!信如君不君[3],臣不臣,父不父,子不子,雖有粟,吾豈得而食諸!"他日又復問政於孔子,孔子曰:"政在節財。"景公説,將欲以尼谿田封孔子[4]。晏嬰進曰:"夫儒者滑稽而不可軌法[5],倨傲自順[6],不可以爲下;崇喪遂哀,破産厚葬,不可以爲俗;游説乞貸[7],不可以爲國。自大賢之息,周室既衰,禮樂缺有間[8]。今孔子盛容飾,繁登降之禮,趨詳之節,纍世不能殫其學,當年不能究其禮[9]。君欲用之以移齊俗,非所以先細民也[10]。"後景公敬見孔子,不問其禮。異日,景公止孔子曰:"奉子以季氏[11],吾不能。"以季、孟之間待之[12]。齊大夫欲害孔子,孔子聞之。景公曰:"吾老矣,弗能用也。"孔子遂行,反乎魯。

【注】

〔1〕政,政事。
〔2〕君君,臣臣,父父,子子,意謂君要像君,臣要像臣,父要像父,子要像子。参見《論語·顏淵》。
〔3〕信如,誠如。
〔4〕此語出《晏子》及《墨子》。
〔5〕滑稽,圓滑。
〔6〕倨傲,傲慢自大。
〔7〕乞貸,請求借貸。游説乞貸,以游説諸侯而求食。
〔8〕息,生。此謂上古大賢生則有禮樂,至周室衰微而開始有所

缺失。
〔9〕殫,盡。究,窮。
〔10〕先,前導。細民,平民。
〔11〕奉子以季氏,謂像對季氏那樣奉待你。
〔12〕季、孟之間,魯三卿,季氏爲上卿,最貴,孟氏爲下卿,不用事,言待孔子於二者之間。

孔子年四十二,魯昭公卒於乾侯,定公立。定公立五年,夏,季平子卒,桓子嗣立。季桓子穿井得土缶[1],中若羊[2],問仲尼云"得狗"[3]。仲尼曰:"以丘所聞,羊也。丘聞之,木石之怪夔、罔閬[4],水之怪龍、罔象[5],土之怪墳羊[6]。"

【注】
〔1〕缶,盛酒漿的瓦器。
〔2〕羊,活羊。
〔3〕問仲尼云"得狗",獲羊而言狗,因爲孔子博學多聞,桓子想測驗他。
〔4〕木石,指山夔,獨足獸。罔閬,即魍魎,山精,好學人而迷惑人。
〔5〕罔象,食人之怪獸。
〔6〕墳羊,雌雄未成的羊。

吳伐越,墮會稽[1],得骨節專車[2]。吳使使問仲尼:"骨何者最大?"仲尼曰:"禹致羣神於會稽山[3],防風氏後至,禹殺而戮之[4],其節專車,此爲大矣。"吳客曰:"誰爲神?"仲尼曰:"山川之神足以綱紀天下[5],其守爲神,社稷爲公侯[6]，皆屬於王者。"客曰："防風何守？"仲尼曰："汪罔氏之君守封、禺之山[7]，爲釐姓[8]。在虞、夏、商爲汪罔，於周爲長翟，今謂之大人。"客曰："人長幾何？"仲尼曰："僬僥氏三尺[9]，短之至也。長者不過十之[10]，數之極也。"於是吳客曰："善哉聖人！"

【注】
〔1〕墮，毀。會稽，越都。
〔2〕得骨節專車，謂得到一節骨頭，有一輛專用車那樣長。
〔3〕羣神，指主管山川的諸神。
〔4〕戮，殺而陳屍爲戮。
〔5〕山川之神足以綱紀天下，意謂名山大川能與雲致雨以利天下。
〔6〕社稷，原爲土穀之神，後引申爲國家政權，守社稷而無山川之祀。
〔7〕封、禺之山，即封山、禺山，在吳地。
〔8〕釐，音僖。
〔9〕僬僥氏，西南少數民族的別稱。
〔10〕十之，三尺十倍，即三丈。

　　桓子嬖臣曰仲梁懷，與陽虎有隙[1]。陽虎欲逐懷，公山不狃止之[2]。其秋，懷益驕，陽虎執懷。桓子怒，陽虎因囚桓子，與盟而醳之[3]。陽虎由此益輕季氏。季氏亦僭於公室[4]，陪臣執國政[5]，是以魯自大夫以下皆僭離於正道。故孔子不仕，退而修詩書禮樂，弟子彌衆，至自遠方，莫不受業焉。

【注】

〔1〕桓子,即季平子之子季桓子。嬖臣,寵愛之臣。隙,隔閡。

〔2〕公山不狃,季氏的臣宰。

〔3〕醳,同"釋"。

〔4〕僭,越分。

〔5〕陪臣,諸侯的大夫,對天子自稱陪臣。

定公八年[1],公山不狃不得意於季氏,因陽虎爲亂[2],欲廢三桓之適[3],更立其庶孽陽虎素所善者[4],遂執季桓子。桓子詐之,得脱。定公九年,陽虎不勝,奔於齊。是時孔子年五十。

【注】

〔1〕定公八年,公元前502年。

〔2〕因,助。

〔3〕適,通"嫡"。

〔4〕庶孽,妾生之子。

公山不狃以費畔季氏[1],使人召孔子。孔子循道彌久,溫溫無所試,莫能己用[2],曰:"蓋周文武起豐鎬而王,今費雖小,儻庶幾乎[3]!"欲往。子路不説,止孔子。孔子曰:"夫召我者豈徒哉?如用我,其爲東周乎[4]!"然亦卒不行。

【注】

〔1〕畔,通"叛"。

〔2〕溫溫,柔和的樣子。莫能己用,沒有人能任用自己。
〔3〕庶幾,也許可以。
〔4〕東周,謂興周道於東方。

其後定公以孔子爲中都宰[1],一年,四方皆則之。由中都宰爲司空,由司空爲大司寇[2]。

【注】
〔1〕中都,春秋魯邑。宰,官吏的通稱。
〔2〕大司寇,官名。主管刑獄,爲六卿之一。

定公十年春,及齊平[1]。夏,齊大夫黎鉏言於景公曰:"魯用孔丘,其勢危齊。"乃使使告魯爲好會,會於夾谷。魯定公且以乘車好往。孔子攝相事[2],曰:"臣聞有文事者必有武備,有武事者必有文備。古者諸侯出疆,必具官以從。請具左右司馬[3]。"定公曰:"諾。"具左右司馬。會齊侯夾谷,爲壇位,土階三等[4],以會遇之禮相見[5],揖讓而登。獻酬之禮畢,齊有司趨而進曰:"請奏四方之樂。"景公曰:"諾。"於是旍旄羽袚矛戟劍撥鼓噪而至[6]。

【注】
〔1〕及齊平,與齊和好。
〔2〕攝相事,掌握贊禮之事。《周禮·秋官·司儀》:掌九儀之賓客擯相之禮。鄭玄注:出接賓曰擯,入贊禮曰相。
〔3〕司馬,掌軍隊之官。
〔4〕壇,祭場。在地上用土築的臺。朝會、盟誓等,立壇以示鄭重。

三等,三級。

〔5〕會遇之禮,簡單的禮儀。

〔6〕旍旄羽,皆爲兵器飾物。袯,古舞器具。撥,大楯。鼓噪,擊鼓呼叫。

孔子趨而進,歷階而登[1],不盡一等,舉袂而言曰[2]:"吾兩君爲好會,夷狄之樂何爲於此!請命有司!"有司却之[3],不去,則左右視晏子與景公。景公心怍,麾而去之[4]。有頃,齊有司趨而進曰:"請奏宮中之樂。"景公曰:"諾。"優倡侏儒爲戲而前[5]。孔子趨而進,歷階而登,不盡一等,曰:"匹夫而熒惑諸侯者罪當誅[6]!請命有司!"有司加法焉,手足異處。景公懼而動,知義不若,歸而大恐,告其羣臣曰:"魯以君子之道輔其君,而子獨以夷狄之道教寡人,使得罪於魯君,爲之奈何?"有司進對曰:"君子有過則謝以質[7],小人有過則謝以文[8]。君若悼之[9]。則謝以質。"於是齊侯乃歸所侵魯之鄆、汶陽、龜陰之田以謝過。

【注】

〔1〕歷階,登階不聚足。

〔2〕袂,衣袖。

〔3〕却,推辭不受。

〔4〕怍,慚。麾,指揮用的旗幟。

〔5〕優倡侏儒,指歌舞雜技藝人。

〔6〕熒惑,惑亂。

〔7〕質,質樸而實在。

〔8〕文,文辭而多華。
〔9〕悼,後悔。

　　定公十三年夏,孔子言於定公曰:"臣無藏甲,大夫毋百雉之城[1]。"使仲由爲季氏宰,將墮三都[2]。於是叔孫氏先墮郈。季氏將墮費,公山不狃、叔孫輒率費人襲魯。公與三子入於季氏之宮[3],登武子之臺。費人攻之,弗克,入及公側[4]。孔子命申句須、樂頎下伐之[5],費人北[6]。國人追之,敗諸姑蔑。二子奔齊,遂墮費。將墮成,公斂處父謂孟孫曰[7]:"墮成,齊人必至於北門。且成,孟氏之保鄣,無成是無孟氏也。我將弗墮。"十二月,公圍成,弗克。

【注】
〔1〕雉,高一丈、長一丈爲堵,三堵爲雉。
〔2〕三都,三家之邑。　墮,毁壞。
〔3〕三子,指季孫、孟孫、叔孫。
〔4〕公側,公之臺側。
〔5〕申句須、樂頎,魯大夫。
〔6〕北,敗。
〔7〕公斂處父,成城的宰守。

　　定公十四年,孔子年五十六,由大司寇行攝相事[1],有喜色。門人曰:"聞君子禍至不懼,福至不喜。"孔子曰:"有是言也。不曰'樂其以貴下人'乎?"於是誅魯大夫亂政者少正卯[2]。與聞國政三月,粥羔豚者弗飾賈[3];男女行者別於塗；塗不拾遺；四方之客至乎邑者不求有司[4]，皆予之以歸[5]。

【注】

〔1〕行攝相事，謂以大司寇代行相事。
〔2〕孔子誅少正卯事，《荀子・宥坐》、《孔子家語》、《論衡・講瑞》等，俱載此事。
〔3〕粥，通"鬻"，賣。羔，小羊。豚，小猪。賈，價。
〔4〕有司，常在職守，客有求必在。
〔5〕以歸，謂客至如歸。

　　齊人聞而懼，曰："孔子爲政必霸，霸則吾地近焉，我之爲先並矣。盍致地焉[1]？"黎鉏曰："請先嘗沮之[2]；沮之而不可則致地，庸遲乎！"於是選齊國中女子好者八十人，皆衣文衣而舞《康樂》[3]，文馬三十駟，遺魯君[4]。陳女樂文馬於魯城南高門外。季桓子微服往觀再三[5]，將受，乃語魯君爲周道游[6]，往觀終日，怠於政事。子路曰："夫子可以行矣。"孔子曰："魯今且郊，如致膰乎大夫[7]，則吾猶可以止。"桓子卒受齊女樂，三日不聽政；郊，又不致膰俎於大夫。孔子遂行，宿乎屯。而師己送，曰："夫子則非罪。"孔子曰："吾歌可夫？"歌曰："彼婦之口，可以出走；彼婦之謁，可以死敗[8]。蓋優哉游哉，維以卒歲[9]！"師己反，桓子曰："孔子亦何言？"師己以實告。桓子喟然嘆曰："夫子罪我以羣婢故也夫[10]！"

【注】

〔1〕盍致地,何不給其土地。

〔2〕沮,止。

〔3〕《康樂》,舞曲名。《孔子家語》作"容璣"。

〔4〕文馬,毛色有文采的馬。駟,古代一車套四馬,故四馬之車為駟。三十駟,一百二十匹馬。遺,送。

〔5〕微服,為隱蔽身份而更換平民服裝。

〔6〕周道游,周遍道路而行。

〔7〕膰,祭肉。

〔8〕謁,告。此謂舞女歌樂,足以使人死敗,故可以出走。

〔9〕優哉游哉,優游自得。謂仕而不遇,故且優游以終歲。

〔10〕羣婢,謂齊之歌舞女。

孔子遂適衛,主於子路妻兄顏濁鄒家[1]。衛靈公問孔子:"居魯得祿幾何?"對曰:"奉粟六萬[2]。"衛人亦致粟六萬。居頃之,或譖孔子於衛靈公[3]。靈公使公孫余假一出一入[4]。孔子恐獲罪焉,居十月,去衛。

【注】

〔1〕主,即住。

〔2〕六萬,指小斗六萬。

〔3〕譖,誣陷。

〔4〕一出一入,謂以兵仗出入,威脅孔子。

將適陳,過匡,顏刻為僕,以其策指之曰[1]:"昔吾入此,由彼缺也[2]。"匡人聞之,以為魯之陽虎。陽虎嘗暴匡人,匡人於是遂止孔子。孔子狀類陽虎,拘焉五日。顏淵後[3],子曰:"吾以汝爲死矣。"顏淵曰:"子在,回何敢死!"匡人拘孔子益急,弟子懼。孔子曰:"文王既没,文不在兹乎?天之將喪斯文也,後死者不得與於斯文也[4]。天之未喪斯文也,匡人其如予何[5]!"孔子使從者爲甯武子臣於衛,然後得去。

【注】

〔1〕策,馬鞭。
〔2〕缺,城郭外的缺口。
〔3〕後,失散後到。
〔4〕兩句意謂:文王雖死,其文見在此。天將喪失此文,本不當使我知之;而今使我知之,不欲喪此文。
〔5〕謂天未喪此文,則我當傳之,匡人欲奈何我。參見《論語·子罕》。

　　去即過蒲。月餘,反乎衛,主蘧伯玉家[1]。靈公夫人有南子者[2],使人謂孔子曰:"四方之君子不辱欲與寡君爲兄弟者,必見寡小君。寡小君願見。"孔子辭謝,不得已而見之。夫人在絺帷中[3]。孔子入門,北面稽首。夫人自帷中再拜,環珮玉聲璆然[4]。孔子曰:"吾鄉爲弗見[5],見之禮答焉。"子路不説。孔子矢之曰[6]:"予所不者,天厭之!天厭之[7]!"居衛月餘,靈公與夫人同車,宦者雍渠參乘,出,使孔子爲次乘,招搖市過之。孔子曰:"吾未見好德如好色者也。"於是醜之,去衛,過曹。是歲,魯定公卒。

【注】

〔1〕主蘧伯玉家,住蘧伯玉家。蘧伯玉,即衛大夫蘧瑗,字伯玉。
〔2〕南子,衛靈公夫人,把持當日衛國政治,且有不正當的行爲,名聲不好。
〔3〕絺帷,麻布幕。
〔4〕璆,音虬,玉石相撞之聲。
〔5〕鄉,本來。
〔6〕矢,發誓。
〔7〕天厭之,天厭棄我罷!參見《論語·雍也》。

　　孔子去曹適宋[1],與弟子習禮大樹下。宋司馬桓魋欲殺孔子[2],拔其樹。孔子去。弟子曰:"可以速矣。"孔子曰:"天生德於予,桓魋其如予何[3]!"

【注】

〔1〕適宋,時爲魯哀公三年,即公元前492年。
〔2〕桓魋,宋國司馬向魋,因是宋桓公後代,故又叫桓魋。
〔3〕謂天授我聖性,德合天地,吉無不利,桓魋將把我怎樣。參見《論語·述而》。

　　孔子適鄭,與弟子相失,孔子獨立郭東門。鄭人或謂子貢曰:"東門有人,其顙似堯[1],其項類皋陶,其肩類子產,然自要以下不及禹三寸,纍纍若喪家之狗[2]。"子貢以實告孔子。孔子欣然笑曰:"形狀,末也[3]。而謂似喪家之狗,然哉!然哉!"

【注】

〔1〕顙,額的上部叫顙。
〔2〕要,通"腰",纍纍,不得志的樣子。
〔3〕末,不然。

孔子遂至陳,主於司城貞子家。歲餘,吳王夫差伐陳,取三邑而去。趙鞅伐朝歌。楚圍蔡,蔡遷於吳。吳敗越王句踐會稽。

有隼集於陳廷而死[1],楛矢貫之[2],石砮[3],矢長尺有咫[4]。陳湣公使使問仲尼。仲尼曰:"隼來遠矣,此肅慎之矢也[5]。昔武王克商,通道九夷百蠻,使各以其方賄來貢[6],使無忘職業。於是肅慎貢楛矢石砮,長尺有咫。先王欲昭其令德,以肅慎矢分大姬[7],配虞胡公而封諸陳。分同姓以珍玉,展親[8];分異姓以遠方職,使無忘服[9]。故分陳以肅慎矢。"試求之故府[10],果得之。

【注】

〔1〕隼,布谷鳥。廷,通"庭",院子。
〔2〕楛矢,楛,木名;矢,箭。
〔3〕砮,鏃。
〔4〕尺有咫,一尺八寸。咫,八寸爲咫。
〔5〕肅慎,當地去肅慎當行六十日。
〔6〕方賄來貢,當地有的財物來貢。
〔7〕分大姬,分送給武王的大女兒。
〔8〕展,重視。
〔9〕服,服從於武王。

〔10〕故府，舊府。

　　孔子居陳三歲，會晉、楚爭彊，更伐陳[1]，及吳侵陳，陳常被寇。孔子曰："歸與歸與！吾黨之小子狂簡，進取不忘其初[2]。"於是孔子去陳。

【注】
〔1〕更，更替。
〔2〕狂簡，志向高大而疏略於事。初，出發點。參見《論語・公冶長》。

　　過蒲，會公叔氏以蒲畔，蒲人止孔子。弟子有公良孺者，以私車五乘從孔子。其爲人長賢，有勇力，謂曰："吾昔從夫子遇難於匡，今又遇難於此，命也已。吾與夫子再罹難[1]，寧鬥而死。"鬥甚疾。蒲人懼，謂孔子曰："苟毋適衛，吾出子[2]。"與之盟，出孔子東門。孔子遂適衛。子貢曰："盟可負邪？"孔子曰："要盟也[3]，神不聽。"

【注】
〔1〕罹難，遇難。
〔2〕出，送出。
〔3〕要盟，要挾以結盟。

　　衛靈公聞孔子來，喜，郊迎。問曰："蒲可伐乎？"對曰："可。"靈公曰："吾大夫以爲不可。今蒲，衛之所以待晉楚也，以衛伐之，無乃不可乎？"孔子曰："其男子有死之志[1],婦人有保西河之志[2]。吾所伐者不過四五人。"靈公曰:"善。"然不伐蒲。

【注】
[1] 男子有死之志,公叔氏欲將蒲送他國,而男子不樂適他,欲死之。
[2] 婦人有保西河之志,婦人恐懼,欲保西河,無戰意。

靈公老,怠於政,不用孔子。孔子喟然嘆曰:"苟有用我者,朞月而已[1],三年有成。"孔子行。

【注】
[1] 朞月,周月,謂周一年之十二月,即一整年。

佛肸爲中牟宰[1]。趙簡子攻范、中行,伐中牟。佛肸畔,使人召孔子。孔子欲往。子路曰:"由聞諸夫子,'其身親爲不善者,君子不入也[2]'。今佛肸親以中牟畔,子欲往,如之何?"孔子曰:"有是言也。不曰堅乎,磨而不磷;不曰白乎,涅而不淄[3]。我豈匏瓜也哉,焉能繫而不食[4]?"

【注】
[1] 中牟,晉大夫趙簡子之邑。
[2] 不入,不入其處。
[3] 此謂至堅者磨之而不薄,至白者染之而不黑。
[4] 謂我難道是匏瓜,哪裏能够只被懸掛而不給人食呢?參見《論語·陽貨》。

孔子擊磬[1]。有荷蕢而過門者[2],曰:"有心哉,擊磬乎!硜硜乎[3],莫己知也夫而已矣[4]!"

【注】
[1] 磬,石制樂器。
[2] 蕢,草器。
[3] 硜硜乎,卑賤的樣子。
[4] 莫己知,己莫知。參見《論語・憲問》。

孔子學鼓琴師襄子[1],十日不進。師襄子曰:"可以益矣。"孔子曰:"丘已習其曲矣,未得其數也[2]。"有間,曰:"已習其數,可以益矣。"孔子曰:"丘未得其志也。"有間,曰:"已習其志,可以益矣。"孔子曰:"丘未得其爲人也。"有間,有所穆然深思焉,有所怡然高望而遠志焉。曰:"丘得其爲人,黯然而黑[3],幾然而長[4],眼如望羊[5],如王四國,非文王其誰能爲此也!"師襄子辟席再拜,曰:"師蓋云《文王操》也[6]。"

【注】
[1] 師襄子,魯人。
[2] 數,術,理。
[3] 黯然,黑的樣子。
[4] 幾然,頎然,長的樣子。
[5] 望羊,仰視。
[6] 文王操,曲名。

孔子既不得用於衛,將西見趙簡子。至於河而聞竇鳴犢、舜華之死也[1],臨河而嘆曰:"美哉水,洋洋乎!丘之不濟此,命也夫!"子貢趨而進曰:"敢問何謂也?"孔子曰:"竇鳴犢、舜華,晉國之賢大夫也。趙簡子未得志之時,須此兩人而後從政;及其已得志,殺之乃從政。丘聞之也,刳胎殺夭則麒麟不至郊,竭澤涸漁則蛟龍不合陰陽,覆巢毀卵則鳳皇不翔。何則?君子諱傷其類也[2]。夫鳥獸之於不義也尚知辟之[3],而況乎丘哉!"乃還息陬乎鄉,作爲《陬操》以哀之。而反乎衛,入主蘧伯玉家。

【注】

[1] 竇鳴犢、舜華之死,二人爲趙簡子所殺。
[2] 諱,忌。類,同類。
[3] 辟,通"避"。

他日,靈公問兵陳[1]。孔子曰:"俎豆之事則嘗聞之,軍旅之事未之學也[2]。"明日,與孔子語,見蜚雁,仰視之,色不在孔子[3]。孔子遂行[4],復如陳。

【注】

[1] 陳,軍隊陳列之法。
[2] 俎豆,俎和豆都是古代盛肉食的器皿,行禮時用,因之藉以表示禮儀之事。參見《論語・衛靈公》。
[3] 蜚雁,即飛雁。蜚,通"飛"。色,神態。
[4] 遂行,其時爲哀公二年,即公元前493年。

夏,衛靈公卒,立孫輒,是爲衛出公。六月,趙鞅内太子蒯聵於戚[1]。陽虎使太子絻,八人衰絰[2],僞自衛迎者,哭而入,遂居焉。冬,蔡遷於州來。是歲魯哀公三年,而孔子年六十矣。齊助衛圍戚,以衛太子蒯聵在故也。

【注】
〔1〕内,通"納"。
〔2〕絻,麻布喪帽。絰,麻帶。

夏,魯桓釐廟燔,南宮敬叔救火。孔子在陳,聞之,曰:"災必於桓釐廟乎[1]?"已而果然。

【注】
〔1〕災必於桓釐廟乎,桓釐當毁,而魯事非禮之廟,故孔子聞有火災,知其加於桓釐。

秋,季桓子病,輦而見魯城[1],喟然嘆曰:"昔此國幾興矣,以吾獲罪於孔子,故不興也。"顧謂其嗣康子曰:"我即死,若必相魯,相魯,必召仲尼。"後數日,桓子卒,康子代立。已葬,欲召仲尼。公之魚曰:"昔吾先君用之不終,終爲諸侯笑。今又用之,不能終,是再爲諸侯笑。"康子曰:"則誰召而可?"曰:"必召冉求。"於是使使召冉求。冉求將行,孔子曰:"魯人召求,非小用之,將大用之也。"是日,孔子曰:"歸乎歸乎!吾黨之小子狂簡,斐然成章,吾不知所以裁之[2]。"子贛知孔子思歸,送冉求,因誡曰"即用,以孔子爲招"云。

【注】
〔1〕輦,乘車。
〔2〕此句謂:回去,回去,我的學生志向高大,文采斐然可觀,我不知何以去指導他們。裁,裁制。參見《論語·公冶長》。

冉求既去,明年,孔子自陳遷於蔡。蔡昭公將如吳[1],吳召之也。前昭公欺其臣遷州來,後將往,大夫懼復遷,公孫翩射殺昭公。楚侵蔡。秋,齊景公卒。

【注】
〔1〕如,往,到。

明年,孔子自蔡如葉。葉公問政,孔子曰:"政在來遠附邇[1]。"他日,葉公問孔子於子路,子路不對[2]。孔子聞之,曰:"由,爾何不對曰'其爲人也,學道不倦,誨人不厭,發憤忘食,樂以忘憂,不知老之將至'云爾[3]。"

【注】
〔1〕來遠附邇,遠者來,近者附。邇,近也。
〔2〕不對,不知怎樣對答。
〔3〕云爾,如此而已。見《論語·述而》。

去葉,反於蔡。長沮、桀溺耦而耕,孔子以爲隱者,使子路問津焉[1]。長沮曰:"彼執輿者爲誰?"子路曰:"爲孔丘。"曰:"是魯孔丘與?"曰:"然。"曰:"是知津矣。"桀溺謂子路曰:"子爲誰?"曰:"爲仲由。"曰:"子,孔丘之徒與?"曰:"然。"桀溺曰:"悠悠者天下皆是也,而誰以易之[2]?且與其從辟人之士,豈若從辟世之士哉[3]!"耰而不輟[4]。子路以告孔子,孔子憮然曰:"鳥獸不可與同羣[5]。天下有道,丘不與易也[6]。"

【注】

[1] 津,渡口。
[2] 悠悠,周流的樣子。謂當今之世,治與亂同,誰能改變,捨此而適彼,徒勞無益。
[3] 辟,通"避"。辟人之士,指孔子。辟世之士,桀溺自謂。
[4] 耰而不輟,覆種不止,不以津告之。
[5] 同羣,隱於山林是同羣。
[6] 謂天下有道,丘不周流各地。見《論語·微子》。

　　他日,子路行,遇荷蓧丈人[1],曰:"子見夫子乎?"丈人曰:"四體不勤,五穀不分,孰爲夫子!"植其杖而芸[2]。子路以告,孔子曰:"隱者也。"復往,則亡[3]。

【注】

[1] 蓧,除草工具。丈人,老人。
[2] 植其杖而芸,植,倚。芸,除去田中的草。
[3] 亡,指荷蓧丈人出行不在。見《論語·微子》。

　　孔子遷於蔡三歲,吳伐陳。楚救陳[1],軍於城父。聞孔子在陳、蔡之間,楚使人聘孔子。孔子將往拜禮,陳、蔡大夫謀曰:"孔子賢者,所刺譏皆中諸侯之疾。今者久留陳、蔡之間,諸大夫所設行皆非仲尼之意。今楚,大國也,來聘孔子。孔子用於楚,則陳、蔡用事大夫危矣。"於是乃相與發徒役圍孔子於野。不得行,絕糧。從者病,莫能興[2]。孔子講誦絃歌不衰。子路慍見曰[3]:"君子亦有窮乎?"孔子曰:"君子固窮,小人窮斯濫矣[4]。"

【注】

〔1〕楚救陳,時為哀公四年,即公元前491年。
〔2〕興,起。
〔3〕慍,怨。
〔4〕謂君子雖窮,然而能堅持着;小人一窮便無所不為了。見《論語・衛靈公》。

　　子貢色作。孔子曰:"賜[1],爾以予為多學而識之者與[2]?"曰:"然。非與?"孔子曰:"非也。予一以貫之[3]。"

【注】

〔1〕賜,子貢名。
〔2〕識,記。謂你以為我是多學而強記的嗎?
〔3〕予一以貫之,我有一個基本觀念來貫穿它。另有一解,貫作實踐,言謂我堅持的是實踐行動。見《論語・衛靈公》。

　　孔子知弟子有慍心,乃召子路而問曰:"《詩》云'匪兕匪虎,率彼曠野[1]'。吾道非邪?吾何為於此?"子路曰:

"意者吾未仁邪？人之不我信也[2]。意者吾未知邪？人之不我行也[3]。"孔子曰："有是乎！由，譬使仁者而必信，安有伯夷、叔齊[4]？使知者而必行，安有王子比干[5]？"

【注】

[1] 匪，通"非"。兕，似虎之獸。率，循走。
[2] 意者，我想。謂人不信任我，難道是因爲我不仁嗎？
[3] 謂人不讓我通行而使我窮極潦倒，難道是因爲我不智嗎？
[4] 譬使，假使。謂假使仁者一定能教各方的人都信任他，哪裏還有伯夷、叔齊餓死首陽山？
[5] 謂假使智者一定能處事通行而無阻，哪裏還有王子比干剖心自鑒呢？

子路出，子貢入見。孔子曰："賜，《詩》云'匪兕匪虎，率彼曠野'。吾道非邪？吾何爲於此？"子貢曰："夫子之道至大也，故天下莫能容夫子。夫子蓋少貶焉？"孔子曰："賜，良農能稼而不能爲穡[1]，良工能巧而不能爲順[2]。君子能修其道，綱而紀之，統而理之，而不能爲容[3]。今爾不修爾道而求爲容。賜，而志不遠矣[4]！"

【注】

[1] 稼、穡，種之爲稼，收之爲穡；言謂良農善於耕種，未必善於收穫。
[2] 謂好的工匠善於技巧，但所制之器物未必順合每一個人的意思。
[3] 容，容受。

〔4〕而,通"爾",你。

子貢出,顏回入見。孔子曰:"回,《詩》云'匪兕匪虎,率彼曠野'。吾道非邪？吾何爲於此？"顏回曰:"夫子之道至大,故天下莫能容。雖然,夫子推而行之,不容何病,不容然後見君子！夫道之不修也,是吾醜也。夫道既已大修而不用,是有國者之醜也。不容何病,不容然後見君子！"孔子欣然而笑曰:"有是哉顏氏之子！使爾多財,吾爲爾宰[1]。"

【注】
〔1〕宰,主管,此意爲志向相同。

於是使子貢至楚。楚昭王興師迎孔子,然後得免。

昭王將以書社地七百里封孔子[1]。楚令尹子西曰:"王之使使諸侯有如子貢者乎？"曰:"無有。""王之輔相有如顏回者乎？"曰:"無有。""王之將率有如子路者乎？"曰:"無有。""王之官尹有如宰予者乎？"曰:"無有。""且楚之祖封於周,號爲子男五十里。今孔丘述三五之法,明周召之業[2],王若用之,則楚安得世世堂堂方數千里乎？夫文王在豐,武王在鎬,百里之君卒王天下。今孔丘得據土壤,賢弟子爲佐,非楚之福也。"昭王乃止。其秋,楚昭王卒於城父。

【注】
〔1〕書社地,古時二十五家爲里,每里設一社,有書録其社人名於

籍,故稱書社。
〔2〕三五,指三皇五帝。一説爲三王五霸。周召,周公、召公。

　　楚狂接輿歌而過孔子[1],曰:"鳳兮鳳兮,何德之衰[2]!往者不可諫兮,來者猶可追也[3]!已而已而,今之從政者殆而[4]!"孔子下,欲與之言。趨而去,弗得與之言。

【注】
〔1〕接輿,接孔子之輿。楚人佯狂而來歌,欲以感切孔子。
〔2〕此句謂鳳凰爲何這麽倒霉。
〔3〕謂過去的已無可挽回,未來的則可自止而避亂隱居。
〔4〕殆,危。謂執政諸公危乎其危。見《論語・微子》。

　　於是孔子自楚反乎衛。是歲也,孔子年六十三,而魯哀公六年也[1]。

【注】
〔1〕魯哀公六年,即公元前489年。

　　其明年,吳與魯會繒,徵百牢[1]。太宰嚭召季康子。康子使子貢往,然後得已。

【注】
〔1〕牢,牲。

　　孔子曰:"魯、衛之政,兄弟也[1]。"是時,衛君輒父不得立,在外,諸侯數以爲讓。而孔子弟子多仕於衛,衛君欲得孔子爲政。子路曰:"衛君待子而爲政,子將奚先[2]?"孔子曰:"必也正名乎[3]!"子路曰:"有是哉,子之迂也[4]!何其正也?"孔子曰:"野哉由也!夫名不正則言不順,言不順則事不成,事不成則禮樂不興,禮樂不興則刑罰不中,刑罰不中則民無所錯手足矣[5]。夫君子爲之必可名,言之必可行。君子於其言,無所苟而已矣[6]。"

【注】

〔1〕兄弟也,周公封於魯,康叔封於衛,康叔與周公倆兄弟和睦,其政亦如兄弟。
〔2〕奚,疑問詞,同"何"。
〔3〕正名,糾正百物百事之名。
〔4〕迂,迂腐。
〔5〕野哉,鹵莽。無所錯手足,不知如何是好。
〔6〕苟,苟且,馬虎。見《論語·子路》。

其明年,冉有爲季氏將師[1],與齊戰於郎,克之。季康子曰:"子之於軍旅,學之乎?性之乎[2]?"冉有曰:"學之於孔子。"季康子曰:"孔子何如人哉?"對曰:"用之有名;播之百姓、質諸鬼神而無憾。求之至於此道,雖纍千社[3],夫子不利也。"康子曰:"我欲召之,可乎?"對曰:"欲召之,則毋以小人固之,則可矣。"而衛孔文子將攻太叔,問策於仲尼。仲尼辭不知,退而命載而行,曰:"鳥能擇木,木豈能擇鳥乎[4]!"文子固止。會季康子逐公華、公賓、公林,以幣迎孔子,孔子歸魯。

【注】
〔1〕將師,統率軍隊。
〔2〕性,天性,天生。
〔3〕社,見第 96 頁注〔1〕。
〔4〕鳥能……鳥乎,以鳥喻己,以木喻所之之國。

孔子之去魯凡十四歲而反乎魯。

魯哀公問政,對曰:"政在選臣。"季康子問政,曰:"舉直錯諸枉[1],則枉者直。"康子患盜,孔子曰:"苟子之不欲,雖賞之不竊[2]。"然魯終不能用孔子,孔子亦不求仕。

【注】
〔1〕舉直錯諸枉,謂舉正直之人而用之,廢置邪枉之人。
〔2〕謂民化於上,從上所好,上不喜好的,下面不會盜竊。

孔子之時,周室微而禮樂廢,《詩》、《書》缺。追迹三代之禮,序《書傳》,上紀唐虞之際,下至秦繆,編次其事。曰:"夏禮吾能言之,杞不足徵也。殷禮吾能言之,宋不足徵也[1]。足,則吾能徵之矣。"觀殷、夏所損益,曰:"後雖百世可知也,以一文一質[2]。周監二代,鬱鬱乎文哉。吾從周[3]。"故《書傳》、《禮記》自孔氏。

【注】
〔1〕徵,證明,證驗。杞、宋,夏、殷之後。

〔2〕文,文雅、華麗。質,粗野、樸實。一文一質指夏、殷。相傳夏從質,殷從文。
〔3〕監,視,借鑒。見《論語·八佾》。

孔子語魯大師[1]:"樂其可知也。始作翕如,縱之純如,皦如,繹如也,以成[2]。""吾自衛反魯,然後樂正,《雅》、《頌》各得其所[3]。"

【注】
〔1〕語,告訴。
〔2〕翕,合。縱,謂發音放縱。純,和諧。皦,清晰。繹,不絕。見《論語·八佾》。
〔3〕孔子返魯在魯哀公十一年冬,其時道衰樂廢,孔子還魯,正樂,於是《雅》、《頌》各得其所。

古者《詩》三千餘篇,及至孔子,去其重[1],取可施於禮義,上採契后稷,中述殷周之盛,至幽厲之缺,始於衽席[2],故曰"《關雎》之亂以為《風》始[3],《鹿鳴》為《小雅》始[4],《文王》為《大雅》始,《清廟》為《頌》始[5]"。三百五篇孔子皆弦歌之[6],以求合《韶》、《武》、《雅》、《頌》之音。禮樂自此可得而述,以備王道,成六藝[7]。

【注】
〔1〕重,重複。
〔2〕衽席,朝堂宴享時所設的席位。
〔3〕《關雎》之亂以為《風》始,關雎,和鳴之雎鳩,雌雄有別;《關雎》

之詩以關雎爲喻,描述后妃悦樂君子之德,無不和諧,又不淫色,慎固幽深,若關雎之有别,然而可以風化天下,夫婦别則父子親,父子親則君臣敬,君臣敬則朝廷正,朝廷正則王化成,故孔子將關雎置風化之首;亂,理。《風》,樂曲名。詩經分《風》、《雅》、《頌》三類。

〔4〕《鹿鳴》,宴羣臣嘉賓之詩。參見前注。

〔5〕《清廟》,祭有清明之德者之宫,文王象之,故祭之而歌。孔子從周,故取詩皆始於文王。

〔6〕絃歌之,給詩配樂。

〔7〕六藝,孔子將古代文化之精華,《詩》、《書》、《禮》、《樂》、《易》、《春秋》熔鑄貫通起來,成一完整形態,從而可以習而傳之。

孔子晚而喜《易》,序《彖》、《繫》、《象》、《説卦》、《文言》[1]。讀《易》,韋編三絶[2]。曰:"假我數年,若是,我於《易》則彬彬矣[3]。"

【注】

〔1〕序,指翼序卦。相傳孔子作《十翼》:《上彖》、《下彖》、《上象》、《下象》、《上繫》、《下繫》、《文言》、《序卦》、《説卦》、《雜卦》。彖,解釋卦辭之義。繫,綱繫之要。象,以卦説明萬物之象。説卦,陳説八卦轉化爲法象的內容。文言,演説經文的言語。

〔2〕韋編三絶,謂反復閱讀,以致使裝訂書簡的牛皮綫斷了多次。

〔3〕彬彬,融會貫通的樣子。

孔子以詩書禮樂教,弟子蓋三千焉,身通六藝者七十有二人。如顔濁鄒之徒[1],頗受業者甚衆。

【注】

〔1〕顏濁鄒,即顏涿聚。《吕氏春秋·尊師》:"顏涿聚,梁父之大盗也,學於孔子……刑戮死辱之人也。今非徒免於刑戮死辱也,由此爲天下名士顯人,以終其壽。"

孔子以四教:文,行,忠,信〔1〕。絶四:毋意,毋必,毋固,毋我〔2〕。所慎:齊,戰,疾〔3〕。子罕言利與命與仁〔4〕。不憤不啓,舉一隅不以三隅反,則弗復也〔5〕。

【注】

〔1〕文行忠信,四者有形有質,可以爲教。
〔2〕絶四,斷絶四種毛病。意,臆測。必,絕對肯定。固,固執。我,唯我獨是。見《論語·子罕》。
〔3〕齊、戰、疾,齋戒、戰争、疾病。此三者人所不能慎,孔子慎之。見《論語·述而》。
〔4〕子,孔子。罕言,很少談到。利,功利。與,稱譽。見《論語·子罕》。
〔5〕憤,思考。啓,啓發。隅,一方之角。舉一隅不以三隅反,即舉一不能反三。弗復,謂不再重教。

其於鄉黨,恂恂似不能言者〔1〕。其於宗廟朝廷,辯辯言〔2〕,唯謹爾。朝,與上大夫言,誾誾如也〔3〕;與下大夫言,侃侃如也〔4〕。

【注】

〔1〕恂恂,温恭的樣子。

〔2〕辯辯,善言的樣子。
〔3〕誾誾,中正的樣子。
〔4〕侃侃,和樂的樣子。

　　入公門,鞠躬如也;趨進,翼如也〔1〕。君召使擯〔2〕,色勃如也〔3〕。君命召,不俟駕行矣〔4〕。

【注】
〔1〕翼如,端莊的樣子。
〔2〕使擯,迎賓客。
〔3〕色勃,嚴肅的樣子。
〔4〕俟,等待。

　　魚餒〔1〕,肉敗,割不正,不食。席不正,不坐。食於有喪者之側,未嘗飽也。

【注】
〔1〕餒,魚腐敗。

　　是日哭,則不歌。見齊衰、瞽者〔1〕,雖童子必變〔2〕。

【注】
〔1〕齊衰,用粗麻布製成的喪服。瞽,盲人。
〔2〕變,面色變得嚴肅。

　　"三人行,必得我師〔1〕。""德之不修,學之不講,聞義不能徙,不善不能改,是吾憂也[2]。"使人歌,善,則使復之,然後和之[3]。

【注】
[1] 意謂三人行,擇善而從之,不善而改之,其有我師焉。
[2] 謂品德不培養,學問不講習,聞義而不能親身前去,有缺點而不能改正,這是我的憂慮。見《論語·述而》。
[3] 和,應和。即和唱。

　　子不語:怪,力,亂,神[1]。

【注】
[1] 怪力亂神,怪異、勇力、叛亂、鬼神。見《論語·述而》。

　　子貢曰:"夫子之文章,可得聞也[1]。夫子言天道與性命,弗可得聞也已[2]。"顏淵喟然歎曰:"仰之彌高,鑽之彌堅[3]。瞻之在前,忽焉在後[4]。夫子循循然善誘人[5],博我以文,約我以禮[6],欲罷不能。既竭我才,如有所立,卓爾[7]。雖欲從之,蔑由也已[8]。"達巷黨人曰[9]:"大哉孔子,博學而無所成名[10]。"子聞之曰:"我何執?執御乎?執射乎?我執御矣[11]。"牢曰[12]:"子云'不試,故藝'[13]。"

【注】
[1] 文章,猶言文采。文采著明,故可得而聞。
[2] 天道,自然變化之道。性命,人的個別氣質和天賦屬性。道與性命,深微莫測,故不可得而聞。

〔3〕仰,仰望。鑽,鑽研。堅,深也。
〔4〕瞻,視。謂恍惚不可爲形象。
〔5〕循循然,有次序的樣子。誘,引導。
〔6〕博,豐富。約,簡單。
〔7〕卓爾,高大的樣子。
〔8〕蔑,無,没有。由,途徑,此謂辦法。見《論語·子罕》。蔑由,一作"末由"。
〔9〕達巷黨人曰,謂達巷這個地方有人説。達巷,黨名,春秋時五百家爲一黨。
〔10〕無所成名,不成於一名一家。
〔11〕執御,駕馭。謂我不做射手專去中的,而要將六藝循道而引向前。見《論語·子罕》。
〔12〕牢,孔子弟子子牢。
〔13〕不試,故藝。意謂我不見用故而多技藝。

　　魯哀公十四年春[1],狩大野[2]。叔孫氏車子鉏商獲獸[3],以爲不祥。仲尼視之,曰:"麟也[4]。"取之。曰:"河不出圖,雒不出書,吾已矣夫[5]!"顏淵死,孔子曰:"天喪予[6]!"及西狩見麟,曰:"吾道窮矣[7]!"喟然嘆曰:"莫知我夫[8]!"子貢曰:"何爲莫知子?"子曰:"不怨天,不尤人,下學而上達,知我者其天乎[9]!"

【注】
〔1〕魯哀公十四年,公元前481年。
〔2〕大野,魯田圃的名字。
〔3〕車子,下等之人。

〔4〕麟也,麟之名,孔子取,後人因之。
〔5〕河,黃河。雒,洛水。傳説聖人受命黃河洛水湧出圖書,今不出現,孔子嘆己不遇其時。
〔6〕天喪予,意謂天生顔淵爲我輔佐,現淵死,是天亡我的證明。
〔7〕吾道窮矣,麟是太平之獸,象徵聖人,現麟死,亦是天告孔子將歿之證。
〔8〕莫知我夫,没有人知道我。
〔9〕怨,恨。尤,責備。下學,謂學人事。上達,謂上達天命。孔子曰:"君子上達。"見《論語·憲問》。

"不降其志,不辱其身,伯夷、叔齊乎〔1〕!"謂"柳下惠、少連降志辱身矣〔2〕"。謂"虞仲、夷逸隱居放言,行中清,廢中權〔3〕"。"我則異於是,無可無不可。"

【注】
〔1〕謂伯夷、叔齊不動摇意志,不辱没自己身份,不食周粟而死。
〔2〕柳下惠、少連降低自己的意志,屈辱自己的身份,但言中倫行中慮。
〔3〕虞仲、夷逸隱居逃世,放肆直言,行爲廉潔清白,自廢職位以免患,也合於權變。以上見《論語·微子》。

子曰:"弗乎弗乎,君子病没世而名不稱焉〔1〕。吾道不行矣,吾何以自見於後世哉?"乃因史記作《春秋》〔2〕,上至隱公,下訖哀公十四年,十二公〔3〕。據魯〔4〕,親周〔5〕,故殷〔6〕,運之三代〔7〕。約其文辭而指博〔8〕。故吴、楚之君自稱王,而《春秋》貶之曰"子";踐土之會實召周天子,而《春秋》諱之曰"天王狩于河陽"：推此類以繩當世[9]。貶損之義，後有王者舉而開之。《春秋》之義行，則天下亂臣賊子懼焉[10]。

【注】

〔1〕稱，稱贊。
〔2〕因，據。《春秋》，魯國歷史。
〔3〕隱公元年即公元前 722 年，哀公十四年即公元前 481 年，歷隱、桓、莊、閔、僖、文、宣、成、襄、昭、定、哀共十二公。
〔4〕據魯，以魯史爲根據，爲主綫。
〔5〕親周，親周室，尊周王爲正統。
〔6〕故殷，以殷商的舊制爲參考。
〔7〕運之三代，上承夏、商、周三代之法統。
〔8〕指，意旨，意向。謂文辭簡約而意義深廣。
〔9〕繩，規範。
〔10〕懼，怕。《春秋》之義，在持宗主，故亂臣賊子懼。

　　孔子在位聽訟，文辭有可與人共者，弗獨有也[1]。至於爲《春秋》，筆則筆，削則削[2]。子夏之徒不能贊一辭。弟子受《春秋》，孔子曰："後世知丘者以《春秋》，而罪丘者亦以《春秋》[3]。"

【注】

〔1〕弗獨有也，没有一次有過。
〔2〕筆，寫。削，删。
〔3〕謂後世通過《春秋》來瞭解我，也通過《春秋》來貶低我。知者，

行堯舜之道的人。罪者，在王公之位的人。

明歲，子路死於衛，孔子病，子貢請見。孔子方負杖逍遥於門，曰："賜，汝來何其晚也？"孔子因嘆，歌曰："太山壞乎[1]！梁柱摧乎！哲人萎乎！"因以涕下。謂子貢曰："天下無道久矣，莫能宗予。夏人殯於東階，周人於西階，殷人兩柱間。昨暮予夢坐奠兩柱之間，予始殷人也。"後七日卒。

【注】
〔1〕太山，泰山，衆山所仰。

孔子年七十三，以魯哀公十六年四月己丑卒[1]。

【注】
〔1〕魯哀公十六年，即公元前479年。

哀公誄之曰[1]："旻天不弔[2]，不憖遺一老[3]，俾屏余一人以在位[4]，煢煢余在疚[5]。嗚呼哀哉！尼父[6]，毋自律[7]！"子貢曰："君其不没於魯乎！夫子之言曰：'禮失則昏，名失則愆[8]。失志爲昏，失所爲愆。'生不能用，死而誄之，非禮也。稱'余一人'，非名也[9]。"

【注】
〔1〕誄，哀祭文。
〔2〕弔，善。
〔3〕憖，且。

〔4〕屏,通"摒",棄。
〔5〕煢煢,孤獨的樣子。疢,病。
〔6〕父,對老年男子的尊稱。
〔7〕毋自律,不要以自爲法。
〔8〕愆,過失。見《左傳》哀公十六年。
〔9〕天子自稱一人,非諸侯所當名也。

孔子葬魯城北泗上[1],弟子皆服三年[2]。三年心喪畢,相訣而去[3],則哭,各復盡哀;或復留。唯子贛廬於冢上[4],凡六年,然後去。弟子及魯人往從冢而家者百有餘室,因命曰孔里。魯世世相傳以歲時奉祠孔子冢,而諸儒亦講禮鄉飲大射於孔子冢。孔子冢大一頃。故所居堂弟子内,後世因廟,藏孔子衣冠琴車書,至於漢二百餘年不絶。高皇帝過魯,以太牢祠焉[5]。諸侯卿相至,常先謁然後從政。

【注】
〔1〕泗,泗水。
〔2〕服,戴孝服喪。
〔3〕訣,別。
〔4〕冢上,墓之邊側。
〔5〕高皇帝,指漢高祖劉邦。太牢,祭禮設牛羊豕三牲爲太牢,天子所備。

孔子生鯉,字伯魚。伯魚年五十,先孔子死。
伯魚生伋,字子思,年六十二。嘗困於宋。子思作

《中庸》。

子思生白,字子上,年四十七。子上生求,字子家,年四十五。子傢生箕,字子京,年四十六。子京生穿,字子高,年五十一。子高生子慎,年五十七,嘗爲魏相。

子慎生鮒,年五十七,爲陳王涉博士,死於陳下。

鮒弟子襄,年五十七。嘗爲孝惠皇帝博士,遷爲長沙太守。長九尺六寸。

子襄生忠,年五十七。忠生武,武生延年及安國。安國爲今皇帝博士,至臨淮太守,蚤卒。安國生卬,卬生歡。

選自《史記》卷四十七《孔子世家》

關　　尹（春秋末）

關尹子者,名喜[1],字公度[2]。秦人也[3]。善內學星宿[4],服精華[5],隱德行仁,時人莫知[6]。官函谷關令[7]。老子西游[8],喜先知真人當過,候物色而迹之[9],果得老子。老子亦知其奇,爲著書五千言[10]。喜遂去吏而從之游[11]。

列子師之,多所請益[12]。嘗問:"至人潛行不窒[13],蹈火不熱,行乎萬物之上而不慄[14],何以至於如此?"曰:"是純氣之守也,非知巧果敢之列。居[15],吾語汝。凡有貌象聲色者,皆物也,物與物何以相遠?夫奚足以至乎先?是色而已[16]。則物之造乎不形,而止乎無所化[17]。夫得是而窮之者,物焉得而止焉[18]?彼將處乎不淫之度[19],而藏乎無端之紀[20],游乎萬物之所終始[21],壹其性[22],養其氣[23],合其德[24],以通乎物之所造[25]。夫若是者,其天守全[26],其神無郤[27],物奚自入焉?夫醉者之墜車,雖疾不死,骨節與人同,而犯害與人異,其神全也。乘亦不知也,墜亦不知也,死生驚懼不入乎其胸中,是故遻物而不慴[28]。彼得全於酒而猶若是,而况得全於天乎?聖人藏於天,故莫之能傷也[29]。"列子嘗射中矣,請問[30]。答曰:"知子之所以中乎?"曰:"弗知也。"曰:"未可[31]。"退而習之三年,又請。答曰:"子知子之所以中乎?"曰:"知之矣。"

曰:"可矣,守而勿失。非獨射也,國之存也,國之亡也,身之賢也,身之不肖也,亦皆有以[32],聖人不察存亡賢不肖,而察其所以也[33]。"

《莊子》以與老聃並稱曰[34]:"以本爲精[35],以物爲粗,以有積爲不足,澹然獨與神明居[36]。古之道術有在於是者,關尹、老聃聞其風而悦之。建之以常無有[37],主之以太一[38],以濡弱謙下爲表[39],以空虛不毁萬物爲實。關尹曰:'在正無居[40],形物自著[41]。其動若水,其靜若鏡,其應若響,芴乎若亡[42],寂乎若清。同焉者知,得焉者失。未嘗先人,而常隨人'。"其終曰:"關尹、老聃乎,古之博大真人哉!"推崇可謂至極矣。有書九篇。亡[43]。今傳本,蓋出唐五代間人所依託[44]。

【注】

[1] 見劉向《別録》。
[2] 見陸德明《經典釋文》。
[3] 李道謙《終南祖庭仙真内傳》云:終南樓觀爲尹喜故居,《四庫提要》據此以爲秦人。
[4] 内學,指修真養性。星宿,天文星象。
[5] 服精華,服,呼吸。精華,指氣之精華、純氣。
[6] 以上據《列仙傳》。
[7] 函谷關,關名。在今河南靈寶東北。令,官名。此據成玄英《莊子·達生》疏。
[8] 老子,本書有傳。
[9] 候物色而迹之,根據物象進行推測。
[10] 此據《列仙傳》。事見《莊子·達生》、《吕氏春秋·審己》及高

誘注。

〔11〕此據《漢書・藝文志》班固自注。

〔12〕此據《別錄》。列子,本書有傳。

〔13〕至人,道家指修身養性達到極高境界的人。窒,塞。不窒,無所阻礙。

〔14〕栗,懼。

〔15〕居,坐下。

〔16〕色,有形之景象。

〔17〕不形,無形。無所化,無變化。皆指"道"。

〔18〕此謂得道之本,萬物可得而制馭。

〔19〕淫,亂。

〔20〕無端之紀,指無始無終混沌恍惚的道。

〔21〕萬物之所終始,指造化者即道。

〔22〕壹其性,順性不二。

〔23〕養其氣,保養精華元氣。

〔24〕合其德,德合於道。

〔25〕通乎物之所造,通於自然之道。

〔26〕天守,即守住自然之道。

〔27〕郤,通"隙",間隙。

〔28〕迕,忤。慴,恐懼。

〔29〕見《莊子・達生》。

〔30〕嘗,曾。請問,列子請問關尹能夠射中的原因。

〔31〕未可,意謂不知怎麼射中的就不算真正射中。

〔32〕以,原因,根據。

〔33〕此據《呂氏春秋・審己》。

〔34〕《莊子・天下》關尹、老聃並稱,下引《天下》篇語。

〔35〕本,指道。

〔36〕澹然,安静的樣子。神明,精神。
〔37〕常無有,《老子》二章云：有無相生,常也。
〔38〕太一,道的別名。
〔39〕濡弱,柔弱。表,外表。
〔40〕在正無居,無所執守。
〔41〕形物自著,物形各自彰著。
〔42〕芴,忽。亡,無。
〔43〕見《漢書·藝文志》。但《隋書·經籍志》、《舊唐書·經籍志》、《新唐書·藝文志》皆不載其書,蓋亡之久矣。
〔44〕見《四庫提要》。

　　王蘧常曰：《呂覽》謂關尹貴清[1],與《莊子》所謂其動若水,寂乎若清相合。作偽者乃以蕊女、金樓、絳宮、除蛟、白虎、寶鼎、紅爐等爲説[2],探驪不能得珠,宋濂謂其峻潔巧刻者果何在耶[3]？

【注】
[1] 見《呂覽·不二》。
[2] 此七者皆道教中物事。
[3] 宋濂,明人,字景濂,著有《諸子辨》。

王蘧常《諸子新傳》

附

　　老子修道德,其學以自隱無名爲務。居周久之,見周之衰,迺遂去。至關,關令尹喜曰:"子將隱矣,强爲我著書。"於是老子迺著書上下篇,言道德之意五千餘言而去,莫知其所終。　(録自《史記》卷六十三《老子韓非列傳》)

文　　子（春秋末）

　　文子佚其名字與國籍，或以爲計然[1]，或以爲文種[2]，皆非也。老子弟子[3]，又嘗問學於卜子夏與墨翟[4]。蓋學無常師，而卒歸於老子[5]。世稱其勤苦鳌顔[6]，故得道爲尤高。其論道曰：“夫道者，高不可極，深不可測，苞裹天地[7]，禀受無形，原流泏泏，沖而不盈[8]，濁以静之徐清，施之無窮，無所朝夕[9]，表之不盈一握[10]，約而能張[11]，幽而能明[12]，柔而能剛，含陰吐陽，而章三光[13]，山以之高，淵以之深，獸以之走，鳥以之飛，麟以之游，鳳以之翔[14]，星曆以之行，以亡取存，以卑取尊，以退取先[15]。天地未形，窈窈冥冥[16]，渾而爲一[17]，寂然清澄，重濁爲地，精微爲天[18]，離而爲四時[19]，分而爲陰陽，精氣爲人，粗氣爲蟲[20]，剛柔相成，萬物乃生[21]。夫道，無爲無形，内以修身，外以治人，功成事立，與天爲命[22]，無爲而無不爲[23]。所謂無爲者，非謂其引之不來，推之不去，迫而不應，感而不動，堅滯而不流[24]，捲握而不散；謂其私志不入公道，嗜欲不掛正術[25]，循理而舉事，因資而立功，推自然之勢，曲故不得容[26]，事成而身不伐[27]，功立而名不有[28]。古之爲道者[29]，深行之，謂之道德，淺行之，謂之仁義，薄行之，謂之禮智。此六者，國家之綱維也[30]。深行之則厚得福，淺行之則薄得福，盡行之天下服。古者修道德即正天下,修仁義即正一國,修禮智即正一鄉[31]。持以道德,輔以仁義[32],治之本也。"

【注】

[1] 計然,春秋越葵丘濮上人,姓辛氏,名研。范蠡師之。《四庫全書提要》因《史記·貨殖列傳》有范蠡師計然語,又因裴駰《史記集解》有計然姓辛,字文子,其先晉公子語,北魏李暹作《文子注》,遂以計然文子合爲一人。謬之甚矣。

[2] 文種,春秋越大夫。清江瑔云,古未有字爲某子者,文子之文,必爲姓。以爲文子即文種(見《讀子巵言》)。

[3] 老子,本書有傳。《漢書·藝文志》班固自注:"老子弟子,與孔子並時。"

[4] 卜子夏,孔子弟子卜商,字子夏。春秋衛人。墨翟,本書有傳。劉向《七略·別錄》:"墨子之書有文子。文子即子夏之弟子,問於墨子。"

[5] 常師,固定的老師。卒歸,終歸。

[6] 鼇顏,黑臉色,鼇爲"黧"之假字,黑也。《抱樸子·至理》:"夫道之妙者,不可盡書,而其近者,又不足說。昔庚桑楚胼胝,文子黧顏,勤苦彌久,及受大訣,諒有以也。"

[7] 苞,通"包",包容。

[8] 泚泚,水不斷流出的樣子。沖,虛。盈,滿。

[9] 無窮,不盡。謂空間上無限。無所,不處。謂時間上無限。

[10] 表,俞樾《讀文子》云,表乃"裒"字之誤,裒,卷也。

[11] 約,卷縮。張,伸展。

[12] 幽,暗。

[13] 章,通"彰",顯明。三光,指日、月、星。

〔14〕麟,麒麟。傳説之仁獸。鳳,鳳凰。傳説之神鳥。
〔15〕自"夫道者……"至此,據《文子·道原》。
〔16〕窈窈冥冥,深遠幽暗。謂無形無象不可得見。
〔17〕渾而爲一,渾沌未分的整體,即包含陰陽的元氣。《文子·道原》:"無形者,一之謂也。"《道德》:"一也者,無適之道,萬物之本也。"
〔18〕重濁,指陰氣。精微,指陽氣。渾而爲一的元氣,分而爲陰陽,清輕的陽氣上昇爲天,重濁的陰氣凝滯爲地。這是古代天地形成論。
〔19〕離,分散。四時,春夏秋冬。
〔20〕精氣,精微之氣,與"粗氣"相對。蟲,泛稱動物。
〔21〕剛柔,泛指相反的對立面。陰陽相反相成産生萬物。
〔22〕天,指自然。命,必然性。
〔23〕無爲,謂道無意識無目的。無不爲,謂萬物莫不由道而生。
　　自"夫道……"至此,據《文子·道德》。
〔24〕堅滯,凝固不流通。
〔25〕私志,個人的意志。掛,阻礙。
〔26〕曲故,巧詐。
〔27〕伐,居功自傲。
〔28〕自"所謂無爲者……"至此,據《文子·自然》。
〔29〕爲道,《道藏》本作"爲君"。此據涵芬樓影印宋刊本。
〔30〕綱維,總綱和四維。引申爲法度。
〔31〕自"古之爲道者……"至此,據《文子·上仁》。
〔32〕持,主。輔,助。此據《文子·上禮》。

　　其説雖各有所受,然經其鑪錘冶化[1],遂別生新義,乃過所承[2]。道既通,初游楚,楚平王問曰[3]:"吾聞子得道於老聃[4],今賢人雖有道,而遭淫亂之世,以一人之權[5],而欲化久亂之民,其庸能乎[6]?"對曰:"道德者,匡邪以爲正,振亂以爲治[7],化淫敗以爲樸,淳德復生[8],天下安寧,要在一人[9]。以道莅天下[10],天下之德也,無道治天下,天下之賊也[11]。以一人與天下爲仇,雖欲長久,不可得也。堯舜以是昌[12],桀紂以是亡[13]。"後至齊,齊王問"治國何如"[14]?對曰:"夫賞罰之爲道,利器也。君因握之,不可以示人[15]。若如臣者,獸鹿也,唯薦草而就[16]。"其言雖本老子,然偏於法矣。文子曰:"治國,太上養化[17],其次正法,利賞而勸善,畏刑而不敢爲非,法令正於上,百姓服於下,治之末也[18]。"則其對楚平王言其本,而對齊君則言其末也[19]。然道終不得行,惜已!有書九篇[20]。

【注】

[1] 鑪鞴,鼓風的火爐。鑪,也作"爐"。鞴,也作"鞴",用以鼓風的皮囊。
[2] 過所承,超過所繼承的。
[3] 楚平王,姓熊名居,原名棄疾。公元前528—前516年在位。
[4] 子,平王對文子的尊稱。老聃,即老子。
[5] 一人,楚平王自況。
[6] 庸能,何能。
[7] 匡,糾正。振,整頓,消除。
[8] 淫敗,淫亂腐敗的風俗。樸,淳厚樸實。
[9] 要,總要,關鍵。
[10] 莅,臨也。

〔11〕賊,害也。
〔12〕堯舜,唐堯和虞舜,相傳古之聖王。昌,盛。
〔13〕桀紂,夏桀和殷紂,相傳古之暴王。自"楚平王問曰……"至此,據《文子·道德》。
〔14〕齊王,指齊景公杵臼,齊莊公異母弟,公元前547—前490年在位。王爲當時君之泛稱。《韓非子·外儲説上》:"齊桓公好服紫。"下又録:"齊王好衣紫。"是其證。
〔15〕《老子》曰:"國之利器,不可以示人。"
〔16〕薦草,獸吃的草。《莊子》云"麋鹿食薦"。此喻人臣歸厚賞而畏刑罰。自"齊王問……"至此,據《韓非子·内儲説上》。
〔17〕太上,最好的。養化,謂教化。
〔18〕自"文子曰……"至此,據《文子·下德》。
〔19〕言其本,指對楚平王講道德仁義。言其末,指對齊王講正法。檢文子既主張仁義教化,又主張刑殺之法,然有本末,主次之分。
〔20〕劉向《七略》有《文子》九篇,《漢書·藝文志》著録仍之。梁阮孝緒《七録》作十卷。《隋書·經籍志》、《舊唐書·經籍志》、《新唐書·藝文志》均作十二卷,與今傳本同。1973年,河北定縣40號漢墓出土之《文子》殘簡,當即《七略》之九篇本也。

王蘧常曰:王充曾稱"老子、文子似天地者也"[1],其崇尚至此。然生前既不能行其道,生後史不簿其事[2],並其名字國籍而亦佚之。所僅存之篇帙,又復誣之爲依託[3],爲聚斂[4],爲剿竊[5],文子可謂極人世之坎坷矣[6]。予雖不敏,敢竭駑鈍[7],或冀可表襮其萬一乎[8]?

【注】

〔1〕王充,本書有傳。此引《論衡·自然》。

〔2〕簿,記録。

〔3〕帙,書衣。依託,假託。《漢書·藝文志》録《文子》九篇,班固自注:"老子弟子,與孔子並時,而稱周平王問,似依託者也。"據漢墓《文子》殘簡,平王和文子問答,不見"周"字,校讀今本,文子都改成了老子,並從答問的先生變成了提問的學生,平王被取消,新添了一個老子。今本僅存一章"平王向文子曰",也不稱周平王,則班固誤讀《文子》,將"平王"誤認爲"周平王"。

〔4〕聚斂,拾掇聚集。唐柳宗元《辨文子》云:"其書渾而類者少,竊取他書以合之者多,不知人之增益之歟？或者衆爲之聚斂以成其書歟？"

〔5〕錢熙祚《文子校勘記》云,出《淮南》者十之九,取它書者不過十之一也。惟《淮南》傳寫已久,間有《淮南》誤而《文子》不誤者。姚振宗《隋書經籍志考證》云,錢氏校勘將其剽竊之迹一一指出,證明《文子》取《淮南》,非《淮南》取《文子》。今漢墓《文子》殘簡出,則剽竊之説不攻自破。且《淮南》雜家,廣羅諸家之説,則其取《文子》宜也。據見《復旦學報》1984年第3期《文子道論·文子真偽辨》。

〔6〕坎坷,道路高低不平。

〔7〕竭,盡。駑鈍,謂才劣也。

〔8〕冀可,欲可。表襮,謂自我表現以炫耀於人前。唐韓愈《昌黎集》卷三一《南海神廟碑》:"治人以明,事能以誠,内外單盡,不爲表襮。"

王蘧常《諸子新傳》

仲尼弟子（春秋末）

　　孔子曰"受業身通者七十有七人"[1]，皆異能之士也。德行[2]：顏淵，閔子騫，冉伯牛，仲弓。政事[3]：冉有，季路。言語[4]：宰我，子貢。文學[5]：子游，子夏。師也辟[6]，參也魯[7]，柴也愚[8]，由也喭[9]，回也屢空[10]。賜不受命而貨殖焉，億則屢中[11]。

【注】

[1] 身通者，指身通六藝者。《孔子世家》謂身通六藝者七十有二人。

[2] 德行，能踐行忠孝仁義道德出衆的。

[3] 政事，善於辦理政事的。

[4] 言語，擅長辭令外交的。

[5] 文學，精嫻文獻典籍的。見《論語·先進》。

[6] 師，指顓孫師，字子張。辟，偏激。

[7] 參，曾子。魯，遲鈍。

[8] 柴，高柴，字子羔。愚，直率。

[9] 由，仲由。喭，魯莽。

[10] 回，顏淵。屢空，常常貧困。

[11] 賜，端木賜，字子貢。不受命，不聽命運的安排。貨殖，做買賣。億，測度，指猜行情。屢中，往往猜中。見《論語·先進》。

孔子之所嚴事[1]：於周則老子[2]；於衛，蘧伯玉[3]；於齊，晏平仲[4]；於楚，老萊子[5]；於鄭，子產[6]；於魯，孟公綽[7]。數稱臧文仲、柳下惠、銅鞮伯華、介山子然[8]，孔子皆後之，不並世[9]。

【注】

[1] 嚴事，師事嚴格。
[2] 於周，猶在周。老子，本書有傳。
[3] 蘧伯玉，春秋時衛大夫，名瑗，年五十而知四十九之非，直己而不直人，汲汲於仁，以善自終。
[4] 晏平仲，即晏嬰。齊大夫，歷事靈公、莊公、景公，以節儉力行顯於世。本書有傳。
[5] 老萊子，隱士，德恭行信、貧而樂道。
[6] 子產，即公孫僑。本書有傳。
[7] 孟公綽，魯大夫。孟公綽不欲為晉之趙魏的家臣和滕薛的大夫，能克制。
[8] 數稱，經常稱道。臧文仲，魯大夫臧孫辰，號文仲。柳下惠，姓展名獲，又名禽，魯大夫，掌刑罰，封柳下，故名。孔子稱臧文仲不仁、不智，而稱讚柳下惠以正道事君主，三黜而不去。銅鞮，地名。國家有道，其言足以興，國家無道，其默足以容，伯華之行。介山，山名。觀四方不忘親，思其親不盡樂，子然之行。
[9] 不並世，自臧文仲以下，孔子皆後之，不是同代人。

顏回者，魯人也，字子淵。少孔子三十歲。

顏淵問仁，孔子曰："克己復禮，天下歸仁焉[1]。"

孔子曰："賢哉回也！一簞食,一瓢飲,在陋巷,人不堪其憂,回也不改其樂[2]。""回也如愚;退而省其私,亦足以發,回也不愚[3]。""用之則行,舍之則藏,唯我與爾有是夫[4]！"

回年二十九,髮盡白,蚤死[5]。孔子哭之慟[6],曰:"自吾有回,門人益親。"魯哀公問:"弟子孰爲好學?"孔子對曰:"有顏回者好學,不遷怒[7],不貳過[8]。不幸短命死矣,今也則亡[9]。"

【注】

[1] 克己復禮,能勝任復禮。克,能也。力能勝任謂之克。己,謂自身也。復,返。身能任返於禮之事,即爲仁矣。見《論語·顏淵》曰:克己復禮爲仁,一日克己復禮,天下歸仁焉。

[2] 簞,盛飯用的竹器。謂一筐飯,一瓢水,住在簡陋的小巷,別人受不了那窮苦的憂愁,顏回安貧樂道不改其志。見《論語·雍也》。

[3] 回也如愚,《論語·爲政》作:"吾與回言終日,不違,如愚。"退而省其私,後來考察他私下的言行。亦足以發,他對我的話能有所發揮。回也不愚,顏回其實不愚。參見《論語·爲政》。

[4] 謂用我就做,不用我就退隱,只有我與顏回才能如此。爾,指顏回。見《論語·述而》。

[5] 蚤死,早死,三十二歲死。

[6] 慟,極其悲痛。

[7] 不遷怒,不將怨怒移於別人。

[8] 不貳過,不重犯同樣的過失。

[9] 今也則亡,再也沒有如此好學的人。亡,無。見《論語·雍也》。

閔損字子騫[1]。少孔子十五歲。

孔子曰:"孝哉閔子騫! 人不間於其父母昆弟之言[2]。"不仕大夫,不食汙君之禄。"如有復我者,必在汶上矣[3]"。

【注】

[1] 子騫,春秋時魯人。
[2] 間,空隙。謂別人對他父母兄弟稱讚他的言語並無異議。見《論語・先進》。
[3] 季氏使閔子騫做他采邑費地的長官,閔子騫對來人説,我不當大夫的官吏,如再來找我,我一定要離開魯國去汶水之北了。參見《論語・雍也》。

冉耕字伯牛[1]。孔子以爲有德行。

伯牛有惡疾,孔子往問之,自牖執其手[2],曰:"命也夫! 斯人也而有斯疾,命也夫[3]!"

【注】

[1] 伯牛,春秋時魯人。
[2] 自牖執其手,謂伯牛有疾不見人,孔子自窗口握其手,察其情。
[3] 命也夫,這是命呀。見《論語・雍也》。

冉雍字仲弓[1]。

仲弓問政,孔子曰:"出門如見大賓,使民如承大祭。在邦無怨,在家無怨[2]。"

孔子以仲弓爲有德行,曰:"雍也可使南面[3]。"

仲弓父,賤人。孔子曰:"犁牛之子騂且角,雖欲勿用,山川其舍諸[4]?"

【注】

[1] 仲弓,春秋時魯人。
[2] 見大賓,接待貴賓。使民,役使百姓。大祭,大祀典。邦,諸侯國爲邦。家,卿大夫的封地稱家。見《論語·顏淵》。
[3] 使南面,指可以做卿大夫。古以面向南爲尊位。見《論語·雍也》。
[4] 犁牛,即耕牛。騂,紅色的毛。山川,山川之神。其,怎麼會。謂耕牛的兒子長着赤色的毛,整齊的角,雖欲以其所生的耕牛而不能用作犧牲來祭祀,然而山川之神不會捨棄它。此言父雖不善,不害其子之美,仲弓德行很好,可以爲官也。見《論語·雍也》。

冉求字子有[1],少孔子二十九歲。爲季氏宰。

季康子問孔子曰:"冉求仁乎?"曰:"千室之邑,百乘之家,求也可使治其賦[2]。仁則吾不知也。"復問:"子路仁乎?"孔子對曰:"如求[3]。"

求問曰:"聞斯行諸[4]?"子曰:"行之。"子路問:"聞斯行諸?"子曰:"有父兄在,如之何其聞斯行之[5]!"子華怪之,"敢問問同而答異?"孔子曰:"求也退,故進之。由也兼人,故退之[6]。"

【注】

[1] 子有,春秋末戰國初魯人。

〔2〕邑,古分公邑和采邑,前者轄於諸侯,後者指由諸侯分封給卿大夫的領地。千室之邑,指公邑。家,卿大夫的采邑。賦,兵賦,古代兵役制度,此指軍政之職。參見《論語·公冶長》。
〔3〕如求,如對冉求一樣不知其仁也。
〔4〕聞斯行諸,言謂聽到就做起來嗎?
〔5〕有父……行之,有父兄健在,怎能聽到就做。
〔6〕求也……退之,冉求性謙退,故鼓勵他;子路膽大過人,故而要其收斂。參見《論語·先進》。

仲由字子路〔1〕,卞人也。少孔子九歲。

子路性鄙,好勇力,志伉直,冠雄雞,佩豭豚,陵暴孔子〔2〕。孔子設禮稍誘子路,子路後儒服委質〔3〕,因門人請為弟子。

子路問政,孔子曰:"先之,勞之〔4〕。"請益。曰:"無倦〔5〕。"

子路問:"君子尚勇乎?"孔子曰:"義之為上。君子好勇而無義則亂,小人好勇而無義則盜〔6〕。"

子路有聞,未之能行,唯恐有聞〔7〕。

孔子曰:"片言可以折獄者〔8〕,其由也與!""由也好勇過我,無所取材〔9〕。""若由也,不得其死然〔10〕。""衣敝縕袍與衣狐貉者立而不恥者〔11〕,其由也與!""由也升堂矣,未入於室也〔12〕。"

季康子問:"仲由仁乎?"孔子曰:"千乘之國可使治其賦,不知其仁。"

子路喜從游,遇長沮、桀溺、荷蓧丈人〔13〕。

子路爲季氏宰,季孫問曰:"子路可謂大臣與?"孔子曰:"可謂具臣矣〔14〕。"

子路爲蒲大夫,辭孔子。孔子曰:"蒲多壯士,又難治。然吾語汝:恭以敬,可以執勇〔15〕;寬以正,可以比衆〔16〕;恭正以靜,可以報上。"

【注】

〔1〕子路,春秋末魯人。
〔2〕伉直,剛直。豭豚,公豬。謂冠戴和佩帶雄雞狀和公豬狀的飾物。陵暴,欺壓。
〔3〕誘,引導。委質,歸順。
〔4〕先之勞之,先要帶頭引導,然後讓其勤勞。
〔5〕無倦,永不懈怠。
〔6〕見《論語·陽貨》。
〔7〕有,通"又"。見《論語·公冶長》。
〔8〕片言,偏言。指訴訟雙方中的一方之言。折獄,斷案。見《論語·顔淵》。
〔9〕取材,能用的才能。見《論語·公冶長》。
〔10〕不得其死,不得以壽終,即不得好死。見《論語·先進》。
〔11〕縕袍,以麻所作袍,賤者所穿。
〔12〕堂,正廳。室,内室也。入門、升堂、入室,喻做學問由淺入深的階段。此謂子路爲學雖有成就,但須更進一步。見《論語·先進》。
〔13〕見《論語·微子》。
〔14〕具臣,普通的臣子。見《論語·先進》。
〔15〕子路勇,孔子語恭謹謙敬,勇猛不能害,故曰可以執勇。

〔16〕寬大清正,衆必歸近。

初,衛靈公有寵姬曰南子。靈公太子蕢聵得過南子[1],懼誅出奔。及靈公卒而夫人欲立公子郢。郢不肯,曰:"亡人太子之子輒在[2]。"於是衛立輒爲君,是爲出公。出公立十二年,其父蕢聵居外,不得入。子路爲衛大夫孔悝之邑宰。蕢聵乃與孔悝作亂,謀入孔悝家,遂與其徒襲攻出公。出公奔魯,而蕢聵入立,是爲莊公。方孔悝作亂,子路在外,聞之而馳往。遇子羔出衛城門,謂子路曰:"出公去矣,而門已閉,子可還矣,毋空受其禍。"子路曰:"食其食者不避其難[3]。"子羔卒去。有使者入城,城門開,子路隨而入。造蕢聵[4],蕢聵與孔悝登臺。子路曰:"君焉用孔悝?請得而殺之。"蕢聵弗聽。於是子路欲燔臺[5],蕢聵懼,乃下石乞、壺黶攻子路,擊斷子路之纓[6]。子路曰:"君子死而冠不免。"遂結纓而死[7]。

孔子聞衛亂,曰:"嗟乎,由死矣!"已而果死。故孔子曰:"自吾得由,惡言不聞於耳[8]。"是時子貢爲魯使於齊。

【注】
〔1〕得過,猶得罪。
〔2〕亡人,指衛靈公太子蕢聵。
〔3〕食其食,謂食其禄也。
〔4〕造,往見。
〔5〕燔,燒。
〔6〕纓,結帽子的帶子。

〔7〕參見《左傳》哀公十五年。
〔8〕子路爲孔子侍衛，侮慢之人不敢有惡言，故孔子不聞惡言。

宰予字子我[1]。利口辯辭。既受業，問："三年之喪不已久乎？君子三年不爲禮，禮必壞；三年不爲樂，樂必崩。舊穀既没，新穀既升，鑽燧改火，期可已矣[2]。"子曰："於汝安乎？"曰："安。""汝安則爲之。君子居喪，食旨不甘[3]，聞樂不樂，故弗爲也。"宰我出，子曰："予之不仁也！子生三年然後免於父母之懷[4]。夫三年之喪，天下之通義也[5]。"

宰予晝寢。子曰："朽木不可雕也，糞土之墻不可圬也[6]。"

宰我問五帝之德，子曰："予非其人也[7]。"

宰我爲臨菑大夫，與田常作亂[8]，以夷其族，孔子恥之[9]。

【注】

〔1〕子我，春秋時魯人。
〔2〕三年……已矣，謂鑽燧改火，古時用鑽木取火之法，被鑽之木四季不同，春取榆柳，夏取棗杏，秋取柞楢，冬取槐檀，一年一輪回，故曰改火。期，一週年。見《論語·陽貨》。
〔3〕旨，甜美。
〔4〕生未三歲，爲父母所懷抱。
〔5〕天下通義，自天子至庶人皆通行的喪禮。見《論語·陽貨》。
〔6〕圬，粉刷墻壁的工具。謂腐木不能雕刻，糞土似的墻壁不得粉刷。喻宰予不堪造就。見《論語·公冶長》。

〔7〕予非其人也,謂宰予不足以明五帝之德。
〔8〕臨菑,齊都。大夫,官名。爲齊大夫。
〔9〕《左傳》無此文。然有子我,爲陳桓所殺。

端沐賜,衛人,字子貢〔1〕。少孔子三十一歲。

子貢利口巧辭,孔子常黜其辯。問曰:"汝與回也孰愈〔2〕?"對曰:"賜也何敢望回!回也聞一以知十,賜也聞一以知二〔3〕。"

子貢既已受業,問曰:"賜何人也?"孔子曰:"汝器也〔4〕。"曰:"何器也?"曰:"瑚璉也〔5〕。"

陳子禽問子貢曰:"仲尼焉學?"子貢曰:"文武之道未墜於地,在人〔6〕,賢者識其大者,不賢者識其小者,莫不有文武之道。夫子焉不學,而亦何常師之有〔7〕!"又問曰:"孔子適是國必聞其政。求之與?抑與之與〔8〕?"子貢曰:"夫子溫良恭儉讓以得之。夫子之求之也,其諸異乎人之求之也〔9〕。"

子貢問曰:"富而無驕,貧而無諂〔10〕,何如?"孔子曰:"可也;不如貧而樂道,富而好禮〔11〕。"

【注】
〔1〕子貢,春秋末衛人。
〔2〕愈,更強,更好。
〔3〕見《論語·公冶長》。
〔4〕汝器也,謂器用之人。
〔5〕瑚璉,古代祭祀時盛糧食的工具。夏曰瑚,殷曰璉,周曰簠簋,

宗廟用的貴重器具。見《論語・公冶長》。
〔6〕未墜於地,在人,謂没有失傳,散在人間。
〔7〕夫子,古時敬稱。常師,固定的老師。謂孔子無所不學,故無專門師授。見《論語・子張》。
〔8〕適,到。與,通"歟"。抑,或。與之,給予他。
〔9〕温良恭儉讓,温順、善良、恭敬、儉樸、謙遜。其諸,或者,大概。謂孔子所取方法與别人不同。見《論語・學而》。
〔10〕諂,諂媚、拍馬。
〔11〕見《論語・學而》。

　　田常欲作亂於齊,憚高、國、鮑、晏[1],故移其兵欲以伐魯。孔子聞之,謂門弟子曰:"夫魯,墳墓所處,父母之國,國危如此,二三子何爲莫出[2]?"子路請出,孔子止之。子張、子石請行,孔子弗許。子貢請行,孔子許之[3]。

【注】
〔1〕憚,懼怕。高、國、鮑、晏,齊國當時的貴族。
〔2〕墳墓所處,謂祖地。二三子,謂弟子們。
〔3〕子貢請行,孔子許之,以子貢善於辭令。

　　遂行,至齊,説田常曰:"君之伐魯過矣[1]。夫魯,難伐之國,其城薄以卑,其地狹以泄[2],其君愚而不仁,大臣僞而無用,其士民又惡甲兵之事,此不可與戰。君不如伐吴。夫吴,城高以厚,地廣以深,甲堅以新,士選以飽,重器精兵盡在其中,又使明大夫守之,此易伐也。"田常忿然作色曰:"子之所難,人之所易;子之所易,人之所難:而以教常,何也?"子貢曰:"臣聞之,憂在內者攻強,憂在外者攻弱。今君憂在內。吾聞君三封而三不成者,大臣有不聽者也。今君破魯以廣齊,戰勝以驕主,破國以尊臣[3],而君之功不與焉,則交日疏於主。是君上驕主心,下恣羣臣,求以成大事,難矣。夫上驕則恣,臣驕則爭,是君上與主有郤[4],下與大臣交爭也。如此,則君之立於齊危矣。故曰不如伐吳,伐吳不勝,民人外死,大臣內空,是君上無強臣之敵,下無民人之過,孤主制齊者唯君也。"田常曰:"善。雖然,吾兵業已加魯矣,去而之吳,大臣疑我,奈何?"子貢曰:"君按兵無伐,臣請往使吳王,令之救魯而伐齊,君因以兵迎之。"田常許之,使子貢南見吳王。

【注】

〔1〕過,錯。
〔2〕泄,淺。
〔3〕破國以尊臣,臣以破國尊。
〔4〕郤,隙。

　　說曰:"臣聞之,王者不絕世,霸者無強敵,千鈞之重加銖兩而移[1]。今以萬乘之齊而私千乘之魯,與吳爭強,竊爲王危之。且夫救魯,顯名也;伐齊,大利也。以撫泗上諸侯[2],誅暴齊以服強晉,利莫大焉。名存亡魯,實困強齊,智者不疑也。"吳王曰:"善。雖然,吾嘗與越戰,棲之會稽。越王苦身養士,有報我心。子待我伐越而聽子。"子貢曰:"越之勁不過魯,吳之強不過齊,王置齊而伐越,則齊已平魯矣。且王方以存亡繼絶爲名,夫伐小越而畏强齊,非勇也。夫勇者不避難,仁者不窮約,智者不失時,王者不絶世,以立其義。今存越示諸侯以仁,救魯伐齊,威加晉國,諸侯必相率而朝吳,霸業成矣。且王必惡越[3],臣請東見越王,令出兵以從,此實空越,名從諸侯以伐也。"吳王大説,乃使子貢之越。

【注】

〔1〕千鈞之重加銖兩而移,二力相平衡,微力加於一方則移。
〔2〕泗上,泗水之濱。《戰國策・楚策》云:泗上十二諸侯。
〔3〕惡,畏惡。

越王除道郊迎,身御至舍而問曰[1]:"此蠻夷之國,大夫何以儼然辱而臨之[2]?"子貢曰:"今者吾説吳王以救魯伐齊,其志欲之而畏越,曰'待我伐越乃可'。如此,破越必矣。且夫無報人之志而令人疑之[3],拙也;有報人之志,使人知之,殆也;事未發而先聞,危也。三者舉事之大患。"句踐頓首再拜曰:"孤嘗不料力,乃與吳戰,困於會稽,痛入於骨髓,日夜焦脣乾舌,徒欲與吳王接踵而死,孤之願也。"遂問子貢。子貢曰:"吳王爲人猛暴,羣臣不堪[4];國家敝於數戰,士卒弗忍;百姓怨上,大臣內變;子胥以諫死,太宰嚭用事,順君之過以安其私:是殘國之治也。今王誠發士卒佐之以徼其志[5],重寶以説其心,卑辭以尊其禮,其伐齊必也。彼戰不勝,王之福矣。戰勝,必以兵臨晉,臣請北見晉君,令共攻之,弱吳必矣。其銳兵盡於齊,重甲困於晉,而王制其敝,此滅吳必矣。"越王大説,許諾。送子貢金百鎰,劍一,良矛二。子貢不受,遂行。

【注】

〔1〕身御,親自駕車。
〔2〕儼然,通"嚴然",敬重的樣子。
〔3〕報,報復。
〔4〕不堪,不能忍受。
〔5〕徼,通"邀"。

　　報吳王曰:"臣敬以大王之言告越王,越王大恐,曰:'孤不幸,少失先人,内不自量,抵罪於吳,軍敗身辱,棲於會稽,國爲虛莽[1],賴大王之賜,使得奉俎豆而修祭祀,死不敢忘,何謀之敢慮!'"後五日,越使大夫種頓首言於吳王曰:"東海役臣孤句踐使者臣種,敢修下吏問於左右。今竊聞大王將興大義,誅強救弱,困暴齊而撫周室,請悉起境内士卒三千人,孤請自被堅執鋭,以先受矢石[2]。因越賤臣種奉先人藏器,甲二十領,鈇屈盧之矛[3],步光之劍,以賀軍吏。"吳王大説,以告子貢曰:"越王欲身從寡人伐齊,可乎?"子貢曰:"不可。夫空人之國,悉人之衆,又從其君,不義。君受其幣,許其師,而辭其君。"吳王許諾,乃謝越王。於是吳王乃遂發九郡兵伐齊。

【注】

〔1〕虛莽,廢墟草莽。

〔2〕被堅執鋭,披堅甲執鋭器。矢石,箭和石。先受矢石,謂先死也。
〔3〕鈇屈盧,鈇,斧。屈盧,矛名。

　　子貢因去之晉,謂晉君曰:"臣聞之,慮不先定不可以應卒[1],兵不先辨不可以勝敵。今夫齊與吳將戰,彼戰而不勝,越亂之必矣;與齊戰而勝,必以其兵臨晉。"晉君大恐,曰:"爲之奈何?"子貢曰:"修兵休卒以待之。"晉君許諾。

【注】
〔1〕慮不先,即不先慮,不預測。應,應付。卒,突然事變。

　　子貢去而之魯。吳王果與齊人戰於艾陵,大破齊師,獲七將軍之兵而不歸,果以兵臨晉,與晉人相遇黃池之上。吳晉爭强。晉人擊之,大敗吳師。越王聞之,涉江襲吳,去城七里而軍。吳王聞之,去晉而歸,與越戰於五湖。三戰不勝,城門不守,越遂圍王宫,殺夫差而戮其相。破吳三年,東向而霸。

　　故子貢一出,存魯,亂齊,破吳,强晉而霸越。子貢一使,使勢相破,十年之中,五國各有變[1]。

【注】
〔1〕五國各有變,即存魯、亂齊、破吳、强晉而霸越。

子貢好廢舉,與時轉貨貲[1]。喜揚人之美,不能匿人之過。常相魯、衛,家累千金,卒終於齊。

【注】

[1] 廢舉,指囤積和出賣。貨貲,財物。貲通資。謂物賤則買而貯積,值貴即隨時轉易出賣,以取資利。

言偃,吴人,字子游[1]。少孔子四十五歲。

子游既已受業,爲武城宰。孔子過,聞絃歌之聲。孔子莞爾而笑曰[2]:"割雞焉用牛刀[3]?"子游曰:"昔者偃聞諸夫子曰,君子學道則愛人,小人學道則易使[4]。"孔子曰:"二三子[5],偃之言是也。前言戲之耳[6]。"孔子以爲子游習於文學。

【注】

[1] 子游,春秋時吴人。
[2] 莞爾,微笑的樣子。
[3] 割雞焉用牛刀,謂治小何必用大道。
[4] 使,使唤。
[5] 二三子,對從行者語。
[6] 戲,開玩笑。見《論語·陽貨》。

卜商字子夏[1]。少孔子四十四歲。

子夏問:"'巧笑倩兮,美目盼兮[2],素以爲絢兮'[3],何謂也?"子曰:"繪事後素[4]。"曰:"禮後乎[5]?"孔子曰:"商始可與言《詩》已矣[6]。"

子貢問:"師與商孰賢[7]?"子曰:"師也過,商也不及[8]。""然則師愈與[9]?"曰:"過猶不及[10]。"

子謂子夏曰:"汝爲君子儒,無爲小人儒[11]。"

孔子既没,子夏居西河教授,爲魏文侯師。其子死,哭之失明。

【注】

[1] 子夏,春秋時衛人。
[2] 盼,眼珠黑白分明。見《詩經・衛風・碩人》。
[3] 素,白。絢,文采。謂本來長得很白,再一打扮就更美了。此句不見《詩經》。
[4] 繪,畫畫。素,白。繪事後素,先有白底,然後畫畫。
[5] 禮後乎,意謂禮樂之制是後起的嗎。
[6] 始可與言《詩》已矣,可以與子夏言《詩》了。《論語・八佾》作,"起予者商也!始可與言《詩》已矣"。
[7] 師,指顓孫師,即子張。
[8] 過,過分。不及,不夠。謂皆不得中。
[9] 愈,强些,勝過。
[10] 過猶不及,過與不及一樣。見《論語・先進》。
[11] 君子儒,明道者也。小人儒,矜於名者也。

顓孫師,陳人,字子張[1]。少孔子四十八歲。

子張問干禄[2],孔子曰:"多聞闕疑,慎言其餘,則寡尤;多見闕殆,慎行其餘,則寡悔。言寡尤,行寡悔,禄在其中矣[3]。"

他日從在陳、蔡間,困,問行[4]。孔子曰:"言忠信,行篤敬,雖蠻貊之國行也;言不忠信,行不篤敬,雖州里行乎哉[5]?立則見其參於前也,在輿則見其倚於衡[6],夫然後行。"子張書諸紳[7]。

子張問:"士何如斯可謂之達矣?"孔子曰:"何哉,爾所謂達者?"子張對曰:"在國必聞,在家必聞[8]。"孔子曰:"是聞也,非達也。夫達者,質直而好義,察言而觀色,慮以下人[9],在國及家必達。夫聞也者,色取仁而行違,居之不疑[10],在國及家必聞。"

【注】

[1] 子張,春秋末陳人。
[2] 干,求取。禄,禄位。
[3] 闕,通"缺",迴避。寡尤,少過。殆,危。見《論語・爲政》。
[4] 問行,問怎樣才能使自己的主張行得通。
[5] 行乎哉,能行得通嗎?
[6] 參,列,顯貌。輿,車。衡,車轅前的横木。謂站立則仿佛看見"忠信篤敬"這幾字在面前,坐車則仿佛看見這幾字刻在車轅的横木上。見《論語・衛靈公》。
[7] 紳,腰間衣帶。
[8] 聞,聲望。
[9] 慮以下人,經常考慮到對別人恭敬謙讓有禮貌。下,作動詞。
[10] 色,表面。居之不疑,以仁人自居而不懷疑。見《論語・顏淵》。

曾參,南武城人,字子輿[1]。少孔子四十六歲。
孔子以爲能通孝道,故授之業。作《孝經》[2]。死於魯。

【注】

〔1〕子輿,春秋末魯人。
〔2〕《孝經》,《漢書·藝文志》:"夫孝,天之經,地之義,民之行也,舉大者言,故曰《孝經》。"《孝經》有古文、今文二本,今文本鄭玄注,分十八章;古文本孔安國注,分二十二章。朱熹《孝經刊誤》用古文本,刪二百二十二字,分爲經一章,傳十四章。清代嚴可均有鄭玄注輯本。

澹臺滅明,武城人,字子羽[1],少孔子三十九歲。

狀貌甚惡。欲事孔子,孔子以爲材薄。既已受業,退而修行,行不由徑,非公事不見卿大夫[2]。

南游至江,從弟子三百人,設取予去就,名施乎諸侯。孔子聞之,曰:"吾以言取人,失之宰予;以貌取人,失之子羽[3]。"

【注】

〔1〕子羽,春秋末魯國人。
〔2〕徑,小路。參見《論語·雍也》。
〔3〕《韓非子·顯學》及《家語》均謂澹臺子羽君子之容,行不稱其貌。此上文則謂狀貌甚惡,正相反。

宓不齊字子賤[1]。少孔子三十歲。

孔子謂"子賤君子哉!魯無君子,斯焉取斯[2]?"

子賤爲單父宰,反命於孔子,曰:"此國有賢不齊者五人,教不齊所以治者。"孔子曰:"惜哉不齊所治者小,所治者大則庶幾矣。"

【注】

〔1〕子賤,春秋末魯國人。
〔2〕斯,這。斯焉取斯,這種人從哪裏學得這種品德。見《論語·公冶長》。

　　原憲字子思〔1〕。
　　子思問恥。孔子曰:"國有道,穀〔2〕。國無道,穀,恥也。"
　　子思曰:"克伐怨欲不行焉〔3〕,可以爲仁乎?"孔子曰:"可以爲難矣,仁則吾弗知也〔4〕。"
　　孔子卒,原憲遂亡在草澤中〔5〕。子貢相衛,而結駟連騎,排藜藿入窮閻,過謝原憲。憲攝敝衣冠見子貢。子貢恥之,曰:"夫子豈病乎?"原憲曰:"吾聞之,無財者謂之貧,學道而不能行者謂之病。若憲,貧也,非病也。"子貢慚,不懌而去〔6〕,終身恥其言之過也。

【注】

〔1〕子思,戰國初人,姓孔,名伋,孔子之孫。相傳受業於曾子。《漢書·藝文志》著録《子思》二十三篇,已佚,現存《禮記》中的《中庸》、《表記》、《塲記》等篇,相傳是他的作品。
〔2〕穀,俸禄,此謂做官。
〔3〕克伐怨欲不行焉:克,好勝人;伐,自伐其功;怨,忌嫉;欲,貪欲;不行,不爲。

〔4〕四者行之難,然未足以爲仁。
〔5〕亡在草澤中,隱居於衛。
〔6〕慚,不懌,不快樂。

公冶長,齊人,字子長〔1〕。
孔子曰:"長可妻也,雖在縲紲之中,非其罪也。"以其子妻之〔2〕。

【注】
〔1〕子長,春秋末齊人。
〔2〕妻,把女兒嫁人。縲紲,綁犯人的繩子。謂雖被關在監獄之中。子,女兒。見《論語‧公冶長》。

南宮括字子容〔1〕。
問孔子曰:"羿善射,奡盪舟,俱不得其死然,禹稷躬稼而有天下〔2〕?"孔子弗答。容出,孔子曰:"君子哉若人!上德哉若人〔3〕!""國有道,不廢〔4〕;國無道,免於刑戮〔5〕。"
三復"白珪之玷"〔6〕,以其兄之子妻之。

【注】
〔1〕子容,春秋末魯國人。
〔2〕射,射箭。盪舟,指陸地行舟。躬稼,親自種田。
〔3〕上,通"尚",崇尚。見《論語‧憲問》。
〔4〕不廢,見用,出任做官。
〔5〕免於刑戮,避世不做官。見《論語‧公冶長》。
〔6〕三復"白珪之玷":三復,反復讀;白珪之玷,見於《詩經‧大

雅‧抑》："白圭之玷,尚可磨也;斯言之玷,不可爲也。"意謂白圭的污點還可以磨掉,言語中的污點就無法去掉。見《論語‧先進》。

公晳哀字季次[1]。

孔子曰:"天下無行,多爲家臣,仕於都;唯季次未嘗仕[2]。"

【注】
[1] 季次,春秋末齊人。
[2] 家臣,諸侯國卿大夫的臣屬。仕,做官。

曾蒧字晳[1]。

侍孔子,孔子曰:"言爾志。"蒧曰:"春服既成,冠者五六人,童子六七人,浴乎沂,風乎舞雩,詠而歸[2]。"孔子喟爾嘆曰:"吾與蒧也[3]!"

【注】
[1] 曾蒧,音點,春秋末魯人,曾參父。
[2] 春服既成,指天氣已暖和,已穿上春天的衣服。冠者,成年人。六七個兒童,沐浴於沂水之上,風涼於舞雩臺之下。舞雩,地名,原是祭天求雨的地方。詠,歌唱。見《論語‧先進》。
[3] 吾與蒧也,同意蒧的說法。

顏無繇字路。路者,顏回父[1],父子嘗各異時事孔子。顏回死,顏路貧,請孔子車以葬[2]。孔子曰:"材不材,亦各言其子也。鯉也死,有棺而無椁,吾不徒行以爲之椁,以吾從大夫之後,不可以徒行[3]。"

【注】

〔1〕顔路,顔回的父親,孔子開始授教時即受學,少孔子六歲。
〔2〕車以葬,賣車買椁葬顔回。
〔3〕材不材,有才能没才能。鯉,孔子之子。棺椁,棺材的裏層叫棺,外層叫椁。徒行,步行。從大夫之後,做過大夫。見《論語·先進》。

　　商瞿[1],魯人,字子木。少孔子二十九歲。
　　孔子傳《易》於瞿,瞿傳楚人馯臂子弘,弘傳江東人矯子庸疵,疵傳燕人周子家豎,豎傳淳于人光子乘羽,羽傳齊人田子莊何,何傳東武人王子中同,同傳菑川人楊何[2]。何,元朔中以治《易》爲漢中大夫。

【注】

〔1〕瞿,《孔子家語》:"瞿年三十八無子,母欲更妻室。孔子曰'瞿過四十當有五丈夫子',果然。瞿謂梁鱣勿娶,吾恐子或晚生,非妻之過也。"五丈夫子,五男子。
〔2〕楊何,漢人,字叔元。《易》自商瞿至楊何,傳凡八代。

　　高柴字子羔[1]。少孔子三十歲。
　　子羔長不盈五尺,受業孔子,孔子以爲愚。
　　子路使子羔爲費郈宰,孔子曰:"賊夫人之子[2]!"子路曰:"有民人焉[3],有社稷焉[4],何必讀書然後爲學[5]!"

孔子曰:"是故惡夫佞者〔6〕。"

【注】
〔1〕子羔,春秋末衛國人。
〔2〕賊,害。賊夫人之子,害人子弟。
〔3〕民人,百姓。
〔4〕社稷,指土地與五穀之神,爲國家政權的象徵。
〔5〕何必讀書然後爲學,何必一定讀書才叫做學習呢!意謂做實事不讀書也可以有學問。
〔6〕惡夫佞者,討厭强嘴利舌之徒。見《論語·先進》。

漆雕開字子開〔1〕。
孔子使開仕,對曰:"吾斯之未能信〔2〕。"孔子説〔3〕。

【注】
〔1〕子開,春秋末魯人。
〔2〕吾斯之未能信,謂我對進仕之道未能究習。
〔3〕説,通"悦"。見《論語·公冶長》。

公伯繚字子周。
周愬子路於季孫〔1〕。子服景伯以告孔子,曰:"夫子固有惑志〔2〕,繚也,吾力猶能肆諸市朝〔3〕。"孔子曰:"道之將行,命也;道之將廢,命也。公伯繚其如命何〔4〕!"

【注】
〔1〕愬,通"訴",毁謗。

〔2〕夫子,指季孫。惑志,疑心。
〔3〕肆,陳列死屍。市朝,市場。
〔4〕見《論語·憲問》。

司馬耕字子牛〔1〕。

牛多言而躁。問仁於孔子,孔子曰:"仁者其言也訒〔2〕。"曰:"其言也訒,斯可謂之仁乎?"子曰:"爲之難,言之得無訒乎〔3〕!"

問君子,子曰:"君子不憂不懼〔4〕。"曰:"不憂不懼,斯可謂之君子乎?"子曰:"內省不疚〔5〕,夫何憂何懼!"

【注】
〔1〕子牛,春秋末宋人。
〔2〕訒,難。引申爲慎重。
〔3〕謂行仁難,言仁亦不得不慎也。
〔4〕不憂不懼,子牛兄桓魋將爲亂,牛從宋來魯求學,故常憂懼,孔子以語解之。
〔5〕內省不疚,疚,內心慚愧。以上見《論語·顏淵》。

樊須字子遲〔1〕。少孔子三十六歲。

樊遲請學稼,孔子曰:"吾不如老農。"請學圃,曰:"吾不如老圃〔2〕。"樊遲出,孔子曰:"小人哉樊須也!上好禮〔3〕,則民莫敢不敬;上好義,則民莫敢不服;上好信,則民莫敢不用情〔4〕。夫如是,則四方之民襁負其子而至矣,焉用稼〔5〕!"

樊遲問仁,子曰:"愛人。"問智,曰:"知人〔6〕。"

【注】

〔1〕子遲,春秋末魯人。
〔2〕稼,種田。圃,種菜。種五穀曰稼,植蔬菜曰圃。
〔3〕好,喜好,崇尚。
〔4〕情,實情。
〔5〕襁,背嬰兒的背帶。焉用,何用。以上見《論語・子路》。
〔6〕見《論語・顏淵》。

有若少孔子四十三歲[1]。有若曰:"禮之用,和爲貴,先王之道斯爲美。小大由之,有所不行;知和而和,不以禮節之,亦不可行也[2]。""信近於義,言可復也[3];恭近於禮,遠恥辱也;因不失其親,亦可宗也[4]。"

孔子既没,弟子思慕,有若狀似孔子,弟子相與共立爲師,師之如夫子時也。他日,弟子進問曰:"昔夫子當行,使弟子持雨具,已與果雨。弟子問曰:'夫子何以知之?'夫子曰:'《詩》不云乎?"月離於畢,俾滂沱矣[5]。"昨暮月不宿畢乎?'他日,月宿畢,竟不雨。商瞿年長無子,其母爲取室[6]。孔子使之齊,瞿母請之。孔子曰:'無憂,瞿年四十後當有五丈夫子。'已而果然。敢問夫子何以知此?"有若默然無以應。弟子起曰:"有子避之,此非子之座也!"

【注】

〔1〕有若,春秋末魯人。
〔2〕用,應用。和,和諧。斯,此。小大由之,小事大事都按和諧去做。有所不行,有的地方行不通。知和而和,爲和諧而和諧。節,節制,約束。見《論語・學而》。

〔3〕復，實行。
〔4〕因，依。宗，主。引申爲靠得住。見《論語·學而》。
〔5〕畢，星宿名。俾，使。滂沱，大雨。
〔6〕取室，娶妻。事見前"商瞿"注。

公西赤字子華〔1〕。少孔子四十二歲。

子華使於齊，冉有爲其母請粟。孔子曰："與之釜〔2〕。"請益，曰："與之庾〔3〕。"冉子與之粟五秉〔4〕。孔子曰："赤之適齊也，乘肥馬，衣輕裘。吾聞君子周急不繼富〔5〕。"

【注】
〔1〕子華，春秋末魯人。
〔2〕釜，六斗四升曰釜。
〔3〕庾，十六斗曰庾。
〔4〕秉，十六斛曰秉，一斛爲十斗。
〔5〕周急不繼富，周濟困難而急需的人，不使富有的更多。以上見《論語·雍也》。

巫馬施字子旗〔1〕，少孔子三十歲。

陳司敗問孔子曰："魯昭公知禮乎？"孔子曰："知禮。"退而揖巫馬旗曰："吾聞君子不黨〔2〕，君子亦黨乎？魯君娶吳女爲夫人，命之爲孟子。孟子姓姬，諱稱同姓，故謂之孟子。魯君而知禮，孰不知禮！"施以告孔子，孔子曰："丘也幸，苟有過，人必知之。臣不可言君親之惡，爲諱者，禮也〔3〕。"

……

【注】

〔1〕子旗,春秋時魯人。

〔2〕黨,相助而匿非曰黨。

〔3〕臣不可言君親之惡,諱避説君主的惡行,亦合乎禮義。

選自《史記》卷六十七《仲尼弟子列傳》

孫　　武（春秋末）

孫子武者[1]，齊人也[2]。以兵法見於吳王闔廬[3]。闔廬曰："子之十三篇[4]，吾盡觀之矣，可以小試勒兵乎[5]？"對曰："可。"闔廬曰："可試以婦人乎？"曰："可。"於是許之，出宮中美女，得百八十人。孫子分爲二隊，以王之寵姬二人各爲隊長[6]，皆令持戟[7]。令之曰："汝知而心與左右手背乎[8]？"婦人曰："知之。"孫子曰："前，則視心；左，視左手；右，視右手；後，即視背。"婦人曰："諾[9]。"約束既布[10]，乃設鈇鉞[11]，即三令五申之[12]。於是鼓之右[13]，婦人大笑。孫子曰："約束不明，申令不熟，將之罪也[14]。"復三令五申而鼓之左，婦人復大笑。孫子曰："約束不明，申令不熟，將之罪也；既已明而不如法者[15]，吏士之罪也[16]。"乃欲斬左右隊長。吳王從臺上觀，見且斬愛姬[17]，大駭[18]。趣使使下令曰[19]："寡人已知將軍能用兵矣。寡人非此二姬，食不甘味，願勿斬也。"孫子曰："臣既已受命爲將，將在軍，君命有所不受[20]。"遂斬隊長二人以徇[21]。用其次爲隊長[22]，於是復鼓之。婦人左右前後跪起皆中規矩繩墨[23]，無敢出聲。於是孫子使使報王曰："兵既整齊，王可試下觀之，唯王所欲用之，雖赴水火猶可也。"吳王曰："將軍罷休就舍[24]，寡人不願下觀。"孫子曰："王徒好其言[25]，不能用其實。"於是闔廬知孫子能用兵，卒以爲將[26]。西破强楚,入郢,北威齊、晉,顯名諸侯,孫子與有力焉[27]。

【注】

〔1〕孫子武,春秋時兵家。姓孫,名武,字長卿。子,古代對人的尊稱。

〔2〕齊,古國名,春秋大國之一。在今山東東北部。

〔3〕吳,古國名。在今江、浙一帶。闔廬,一作"闔閭",爲春秋末期吳國君,公元前514—前496年在位。

〔4〕十三篇,即《孫子》,又稱《吳孫子》、《孫子兵法》。此書與失傳的《齊孫子》存在歷史懸案,直至1972年山東臨沂銀雀山一號漢墓有《孫子兵法》和《孫臏兵法》竹簡本同時出土,證實孫武、孫臏各有兵書,從而基本了結此案。《孫子兵法》傳世本十三篇篇目爲:《計篇》、《作戰篇》、《謀攻篇》、《形篇》、《勢篇》、《虛實篇》、《軍爭篇》、《九變篇》、《行軍篇》、《地形篇》、《九地篇》、《火攻篇》、《用間篇》。

〔5〕勒,馬絡頭。引申爲駕御。

〔6〕寵姬,寵愛的妃子。

〔7〕戟,兵器。

〔8〕而,你。

〔9〕諾,應答詞。

〔10〕約束,謂紀律。

〔11〕鈇鉞,鍘刀、斧頭。鈇,通"斧"。

〔12〕三令五申,三番五次申明軍令。

〔13〕鼓,古時軍中傳令的工具,此作動詞用。之右,往右。

〔14〕將,軍隊的統帥。

〔15〕不如法,不依照法。

〔16〕吏士,軍官。

〔17〕且,將要。

〔18〕駭,怕,吃驚。

〔19〕趣,急。使使,使派使者。

〔20〕《孫子·九變篇》:"將受命於君,君命有所不受。"曹操注:"苟使於事,不拘君命。"

〔21〕徇,向衆宣示。

〔22〕用其次,提拔隊長後面的人。

〔23〕中,符合。規矩繩墨,正方圓曲直的工具。此謂法令。

〔24〕罷休就舍,到客舍去歇息。

〔25〕徒,只。

〔26〕卒,終於。

〔27〕與有力焉,出了大力的。

選自《史記》卷六十五《孫子吳起列傳》

范　　蠡（春秋末）

范蠡，字少伯[1]，越之上將軍也[2]。本是楚宛三户人[3]，佯狂倜儻負俗[4]。文種爲宛令[5]，遣吏謁奉[6]。吏還曰："范蠡本國狂人，生有此病[7]。"種笑曰："吾聞士有賢俊之姿，必有佯狂之譏，內懷獨見之明，外有不知之毁，此固非二三子之所知也[8]。"駕車而往，蠡避之。後知種之必來謁，謂兄嫂曰："今日有客，願假衣冠[9]。"有頃種至[10]，抵掌而談[11]，旁人觀者聳聽之矣[12]。謂大夫種曰："三王則三皇之苗裔也[13]，五伯乃五帝之末世也[14]。天運曆紀[15]，千歲一至，黄帝之元，執辰破巳[16]，霸王之氣，見於地户[17]。伍子胥以是挾弓矢干吳王[18]。"於是要大夫種入吳[19]。此時馮同相與共戒之："伍子胥在，自餘不能關其詞[20]。"蠡曰："吳越之邦同風共俗，地户之位非吳則越。彼爲彼，我爲我[21]。"乃入越，越王常與言，盡日方去[22]。

【注】

〔1〕范蠡，春秋末思想家。字少伯。居楚曰范伯，後游齊稱鴟夷子皮，至陶改名陶朱公。

〔2〕越，春秋諸侯國，建都於今浙江紹興。公元前306年滅於楚。

〔3〕楚，春秋諸侯國，戰國七雄之一，都郢（在今湖北江陵）。前223

年滅於秦。宛,地名(治所在今河南南陽市)。三户,古地名(在今河南淅川縣西北)。

〔4〕佯狂,裝瘋。倜儻,卓越豪邁。負俗,與俗不同。

〔5〕文種,即大夫種。姓文名種,字子禽。大夫,官名。一曰大夫姓。令,行政長官。

〔6〕謁奉,看望送禮。

〔7〕生,天性。病,毛病,缺點。

〔8〕二三子,即諸位。謂一般人。

〔9〕假,借。

〔10〕有頃,不多久。

〔11〕抵掌,擊掌。

〔12〕聳聽,聽驚了。以上據《史記·越王句踐世家·正義》引《會稽典錄》。

〔13〕三王,夏禹,商湯,周文、武。三皇,伏羲,神農,黄帝。苗裔,後代子孫。

〔14〕五伯,即五霸。五帝,相傳古代有五帝,其説不一。

〔15〕天運曆紀,天道運行軌道的分紀。

〔16〕黄帝,相傳爲中華民族的祖先。執辰,掌握時運。

〔17〕地户,地的門户。古代傳説天有門,地有户。

〔18〕伍子胥,姓伍名員,春秋楚人。父伍奢及兄伍尚被楚平王殺害,子胥奔吴,吴封以申地,稱申胥。干,求取。

〔19〕要,約。

〔20〕關其詞,通過伍子胥的關節以進説。其,指伍子胥。

〔21〕彼,指伍子胥;我,我們。

〔22〕以上據《史記·越王句踐世家·正義》引《越絶書》。

越王句踐即位三年而欲伐吴[1],范蠡進諫曰:"夫國家之事,有持盈[2],有定傾[3],有節事[4]。"王曰:"爲三者,奈何?"對曰:"持盈者與天[5],定傾者與人,節事者與地。王不問,蠡不敢言。天道盈而不溢,盛而不驕,勞而不矜其功[6]。夫聖人隨時以行,是謂守時。天時不作,弗爲人客[7];人事不起,弗爲之始[8]。今君王未盈而溢,未盛而驕,不勞而矜其功,天時不作而先爲人客,人事不起而創爲之始,此逆於天而不和於人。王若行之,將妨於國家,靡王躬身[9]。"王弗聽[10]。

【注】

〔1〕三年,值魯哀公元年,即公元前 492 年。《史記·越王句踐世家》謂:句踐聞吳王夫差日夜勒兵,且以報越,越欲先吳未發往伐之。
〔2〕持盈,守滿,保持滿盛。
〔3〕定傾,安危,安定危急的變化。
〔4〕節事,制事,調節政治事務。
〔5〕與天,猶法天。天道盈而不溢。
〔6〕矜其功,居其功。矜,自大。
〔7〕不作,不興起。客,先攻伐者爲客。
〔8〕人事,指變亂。始,先動爲始。
〔9〕妨,害。靡,損害。躬身,自身。
〔10〕以上據《國語·越語下》。

范蠡進諫曰:"夫勇者,逆德也[1];兵者,兇器也[2];爭者,事之末也。陰謀逆德,好用兇器[3],始於人者,人之所卒也[4];淫佚之事[5],上帝之禁也,先行此者,不利。"王曰:"無是貳言也,吾已斷之矣[6]!"果興師而伐吳,戰於五湖[7],不勝,棲於會稽[8]。

【注】

[1] 勇,謂持强攻奪。老子云:勇於敢則殺,天之道不爭而善勝,繟然而善謀。德,謂得天道人和。老子云:善勝者不與,善用人者爲之下,是謂不爭之德。
[2] 兇器,謂害人也。
[3] 陰謀,兵謀。好用兇器,即好用兵,好戰爭。《文子·下德》:"陰謀逆德,好用兇器,治人之亂,逆之至也。"
[4] 始於人者,先動兵於人者。卒,終。老子云:以兵强天下,其事好還。故先攻於人,終爲人所害。
[5] 淫佚,放蕩。
[6] 貳言,指陰謀、淫佚。斷,決定。
[7] 五湖,今太湖。《史記》作"夫椒"。
[8] 棲,止息。會稽,指會稽山,在今浙江紹興東南。

　　王召范蠡而問焉,曰:"吾不用子之言,以至於此,爲之奈何?"范蠡對曰:"君王其忘之乎? 持盈者與天,定傾者與人,節事者與地。"王曰:"與人奈何?"對曰:"卑辭尊禮[1],玩好女樂[2],尊之以名[3]。如此不已,又身與之市[4]。"王曰:"諾。"乃令大夫種行成於吳,曰:"請士女女於士[5],大夫女女於大夫,隨之以國家之重器[6]。"吳人不許。大夫種來而復往,曰:"請委管籥屬國家[7],以身隨之,君王制之。"吳人許諾。王曰:"蠡爲我守於國。"對曰:"四封之內[8],百姓之事,蠡不如種也。四封之外,敵國之制,立斷之事,種亦不如蠡也。"王曰:"諾。"令大夫種守於國,與范蠡入宦於吳[9]。

【注】

[1] 卑辭尊禮,言辭謙下,尊重其禮。猶檢討賠禮。
[2] 玩好,珍寶。女樂,善歌能舞的美女。
[3] 尊之以名,以君名尊之。《史記》云:句踐請爲臣。
[4] 不已,不息。謂不肯答應。市,交易。謂越王以身往事吳王。
[5] 士女女於士,士之女嫁於士,後"女"爲以女嫁人。
[6] 重器,寶器。
[7] 委,歸。管籥,鎖匙。屬,託付。委管籥屬國家,謂將掌握國家的權力歸付於吳王。
[8] 四封,四境。四封之内,與四封之外相對,謂國內和國外。
[9] 宦,臣隸。

三年[1],而吳人遣之[2]。歸及至於國,王問於范蠡曰:"節事奈何?"對曰:"節事者與地。唯地能包萬物以爲一[3],其事不失[4]。生萬物,容畜禽獸,然後受其名而兼其利[5]。美惡皆成,以養其生[6]。時不至,不可強生[7];事不究,不可強成[8]。自若以處[9],以度天下,待其來者而正之,因時之宜而定之[10]。同男女之功[11],除民之害,以避天殃。田野開闢,府倉實[12],民衆殷[13]。無曠其衆,以爲亂梯[14]。時將有反,事將有間[15],必有以知天地之恒制,乃可以有天下之成利[16]。事無間,時無反,則撫民保教以須之[17]。"

【注】

〔1〕三年,指越王句踐在吳國三年。

〔2〕遣,放逐。

〔3〕爲一,完整不偏。

〔4〕不失,謂不失其時。

〔5〕畜,通"蓄"。受其名,地有包萬物之名。兼,並,普遍。此謂兼受名利。

〔6〕以養其生,謂美惡之物,各有時宜,皆成之以養人。

〔7〕强生,謂不能生而勉强生。

〔8〕究,窮盡。

〔9〕自若以處,據此以處事,謂不妄動。自若,自如。

〔10〕來者,指時來。正,匡正。謂等待時機不先動,因時之宜而把正的改正,適宜的確定下來。

〔11〕男女之功,指耕織之功。

〔12〕府倉,指財貨糧食。

〔13〕殷,富盛。

〔14〕曠,空。指荒時廢業。梯,階梯。

〔15〕時,天時。反,還。事,人事。間,間隙。謂掌握時機有間隙可乘。

〔16〕恒制,經常不變的法度,猶規律也。成利,已成的利益。

〔17〕保,守。須,等待。

王曰:"不穀之國家[1],蠡之國家也,蠡其圖之!"對曰:"四封之内,百姓之事,時節三樂[2],不亂民功,不逆天時,五穀睦熟,民乃蕃滋[3],君臣上下交得其志[4],蠡不如種也。四封之外,敵國之制,立斷之事,因陰陽之恒,順天地之常〔5〕,柔而不屈,強而不剛,德虐之行,因以爲常〔6〕;死生因天地之刑,天因人,聖人因天〔7〕;人自生之,天地形之,聖人因而成之〔8〕。是故戰勝而不報,取地而不反,兵勝於外,福生於内,用力甚少而名聲章明〔9〕,種亦不如蠡也。"王曰:"諾"。令大夫種爲之〔10〕。

【注】

〔1〕不穀,帝王的謙稱。
〔2〕三樂,春夏秋三時之務,使人安樂事業。《經法·論約》:"三時成功,一時刑殺,天地之道也。"
〔3〕睦,和。蕃滋,繁殖。
〔4〕交,相互,俱也。《十大經·觀》:"時控三樂,毋亂民功,毋逆天時,然則五穀溜熟,民乃蕃滋,君臣上下,交得其志。"
〔5〕陰陽,謂剛柔、盈縮、用兵攻守等。
〔6〕柔,指外柔。不屈,指内不屈。强,指内强。剛,指外剛。德虐,賞伐。常,常法。
〔7〕死生,生殺。刑,法。《經法·論約》:"不有人僇,必有天刑。"天因人,因人善惡而禍福。聖人因天,聖人因自然規律而辦事。
〔8〕人自生之,謂人的禍福自生。形,現。成之,謂因吉凶善惡而生殺之。
〔9〕不報,指敵人不能報復。不反,敵人不能奪回。章,通"彰"。章明,著明。以上數語又見《十大經·順道》,謂順之至也。
〔10〕爲之,指治理國家内政。

四年〔1〕,王召范蠡而問焉,曰:"先人就世〔2〕,不穀即位。吾年既少,未有恒常,出則禽荒,入則酒荒〔3〕。吾百姓之不圖,唯舟與車。上天降禍於越,委制於吳[4]。吳人之那不穀,亦又甚焉[5]。吾欲與子謀之[6],其可乎?"對曰:"未可也。蠡聞之,上帝不考,時反是守[7],強索者不祥[8]。得時不成,反受其殃[9]。失德滅名,流走死亡。有奪,有予,有不予,王無蚤圖[10]。夫吳,君王之吳也[11],王若蚤圖之,其事又將未可知也。"王曰:"諾。"

【注】

〔1〕四年,指句踐自吳回國四年。
〔2〕先人,指句踐父越王允常。就世,終世,逝世。
〔3〕禽荒,沉迷於田獵。荒,迷亂,享樂過度。
〔4〕委制於吳,受吳的統治。
〔5〕那,於也。甚焉,指很困苦。
〔6〕謀之,圖謀吳國。
〔7〕考,成。時反是守,掌握時機。《十大經·觀》:"聖人不巧,時反是守。"
〔8〕索,求取。祥,吉利。
〔9〕殃,禍害。謂得天時而人失時機不成,反遭禍害。
〔10〕有奪,天給予又奪回。有予,天給予。有不予,天不給予。此指天時對人的三種情況。蚤,即"早"。
〔11〕君王之吳,越王稱臣於吳爲君。

又一年[1],王召范蠡而問焉,曰:"吾與子謀吳,子曰'未可也'。今吳王淫於樂而忘其百姓[2],亂民功,逆天時;信讒喜優[3],憎輔遠弼[4],聖人不出,忠臣解骨[5];皆曲相御,莫適相非,上下相偷[6]。其可乎?"對曰:"人事至矣,天應未也,王姑待之[7]。"王曰:"諾。"

【注】

[1] 又一年,指句踐反國五年。
[2] 淫於樂,荒淫於聲色。
[3] 信讒,聽信讒言。喜優,喜歡歌舞美女。
[4] 輔、弼,國君的輔佐大臣。左輔右弼,相導爲輔,矯過爲弼。
[5] 聖人,智人。不出,謂隱居不仕。解骨,骨體懈倦不努力工作。解,通"懈"。
[6] 曲相御,曲意相逢迎。御,迎接。莫適相非,沒有人敢反對。偷,苟且。
[7] 天應未也,指天時未到。姑,且。待,等待。

又一年[1],王召范蠡而問焉,曰:"吾與子謀吳,子曰'未可也'。今申胥驟諫其王[2],王怒而殺之,其可乎?"對曰:"逆節萌生[3]。天地未形,而先爲之征[4],其事是以不成,雜受其刑[5]。王姑待之。"王曰:"諾。"

【注】

[1] 又一年,此指句踐返國六年。吳王夫差十二年,即魯哀公十一年,越王句踐自吳返國六年也。
[2] 申胥,即伍子胥。驟諫,屢次諫勸。
[3] 逆節,指殺害忠節不合道理的行爲。萌,徵兆。
[4] 征,征伐。先爲之征,先去攻打。
[5] 雜受其刑,反受其害。雜,通"帀",今作"匝",返還。

又一年[1],王召范蠡而問焉,曰:"吾與子謀吳,子曰'未可也'。今其稻蟹不遺種[2],其可乎?"對曰:"天應至矣,人事未盡也[3],王姑待之。"王怒曰:"道固然乎,妄其欺不穀邪[4]?吾與子言人事,子應我以天時,今天應至矣,子應我以人事。何也?"范蠡對曰:"王姑勿怪。夫人事必將與天地相參[5],然後乃可以成功。今其禍新民恐[6],其君臣上下,皆知其資財之不足以支長久也,彼將同其力,致其死,猶尚殆[7]。王其且馳騁弋獵,無至禽荒;宮中之樂,無至酒荒;肆與大夫觴飲,無忘國常[8]。彼其上將薄其德,民將盡其力[9],又使之望而不得食,乃可以致天地之殛[10]。王姑待之。"

【注】

〔1〕又一年,指句踐返國七年。即魯哀公十二年。
〔2〕稻蟹不遺種,稻蟹都吃光了。謂災情嚴重。
〔3〕人事未盡,指人民飢困怨愁沒有至極。
〔4〕妄其欺不穀邪,莫不是你欺騙我嗎?
〔5〕參,通"三"。相參,人與天、地三者相配合。
〔6〕禍新,謂稻蟹不遺種的災禍發生不久。
〔7〕彼,指吳國君民上下。猶尚殆,謂伐吳尚有危險。
〔8〕王,指越王句踐。且,姑且。肆,放肆。觴飲,暢飲。國常,國家正常的政事。此爲勸越王故意耽溺於游獵飲酒,以示無意伐吳,麻痺吳王。
〔9〕彼其上,指吳國的吳王。薄其德,不修德而縱私好,民將盡其力,窮耗其民力。
〔10〕望,怨望。殛,誅。

至於玄月[1],王召范蠡而問焉,曰:"諺有之曰:'觥飯不及壺飧[2]。'今歲晚矣,子將奈何?"對曰:"微君王之言,臣故將謁之[3]。臣聞從時者,猶救火、追亡人也,蹶而趨之[4],唯恐弗及。"王曰:"諾。"遂興師伐吳,至於五湖。

【注】

〔1〕玄月,九月。
〔2〕觥,大。觥飯,謂盛大的酒席。壺飧,壺盛的飯。觥飯不及壺飧,謂盛大的酒席,難以等待,不如壺盛的飯能救飢餓。
〔3〕微,無。謁,請。
〔4〕蹶,急跑。

吳人聞之,出而挑戰,一日五反[1]。王弗忍,欲許之[2]。范蠡進諫曰:"夫謀之廊廟,失之中原[3],其可乎?王姑勿許也。臣聞之,得時無怠,時不再來,天予不取,反爲之災。贏縮轉化,後將悔之[4]。天節固然,唯謀不遷[5]。"王曰:"諾。"弗許。

【注】

〔1〕一日五反,一天反復五次挑戰。
〔2〕王,指越王。許之,應戰。
〔3〕廊廟,君王和大臣議政的地方。中原,原野。
〔4〕贏縮,盈詘,進退。
〔5〕天節,自然變化的規律。唯謀不遷,謀略已定不可改變。

范蠡曰:"臣聞古之善用兵者,贏縮以爲常,四時以爲紀[1],無過天極,究數而止[2]。天道皇皇,日月以爲常[3],明者以爲法,微者則是行[4]。陽至而陰,陰至而陽[5];日困而還,月盈而匡[6]。古之善用兵者,因天地之常,與之俱行[7]。後則用陰,先則用陽[8];近則用柔,遠則用剛[9]。後無陰蔽,先無陽察[10],用人無藝[11],往從其所。剛強以御,陽節不盡,不死其野[12]。彼來從我,固守勿與[13]。若將與之,必因天地之災[14],又觀其民之飢飽勞逸以參之[15]。盡其陽節、盈吾陰節而奪之[16]。宜爲人客,剛強而力疾[17];陽節不盡,輕而不可取[18]。宜爲人主,安徐而重固;陰節不盡,柔而不可迫[19]。凡陳之道,設右以爲牝,益左以爲牡[20],蚤晏無失,必順天道,周旋無究[21]。今其來也,剛強而力疾,王姑待之[22]。"王曰:"諾。"弗與戰。

【注】

〔1〕以爲常,以贏縮爲準則。紀,猶法也。
〔2〕天極,自然的準則。究數而止,窮盡一定的度數而止。
〔3〕皇皇,即"煌煌",光明,著明。常,準則。
〔4〕明,指日月盛滿時。明者以爲法,傚法日月明亮而進取。微,指日月虧損隱晦時。微者則是行,傚法日月隱晦而隱藏。《十大經·觀》和《姓爭》皆云:"其明者以爲法,而微道是行。"《鶡冠子·世兵》:"明者爲法,微道是行。"
〔5〕至,極。
〔6〕困,窮。盈,滿,圓。匡,虧,彎曲。
〔7〕與之俱行,隨日月之虧盈、晦明之常。
〔8〕後,後動,指處於被動地位。用陰,謂隱蔽防守。先,先動,指處於主動地位。用陽,謂迅速進攻。

〔9〕近,指敵人迫近。用柔,謂柔順示弱。遠,指離敵較遠。用剛,謂威厲抗禦。

〔10〕陰蔽,遮掩,退伏不動。陽察,顯露。此謂居後也不退伏不動,居先也不過於顯露。

〔11〕藝,射箭的靶子。用人無藝,用兵沒有固定常式。

〔12〕其所,敵人的處所,即敵之陣地。剛强以御,敵人强力抵抗。陽節,剛强的氣勢。此謂進攻敵陣,敵人强力抵抗,剛强的氣勢未耗盡,未可即滅,不要和他死戰。

〔13〕與,交戰。此謂敵攻我守,不與交戰。

〔14〕災,指因敵災變。

〔15〕參之,參之以天地。上文説:"夫人事必將與天地相參,然後乃可以成功。"因天地之災,又參以飢飽勞逸之人事。

〔16〕盈,充實。此謂耗盡敵人剛强的氣勢,充實我陰柔的氣勢,轉而進攻,以柔克剛,取得勝利。

〔17〕疾,速。進攻適時,應剛强迅速。

〔18〕輕,輕敵。敵人剛强氣勢未耗盡,雖輕敵也不取勝。

〔19〕安徐,安静。重固,固守。迫,迫近敵人。《文子・道原》:"守清道,抱雌節,因循而應變,常後而不先,柔弱以静,安徐以定,攻大靡堅,不能與之争也。"

〔20〕陳,通"陣"。牝,陰,雌。牡,陽,雄。牝主堅守,牡是進攻的力量。《黄帝四經・稱》:"天地之道,有左有右,有牝有牡。"

〔21〕蚤晏,早晚。周旋,指進退的轉換。究,窮也。

〔22〕其來,指吴軍來挑戰。謂吴軍挑戰,陽節未盡,不可與戰也,故待之。

居軍三年,吴師自潰[1]。吴王帥其賢良,與其重禄,以上姑蘇[2]。使王孫雒行成於越[3],曰:"昔者上天降禍於吳,得罪於會稽[4]。今君王其圖不穀,不穀請復會稽之和。"王弗忍,欲許之。范蠡進諫曰:"臣聞之,聖人之功,時爲之庸[5]。得時不成,天有還形[6]。天節不遠,五年復反[7],小凶則近,大凶則遠。先人有言曰:'伐柯者其則不遠[8]。'今君王不斷,其忘會稽之事乎?"王曰:"諾。"不許。

【注】

〔1〕居軍三年,指吳越之兵相抗三年。
〔2〕賢良,指親近之士。重祿,指大臣。姑蘇,宮臺之名。在今蘇州閶門外。
〔3〕王孫雒,吳國大夫,姓王孫,名雒。《史記》作王孫雄。行成,求和。
〔4〕得罪於會稽,指使越王句踐棲於會稽。
〔5〕時,時勢。庸,用。善於利用時勢。
〔6〕還形,即反刑。天有反形,反有天刑。即反受天殃。
〔7〕天節,天期。復反,一個輪迴。
〔8〕先人,前人。這裏指《詩經·豳風·伐柯》說。柯,斧柄。則,法式。謂用斧伐木爲斧柄,舊斧柄即法式在眼前,吳昔日不滅越,故有此敗,教訓即在眼前。

使者往而復來[1],辭愈卑,禮愈尊,王又欲許之。范蠡諫曰:"孰使我蚤朝而晏罷者,非吳乎?與我爭三江、五湖之利者,非吳耶?夫十年謀之[2],一朝而棄之,其可乎?王姑勿許,其事將易冀已[3]。"王曰:"吾欲勿許,而難對其使者,子其對之。"范蠡乃左提鼓,右援枹,以應使者[4],曰:"昔者上天降禍於越,委制於吳,而吳不受。今將反此義以報此禍,吾王敢無聽天之命,而聽君王之命乎?"王孫雒曰:"子范子,先人有言曰:'無助天爲虐,助天爲虐者不祥[5]。'今吳稻蟹不遺種,子將助天爲虐,不忌其不祥乎?"范蠡曰:"王孫子,昔吾先君固周室之不成子也[6],故濱於東海之陂[7],黿鼉魚鼈之與處,而鼃黽之與同渚[8]。余雖靦然而人面哉,吾猶禽獸也,又安知是諓諓者乎[9]?"王孫雒曰:"子范子將助天爲虐,助天爲虐不祥。雒請反辭於王[10]。"范蠡曰:"君王已委制於執事之人矣[11]。子往矣,無使執事之人得罪於子。"

【注】

〔1〕使者,指吳國使者,反復來求和。
〔2〕十年謀之,指越屈辱稱臣十年圖謀攻吳。《史記》作"謀之二十二年"。
〔3〕冀,希望。
〔4〕援枹,持握鼓槌。枹,同"桴"、"鞄",擊鼓的槌。應,回答。
〔5〕助天爲虐,趁天災做壞事。不祥,不吉利。
〔6〕固,本來。周室,周代的王室,不成子,不能成爵的小國家。子,爵位。於周室爵列不能成子。
〔7〕濱,靠近。陂,岸邊。
〔8〕黿,大鼈。鼉,揚子鰐。鼈,甲魚。鼃黽,蛤蟆。渚,水邊。
〔9〕靦,面目。靦然而人面,猶面目是人的樣子。諓諓,巧言善辯的樣子。
〔10〕反辭於王,將我的話告訴越王。
〔11〕執事,掌握此事的官吏。范蠡自謂也。

使者辭反[1]。范蠡不報於王,擊鼓興師以隨使者,至於姑蘇之宮,不傷越民,遂滅吳。

【注】
[1]辭反,回報。

反至五湖,范蠡辭於王曰:"君王勉之,臣不復入越國矣。"王曰:"不穀疑子之所謂者何也[1]?"對曰:"臣聞之,爲人臣者,君憂臣勞,君辱臣死。昔者君王辱於會稽,臣所以不死者,爲此事也[2]。今事已濟矣,蠡請從會稽之罰[3]。"王曰:"所不掩子之惡,揚子之美者,使其身無終没於越國[4]。子聽吾言,與子分國。不聽吾言,身死,妻子爲戮。"范蠡對曰:"臣聞命矣。君行制,臣行意[5]。"遂乘輕舟以浮於五湖[6],莫知其所終[7]。

【注】
[1]疑子之所謂者何,不知你爲什麼這樣説。
[2]此事,指報吳之辱。
[3]濟,成功。會稽之罰,指君辱臣死,越王會稽之辱,范蠡請未死之罪。
[4]掩,遮蓋。揚,宣揚。終没,身死名没。
[5]制,法。意,志。
[6]浮,乘船在水上泛行。《史記》云:浮海以行。
[7]莫知其所終,《史記》云:范蠡終不反越,浮海出齊,後之陶,卒老死於陶。則知其所終矣。

王命工以良金寫范蠡之狀而朝禮之〔1〕，浹日而令大夫朝之〔2〕，環會稽三百里者以爲范蠡地〔3〕，曰："後世子孫，有敢侵蠡之地者，使無終没於越國，皇天后土、四鄉地主正之〔4〕。"

【注】
〔1〕寫，畫。狀，像。
〔2〕浹日，十天。浹，周匝。
〔3〕環，周圍。
〔4〕皇天后土，指天地。四鄉，四方。正，通"征"，征伐。謂天地四方地主共討之，以正其封地。以上據《國語·越語下》。

范蠡遂去，自齊遺大夫種書曰〔1〕："蜚鳥盡，良弓藏；狡兔死，走狗烹〔2〕。越王爲人長頸鳥喙〔3〕，可與共患難，不可與共樂。子何不去？"種見書，稱病不朝。人或讒種且作亂，越王乃賜種劍曰："子教寡人伐吴七術〔4〕，寡人用其三而敗吴，其四在子，子爲我從先王試之〔5〕。"種遂自殺。

【注】
〔1〕遺，送。書，信。《史記》范蠡浮海出齊，故自齊給大夫種信。
〔2〕蜚，通"飛"。狡兔，一作"郊兔"。走狗，獵狗。烹，煮。指被殺。
〔3〕長頸鳥喙，頸長嘴尖。
〔4〕寡人，君王的謙稱。七術，《史記正義》引《越絶書》云：九術：一曰尊天事鬼；二曰重財幣以遺其君；三曰貴糴粟槁以空其邦；四曰遺之好美以熒其志；五曰遺之巧匠，使起宫室高臺，以

盡其財,以疲其力;六曰貴其諛臣,使之易伐;七曰強其諫臣,使之自殺;八曰邦家富而備器利;九曰堅甲利兵以承其弊。
〔5〕從,跟隨。先王,指句踐之父允常。先,尊稱已死的人爲先。

　　范蠡浮海出齊,變姓名,自謂鴟夷子皮[1],耕於海畔,苦身戮力[2],父子治產。居無幾何,致產數十萬。齊人聞其賢,以爲相。范蠡喟然嘆曰:"居家則致千金,居官則至卿相,此布衣之極也。久受尊名,不祥。"乃歸相印,盡散其財,以分與知友鄉黨[3],而懷其重寶,間行以去[4],止行陶[5],以爲此天下之中,交易有無之路通,爲生可以致富矣。於是自謂陶朱公[6]。復約要父子耕畜,廢居,候時轉物,逐什一之利[7]。居無何,則致貲累巨萬[8]。天下稱陶朱公。

【注】
〔1〕鴟夷,皮袋。鴟夷子皮,范蠡自省稱"鴟夷子"。蓋以吳王殺伍子胥,以皮作鴟鳥形盛之,范蠡引以自號。
〔2〕畔,邊。戮力,勉力。
〔3〕鄉黨,鄉里。此指鄉里人。
〔4〕重寶,貴重的財物。間行,微行,即行動隱秘。
〔5〕陶,古邑名。在今山東定陶縣西北。春秋末屬宋,戰國時屬齊,地當經濟、交通中心,爲春秋、戰國時著名的商業城市。
〔6〕陶朱公,范蠡別號。
〔7〕約要,規定共同遵守的條件。廢居,囤積居奇,賤買貴賣。廢,出賣。居,囤積。什一,十一。
〔8〕貲,通"資",財貨。

故范蠡三徙[1],成名於天下,非苟去而已,所止必成名。卒老死於陶,故世傳曰陶朱公[2]。

【注】

〔1〕三徙,三次遷移。
〔2〕卒,終於。世傳曰陶朱公,後世稱富者爲陶朱公,即俗稱財神。
   以上據《史記・越王句踐世家》。

據《國語・越語下》和《史記・越王句踐世家》編選

戰　國

吴　　起（？—前381）

吴起者，衛人也[1]，好用兵[2]。嘗學於曾子[3]，事魯君[4]。齊人攻魯[5]，魯欲將吴起[6]，吴起取齊女爲妻[7]，而魯疑之。吴起於是欲就名[8]，遂殺其妻，以明不與齊也。魯卒以爲將[9]，將而攻齊，大破之。

【注】

[1] 吴起，戰國時兵家、法家。衛，諸侯國名，轄今河南淇縣、滑縣一帶。
[2] 好，善。
[3] 嘗，曾經。曾子，名參，春秋末魯人，孔子弟子。
[4] 魯，諸侯國名，轄今山東西南部。
[5] 齊，國名，戰國七雄之一，轄境主要在今山東東北部。
[6] 將吴起，使吴起爲將。
[7] 取，通"娶"。
[8] 就名，成名。
[9] 卒，終究。

魯人或惡吴起曰[1]："起之爲人，猜忍人也[2]。其少時，家累千金，游仕不遂，遂破其家。鄉黨笑之[3]，吴起殺其謗己者三十餘人，而東出衛郭門[4]。與其母訣，嚙臂而盟曰[5]：'起不爲卿相，不復入衛。'遂事曾子。居頃之〔6〕，其母死，起終不歸〔7〕。曾子薄之，而與起絕〔8〕。起乃之魯〔9〕，學兵法以事魯君。魯君疑之，起殺妻以求將。夫魯小國，而有戰勝之名，則諸侯圖魯矣〔10〕。且魯、衛兄弟之國也，而君用起，則是棄衛。"魯君疑之，謝吳起〔11〕。

【注】

〔1〕或，代詞，有人。惡，誹謗。
〔2〕猜忍，殘暴無情。
〔3〕鄉黨，街坊鄰里。
〔4〕郭門，外城門。
〔5〕訣，告別。盟，發誓。
〔6〕居頃之，沒過多久。
〔7〕終，竟。
〔8〕薄，鄙薄，輕視。絕，斷絕師生關係。
〔9〕之，到。
〔10〕圖，謀畫對付。
〔11〕謝，辭却。

吳起於是聞魏文侯賢〔1〕，欲事之。文侯問李克曰〔2〕："吳起何如人哉？"李克曰："起貪而好色，然用兵司馬穰苴不能過也〔3〕。"於是魏文侯以爲將，擊秦，拔五城〔4〕。

【注】

〔1〕魏文侯，名斯，前445—前396年在位。
〔2〕李克，戰國初年政治家。

〔3〕司馬穰苴,春秋時齊國大夫,田氏,名穰苴,官司馬,通兵法。
〔4〕拔,攻取。

　　起之爲將,與士卒最下者同衣食。臥不設席,行不騎乘,親裹贏糧[1],與士卒分勞苦。卒有病疽者[2],起爲吮之。卒母聞而哭之。人曰:"子卒也,而將軍自吮其疽,何哭爲[3]?"母曰:"非然也。往年吳公吮其父,其父戰不旋踵[4],遂死於敵。吳公今又吮其子,妾不知其死所矣[5]。是以哭之。"

【注】
〔1〕親裹贏糧,親自背裝滿糧食的口袋。
〔2〕病疽,生毒瘡。
〔3〕何哭爲,爲什麼要哭呢?
〔4〕旋踵,旋轉腳跟,指後退。
〔5〕妾,古代女子的自稱。死所,死在什麼地方。

　　文侯以吳起善用兵,廉平,盡能得士心,乃以爲西河守[1],以拒秦、韓[2]。

【注】
〔1〕西河,地名,一稱河西,轄今陝西東部黃河西岸地區。守,官名,一個地區的長官。
〔2〕拒,抵禦。秦,戰國七雄之一,轄今陝西一帶。韓,戰國七雄之一,轄今山西東南和河南中部。

魏文侯既卒,起事其子武侯。武侯浮西河而下[1],中流,顧而謂吳起曰[2]:"美哉乎山河之固,北魏國之寶也!"起對曰:"在德不在險。昔三苗氏左洞庭[3],右彭蠡[4],德義不修,禹滅之[5]。夏桀之居[6],左河濟[7],右泰華[8],伊闕在其南[9],羊腸在其北[10],修政不仁,湯放之[11]。殷紂之國[12],左孟門,右太行[13],常山在其北,大河經其南[14],修政不德,武王殺之[15]。由此觀之,在德不在險。若君不修德,舟中之人盡爲敵國也。"武侯曰:"善。"

【注】

[1] 浮,乘船。

[2] 顧,回視。

[3] 三苗氏,古族名,亦稱有苗。居住在今河南南部至湖南洞庭、江西鄱陽一帶。洞庭,即洞庭湖。

[4] 彭蠡,鄱陽湖之古稱。

[5] 禹,即夏禹王。

[6] 桀,即夏桀。傳說中的暴君。

[7] 河濟,河指黃河,濟指濟水。

[8] 泰華,泰山和華山。

[9] 伊闕,險塞名,即今洛陽市南龍門。

[10] 羊腸,險塞名,在今山西晉陽西北。

[11] 湯,即商湯,商朝的建立者。

[12] 紂,即商紂王,傳說中的暴君。

[13] 孟門,古關隘名,在今河南輝縣西。太行,太行山。

[14] 常山,即恒山,在今山西渾源縣東。大河,黃河。

[15] 武王,即周武王姬發,周朝開國君主。

吳起爲西河守，甚有聲名。魏置相，相田文[1]。吳起不悅，謂田文曰："請與子論功，可乎？"田文曰："可。"起曰："將三軍，使士卒樂死，敵國不敢謀，子孰與起[2]？"文曰："不如子。"起曰："治百官，親萬民，實府庫，子孰與起？"文曰："不如子。"起曰："守西河而秦兵不敢東鄉[3]，韓、趙賓從[4]，子孰與起？"文曰："不如子。"起曰："此三者，子皆出吾下，而位加吾上，何也？"文曰："主少國疑，大臣未附，百姓不信，方是之時，屬之於子乎[5]，屬之於我乎？"起默然良久，曰："屬之子矣。"文曰："此乃吾所以居子之上也。"吳起乃自知弗如田文。

【注】

〔1〕相田文，以田文爲相。《史記索隱》云：《吕氏春秋》作"商文"。

〔2〕子孰與起，我吳起和你誰行。

〔3〕鄉，通"向"。

〔4〕趙，戰國七雄之一，轄今河北西南部、山西中部和北部以及陝西一部。賓從，服從、歸順。

〔5〕屬，託付。

　　田文既死，公叔爲相[1]，尚魏公主，而害吳起[2]。公叔之僕曰："起易去也。"公叔曰："奈何？"其僕曰："吳起爲人節廉而自喜名也。君因先與武侯言曰：'夫吳起賢人也，而侯之國小，又與強秦壤界[3]，臣竊恐起之無留心也。'武侯即曰：'奈何？'君因謂武侯曰：'試延以公主[4]，起有留心則必受之，無留心則必辭矣。以此卜之[5]。'君因召吳起而與歸,即令公主怒而輕君。吳起見公主之賤君也,則必辭。"於是吳起見公主之賤魏相,果辭魏武侯。武侯疑之而弗信也。吳起懼得罪,遂去,即之楚[6]。

【注】

〔1〕公叔,即公叔痤。姓公叔,名痤。
〔2〕尚,娶。害,妒忌。
〔3〕壤界,疆域交界。
〔4〕延,接待。
〔5〕卜,試探。
〔6〕去,離開。之,到。

楚悼王素聞起賢[1],至則相楚。明審法令,捐不急之官。廢公族疏遠者[2],以撫養戰鬥之士。要在強兵,破馳說之言縱橫者[3]。於是南平百越[4];北并陳、蔡[5],卻三晉[6];西伐秦。諸侯患楚之強。故楚之貴戚盡欲害吳起。乃悼王死,宗室大臣作亂而攻吳起,吳起走之王屍而伏之[7]。擊起之徒因射刺吳起,並中悼王。悼死既葬,太子立[8],乃使令尹盡誅射吳起而並中王屍者[9]。坐射起而夷宗死者七十餘家[10]。

【注】

〔1〕楚悼王,姓熊,名疑。素,平時。
〔2〕公族,公室貴族。
〔3〕馳說,游說。縱橫,合縱連橫的簡稱。
〔4〕百越,指散居於江浙閩粵一帶的少數民族。

〔5〕陳、蔡,諸侯國名。陳轄今河南東部、安徽一部,蔡轄今河南新蔡、上蔡一帶。

〔6〕三晉,指韓、趙、魏。

〔7〕之,到。伏之,伏在悼王屍體上。

〔8〕太子,即楚肅王,名臧。

〔9〕令尹,官名,楚國的最高官職。

〔10〕坐,獲罪。夷宗,殺戮宗族。

選自《史記》卷六十五《孫子吳起列傳》

墨　　子（前468—前376）

　　墨氏之學，亡於秦季[1]。故墨子遺事，在西漢時已莫得其詳。太史公述其父談論六家之旨[2]，尊儒而重道，墨蓋非其所憙[3]。故《史記》捃採極博，於先秦諸子，自儒家外，老、莊、韓、呂、蘇、張、孫、吳之倫[4]，皆論列言行爲傳。唯於墨子，則僅於《孟荀傳》末，附綴姓名，尚不能質定其時代，遑論行事[5]。然則非徒世代緜邈[6]，舊聞散佚，而《墨子》七十一篇，其時具存。史公實未嘗詳事校覈，亦其疏也[7]。今去史公又幾二千年，周秦故書雅記，百無一存，而七十一篇，亦復書闕有間，征討之難，不翅倍蓰[8]。然就今存《墨子》書五十三篇鉤考之，尚可得其較略[9]。蓋生於魯而仕宋，其平生足跡所及，則嘗北之齊，西使衞，又屢游楚，前至郢，後客魯陽，復欲適越而未果[10]。《文子》書稱墨子無暖席，班固亦云墨突不黔，斯其驗矣[11]。至其止魯陽文君之攻鄭，紲公輸般以存宋，而辭楚、越書社之封[12]，蓋其犖犖大者。勞身苦志，以振世之急，權略足以持危應變，而脱屣利祿[13]，不以累其心。所學尤該綜道藝，洞究象數之微[14]。其於戰國諸子，有吳起、商君之才，而濟以仁厚，節操似魯連，而質實亦過之，彼韓、呂、蘇、張輩，復安足算哉[15]。謹甄討羣書，次弟其先後，略考始末，以裨史遷之闕[16]，俾學者知墨家持論。雖間涉偏駁，而墨子立身應世,具有本末,自非孟、荀大儒,不宜輕相排笮,彼竊耳食之論以爲詬病者,其亦可以少息乎[17]。

【注】

〔1〕墨氏,指墨子,姓墨名翟。春秋末戰國初人,墨家的創始者。

〔2〕太史公,指司馬遷。談,指司馬談。本書均有傳。

〔3〕熹,通"熺",熾熱而明亮。此謂重視。

〔4〕老,老子。莊,莊子。韓,韓非子。呂,呂不韋。蘇,蘇秦。張,張儀。孫,孫武、孫臏。吳,吳起。本書均有傳。倫,類次。

〔5〕附綴,附帶略記。遑論行事,很不在意地論及其事績。《史記·孟子荀卿列傳》附綴曰:"蓋墨翟,宋之大夫,善守御,爲節用。或曰並孔子時,或曰在其後。"

〔6〕緜邈,久遠。具存,都保存在。

〔7〕覈,考覈而究其實。疏,疏忽。

〔8〕翅,僅,只有。倍蓰,倍,一倍,蓰,五倍。

〔9〕鉤,探取。鉤考,查考。較略,大概。

〔10〕未果,未成。

〔11〕《文子》,書名。文子爲老子弟子,本書有傳。無暖席,謂卧席不暖而起,勤苦在外。墨突不黔,烟囱不黑。突,烟囱。黔,黑色。斯其驗,此其證。

〔12〕書社,古以二十五家立社,把社內人名登錄簿册,謂之書社。此指封地。

〔13〕脫屣,脫鞋。此謂輕視。

〔14〕道藝,學問和技能。該綜道藝,謂學問和技能廣博。象數,指龜卜筮占。《左傳》僖公十五年:"龜,象也;筮,數也。微,微妙。

〔15〕吳起,兵家,本書有傳。商君,即商鞅,本書有傳。魯連,即魯

仲連,戰國齊人,高蹈不仕,喜爲人排難解紛。復安足算,又何足算。
〔16〕甄討,鑒別研究。次弟,即次第。裨,益。史遷,指寫史記的司馬遷。闕,同"缺"。
〔17〕排笮,排擠。耳食之論,謂道聽途説。息,止。

墨子名翟,姓墨氏。魯人,或曰宋人[1]。
　　案[2]:此蓋因墨子爲宋大夫,遂以爲宋人。以本書考之,似當以魯人爲是。畢沅、武億,以魯爲魯陽,則是楚邑。考古書無言墨子爲楚人者,《渚宮舊事》載魯陽文君説楚惠王曰,墨子北方賢聖人,則非楚人明矣。畢、武説殊謬。

【注】
〔1〕《呂氏春秋》高誘注曰魯人。《荀子》楊倞注曰宋。
〔2〕案,此爲孫詒讓所加之案語。

蓋生於周定王時[1]。
《漢書・藝文志》云:墨子在孔子後。案詳年表。
魯惠公使宰讓請郊廟之禮於天子,桓王使史角往[2],惠公止之,其後在於魯,墨子學焉。
　　案:《漢書・藝文志》墨家,以尹佚二篇列首。是墨子之學出於史佚、史角,疑即尹佚之後也。

【注】
〔1〕周定王,公元前606—前586年在位。

〔2〕魯惠公，公元前768—前724年在位。桓王，周桓王。

其學務不侈於後世，不靡於萬物，不暉於數度，以繩墨自矯[1]，而備世之急。作爲《非樂》，命之曰《節用》，生不歌，死無服。氾愛兼利而非鬬，好學而博不異[2]。又曰，兼愛、尚賢、右鬼、非命[3]。以爲儒者禮煩擾而不悅，厚葬靡財而貧民，久服傷生而害事，故背周道而用夏政[4]。其稱道曰："昔者禹之湮洪水[5]，決江河，而通四夷九州也，名川三百，支川三千，小者無數，禹親自操橐耜[6]，而九雜天下之川，腓無胈，脛無毛[7]，沐甚雨，櫛疾風[8]，置萬國。禹大聖也，而形勞天下如此。"故使學者。以裘褐爲衣，以跂蹻爲服[9]，日夜不休，以自苦爲極。曰："不能如此，非禹之道也，不足謂墨[10]。"亦道堯舜，又善守御，爲世顯學[11]。徒屬弟子，充滿天下[12]。

案：淮南王書，謂孔、墨皆修先聖之術，通六藝之論。今考六藝爲儒家之學，非墨氏所治也。墨子之學，蓋長於《詩》《書》《春秋》。故本書引《詩》三百篇，與孔子所刪同。引《尚書》如《甘誓》、《仲虺之誥》、《說命》、《大誓》、《洪範》、《呂刑》，亦與百篇之書同。又曰："吾嘗見百國《春秋》。"而於禮則法夏紲周，樂則又非之，與儒家六藝之學不合。淮南所言，非其事實也。

【注】

〔1〕侈，奢侈。靡，損。暉，明。繩墨，規矩，法度。矯，正。
〔2〕非樂，節用，《墨子》篇名。以上見《莊子·天下》。

〔3〕右鬼,崇鬼。此據《淮南子·氾論訓》。
〔4〕俔,簡易。以上據《淮南子·要略》。
〔5〕禹,夏禹王。湮,堵塞。
〔6〕橐耜,盛土挖土的工具。
〔7〕九雜,聚集。九,通"勾"。腓,腿肚子。胈,白肉。脛,腳脛。
〔8〕櫛,梳理頭髮。此謂以大雨洗頭,以疾風梳髮。
〔9〕裘褐,粗布衣。跂屩,木鞋爲跂,草鞋爲屩。
〔10〕以上據《莊子·天下》。
〔11〕道堯舜,稱道堯舜。此據《韓非子·顯學》。善守御,此據《史記·孟子荀卿列傳》。顯學,著名的學派。此據《韓非子·顯學》。
〔12〕此據《呂氏春秋·尊師》。

其居魯也。魯君謂之曰:"吾恐齊之攻我也,可救乎?"墨子曰:"可。昔者三代之聖王,禹、湯、文、武,百里之諸侯也,説忠行義取天下。三代之暴王,桀、紂、幽、厲,讎怨行暴失天下。吾願主君之上者尊天事鬼,下者愛利百姓,厚爲皮幣,卑辭令,亟遍禮四鄰諸侯〔1〕,驅國而以事齊,患可救也。非此,顧無可爲者〔2〕。"魯君謂墨子曰:"我有二子,一人者好學,一人者好分人財,孰以爲太子而可?"墨子曰:"未可知也,或所爲賞譽爲是也〔3〕。釣者之恭,非爲魚賜也;餌鼠以蟲,非愛之也。吾願主君之合其志功而觀焉〔4〕。"楚人常與越人舟戰於江。楚惠王時〔5〕,公輸般自魯南游楚焉〔6〕,始爲舟戰之器,作爲鈎拒之備〔7〕,楚人因此若勢,亟敗越人。公輸子善其巧,以語墨子曰:"我舟戰有鈎拒,不知子之義亦有鈎拒乎?"墨子曰:"我義之鈎拒,賢於子舟戰之鉤拒。我鉤拒,我鉤之以愛,揣之以恭,弗鉤以愛則不親,弗揣以恭則速狎[8],狎而不親則速離,故交相愛,交相恭,猶若相利也。今子鉤而止人,人亦鉤而止子,子拒而距人,人亦拒而距子,交相鉤、交相拒,猶若相害也,故我義之鉤拒,賢子舟戰之鉤拒[9]。"公輸般爲楚造雲梯之械[10],成,將以攻宋。墨子聞之,起於魯,行十日十夜而至於郢[11],見公輸般。公輸般曰:"夫子何命焉爲[12]?"墨子曰:"北方有侮臣,願藉子殺之。"公輸般不悦。墨子曰:"請獻十金[13]。"公輸般曰:"吾義固不殺人。"墨子起再拜曰:"請説之。吾從北方,聞子爲梯,將以攻宋,宋何罪之有?荆國有餘於地,而不足於民,殺所不足,而爭所有餘,不可謂智。宋無罪而攻之,不可謂仁。知而不争,不可謂忠。争而不得,不可謂强。義不殺少而殺衆,不可謂知類。"公輸般服。墨子曰:"然胡不已乎[14]?"公輸般曰:"不可。吾既已言之王矣。"墨子曰:"胡不見我於王。"公輸般曰:"諾"。墨子見王。曰:"今有人於此,捨其文軒[15],鄰有敝轝而欲竊之[16];捨其錦繡,鄰有短褐而欲竊之;捨其粱肉,鄰有糟糠而欲竊之;此爲何若人?"王曰:"必爲竊疾矣。"墨子曰:"荆之地方五千里,宋之地方五百里,此猶文軒之與敝轝也。荆有雲夢,犀兕麋鹿滿之,江漢之魚鼈鼋鼉[17],爲天下富,宋所爲無雉兔鮒魚者也,此猶粱肉之與糟糠也。荆有長松文梓梗枏豫章[18],宋無長木,此猶錦繡之與短褐也。臣以王吏之攻宋也,爲與此同類。"王曰:"善哉。雖然,公輸般爲我爲雲梯,必取宋。"於是見公輸般。

墨子解帶爲城,以牒爲械[19]。公輸般九設攻城之機變,墨子九距之。公輸般之攻械盡,墨子之守圉有餘[20]。公輸般詘。而曰:"吾知所以距子矣,吾不言。"墨子亦曰:"吾知子之所以距我,吾不言。"楚王問其故。墨子曰:"公輸子之意,不過欲殺臣。殺臣,宋莫能守,乃可攻也。然臣之弟子禽滑釐等三百人,已持臣守圉之器,在宋城上,而待楚寇矣。雖殺臣,不能絕也。"楚王曰:"善哉。吾請無攻宋矣[21]。"公輸子謂墨子曰:"吾未得見之時,我欲得宋,自我得見之後,予我宋而不義,我不爲。"墨子曰:"翟之未得見之時也,子欲得宋,自翟得見子之後,予子宋而不義,子弗爲,是我予子宋也。子務爲義,翟又將予子天下[22]。"

案:墨子止楚攻宋,本書不云在何時。鮑彪《戰國策》注,謂當宋景公時。至爲疏謬。惟《渚宮舊事》載於惠王時墨子獻書之前,最爲近之。蓋公輸子當生於魯昭定之間,至惠王四十年以後,五十年以前,約六十歲左右。而是時墨子未及三十,正當壯歲,故百舍重繭而不以爲勞[23]。惠王亦未甚老,故尚能見墨子。以情事揆之,無不符合。蘇時學謂即聲王五年圍宋時事[24]。非徒與王曰請無攻宋之言不合。而公輸子至聲王時,殆逾百歲,其必不可通明矣。

【注】
〔1〕亟,疾。
〔2〕以上見《墨子·魯問》。
〔3〕或所爲賞譽爲是也,意謂其可能是爲了求得賞賜名譽而如此

作爲。

〔4〕志功,志向和功迹,動機和效果。

〔5〕楚惠王,公元前488年—前432年在位。

〔6〕公輸般,魯哀公時巧匠,又名魯班。

〔7〕鈎拒,退者以物鈎之則不得退,進者以物拒之而不得進。

〔8〕狎,輕。

〔9〕以上據《墨子·魯問》。

〔10〕雲梯,攻城的機械。

〔11〕郢,楚都。

〔12〕夫子,對墨子的尊稱。何命,謂受何命。焉爲,做什麽?

〔13〕獻十金,獻十金給公輸般。

〔14〕胡不已,爲什麽不停止。

〔15〕文軒,裝飾豪華的車輛。

〔16〕敝轝,破車。

〔17〕雲夢,澤名。犀,犀牛。兕,牛。江漢,長江,漢水。

〔18〕長松文梓梗柟豫章,皆爲高大,優質木材。

〔19〕褐,單衣。

〔20〕圉,通"御"。

〔21〕以上見《墨子·公輸》。

〔22〕以上見《墨子·魯問》。

〔23〕百舍,止宿百次。謂長途跋涉。重繭,足因久行磨擦而生老繭。

〔24〕蘇時學(1814—1874),字斅元,號琴舫,爻山,廣西藤縣人。清學者,著有《墨子刊誤》等。

楚惠王五十年[1]。墨子至郢,獻書惠王。王受而讀之,曰:"良書也。寡人雖不得天下,而樂養賢人。"墨子辭曰：" 翟聞賢人進，道不行不受其賞，義不聽不處其朝。今書未用，請遂行矣。" 將辭王而歸，王使穆賀以老辭。穆賀見墨子。墨子説穆賀，穆賀大説。謂墨子曰：" 子之言，則誠善矣，而君王，天下之大王也，毋乃曰賤人之所爲而不用乎？" 墨子曰：" 唯其可行，譬若藥然，一草之本，天子食之，以順其疾。豈曰一草之本而不食哉！今農夫入其税於大人，大人爲酒醴粢盛，以祭上帝鬼神，豈曰賤人之所爲而不享哉！故雖賤人也，上比之農，下比之藥，曾不若一草之本乎[2]！" 魯陽文君言於王曰：" 墨子北方賢聖人，君王不見，又不爲禮，毋乃失士"。乃使文君追墨子，以書社五里封之。不受而去[3]。

案：楚惠王在位五十七年，墨子獻書在五十年，年齒已高，故以老辭。余知古之説，蓋可信也。以墨子生於定王初年計之，年蓋甫及三十，所學已成，故流北方賢聖之譽矣。

【注】

[1] 楚惠王五十年，即公元前439年。
[2] 以上見《墨子・貴義》。
[3] 五里，孫詒讓曰，當爲五百里。

嘗游弟子公尚過於越[1]。公尚過説越王，越王大悦。謂公尚過曰：" 先王苟能使墨子至於越而教寡人，請裂故吳之地方五百里，以封墨子。" 公尚過許諾。遂爲公尚過束車五十乘，以迎墨子於魯。曰：" 吾以夫子之道説越王，越王大悦,謂過曰:'苟能使墨子至於越而教寡人,請裂故吳之地方五百里,以封子[2]。'墨子曰:"子之觀越王也,能聽吾言,用吾道乎?"公尚過曰:"殆未能也。"墨子曰:"不唯越王不知翟之意,雖子亦不知翟之意。意越王將聽吾言,用吾道,則翟將往,量腹而食,度身而衣,自比於羣臣,奚能以封爲哉!抑越不聽吾言,不用吾道,而吾往焉,則是我以義糶也[3]。鈞之糶,亦於中國耳,何必於越哉[4]。"後又游楚。謂魯陽文君曰:"大國之攻小國,譬猶童子之爲馬也。童子之爲馬,足用而勞。今大國之攻小國也,攻者農夫不得耕,婦人不得織,以守爲事。攻人者,亦農夫不得耕,婦人不得織,以攻爲事。故大國之攻小國也,譬猶童子之爲馬也。"又謂魯陽文君曰:"今有一人於此,羊牛芻豢,雍人但割而和之[5],食之不可勝食也,見人之作餅,則遠然竊之,曰:'舍余食。'不知明安不足乎?其有竊疾乎?"魯陽文君曰:"有竊疾也。"墨子曰:"楚四竟之田,曠蕪而不可勝辟,呼虛數千,不可勝入,見宋、鄭之間邑,則還然竊之,此與彼異乎?"魯陽文君曰:"是猶彼也,實有竊疾也[6]。"魯陽文君將攻鄭,墨子聞而止之。謂文君曰:"今使魯四竟之內,大都攻其小都,大家伐其小家,殺其人民,取其牛馬、狗豕、布帛、米粟、貨財,則何若?"文君曰:"魯四竟之內,皆寡人之臣也。今大都攻其小都,大家伐其小家,奪之財貨,則寡人必將厚罰之。"墨子曰:"夫天之兼有天下也,亦猶君之有四竟之內也。今舉兵將以攻鄭,天誅其不至乎?"文君曰:"先生何止我攻鄭也?我攻鄭,順於天之志。鄭人三世殺其父,天加誅焉。使三年不全,我將助天誅也。"墨子曰："鄭人三世殺其父,而天加誅焉,使三年不全,天誅足矣。今又舉兵將以攻鄭,曰:'吾攻鄭也,順於天之志。'譬有人於此,其子強梁不材[7],故其父笞之。其鄰家之父,舉木而擊之曰:'吾擊之也。順於其父之志。'則豈不悖哉[8]?"

案:三世殺其父,當作二世殺其君。此指鄭人弒哀公及韓武子殺幽公而言,蓋當在楚簡王九年以後,鄭繻公初年事也。或謂三世,兼駟子陽弒繻公而言,則當在楚悼王六年以後,與魯陽文君年代不相及,不足據。

【注】

〔1〕游,游説。公尚過,《呂氏春秋》作"公上過"。
〔2〕以上見《墨子·魯問》。
〔3〕抑,或且。糶,賣穀,此謂出賣。
〔4〕以上見《墨子·魯問》,參見《呂氏春秋·高義》。
〔5〕雍人,官名,主割亨之事。
〔6〕以上見《墨子·耕柱》。
〔7〕強梁,盜賊。
〔8〕見《墨子·魯問》。

宋昭公時,嘗爲大夫[1]。

案:墨子仕宋,鮑彪謂當景公、昭公時。非也。以墨子前後時事校之,其爲宋大夫,當正在昭公時。景公卒於魯哀公二十六年,下距齊太公田和元年,凡八十三年,墨子晚年,及見田和之爲諸侯,則必不能仕於景公時審矣。

【注】

〔1〕墨子曾爲宋大夫。

嘗南游使於衛,謂公良桓子曰:"衛小國也,處於齊、晉之間,猶貧家之處於富家之間也。貧家而學富家之衣食多用,則速亡必矣。今簡子之家,飾車數百乘,馬食菽粟者數百匹,婦人衣文繡者數百人,吾取飾車食馬之費,與繡衣之財以畜士,必千人有餘。若有患難,則使數百人處於前,數百人處於後,與婦人數百人處前後,孰安?吾以爲不若畜士之安也〔1〕。"

【注】

〔1〕以上見《墨子·貴義》。

昭公末年,司城皇喜,專政劫君。

《韓非子·內儲説》下篇云:戴驩爲宋大宰,皇喜重於君。二人争事而相害也,皇喜遂殺宋君,而奪其政。又《外儲説右》下篇云:司城子罕殺宋君而奪政。司城子罕,當即皇喜。其事《史記·宋世家》不載。《史記·鄒陽傳》稱子罕囚墨子。以墨子年代校之,前不逮景公,後不逮辟公,所相直者,惟昭公、悼公、休公三君。《吕氏春秋·召類》篇高注云:《春秋》,子罕殺昭公。考宋有兩昭公，一在魯文公時，與墨子相去遠甚；一在春秋魯悼公時，與墨子時代正相當。子罕所殺，宜爲後之昭公。惟高云春秋時，則誤并兩昭公爲一耳。《宋世家》雖不云昭公被弑，然秦漢古籍，所紀匪一，高説不爲無徵。賈子《新書·先醒》篇、《韓詩外傳》六，並云昭公出亡而復國。而《説苑》云：子罕逐君專政。或昭公實爲子罕所逐而失國，因誤傳爲被殺，亦未可知。《宋世家》於春秋後事，頗多疏略，如宋辟公被弑，而史亦不載，是其例矣。

而囚墨子。

《史記·鄒陽傳》云：宋信子罕之計而囚墨翟。《索隱》云：《漢書》作子冉。不知子冉是何人。文穎云：子冉、子罕也。《文選·鄒陽獄中上書自明》，亦作子冉，注引文穎説同。又云：冉音任。善云未詳[1]。《新序》三，亦作子冉。蓋皆子罕之誤。

【注】

[1] 善，指李善。

老而至齊，見太王田和曰："今有刀於此，試之人頭，倅然斷之，可謂利乎？"太王曰："利。"墨子曰："多試之人頭，倅然斷之，可謂利乎？"太王曰："利。"墨子曰："刀則利矣，孰將受其不祥？"太王曰："刀受其利，試者受其不祥。"墨子曰："并國覆軍，賊殺百姓，孰將受其不祥？"太王俯仰而思之，曰："我受其不祥[1]。"齊將伐魯，墨子謂齊將項子牛曰:"伐魯,齊之大過也。昔者吳王東伐越,棲諸會稽;西伐楚,葆昭王於隨[2];北伐齊,取國子以歸於吳[3];諸侯報其仇,百姓苦其勞,而弗爲用,是以國爲虛戾,身爲刑戮也。昔者智伯伐范氏與中行氏,兼三晉之地,諸侯報其仇,百姓苦其勞而弗爲用,是以國爲虛戾,身爲刑戮。用是也,故大國之攻小國也,是交相賊也,過必反於國[4]。"卒蓋在周安王末年[5]。當八九十歲。

案:墨子卒年無考。以本書校之,《親士》篇說吳起車裂事,在安王二十一年。《非樂》篇説齊康公興樂,康公卒於安王二十三年。自是以後,更無所見。則墨子或即卒於安王末年。葛洪《神仙傳》載墨子年八十有二,入周狄山學道。其説虛誕不足論,然墨子年壽,必逾八十,則近之耳。

【注】
[1] 以上見《墨子·魯問》。
[2] 葆,通"保"。
[3] 國子,卿大夫之子。
[4] 以上見《墨子·魯問》。
[5] 周安王,前401—376年在位。

所著書,漢劉向校録之,爲七十一篇[1]。
案:《墨子》書今存五十三篇。蓋多門弟子所述,不必其自著也。《神仙傳》作十篇,《荀子》楊注作三十五篇。並非。

【注】

〔1〕此據《漢書·藝文志》。

選自孫詒讓《墨子後語》卷上《墨子傳略》

列　　子（戰國初）

　　宋高似孫謂[1]：太史公不傳列子[2]，莊周《天下篇》敍墨翟、禽滑釐、慎到、田駢、關尹之徒[3]，而獨遺列子[4]。則列子者，亦所謂鴻蒙列缺者歟[5]？然太史公傳人多闕略[6]，敍墨翟而與齊名之楊朱[7]，乃不著一字；《天下篇》雖不及列子，然《逍遥游》、《應帝王》、《達生》、《田子方》、《讓王》等篇皆言其事，故班固云[8]："先莊子，莊子稱之[9]。"何可以鴻蒙列缺祝之耶[10]？列子名禦寇[11]。鄭人[12]。嘗師關尹子與壺子[13]。

【注】

〔1〕宋，朝代名，指趙宋（960—1279）。高似孫，宋人。撰有《子略》四卷，首目録一卷。內容采取《漢志》、《隋志》等各書所載諸子，削其門類，存其書名，略注撰人、卷數於下。

〔2〕太史公，即司馬遷，本書有傳。傳，指記載某人事迹。

〔3〕莊周，本書有傳。《天下篇》，《莊子》中的一篇，闡述了先秦各個學派的中心思想及其代表人物。墨翟，本書有傳。禽滑釐，戰國初人，墨子弟子。慎到，本書有傳。田駢，戰國時齊人，亦稱"陳駢"。關尹，本書有傳。

〔4〕遺，遺漏。

〔5〕鴻蒙列缺，喻渺茫不可知其有無。鴻蒙，原指宇宙形成以前的混沌狀態。列缺，古時謂天上的裂縫，天門。以上據高似孫

《子略》。
〔6〕闕,缺。
〔7〕楊朱,本書有傳。
〔8〕班固,東漢史學家,著有《漢書》。
〔9〕語見《漢書·藝文志》自注。稱,稱道。
〔10〕視,看待。
〔11〕據《莊子·田子方》、《戰國策·韓策》,及《漢書·藝文志》班固自注,作"圉寇"。
〔12〕據今本《列子》劉向敍録。鄭,古國名。建都新鄭(今河南新鄭),公元前375年爲韓所滅。
〔13〕師關尹子,見《莊子·達生》。師壺丘,見《莊子·應帝王》,成玄英疏云:"鄭之得道人也。號壺子,名林。"

　　鄭有巫[1],知人死生存亡禍福壽殀,若神,列子見而心醉[2],以告壺子。壺子曰:"吾與汝既其文,未既其實[3],而固得道歟? 衆雌而無雄,而又奚卵焉[4]? 而以道與世亢[5],必信,夫故使人得而相女[6],嘗試與來,以予示之[7]。"明日與之見壺子……出而謂列子曰:"子之先生不齊[8],吾無得而相焉。"明日又往見,立未定,自失而走[9]。壺子曰:"鄉吾示之以未始出吾宗[10],吾與之虛而委蛇[11],不知其誰何[12]? 因以爲弟靡[13],因以爲波隨[14],故逃也。"然後列子自以爲未始學而歸,三年不出。爲其妻爨[15],食豕如食人[16]。於事無與親[17],雕琢復樸[18],塊然獨以形立[19]。紛而封戎[20],一以是終[21]。鄭繻公時[22],子陽爲相[23],專任刑[24],列子乃絕迹窮巷而有饑色[25]。客言之子陽,子陽令官遺之粟[26],列子辭。其卒[27],民果作難,殺子陽[28]。

【注】

〔1〕巫,以裝神弄鬼替人祈禱爲職業的人。

〔2〕心醉,迷惑。後轉指欽佩或羨慕之深。

〔3〕與,授。既,盡。文,文言,形式。實,實質,指道。

〔4〕奚,何。

〔5〕亢,通"抗"。

〔6〕相,觀察。

〔7〕示,視。

〔8〕齊,通"齋",古人祭祀前或舉行典禮前清心潔身以示莊敬。

〔9〕走,跑。

〔10〕鄉,從前,過去。未始,未嘗。宗,本。

〔11〕委蛇,隨順貌。

〔12〕不知其誰何,猶謂無目的也。

〔13〕弟靡,柔順貌,應變不窮貌。

〔14〕波隨,隨波逐流。《莊子·應帝王》作"波流"。

〔15〕爨,燒火煮飯。

〔16〕食豕如食人,人食、豬食一樣,謂忘貴賤也。豕,豬。

〔17〕無與親,無所親疏。

〔18〕雕琢復樸,摒棄華飾,復歸素樸。

〔19〕塊然,無情貌。

〔20〕紛,亂。封戒,散亂。今本《莊子》作"封哉"。此據崔本。

〔21〕自"鄭有巫"至此,據《莊子·應帝王》。

〔22〕鄭繻公,戰國時鄭國君,公元前 422—前 396 年在位。

〔23〕子陽,鄭相。

〔24〕任刑,用刑。

〔25〕絶迹,不與外界往來。窮巷,僻巷。
〔26〕遺,贈。
〔27〕卒,終。
〔28〕自"鄭繻公時"至此,據《莊子·讓王》。

　　列子善射,曾問於關尹子[1],又能御風而行[2],蓋才兼文武,然終不仕[3]。有書八篇[4],已亡。今傳本出依託[5]。《戰國策》有曰[6]:"史疾爲韓使楚[7],楚王問曰:'客何方所循[8]?'曰:'治列子圉寇之言[9]。'曰:'何貴[10]?'曰:'貴正。'王曰:'楚國多盜,正可以圉盜乎[11]?'曰:'可。'有鵲止於屋上者[12],曰:'諸問楚人,謂此鳥何[13]?'曰:'鵲。'曰:'謂之烏[14],可乎?'曰:'不可。'"今王之國,有柱國、令尹、司馬、典令[15],其任官置吏,必曰廉潔勝任。今盜賊公行[16],而弗能禁,此烏不爲烏,鵲不爲鵲也[17]。"蓋列子之學,上承儒家正名之緒[18],一變而開法家刑名烏之端者[19]。尸子云:列子貴虛[20],其道因名責實[21],無爲而治,史疾可謂知之矣[22]。

【注】

〔1〕見《吕氏春秋·審己》及《莊子·田子方》。
〔2〕據《莊子·逍遥游》。御風,乘風。
〔3〕據皇甫謐《高士傳》。仕,做官。
〔4〕據《漢書·藝文志》。
〔5〕見近人馬敍倫《列子僞書考》。
〔6〕《戰國策》,戰國時游説之士的策略和言論的匯編。
〔7〕韓,戰國七雄之一。使,使者。楚,戰國七雄之一。

〔8〕方,方術。循,依照,遵循。

〔9〕治,研究。圉,通"御"。

〔10〕貴,崇尚。

〔11〕圉,抵禦。

〔12〕止,棲息。

〔13〕此爲史疾問楚王。

〔14〕烏,即烏鴉。

〔15〕柱國,官名。戰國時楚設置,原爲保衛國都之官,後爲楚最高武官。令尹,官名。春秋、戰國時楚所設,爲楚最高官職,掌軍政大權。司馬,官名。掌管軍政和軍賦。典令,官名。戰國時楚所設。

〔16〕公行,公開活動。

〔17〕見《戰國策·韓策》。

〔18〕正名,指辨正名稱、名分。孔子提出"必也正名乎"的主張。緒,開端,起源。

〔19〕刑名,指主張循名責實、慎賞明罰的刑名之術。

〔20〕尸子,即尸佼。本書有傳。尸子語見《尸子·廣澤》。

〔21〕因名責實,即循名責實。

〔22〕此據錢穆《先秦諸子繫年》。

　　王蘧常曰:今《列子》傳本,蓋魏晉人聚斂先秦、兩漢諸書而成[1]。然亦有不見於剿襲,而語頗真切者[2],如自言其進學之程,事夫子友若人[3],三年之後,心不敢念是非,口不敢言利害;五年之後,心庚念是非[4],口庚言利害;七年之後,從心之所念,庚無是非,從口之所言,庚無利害;九年之後,橫心之所念[5],橫口之所言,亦不知我之是非利害歟？亦不知彼之是非利害歟？亦不知夫子之爲我師，若人之爲我友，內外進矣[6]。心凝形釋[7]，骨肉都融，不覺形之所倚[8]，足之所履[9]，隨風東西，不知風之乘我耶？我乘風乎？疑非後人所得而託爲也[10]。

【注】

[1] 聚斂，收集。

[2] 剿襲，抄襲。

[3] 夫子，指老商氏。若人，指伯高子。

[4] 庚，更也。

[5] 橫，縱放也。

[6] 進，盡也。

[7] 凝，凝聚；專注。釋，消融。

[8] 倚，靠，依賴。

[9] 履，踩踏。

[10] 此約鍾泰《中國哲學史》。

王蘧常《諸子新傳》

楊　　朱（戰國初）

　　楊子,姓楊或作陽,名朱,字子居[1]。或曰名戎[2]。相傳爲衛人[3]。學於老子[4],嘗南之沛[5],老聃西游於秦[6],邀於郊[7],至梁而遇老子[8]。老子中道仰天而嘆曰[9]:"始以汝爲可教,今不可也。"子居不答。至舍,膝行而前曰:"向者弟子欲請夫子,夫子行不閒,今閒矣,請問其故。"老子曰:"而睢睢盱盱[10],而誰與居?大白若辱,盛德若不足。"子居蹵然變容曰[11]:"敬聞命矣。"其往也,舍者迎將避席[12],其反也,舍者與之争席矣[13]。後又見老子曰:"有人於此,鄉疾强梁[14],物徹疏明,學道不倦,如是者,可比明王乎?"曰:"是於聖人也,胥易技系[15],勞形怵心者也[16]。且也,虎豹之文來田[17],猨狙之便、執斄之狗來藉[18];如是者,可比明王乎?"子居蹵然曰:"敢問明王之治。"曰:"明王之治,功蓋天下而似不自己,化貸萬物而民弗恃[19],有莫舉名[20],使民自喜,立乎不測,而游於無有者也[21]。"朱後見梁王,言治天下如運諸掌然。王曰:"先生有一妻一妾不能治,三畝之園不能芸,言治天下如運諸掌,何以?"朱曰:"臣有之。君不見夫羊乎?百羊而羣,使五尺童子荷杖而隨之,欲東而東,欲西而西。君且使堯牽一羊,舜荷杖而隨之,則亂之始也。臣聞之,夫吞舟之魚不游瀾[22],鴻鵠高飛不就汙池,何則?其志極遠也。黄鐘大吕[23],不可從繁奏之舞,何則？其音疏也。將治大者不治小,成大功者不小苛,此之謂也[24]。"朱雖強梁,然性善疑,嘗見逵路而哭[25],爲其可以南,可以北[26];過舉蹞步而覺跌千里者夫[27]。又曰:"事之可以之貧,可以之富者,其傷行者也[28];事之可以之生,可以之死者,其傷勇者也。"僕之譏其智而不知命,故多疑[29]。惟其多疑,故舉人間世所謂貧富、生死,與夫美惡、貴賤、賢不賢、愛不愛、智不智,繳繞於人而不解者[30],朱一切置不顧,不以物累行,以全性保真[31]。故孟子非其爲己,拔一毛利天下而不爲也[32]。朱之徒申其説曰:"伯成子高不以一毛利物,捨國以隱耕;大禹不以一身自利,一體偏枯[33]。古之人損一毛利天下,不與也。悉天下奉一身,不取也。人人不損一毛,人人不利天下,天下治矣。"又曰:"一毛微於肌膚,肌膚微於一節,省矣。然則積一毛以成肌膚,積肌膚以成一節,一毛固一體萬分中之一物,奈何輕之乎[34]？"孟子又曰:"楊朱、墨翟之言盈天下[35],天下之言,不歸楊,則歸墨[36]。"惠施亦曰[37]:"儒墨楊秉四[38]。"楊固當時之顯學也。然自來無傳之者,亦異已,爰掇拾補其闕。其書《漢書·藝文志》亦不著。或據《淮南》内"氾論",以全性葆真爲其書篇名,蓋老子厚生懷玉之旨[39]。則漢初其書尚在也。

【注】

[1] 據《孟子·滕文公》《盡心》,《莊子·駢拇》《胠篋》《天地》《徐無鬼》等篇,及《韓非子·説林》皆作"楊"。而《莊子·應帝王》《山木》《寓言》等篇,及《荀子·王霸》《吕氏春秋·不二》則作

"陽"。楊、陽聲近,古通用。

〔2〕見陸德明《經典釋文》。

〔3〕衛,春秋國名,轄今河南淇縣、滑縣一帶。

〔4〕老子,即老聃。本書有傳。

〔5〕沛,地名,今江蘇徐州。

〔6〕秦,國名,當時治今陝西一帶。

〔7〕邀,遇。

〔8〕梁,國名,又稱魏,治今河南開封一帶。

〔9〕中道,途中。

〔10〕而,汝。睢睢盱盱,橫暴跋扈貌。

〔11〕蹴,恭敬貌。

〔12〕迎將,迎送。

〔13〕以上見《莊子·寓言》。

〔14〕鄉疾強梁,敏捷強力。

〔15〕胥,役徒。易,治。技系,技藝。

〔16〕怵心,擾亂心神。

〔17〕來,招來。田,獵。

〔18〕猨狙,猿猴。羹,胙肉。藉,系。

〔19〕化貸,化生。

〔20〕有莫舉名,不揚名。

〔21〕以上見《莊子·應帝王》。

〔22〕瀾,瀾漫,污水。

〔23〕黃鐘、大吕,皆古音十二律名,音最洪亮。

〔24〕見劉向《説苑·政理》,《列子·楊朱》也有此段。

〔25〕逵路,十字路口。

〔26〕此據《淮南子·説林》。

〔27〕此據《荀子·王霸》。過舉躓步,錯走半步。跌,失也。

〔28〕傷,妨害。下"傷勇"之"傷"同。
〔29〕此見《說苑·權謀》。
〔30〕繳繞,糾纏。
〔31〕全性保真,保全本性不失天真。此據《淮南子·氾論》。
〔32〕孟子,名軻,本書有傳。此見《孟子·盡心上》。
〔33〕偏枯,即半身不遂。
〔34〕以上見《列子·楊朱》。
〔35〕墨翟,本書有傳。
〔36〕見《孟子·滕文公下》。
〔37〕惠施,本書有傳。
〔38〕見《莊子·徐無鬼》。秉,即子秉,公孫龍的字。本書有傳。
〔39〕老子曰:以其生生之厚。嚴復《老子評點》云:與南華養生主旨意正同。老子曰:聖人被褐懷玉。王弼注云:懷玉者,寶其真也。厚生懷玉,重生寶真。

　　王蘧常曰:今傳《列子》有《楊朱》篇,稱桀紂爲天民,肆情傾宫,縱欲長夜,不以禮義自苦,安在其爲全性葆真哉!不特僞託顯然,且厚誣楊子矣,不可以不辯。

王蘧常《諸子新傳》

商　　鞅 （約前390—前338）

　　商君者，衛之諸庶孽公子也[1]，名鞅，姓公孫氏[2]，其祖本姬姓也。鞅少好刑名之學[3]，事魏相公叔座爲中庶子[4]。公叔座知其賢，未及進。會座病[5]，魏惠王親往問病[6]，曰："公叔病有如不可諱[7]，將奈社稷何[8]"？公叔曰："座之中庶子公孫鞅，年雖少，有奇才，願王舉國而聽之[9]"。王嘿然[10]。王且去，座屏人言曰[11]："王即不聽用鞅[12]，必殺之，無令出境。"王許諾而去。公叔座召鞅謝曰[13]："今者王問可以爲相者，我言若[14]，王色不許我[15]。我方先君後臣[16]，因謂王即弗用鞅，當殺之。王許我。汝可疾去矣，且見禽[17]。"鞅曰："彼王不能用君之言任臣，又安能用君之言殺臣乎？"卒不去[18]。惠王既去，而謂左右曰："公叔病甚[19]，悲乎，欲令寡人以國聽公孫鞅也，豈不悖哉[20]！"

【注】

〔1〕商君，即商鞅，亦稱衛鞅。戰國時衛國（今河南淇縣、滑縣一帶）人。庶孽，妾所生之子，即非嫡子。何休《公羊傳》注："庶孽，衆賤子，猶樹之有孽生。"

〔2〕《儀禮·喪服》："諸侯之子稱公子，公子之子稱公孫。"其後則以公孫爲姓。

〔3〕刑名之學,又作"形名之學"。形名原指形體(或實際)和名稱,法家把"刑名"和"法術"聯繫起來,把"名"引申爲法令、名分、言論等,主張循名責實、慎賞明罰。

〔4〕魏,古國名,轄今山西、河南一帶。戰國七雄之一。公叔座,人名。魏之宗室。中庶子,即門客。古有庶子之官,掌諸侯、卿大夫之庶子的教養、訓誡等事。戰國時秦、魏等國的家臣也稱中庶子。

〔5〕會,恰巧、適逢。

〔6〕魏惠王,即梁惠王。名罃,謚惠,武侯擊之子,即位後九年由安邑遷都大梁。

〔7〕不可諱,死之婉辭。即人死不可避免無可忌諱。

〔8〕社稷,原爲土穀之神。人非土不立,非穀不食,歷代王朝必先立社稷,因以社稷爲國家政權的標誌。

〔9〕聽,治理。

〔10〕嘿,通"默"。閉口不言。

〔11〕屏,屏退、斥退。

〔12〕即,倘若。

〔13〕謝,道歉。

〔14〕若,汝、你。

〔15〕色,指臉色。

〔16〕方,宜。先君後臣,先爲國君打算,後爲臣子打算。

〔17〕禽,通"擒"。

〔18〕卒,終究。

〔19〕甚,厲害。

〔20〕悖,糊塗、荒謬。

公叔既死,公孫鞅聞秦孝公下令國中求賢者[1],將修繆公之業[2]，東復侵地[3]，廼遂西入秦[4]，因孝公寵臣景監以求見孝公[5]。孝公既見衛鞅，語事良久，孝公時時睡，弗聽。罷而孝公怒景監曰："子之客妄人耳，安足用邪！"景監以讓衛鞅[6]。衛鞅曰："吾説公以帝道，其志不開悟矣。"後五日，復求見鞅[7]。鞅復見孝公，益愈，然而未中旨[8]。罷而孝公復讓景監，景監亦讓鞅。鞅曰："吾説公以王道而未入也[9]。請復見鞅。"鞅復見孝公，孝公善之而未用也。罷而去。孝公謂景監曰："汝客善，可與語矣。"鞅曰："吾説公以霸道[10]，其意欲用之矣。誠復見我，我知之矣[11]。"衛鞅復見孝公。公與語，不自知膝之前於席也[12]。語數日不厭。景監曰："子何以中吾君？吾君之歡甚也。"鞅曰："吾説公以帝王之道比三代[13]，而君曰：'久遠，吾不能待。且賢君者，各及其身名顯天下，安能邑邑待數十百年以成帝王乎[14]？'故吾以强國之術説君，君大説之耳[15]。然亦難以比德於殷、周矣。"

【注】

〔1〕秦孝公，名渠梁（約前381—前338）。下求賢令在即位之年。
〔2〕繆公，即秦穆公，嬴姓，名任好，前659年至前621年在位，春秋五霸之一。
〔3〕侵地，指被三晉所奪侵河西之地。
〔4〕廼，同"乃"。
〔5〕因，通過。景監，姓景的太監。
〔6〕讓，責備，埋怨。
〔7〕復求見鞅，景監再請求孝公接見商鞅。

〔8〕未中旨,不符合孝公之意。
〔9〕王道,指禹、湯、文、武之道。未入,沒有聽進去。
〔10〕霸道,春秋五霸之道,主張憑藉武力和謀略治天下。
〔11〕誠,如果。
〔12〕不自知膝之前於席也,不知不覺地移近公孫鞅。古人席地而坐,兩足向後,臀部坐在兩足跟上,其形以跪。
〔13〕三代,指夏、商、周。
〔14〕邑邑,通"悒悒",謂憂鬱不樂。
〔15〕說,通"悅"。

孝公既用衛鞅,鞅欲變法,恐天下議己。衛鞅曰:"疑行無名,疑事無功〔1〕。且夫有高人之行者,固見非於世;有獨知之慮者,必見敖於民〔2〕。愚者闇於成事,知者見於未萌〔3〕。民不可與慮始而可與樂成〔4〕。論至德者不和於俗,成大功者不謀於眾。是以聖人苟可以強國,不法其故〔5〕;苟可以利民,不循其禮〔6〕。"孝公曰:"善。"甘龍曰〔7〕:"不然。聖人不易民而教〔8〕,知者不變法而治〔9〕。因民而教,不勞而成功〔10〕;緣法而治者,吏習而民安之〔11〕。"衛鞅曰:"龍之所言,世俗之言也。常人安於故俗,學者溺於所聞。以此兩者居官守法可也,非所與論於法之外也〔12〕。三代不同禮而王,五伯不同法而霸〔13〕。智者作法,愚者制焉;賢者更禮,不肖者拘焉〔14〕。"杜摯曰〔15〕:"利不百,不變法;功不十,不易器〔16〕。法古無過,循禮無邪。"衛鞅曰:"治世不一道,便國不法古〔17〕。故湯、武不循古而王,夏、殷不易禮而亡。反古者不可非,而循禮者不足多〔18〕。"孝公曰:"善。"以衛鞅爲左庶長〔19〕,卒定變法之令〔20〕。

【注】

〔1〕疑行,懷疑自己的行爲。

〔2〕嚻,喧噪,衆口傷人貌。即遭誹謗。

〔3〕暗,暗昧。知,通"智"。未萌,事端尚未顯露。

〔4〕慮始,謀慮事情的開創。樂成,坐享事情的成果。

〔5〕故,成例。

〔6〕循,遵守。不循其禮,不一定遵從舊規章。

〔7〕甘龍,秦國大夫。

〔8〕不易民,不改變民俗。

〔9〕不變法,不更改成法。

〔10〕因民,順民俗。

〔11〕緣,根據。吏習,官吏熟悉。

〔12〕非所與論於法之外,不能和他們討論常法之外的事。

〔13〕五伯,即五霸。通常指齊桓、宋襄、晉文、秦穆、楚莊。伯,通"霸"。

〔14〕制,受制於法。更,改變。拘,約束。

〔15〕杜摯,秦國大夫。

〔16〕利不百,没有百倍的利益。功,成效。器,工具。

〔17〕道,道路、規則。便國,對國家有利。

〔18〕多,贊許。

〔19〕左庶長,秦爵位名。秦制二十等級爵位,其第十級爲左庶長。事在孝公六年。

〔20〕卒,終於。商鞅第一次變法在孝公三年。

令民爲什伍,而相牧司連坐[1]。不告姦者腰斬[2],告姦者與斬敵首同賞[3],匿姦者與降敵同罰[4]。民有二男以上不分異者,倍其賦[5]。有軍功者,各以率受上爵[6];爲私鬥者,各以輕重被刑大小[7]。僇力本業[8],耕織致粟帛多者復其身[9]。事末利及怠而貧者[10],舉以爲收孥[11]。宗室非有軍功論[12],不得爲屬籍[13]。明尊卑爵秩等級,各以差次;名田宅臣妾衣服以家次[14]。有功者顯榮,無功者雖富無所芬華[15]。

【注】

[1] 什伍,五家爲伍,十家相連。相牧司,相互檢舉、告發不法行爲。連坐,一家有罪而九家連舉發,若不告發,則十家連坐。

[2] 腰斬,一種酷刑。

[3] 《韓非子·定法》:"商君之法曰:斬一首者爵一級,欲爲官者,爲五十石之官。"

[4] 秦法,降敵者誅其身,沒其家。

[5] 分異,分居。秦法,每一户主止可與一個成年兒子同居,若有兩個,則須分財分田,否則就要加倍出賦。

[6] 率,規格、標準。

[7] 被刑大小,受到輕重不同的刑罰。

[8] 僇力,亦作"戮力",即盡力。本業,指耕織。

[9] 復其身,指免除勞役。

[10] 末利,指工商。怠,懶惰。

[11] 收孥,收錄爲官府的奴婢。

[12] 宗室,指貴族。

[13] 屬籍,記入貴族名冊。

〔14〕名田宅臣妾衣服以家次，謂佔有田宅、畜養奴婢的數量和穿着服飾的質地式樣，均按家族的爵位確定。
〔16〕芬華，顯榮。

　　令既具⁽¹⁾，未布，恐民之不信，已乃立三丈之木於國都市南門⁽²⁾，募民有能徙置北門者予十金。民怪之，莫敢徙。復曰："能徙者予五十金。"有一人徙之，輒予五十金⁽³⁾，以明不欺。卒下令。

【注】
〔1〕具，準備就緒。
〔2〕國都市南門，國都中後市的南門。戰國時國都城內一般分爲前朝（國君和貴族居住區）、後市（其他居民活動區）、左祖（祭祀王室祖先的宗廟所在區）、右社（祭祀其他神祇的廟宇所在區）。
〔3〕輒，立即。

　　令行於民朞年⁽¹⁾，秦民之國都言初令之不便者以千數⁽²⁾。於是太子犯法。衛鞅曰："法之不行，自上犯之。"將法太子⁽³⁾。太子，君嗣也⁽⁴⁾，不可施刑，刑其傅公子虔⁽⁵⁾，黥其師公孫賈⁽⁶⁾。明日，秦人皆趨令⁽⁷⁾。行之十年，秦民大説，道不拾遺，山無盜賊，家給人足。民勇於公戰，怯於私鬭，鄉邑大治。秦民初言令不便者有來言令便者，衛鞅曰："此皆亂化之民也⁽⁸⁾。"盡遷之於邊城⁽⁹⁾。其後民莫敢議令。

【注】

〔1〕朞年：一週年。
〔2〕初令，指商鞅變法之令。
〔3〕法，法辦。
〔4〕君嗣，繼承君位的人。
〔5〕刑，處罰。傅，師傅，老師。
〔6〕黥，一種肉刑，即墨刑。
〔7〕趨，服從。
〔8〕亂化，擾亂教化。
〔9〕邊城，指秦國都城之外的地區。

　　於是以鞅爲大良造〔1〕。將兵圍魏安邑〔2〕，降之。居三年〔3〕，作爲築冀闕宮庭於咸陽〔4〕，秦自雍徙都之〔5〕。而令民父子兄弟同室内息者爲禁。而集小鄉邑聚爲縣，置令、丞〔6〕，凡三十一縣〔7〕，爲田開阡陌封疆〔8〕，而賦税平。平斗桶權衡丈尺〔9〕。行之四年，公子虔復犯約，劓之〔10〕。居五年，秦人富强，天子致胙於孝公，諸侯畢賀〔11〕。

【注】

〔1〕大良造，秦第十六級爵名，掌軍政大權。
〔2〕安邑，戰國初魏國首都，在今山西夏縣西北。
〔3〕居三年，隔了三年。
〔4〕冀闕，亦作"魏闕"，宮殿前面的城樓和闕門。
〔5〕雍，古地名，在今陝西鳳翔縣南。之，指咸陽。
〔6〕令，縣的行政長官。丞，縣令的助理。
〔7〕《史記·秦本紀》說四十一縣。

〔8〕阡陌,田間的小路,南北曰阡,東西曰陌。封疆,地界標誌。
〔9〕平,統一。斗桶,量器名。十升爲斗。方斛稱爲桶,容六升。權,秤錘;衡,秤杆。
〔10〕劓,肉刑名,即割去犯人的鼻子。
〔11〕天子,指周顯王姬扁(公元前368—前321年在位)。致胙,把祭祀中用過的肉賜給孝公。《史記·秦本紀》云:孝公二年,天子致胙;十九年,天子致伯;二十年,諸侯畢賀。

其明年,齊敗魏兵於馬陵[1],虜其太子申,殺將軍龐涓[2]。衛鞅説孝公曰:"秦之與魏,譬若人之有腹心疾[3],非魏並秦,秦即並魏。何者？魏居領阨之西[4],都安邑,與秦界河而獨擅山東之利[5]。利則西侵秦,病則東收地[6]。今以君之賢聖,國賴以盛。而魏往年大破於齊,諸侯畔之[7],可因此時伐魏。魏不支秦,必東徙。東徙,秦據河山之固[8],東向以制諸侯,此帝王之業也。"孝公以爲然,使衛鞅將而伐魏。魏使公子卬將而擊之[9]。軍既相距[10],衛鞅遺魏將公子卬書曰:"吾始與公子驩,今俱爲兩國將,不忍相攻,可與公子面相見,盟,樂飲而罷兵,以安秦、魏。"魏公子卬以爲然。會盟已,飲,而衛鞅伏甲士而襲虜魏公子卬,因攻其軍,盡破之以歸秦。魏惠王兵數破於齊、秦,國内空,日以削,恐,乃使使割河西之地獻於秦以和[11]。而魏遂去安邑,徙都大梁[12]。梁惠王曰:"寡人恨不用公叔痤之言也。"衛鞅既破魏還,秦封之於、商十五邑[13],號爲商君。

【注】

〔1〕馬陵,地名,在今河北大名東南。馬陵之戰在孝公二十一年。
〔2〕龐涓,戰國時兵家,魏人。
〔3〕腹心疾,猶言心腹之患。
〔4〕領阨,山嶺險阨之地。領,通"嶺"。
〔5〕河,黄河。山東,戰國秦漢時代通稱崤山或華山以東爲山東,有時也泛稱秦以外的六國領土。擅,專。
〔6〕病,不利。
〔7〕畔,通"叛"。
〔8〕河山,指黄河、中條山。
〔9〕公子卬,人名,魏宗室。
〔10〕距,對抗。距,通"拒"。
〔11〕河西,指今山西、陝西兩省間黄河南段之西。
〔12〕大梁,地名,在今河南開封西北。
〔13〕於、商,地名。今陝西商南和河南淅川、內鄉一帶。

商君相秦十年,宗室貴戚多怨望者[1]。趙良見商君[2]。商君曰:"鞅之得見也,從孟蘭皋[3],今鞅請得交[4],可乎?"趙良曰:"僕弗敢願也。孔丘有言曰:'推賢而戴者進,聚不肖而王者退[5]。'僕不肖,故不敢受命。僕聞之曰:'非其位而居之曰貪位,非其名而有之曰貪名。'僕聽君之義[6],則恐僕貪位貪名也。故不敢聞命[7]。"商君曰:"子不説吾治秦與?"趙良曰:"反聽之謂聰,內視之謂明,自勝之謂強[8]。虞舜有言曰[9]:'自卑也尚矣。'君不若道虞舜之道,無爲問僕矣[10]。"商君曰:"始秦戎翟之教[11],父子無別,同室而居。今我更制其教,而爲其男女之别,大築冀闕,營如魯、衛矣[12]。子觀我治秦也,孰與五羖大夫賢[13]?"趙良曰:"千羊之皮,不如一狐之掖[14];千人之諾諾[15],不如一士之諤諤[16]。武王諤諤以昌,殷紂墨墨以亡[17]。君若不非武王乎,則僕請終日正言而無誅,可乎?"商君曰:"語有之矣:貌言華也[18],至言實也[19],苦言藥也[20],甘言疾也[21]。夫子果肯終日正言,鞅之藥也。鞅將事子,子又何辭焉!"趙良曰:"夫五羖大夫,荆之鄙人也[22]。聞秦繆公之賢而願望見,行而無資,自粥於秦客[23],被褐食牛[24]。期年,繆公知之,舉之牛口之下,而加之百姓之上,秦國莫敢望焉。相秦六七年[25],而東伐鄭[26],三置晉國之君[27],一救荆國之禍[28]。發教封內而巴人致貢[29],施德諸侯而八戎來服[30]。由余聞之[31],款關請見[32]。五羖大夫之相秦也,勞不坐乘[33],暑不張蓋[34],行於國中,不從車乘[35],不操干戈,功名藏於府庫[36],德行施於後世。五羖大夫死,秦國男女流涕,童子不歌謠,舂者不相杵[37]。此五羖大夫之德也。今君之見秦王也,因嬖人景監以爲主[38],非所以爲名也。相秦不以百姓爲事,而大築冀闕,非所以爲功也。刑黥太子之師傅,殘傷民以駿刑[39],是積怨畜禍也。教之化民也深於命[40],民之效上也捷於令[41]。今君又左建外易[42],非所以爲教也。君又南面而稱寡人[43],日繩秦之貴公子[44]。《詩》曰:'相鼠有體[45],人而無禮;人而無禮,何不遄死[46]。'以《詩》觀之,非所以爲壽也。公子虔杜門不出已八年矣,君又殺祝懽而黥公孫賈[47]。《詩》曰:'得人者興,失人者崩。'此數事者,非所以得人也。君之出也,後車十數,從車載甲[48],多力而駢脅者爲驂乘[49],持矛而操闟戟者旁車而趨[50],此一物不具,君固不出。《書》曰[51]:'恃德者昌,恃力者亡。'君之危如朝露,尚將欲延年益壽乎?則何不歸十五都[52],灌園於鄙[53],勸秦王顯巖穴之士[54],養老存孤[55],敬父兄,序有功,尊有德,可以少安。君尚將貪商、於之富,寵秦國之教[56],畜百姓之怨[57],秦王一旦捐賓客而不立朝[58],秦之所以收君者[59],豈其微哉[60]?亡可翹足而待[61]。"商君弗從。

【注】

〔1〕怨望,心懷不滿。
〔2〕趙良,秦國士人。
〔3〕從孟蘭皋,通過孟蘭皋的介紹。孟蘭皋亦士人。
〔4〕請得交,希望彼此交個朋友。
〔5〕此謂因推舉賢人而受擁戴的,能上進;靠聚不肖的人而稱王的,一定會衰敗下去。
〔6〕義,通"誼"。厚誼。
〔7〕聞命,從命。
〔8〕反聽、內視,皆自省自察之意。自勝,克己。《老子》曰:"勝人者有力,自勝者強。"
〔9〕虞舜,古帝名。姚姓,有虞氏,名重華。
〔10〕無爲,無用。
〔11〕戎翟,指我國古代西方的少數民族。
〔12〕營,經營。魯、衛,皆國名。魯在今山東西南部,衛在今河南省。
〔13〕孰,誰。五羖大夫,即百里奚,楚人,原爲虞(治今山西平陸)

大夫,虞亡爲晉(國都當時在絳,治今山西冀城東南)所俘,作爲陪嫁之臣入秦。後出走至楚,爲楚人所執。秦穆公聞其賢,以五張黑公羊皮贖回,用爲大夫,故稱五羖大夫。他助秦穆公建立霸業。羖,黑公羊。

〔14〕一狐之掖,一只狐狸腋下的皮毛。掖,通"腋"。

〔15〕諾諾,唯命是從貌。

〔16〕諤諤,直言貌。

〔17〕墨墨,通"默默"。

〔18〕貌言華也,無實之言是虛浮的。

〔19〕至言實也,中肯之言是誠實的。

〔20〕苦言藥也,直陳弊病之言是治病良藥。

〔21〕甘言疾也,阿諛逢迎之言是致死的疾病。

〔22〕荆,即楚。鄙人,郊野之人。

〔23〕粥,通"鬻",賣。

〔24〕被褐,穿粗布短衣。食牛,餵牛。

〔25〕據《左傳》、《史記·秦本紀》,百里奚在穆公五年入秦,三十三年去秦,凡二十餘年。

〔26〕按穆公在位兩次伐鄭,一在穆公三十年,一在三十三年。鄭,國名,治今河南新鄭一帶。

〔27〕置,立。三置晉國之君,謂立晉惠公夷吾、晉懷公公子圉、晉文公重耳。

〔28〕《史記·十二諸侯年表》:穆公二十八年,會晉、伐楚、朝周。

〔29〕封内,境内。巴,古族名、國名,指巴蜀,在今川西、鄂西一帶,與秦接壤。

〔30〕八戎,泛指四境少數民族。

〔31〕由余,人名。一作繇余。祖先乃晉人,逃亡入戎。初在戎任職,後入秦爲穆公重用,任上卿,助穆公謀伐西戎,滅國十二,

稱霸西戎。

〔32〕款,叩,敲。

〔33〕坐乘,坐車。

〔34〕蓋,猶傘也。

〔35〕不從車乘,沒有車輛隨從。

〔36〕功名藏於府庫,謂功名匿而不顯。

〔37〕舂,用杵臼搗穀類等。相杵,舂穀時相互和唱號子。

〔38〕嬖人,君主寵愛的人。主,薦主,推薦人。

〔39〕駿,通"峻"。嚴厲。

〔40〕深於命,重於命令。

〔41〕捷,快。

〔42〕左建,以邪道建立權威。外易,謂在外改變君命。

〔43〕南面,指國君。寡人,君主之謙稱。

〔44〕繩,懲治。

〔45〕《詩》,指《詩經·鄘風·相鼠》。相鼠,一種鼠類,見人則前足交叉拱立,故又稱禮鼠。體,禮貌。

〔46〕遄死,快死。

〔47〕祝懽,太子師傅。

〔48〕從車載甲,隨從的車輛滿載甲士。

〔49〕騈脅,謂壯健。驂乘,陪乘,乘車時居於左右。

〔50〕闔戟,兵器名。指長戟。旁,車而趨,護衛着車子前進。旁通"傍"。

〔51〕《書》,指《周書》。今傳《周書》、《逸周書》中無此文。

〔52〕歸,還。都,城市,指商君封地。

〔53〕鄙,偏僻之處。

〔54〕顯,褒獎。巖穴之士,隱士。

〔55〕存,撫恤。

〔56〕寵,驕縱。

〔57〕畜,通"蓄"。

〔58〕捐賓客,不用或驅逐賓客。

〔59〕收,拘捕。

〔60〕微,不明顯。

〔61〕翹足而待,立刻到來。

　　後五日而孝公卒,太子立。公子虔之徒告商君欲反,發吏捕商君。商君亡至關下[1],欲舍客舍。客人不知其是商君也,曰:"商君之法,舍人無驗者坐之[2]。"商君喟然嘆曰:"嗟乎,爲法之敝一至此哉[3]!"去之魏[4]。魏人怨其欺公子卬而破魏師,弗受。商君欲之他國。魏人曰:"商君,秦之賊。秦强而賊入魏,弗歸,不可。"遂内秦[5]。商君既復入秦,走商邑,與其徒屬發邑兵北出擊鄭[6]。秦發兵攻商君,殺之於鄭黽池[7]。秦惠王車裂商君以徇[8],曰:"莫如商君反者!"遂滅商君之家。

【注】

〔1〕關,邊境關隘。

〔2〕舍人,留宿客人。無驗,無憑證。坐,犯罪連坐。

〔3〕敝,通"弊"。一至此,到了這個地步。

〔4〕去,離開。之,往、到。

〔5〕内,入也。

〔6〕鄭,縣名。秦所置。在今陝西華縣境内。

〔7〕黽池,即澠池。在今河南省澠池縣西。

〔8〕車裂,一種酷刑,即五馬分屍。徇,通"殉"。

太史公曰：商君，其天資刻薄人也。迹其欲干孝公以帝王術[1]，挾持浮説，非其質矣。且所因由嬖臣，及得用，刑公子虔，欺魏將卬，不師趙良之言[2]，亦足發明商君之少恩矣。余嘗讀商君《開塞》、《耕戰》書[3]，與其人行事相類。卒受惡名於秦，有以也夫[4]！

【注】

〔1〕跡，通"迹"。推究。

〔2〕不師，不聽用。

〔3〕今《商君書》有《開塞》、《耕戰》篇。

〔4〕有以也夫，是有原因的啊！

選自《史記》卷六十八《商君列傳》

申 不 害（約前385—前337）

　　申不害者，京人也[1]，故鄭之賤臣[2]。學術以干韓昭侯，昭侯用爲相[3]。内修政教，外應諸侯，十五年。終申子之身，國治兵强，無侵韓者[4]。

【注】
[1] 申不害，戰國時法家，注重"術"者。京，鄭國京邑，今河南滎陽市東南。
[2] 鄭，古國名。戰國時爲韓所滅，故稱"故鄭"。賤臣，卑微之臣。
[3] 學術，指學刑名之術。干，求取。韓昭侯，戰國時晉大夫韓氏與趙、魏三家分晉，列爲諸侯。介於魏、秦、楚之間，在今河南中部及山西東南一帶。昭侯公元前362—前333年在位。相，官名，國君的輔佐，後專用爲宰相。
[4]《史記·韓世家》："申不害相韓，修術行道，國内以治，諸侯不來侵伐。"

　　申子之學本於黄老而主刑名[1]。著書二篇，號曰《申子》[2]。

【注】
[1] 黄老，黄帝和老子。刑名，原指形體（或事實）和名稱，亦作"形名"。《尹文子·大道》："名者，名形者也；形者，應名者

也。……故形名者不可不正也。"法家把"刑名"和"法術"聯繫起來,把"名"引申爲法令、名分、言論等,主張循名責實。所謂刑名之術,就是控制臣下的手段,"因任而授官,循名而責實,操殺生之柄,課羣臣之能者也。"(轉引自《韓非子·定法》)
〔2〕《漢書·藝文志》著錄《申子》六篇。現僅存輯錄《大林》一篇。

選自《史記》卷六十三《老子韓非列傳》

尸　　佼 （約前390—約前330）

尸子名佼[1]，晉人[2]。治《春秋》[3]。秦相衛鞅客也[4]。衛鞅謀事畫計，立法理民，未嘗不與佼規也[5]。商君被禍，佼恐誅，乃亡入蜀。造書二十篇，凡六萬餘言。卒因葬蜀[6]。書十九篇，陳道德仁義之紀，一篇言九州險阻，水泉所起[7]。其目曰勸學，曰貴言，曰四儀[8]，曰明堂[9]，曰分，曰發蒙，曰恕，曰治天下，曰仁意，曰廣，曰綽子，曰處道，曰神明，曰廣澤，曰止楚師，曰君治[10]。司馬遷謂世多有其書[11]，則流行之廣可知也。乃至季漢而亡其九，至宋而全佚矣。雖有輯本，僅十之二三耳。

【注】

〔1〕據劉向《別錄》。
〔2〕據劉向《別錄》。《史記·孟子荀卿列傳》云：楚有尸子。《漢書·藝文志》班固自注又以爲魯人。
〔3〕《春秋穀梁傳》隱公元年、桓公九年引其語。
〔4〕衛鞅，即商鞅。本書有傳。
〔5〕規，謀畫。
〔6〕見《別錄》。
〔7〕見《後漢書·宦者吕强傳》注。九州，古時我國中原行政區劃，指冀、兗、青、揚、荆、豫、雍、幽、並。
〔8〕四儀，指仁、義、忠、信。《四儀》篇説：志動不忘仁，智用不忘

義,力事不忘忠,口言不忘信。
〔9〕明堂,古代帝王宣明政教的地方,凡朝會及祭祀、慶賞、選士、養老、教學等大典,均在裏面舉行。
〔10〕見孫星衍《尸子輯本序》。
〔11〕見《史記·孟子荀卿列傳》。

王蘧常曰:《尸子》書言勸學、四儀、恕、仁意、治天下等,皆儼然儒者言也。劉子政謂其非先王之法[1],不循孔子之術,今已不可考[2]。商君之謀事畫計,立法理民,靡不與佼規[3],則前人稱商君極身無二慮[4],盡公不顧私,使民內急耕織之業以富國,外重戰伐之賞以勸戎士。法令必行,內不私貴寵,外不偏疏遠,是以令行而禁止,法出而姦息。故雖《書》云"無偏無黨"[5],《詩》云"周道如砥,其直如矢"[6],《司馬法》之勸戎士[7],周后稷之勸農業[8],無以易此[9]。則佼之輔商君,可想見之矣。嗚呼!卓已!

【注】
〔1〕劉子政,即劉向。
〔2〕見劉向《荀子敍錄》。
〔3〕靡,無。
〔4〕極身,終身。
〔5〕見《書·洪範》。
〔6〕見《詩·小雅·大東》。
〔7〕《司馬法》,古兵書名,不知撰者。
〔8〕后稷,周的先祖,爲舜農官。

〔9〕見裴駰《史記集解》引劉向《新序》。今《新序》已不存。

王蘧常《諸子新傳》

附

而趙亦有公孫龍爲堅白同異之辯,劇子之言;魏有李悝,盡地力之教;楚有尸子、長盧;阿之吁子焉。自如孟子至於吁子,世多有其書,故不論其傳云。　（録自《史記》卷七十四《孟子荀卿列傳》）

慎　　到（約前395—約前315）

慎到，趙人[1]。田駢、接子[2]，齊人。環淵，楚人[3]。皆學黃老道德之術[4]。公而不當[5]，易而無私[6]，決然無主[7]，趣物而不兩[8]，不顧於慮，不謀於知[9]。齊萬物以爲首[10]，曰："天能覆之而不能載之；地能載之而不能覆之；大道能包之而不能辯之[11]。"知萬物皆有所可，有所不可[12]，故曰："選則不遍[13]，教則不至[14]，道則無遺者矣。"是故慎到棄知去己[15]，而緣不得已；泠汰於物[16]，以爲道理。曰："知不知，將薄知而後鄰傷之者也[17]。"謑髁無任[18]，而笑天下之尚賢也[19]。縱脱無行，而非天下之大聖[20]。椎拍輐斷，與物宛轉[21]。舍是與非，苟可以免[22]。不師知慮，不知前後，魏然而已矣[23]。推而後行，曳而後往[24]，若飄風之還，若羽的旋，若磨石之隧[25]。全而無非，動静無過，未嘗有罪。是何故？夫無知之物，無建己之患，無用知之累，動静不離於理，是以終身無譽[26]。故曰："至於若無知之物而已，無用聖賢，夫塊不失道[27]。"豪傑相與笑之曰："慎到之道，非生人之行，而至死人之理，適得怪焉[28]。"田駢亦然，學於彭蒙，得不教焉[29]。彭蒙之師曰[30]："古之道人，至於莫之是、莫之非而已矣，其風窢然[31]，惡可而言！"常反人，不見觀[32]，而不免於魭斷。其所謂道非道，而所言之韙不免於非[33]。彭蒙、田駢、慎到不知道,雖然,概乎皆嘗有聞者也[34]。因發明序其指意[35],故慎到著十二論[36],環淵著上下篇[37],而田駢、接子皆有所論[38],各著書言治亂之事,以干齊王[39]。集稷門之下,爲稷下先生[40],於是齊王嘉之,自如慎到以下,皆命曰列大夫,爲開第康莊之衢[41],高門大屋,尊寵之。覽天下諸侯賓客,言齊能致天下賢士也[42]。

【注】

〔1〕慎到,戰國時法家。慎也作"順"。《吕氏春秋·慎勢》、《韓非子·難勢》皆稱述其説,蓋言法重勢,法出於道。

〔2〕田駢,戰國時哲學家。姓田名駢,又名廣,齊國人。齊田氏本出於陳,故《吕氏春秋》、《淮南子》亦稱陳駢,齊人號曰"天口"。《莊子·天下》列田駢和彭蒙爲一派。接子,不詳,《史記索隱》説:"古著書人之稱號。"《正義》説《接子》二篇。

〔3〕環淵,春秋時楚人,環又作蜎。老子弟子。

〔4〕黄老,黄帝和老子。以上據《史記·孟子荀卿列傳》。

〔5〕不黨,不黨。《莊子釋文》曰:"崔本作黨,云至公無黨也。"

〔6〕易,平易。《莊子》成玄英疏:"平易而無偏私。"

〔7〕決然,水下流之勢,謂決斷。無主,無偏向。

〔8〕趣,通"趨",趨向。趨赴事物不生兩意,與物爲一也。

〔9〕知,通"智",智謀。謂無所顧慮,不用智謀。

〔10〕首,"道"之借字。秦始皇會稽刻石文"追道高明",《史記·秦始皇本紀》作"首",是其證。齊萬物以爲首,與《莊子·齊物論》義相同。慎到學黄老道德之術,故其説多與老莊合。

〔11〕辯,借爲"平"。《尚書·堯典》"平秩東作""平章百姓",《大傳》作"辯秩""辯章"是其例證。此謂天地雖大,覆之載之,各

有所能,然大道能包容之,而不能使皆等平也。

〔12〕此與《莊子·齊物論》"可乎可,不可乎不可"同義。

〔13〕遍,周遍,全面。謂有擇必有失。

〔14〕教,教導。《文子·上仁》:"道之所以至妙者,父不能以教子,子亦不能受之於父,故道可道非常道也。"有所教導,則有所不至。

〔15〕棄知去己,棄去私見和私欲。《淮南子·道應訓》:"慎子曰:匠人知爲門,能以門,所以不知門也,故必杜然後能門。"此棄知去己之説也。不得已,理之必然。

〔16〕泠汰,放任自然,即冷淡灑脱。

〔17〕知不知,即知"道"。將,如果,假設連詞。薄,逼迫。鄰傷,毁傷。鄰讀爲"磷"。《老子》曰:"知不知,上,不知知,病。"《文子·符言》:"時之行,動以從,不知道者福爲禍,天爲蓋,地爲軫,善用道者終無盡,地爲軫,天爲蓋,善用道者終無害。……故知不知,上,不知知,病也。"如强爲知,雖知乃毁傷之。

〔18〕謑髁,能忍恥辱獨立獨行。《説文》:"謑,詬恥也","髁,髀骨也"。喻人之所以能立能行能有力者。無任,無所事任。

〔19〕笑,當笑儒家和墨家。《論語·子路》有"舉賢才",《墨子》有《尚賢》篇。

〔20〕縱脱,放任而無拘束。大聖,指儒、墨。人稱儒、墨顯學,慎到先非之。

〔21〕椎拍,打擊。椎乃捶擊之工具。輐斷,即下文"魭斷",無稜角鋒芒。與物宛轉,隨物運轉。

〔22〕免,免累於物。

〔23〕魏然,高高獨立的樣子。魏本作"巍",也作"巋"。此即上文所謂公而不黨也。

〔24〕曳,牽引,拖。此即上文所謂緣不得已也。

〔25〕飄風,旋風。還,讀爲"旋"。羽之旋,飛翔而無定。隧,讀"遂",回也。此即上文所謂決然無主,與物宛轉也。故下文曰能全而無非,無情任物,動靜無過,未嘗有罪。

〔26〕建己,立己,指建立功名。累,指物累。《莊子・刻意》:"聖人之生也天行,其死也物化,靜而與陰同德,動而與陽同波,不爲福先,不爲禍始,感而後動,迫而後應,不得已而後起,去知與故,循天之理,故無天災,無物累,無人非,無鬼責。"與此節同義。

〔27〕夫塊不失道,郭象曰:"欲令去知如土塊也。"

〔28〕適得怪焉,郭象曰:"未合至道,故曰詭怪。"

〔29〕得不教焉,得不言之教。

〔30〕彭蒙之師,不詳何人。田駢慎到皆受業彭蒙,而彭蒙之師,當亦黃老學者。

〔31〕莫之是、莫之非,即上文所謂齊萬物以爲道。窢,《莊子釋文》:"窢,亦作㖣,又作闃。"方以智《藥地炮莊》:"窢即闃,古作闠。"闃借爲侐,《說文》:"侐,靜也。"此謂其風寂靜,不可得而言。

〔32〕郭象曰:"不順民望。"王先謙《莊子集解》:"常反人之意議,不見爲人所觀美。"

〔33〕韙,是。

〔34〕以上據《莊子・天下》。

〔35〕指意,旨意。即主意。

〔36〕《漢書・藝文志》法家著錄《慎子》四十二篇,已失傳。現僅存其輯錄七篇,收入《守山閣叢書》和《百子全書》。

〔37〕《漢書・藝文志》道家著錄《蜎子》十三篇,已亡。

〔38〕《漢書・藝文志》道家著錄《田子》二十五篇,已亡。《史記正義》說《接子》二篇。

〔39〕干,求取。
〔40〕稷下,地名。齊國都城臨淄(今山東淄博市)稷門附近,齊宣王繼威王曾在此擴置學宮,招攬文學游説之士數千人,任其講學議論,是戰國時各學派薈萃的中心。
〔41〕開第,開闊的大道。《爾雅》:"四達謂之衢,五達謂之康,六達謂之莊。"
〔42〕覽,通"攬",招攬。致,得到。

　　環淵問曰:"天有四殃,水旱饑荒,其至無時,何以備之?"慎子曰:"土多民少,非其土也;土少人多,非其人也。是故土多,發政以漕四方[1],四方流之;土少,安帑而外務輸[2]。山林非時不升斤斧以成草木之長[3],川澤非時不入網罟以成魚鼈之長[4],不麛不卵以成鳥獸之長[5]。凡土地之間,皆可裁之以爲民利。是魚鼈歸其泉,鳥歸其林,孤寡辛苦咸賴其生,山以遂其林[6],工匠以爲其器,百物以平其利,商賈以通其貨,工不失其務,農不失其時,是謂和德。《夏箴》曰[7]:'小人無兼年之食,遇天饑,妻子非其有也;大夫無兼年之食,遇天饑,臣妾輿馬非其有也。'戒之哉[8]!"

【注】
〔1〕發政,發布政令。漕,水道運糧。
〔2〕帑,庫。庫藏的金帛。輸,轉運。
〔3〕不升斤斧,斧頭不上山。
〔4〕罟,網的通稱。取魚曰罟。捕獸曰網。
〔5〕不麛不卵,不捕捉未成長的鳥獸。麛,幼鹿。同"麑"。

〔6〕遂,成也。
〔7〕《夏箴》,夏代以規誡爲主題的箴辭。
〔8〕錢基博自注:"慎懋賞本《慎子·内篇》,不知何本。"

環淵問養性。子慎子曰:"天有盈虚,人有屯危[1],不自慎,不能濟也,故養心必先知自慎也。慎以畏爲本[2],士無畏則簡仁義,農無畏則惰稼穡,工無畏則慢規矩,商無畏則貨不殖,子無畏則忘孝,父無畏則廢慈,臣無畏則勳不立,君無畏則亂不治。是以太上畏道[3],其次畏天,其次畏物,其次畏人,其次畏身。憂於身者不拘於人,慎於小者不懼於大,戒於近者不悔於遠[4]。"

【注】
〔1〕盈虚,盈滿和損缺。屯危,艱難危險。
〔2〕慎之畏爲本,小心謹慎以畏懼爲根本。
〔3〕太上,最高。序等次,即第一。
〔4〕錢基博自注:"慎懋賞本《慎子·外篇》,不知何本。"

環淵問曰:"士之或窮或達[1],何歟?"子慎子曰:"士窮於窮,亦通於窮,達於達,亦病於達[2];故窮之者所以達之也[3],而達之者所以窮之也[4]。"

【注】
〔1〕窮,困厄。達,顯貴。
〔2〕窮於窮,困厄到了極點。後"窮"字爲終極。通,通達。病,害。
〔3〕窮之與達,相反相成。

〔4〕錢基博自注:"慎懋賞本《慎子·外篇》,不知所本。"

　　許犯問於慎子曰[1]:"法安所生?"子慎子曰:"法非從天下,非從地出,發於人間,合乎人心而已[2]。治水者茨防決塞[3],雖在夷狄,相似如一,學之於水,不學之於禹也[4]。"

【注】

〔1〕許犯,人名。不詳。
〔2〕出,生也。《文子·上義》:"平王問曰:法安所生?文子曰:法生於義,義生於衆適,衆適合乎人心,此治之要也,法非天下也,非從地出也,發乎人間,反己自正。"
〔3〕茨防,用蘆葦和泥土所築的護岸或堵口工事。決塞,疏通河道。
〔4〕錢基博自注:"慎懋賞本《慎子·外篇》。治水者以下,亦見《列子》張湛注引。"

　　慎子仕楚爲太子傅[1]。楚襄王爲太子時,質於齊[2]。懷王薨,太子辭於齊王而歸。齊王隘之[3]:"予我東地五百里,乃歸子。子不予我,不得歸。"太子曰:"臣有傅,請追而問傅[4]。"傅慎子曰:"獻之地,所以爲身也。愛地不送死父,不義。臣故曰,獻之便。"太子入,致命齊王曰:"敬獻地五百里。"齊王歸楚太子。太子歸,即位爲王。齊使車五十乘[5],來取東地於楚。楚王告慎子曰:"齊使來求東地,爲之奈何?"慎子曰:"王明日朝羣臣,皆令獻其計。"上柱國子良入見[6]。王曰:"寡人之得求反[7],主墳墓、復羣臣、歸社稷也[8],以東地五百里許齊。齊令使來求地,爲之奈何?"子良曰:"王不可不與也。王身出玉聲[9],許強萬乘之齊而不與,則不信,後不可以約結諸侯。請與而復攻之[10]。予之信[11],攻之武。臣故曰與之。"子良出,昭常入見[12]。王曰:"齊使來求東地五百里,爲之奈何?"昭常曰:"不可與也。萬乘者,以地大爲萬乘。今去東地五百里,是去戰國之半也[13],有萬乘之號而無千乘之用也,不可。臣故曰勿與。常請守之。"昭常出,景鯉入見[14]。王曰:"齊使來求東地五百地,爲之奈何?"景鯉曰:"不可與也。雖然,楚不能獨守。王身出玉聲,許萬乘之強齊也而不與,負不義於天下。楚亦不能獨守。臣請西索救於秦[15]。"景鯉出,慎子入,王以三大夫計告慎子,且曰:"寡人誰用於三子之計[16]?"慎子對曰:"王皆用之。"王怫然作色曰[17]:"何謂也?"慎子曰:"臣請效其説[18],而王且見其誠然也。王發上柱國子良車五十乘,而北獻地五百里於齊。發子良之明日,遣昭常爲大司馬[19],令往守東地。遣昭常之明日,遣景鯉車五十乘,西索救於秦。"王曰:"善。"乃遣子良北獻地於齊。遣子良之明日,立昭常爲大司馬,使守東地。又遣景鯉西索救於秦。子良至齊,齊使人以甲受東地。昭常應齊使曰:"我典主東地,且與死生[20]。悉五尺至六十[21],三十餘萬弊甲鈍兵,願承下塵[22]。"齊王謂子良曰:"大夫來獻地,今常守之,何如?"子良曰:"臣身受命弊邑之王,是常矯也[23]。王攻之。"齊王大興兵,攻東地,伐昭常。未出疆,秦以五十萬臨齊右壤[24]。曰:"夫隘楚太子弗出，不仁；又欲奪之東地五百里，不義。其縮甲則可[25]，不然，則願待戰。"齊王恐焉。乃請子良南道楚，西使秦，解齊患。士卒不用，東地復全[26]。

【注】

〔1〕太子傅，太子的傅相，即太子的老師。太子，指楚懷王之子熊橫，後爲楚襄王。
〔2〕質，人質。楚懷王二十九年（前300），秦伐楚，懷王恐，乃使太子質於齊以求平。
〔3〕齊王，指齊湣王。隘，阻止。
〔4〕追，疑爲"退"字之誤。《戰國策》鮑彪注本作"退"。
〔5〕五十乘，五十輛車。
〔6〕上柱國，官名，戰國楚制。原爲保衛國都之官，後爲最高武官。
〔7〕求反，能回本國。
〔8〕墳墓，指祖先。復，見。社稷，指國家。
〔9〕玉聲，對人言辭的敬稱。謂其言貴重。
〔10〕與而復攻，指地給齊而後再攻取之。
〔11〕予，《戰國策》作"與"。
〔12〕昭常，楚大夫。
〔13〕戰國，從事戰爭的國家。此指楚。
〔14〕景鯉，楚大夫。
〔15〕西索，西求。秦在楚西，故曰西求救於秦。
〔16〕誰用於三子，用三人中哪一個人的意見。
〔17〕怫然作色，忿怒變色。
〔18〕效其說，徵驗三大夫之說。
〔19〕大司馬，官名。掌國政。這裏指軍司馬、掌軍權。

〔20〕典主,職守。且與死生,與地共生死。
〔21〕五尺,指未成年的人。六十指老人。
〔22〕下塵,猶言下風。戰爭時車馬奔騰有塵,下塵,謂應戰。
〔23〕矯,假託,欺騙。
〔24〕右壤,右邊界。
〔25〕縮甲,把兵器捆扎起來。謂不戰。
〔26〕以上據《戰國策·楚策》。

  慎子既老,而歸於趙。藺相如用事[1],再困秦王而有矜色[2]。謂慎子曰:"人謂秦王如虎,不可觸也,僕已摩其頂[3],拍其肩矣。"慎子曰:"善哉!先生,天下之獨步也[4]。然到聞之,赤誠之山[5],有石梁五仞焉[6],徑尺而龜背[7],下臨不測之谷,縣泉沃之[8],苔蘚被焉[9],無藤蘿以爲援也[10],野人負薪而越之[11],不留趾而達[12],觀者喵喵[13]。或謂之曰,是梁也,人不能越,而若能也,盍還而復之,野人立而睨焉[14],足搖搖而不舉[15],目周旋而莫之能矚[16]。先生之説秦王也,是未覩夫百梁之險者也。故過巴峽而不慄[17],未嘗驚於水也,視狴犴而不惴,未嘗中於法也[18]。使先生還而復之,則無餘以教到矣[19]。"

【注】

〔1〕藺相如,戰國時趙國大臣。用事,執政。
〔2〕再困秦王,指藺相如完璧歸趙後,繼澠池之會,挫敗秦王辱趙王之計,以功爲上卿。自矜,自傲賢能。
〔3〕僕,自己謙稱。頂,頭。
〔4〕獨步,獨一無二的傑出人才。

〔5〕赤城,四川之青城山。或謂浙江天台縣北,爲往天台必經之山路。
〔6〕石梁,石橋。仞,長度單位。仞之長度其說不一。
〔7〕徑尺,指一尺寬的橋面小路。龜背,兩端低中間高的弓形橋面。
〔8〕縣泉,山上泉水,如懸掛在山上。縣,通"懸"。沃之,澆之。
〔9〕苔蘚,青苔。被,覆蓋。
〔10〕藤蘿,一種多年生的蔓生植物。其莖纏絡於他物,可作攀援用。援,攀緣,拉。
〔11〕野人,指住在山村的人。負薪,擔着柴草。
〔12〕趾,脚印,蹤迹。
〔13〕嘖嘖,讚嘆聲。
〔14〕睨,斜視。
〔15〕搖搖,動盪的樣子。不舉,不抬脚。謂不行走。
〔16〕目周旋,眼睛轉動。矚,望。
〔17〕巴峽,即巴郡三峽。栗,恐懼。
〔18〕狴犴,傳說中的獸名。形似虎,有威力,置立於獄門。這裏指監獄。惴,恐懼。中於法,受刑法的打擊。
〔19〕錢基博自注:"慎懋賞本《慎子·外篇》,不知何本。"

慎子之學,本於黃老而主刑名[1]。蔽於法而不知賢[2],有見後而無見先[3],上則取聽於上,下則取從於俗[4],終日言成文典[5],及紃察之,則倜然無所歸宿[6],不可以經國定分[7],然而其持之有故,言之成理[8]。著書四十二篇,號曰《慎子》[9]。傳者八篇,曰:《威德》、《因循》、《民雜》、《知忠》、《德立》、《君人》、《君法》、《君臣》[10]。其大指欲因物理之當然，各定一法而守之，不求於法之外，亦不寬於法之中，則上下相安，可以清淨而治；然法所不行，勢必刑以齊之[11]，道德之爲刑名[12]，此其樞矣[13]。

【注】

[1]《史記》説慎子"學黃老道德之術"，其本黃老，多明不尚賢、不使能之道。申不害"本子黃老而主刑名"。謂慎到"主刑名"，誤矣。

[2] 此據《荀子·解蔽》。《莊子·天下》謂慎子"笑天下之尚賢"，《韓非子·難勢》謂慎到"吾以此知勢位之足恃，而賢智之不足慕也"。

[3] 此據《荀子·天論》。慎子椎拍輐斷，與物宛轉，感而應，迫而動，是以無争先之意，故曰有見於後而無見於先。

[4] 取聽、取從，言能使上下皆聽從之。《荀子·非十二子》上有"尚法而無法，下脩而好作"兩句。

[5] 言成文典，言之有文而合典則。

[6] 及紃察之。據元刻本《荀子》作"反糾察之"，謂反復考察。糾，通"循"。偶然，疏遠的樣子。宿，止。

[7] 經國定分，治理國家確定名分。

[8] 故，根據。理，條理。以上據《荀子·非十二子》。

[9] 此據《漢書·藝文志》。

[10] 傳者八篇，流傳下來的有八篇。下爲八篇篇名。威德、因循、民雜、知忠及君主，見《羣書治要》；德立、君人、君法，見《藝文類聚》五十四、《太平御覽》六百三十八引慎子。

[11] 勢，權位。慎子是法家中重"勢"者。刑以齊之，齊之以刑。

〔12〕刑名,即刑名之家。戰國時法家強調循名責實。
〔13〕樞,關鍵。以上據《四庫全書總目提要》。

　　論曰[1]:以吾觀於戰國,而慎氏之有聞者二人焉,曰到,曰滑釐[2]。到之論,尊主以齊民[3],斷法以衡事[4]。先申、韓,申、韓稱之[5],爲法家宗。而滑釐則善用兵者[6]。魯欲使慎子爲將軍,孟子曰[7]:"一戰勝齊,遂有南陽[8],然且不可。"慎子勃然不悦曰[9]:"此則滑釐所不識[10]。"著見七篇書者也[11]。或且爲之説曰[12]:"滑釐即到也。按釐與來通,《詩・周頌・思文》'貽我來牟',《漢書・劉向傳》作'飴我釐麰'是也。《爾雅・釋詁》云:'到,至也。'《禮記・樂記》云:'物至知知。'注:'至,來也。'到與來爲義同。然則,慎子名滑釐,其字爲到歟[13]?"斯則經生臆測之論,無徵不信,未足爲允也[14]。

【注】

〔1〕論曰,錢基博評論説。
〔2〕到,指慎到。滑釐,指慎滑釐。此據《孟子・告子》。
〔3〕慎到强調君權。《藝文類聚》引慎子云:"以力役法者百姓也,以死守法者有司也,以道變法者君長。"又曰:"民一於君,事斷於法,是國之大道也。"
〔4〕《慎子・君臣》:"唯法所在。"
〔5〕先申、韓,慎到早於申不害和韓非。申、韓,本書有傳。稱,稱道。此據《漢書・藝文志》班固自注。
〔6〕此據趙岐《孟子》注。
〔7〕孟子,即孟軻。本書有傳。

〔8〕南陽，指泰山之陽。山南爲陽，泰山之陽是魯，其陰是齊。南陽爲齊之地，深入魯界之中，故魯欲以戰勝齊，遂有南陽。

〔9〕勃然，發怒變色。

〔10〕識，知。

〔11〕七篇書，指《孟子》七篇。此見《告子下》。

〔12〕或，有人。此指焦循。爲之説，説慎到就是慎滑釐。

〔13〕此據焦循《孟子正義》之一説。此外，焦循還有二説："或以慎子即禽滑釐"，"或以慎子師此禽滑釐，稱其師滑釐不識"。然其又曰"皆非是"。

〔14〕徵，證驗。信，實。允，公平，得當。此爲錢基博之見。焦循三説之中，第三説較爲可信。即滑釐是禽滑釐，爲慎到之師。魯有禽姓，爲伯禽之後，《高士傳》有禽慶；孟子非楊、墨，禽滑釐是墨子弟子；禽滑釐爲慎到之師，而慎到與孟子時代相近，論説之中，慎到稱師。

選自錢基博《名家五種校讀記》

附

宣王喜文學游説之士，自如騶衍、淳于髡、田駢、接子、慎到、環淵之徒七十六人，皆賜列第，爲上大夫，不治而議論。是以齊稷下學士復盛，且數百千人。（録自《史記》卷四十六《田敬仲完世家》）

自騶衍與齊之稷下先生，如淳于髡、慎到、環淵、接子、田駢、騶奭之徒,各著書言治亂之事,以干世主,豈可勝道哉!

……

慎到,趙人。田駢、接子,齊人。環淵,楚人。皆學黃老道德之術,因發明序其指意。故慎到著十二論,環淵著上下篇,而田駢、接子皆有所論焉。　(録自《史記》卷七十四《孟子荀卿列傳》)

孫　　臏（戰國中期）

　　孫武既死,後百餘歲有孫臏[1]。臏生阿、鄄之間[2],臏亦孫武之後世子孫也。孫臏嘗與龐涓俱學兵法[3]。龐涓既事魏[4],得爲惠王將軍[5],而自以爲能不及孫臏,乃陰使召孫臏[6]。臏至,龐涓恐其賢於己,疾之[7],則以法刑斷其兩足而黥之[8],欲隱勿見。

【注】
〔1〕孫武,春秋時兵家。本書有傳。孫臏,戰國時兵家,約與商鞅、孟軻同時。因刖刑去膝蓋骨,故名臏。
〔2〕阿,今山東陽谷東北阿城鎮。鄄,今山東鄄城縣。
〔3〕龐涓,戰國時魏人。
〔4〕魏,古國名,戰國七雄之一。
〔5〕惠王,即魏惠王,公元前369—前319年在位。後遷都大梁,又稱梁惠王。
〔6〕陰使,暗地派人。
〔7〕疾,嫌惡,忌恨。
〔8〕刑,刑罰。黥,墨刑。用刀刺人面額後用墨染之。

　　齊使者如梁[1],孫臏以刑徒陰見[2],說齊使。齊使以爲奇,竊載與之齊[3]。齊將田忌善而客待之[4]。忌數與齊諸公子馳逐重射[5]。孫子見其馬足不甚相遠,馬有上、中、下輩[6]。於是孫子謂田忌曰："君弟重射[7],臣能令君勝[8]。"田忌信然之[9],與王及諸公子逐射千金。及臨質[10],孫子曰："今以君之下駟與彼上駟,取君上駟與彼中駟,取君中駟與彼下駟。"既馳三輩畢,而田忌一不勝而再勝[11],卒得王千金。於是忌進孫子於威王[12]。威王問兵法,遂以爲師。

【注】

〔1〕齊,國名,戰國七雄之一。梁,魏都大梁。
〔2〕陰見,暗地裏見。
〔3〕竊載與之齊,偷偷地乘車到齊國。
〔4〕田忌,齊國王族,齊威王時任將軍。
〔5〕馳逐重射,謂賽馬。
〔6〕輩,等次。
〔7〕弟,但,儘管。
〔8〕令,使。
〔9〕信然之,相信是對的。
〔10〕臨質,謂將要賽馬。
〔11〕再,兩。
〔12〕進,薦進。威王,即齊威王,公元前 356—前 320 年在位。

其後魏伐趙[1],趙急,請救於齊。齊威王欲將孫臏[2],臏辭謝曰："刑餘之人不可[3]。"於是乃以田忌爲將,而孫子爲師,居輜車中[4],坐爲計謀。田忌欲引兵之趙,孫子曰："夫解雜亂紛糾者不控捲[5],救鬥者不搏撠[6],批亢擣虛[7],形格勢禁[8],則自爲解耳。今梁、趙相攻,輕兵銳卒必竭於外[9]，老弱罷於內[10]。君不若引兵疾走大梁[11]，據其街路[12]，衝其方虛[13]，彼必釋趙而自救[14]。是我一舉解趙之圍而收獘於魏也[15]。"田忌從之，魏果去邯鄲，與齊戰於桂陵[16]，大破梁軍。

【注】
〔1〕趙，戰國七雄之一。
〔2〕將孫臏，以孫臏爲將。
〔3〕刑餘之人，指受過肉刑而殘廢的人，也指被赦免的罪人。
〔4〕輜車，有帷蓋的車子。
〔5〕控捲，捏緊拳頭打。捲，與"拳"通。
〔6〕搣，擊刺。
〔7〕批亢擣虛，抓住要害乘虛而入。批，觸。擣，同"搗"，擊。
〔8〕形格勢禁，爲形勢所阻。
〔9〕竭，窮盡。
〔10〕罷，通"疲"。
〔11〕疾，快速。
〔12〕街路，通達的要地。
〔13〕方虛，空虛的方面。
〔14〕釋，放棄。
〔15〕獘，通"斃"。破，敗。
〔16〕桂陵，在今河南長垣西北，一說在山東菏澤市東北。

後十三歲，魏與趙攻韓[1]，韓告急於齊。齊使田忌將而往，直走大梁。魏將龐涓聞之，去韓而歸，齊軍既已過而西矣[2]。孫子謂田忌曰："彼三晉之兵素悍勇而輕齊[3]，齊號爲怯,善戰者因其勢而利導之。兵法,百里趣利者蹶上將[4],五十里而趣利者軍半至。使齊軍入魏地爲十萬竈,明日爲五萬竈,又明日爲三萬竈。"龐涓行三日,大喜,曰:"我固知齊軍怯,入吾地三日,士卒亡者過半矣。"乃棄其步軍,與其輕鋭倍日并行逐之[5]。孫子度其行,暮當至馬陵[6]。馬陵道陝,而旁多阻隘[7],可伏兵,乃斫大樹白而書之曰"龐涓死於此樹之下[8]"。於是令齊軍善射者萬弩[9],夾道而伏,期曰"暮見火舉而俱發[10]"。龐涓果夜至斫木下,見白書,乃鑽火燭之[11]。讀其書未畢,齊軍萬弩俱發,魏軍大亂相失[12]。龐涓自知智窮兵敗,乃自剄[13],曰:"遂成豎子之名[14]。"齊因乘勝盡破其軍,虜魏太子申以歸[15]。孫臏以此名顯天下,世傳其兵法[16]。

【注】

〔1〕魏、趙、韓,原爲晉卿,後三家分晉,又稱"三晉"。戰國七雄的三雄。
〔2〕過而西,謂已過齊界,西入魏境。
〔3〕輕齊,輕視齊軍。
〔4〕蹶,挫斃。上將,主將。
〔5〕輕鋭,輕裝鋭卒。倍日並行,兩天的路程並作一天走。
〔6〕馬陵,在今河北大名東南。一説在今山東莘縣西南。
〔7〕陝,"峽"的本字,也通"狹"。阻隘,險要。
〔8〕斫大樹白而書之,削去大樹的外皮,在露出的白木上寫字。
〔9〕弩,裝置機括的硬弓。
〔10〕期,約定。
〔11〕鑽火燭之,取火來照看樹上寫的字。

〔12〕相失,彼此失去聯繫。
〔13〕自剄,謂自殺,此誤。據《戰國策》和《孫臏兵法》,龐涓被擒非自殺。
〔14〕豎子,指孫臏。
〔15〕太子申,魏惠王之太子,後死於齊國。
〔16〕世傳其兵法,即指《孫臏兵法》。《漢書‧藝文志》載《齊孫子》,與《吳孫子》並列。《齊孫子》於東漢末年失傳,直至1972年4月在山東臨沂銀雀山一號漢墓出土竹簡本,《孫臏兵法》又得重見。

選自《史記》卷六十五《孫子吳起列傳》

鬼　谷　子（戰國中期）

　　鬼谷子者，無鄉族里姓名字。或曰姓王名詡[1]，或曰齊人[2]，或曰楚人[3]，皆不可信。隱居潁川陽城之鬼谷，因以自號[4]。六國時縱衡家[5]。長於養性保身[6]。嘗游於齊[7]，蘇秦、張儀往見之[8]。鬼谷子曰："吾將爲二子陳言至道。"儀、秦齋戒而往[9]，授以《捭闔》[10]，下至《符言》等十有二篇，又《轉圓》、《本經》、《持樞》、《中經》等篇，亦以告儀、秦者也[11]。已學，鬼谷子掘地爲坑曰："下，説令我泣，出則耐分人主之地矣[12]。"秦、儀悲説坑中，鬼谷子泣下沾襟[13]。秦、儀遂立功名[14]。後復往見，鬼谷子乃正席而坐，嚴顔而言，告二子以全身之道[15]。然秦連六國縱親，乃被反間而死[16]。儀振暴其短[17]，以扶其説，成其衡道[18]。來鵠曰[19]："鬼谷子教人詭給激訐揣測憸滑之術[20]，六國時得之者，惟儀、秦而已。如《捭闔》、《飛箝》[21]，實今之常態，是知漸漓之後[22]，不讀鬼谷子書者，其行事皆若自合符契也。昔倉頡造字[23]，鬼爲之哭，不知鬼谷子作是書，鬼復何爲邪[24]？"可謂慨乎言之，不獨爲鬼谷子發矣。

【注】

[1] 陸龜蒙詩謂鬼谷先生名詡。《文獻通考》引作"訓"。《道藏目

錄》作姓王名詡,《子華子》謂姓劉名務滋。

〔2〕《史記·蘇秦列傳》云：秦東事師於齊,而習之鬼谷先生。

〔3〕見皇甫謐《鬼谷子注》。

〔4〕見晁公武《郡齋讀書志》,潁川,郡名,治所在今河南禹縣。陽城,古縣名,治所在今河南登封市東南告成鎮。

〔5〕六國,指戰國時齊、魏、韓、趙、楚、燕六國。縱衡,合縱連橫的簡稱,衡通"橫"。合縱派主張六國聯合拒秦,連橫派主張六國分別事秦。

〔6〕見晁公武《郡齋讀書志》。

〔7〕見《史記·蘇秦列傳》。

〔8〕據《史記·張儀列傳》及《太平御覽》引《鬼谷子》。蘇秦,戰國時洛陽人,合縱派的代表。張儀,戰國時魏人,連橫派的主要代表。本書均有傳。

〔9〕見《太平御覽》引《鬼谷子》。齋戒,沐浴更衣,不食葷酒,整潔口身,以示誠意。

〔10〕捭闔,開合。戰國時縱橫家術語,指分化或拉攏。

〔11〕見陳騤《中興書目》。

〔12〕見王充《論衡·答佞》。耐,能也。

〔13〕見《論衡·明雩》。

〔14〕見《藝文類聚》引袁淑《真隱傳》。

〔15〕此據晁公武《郡齋讀書志》尹知章注。

〔16〕此據《史記·蘇秦列傳》。反間,因其敵間而用之。

〔17〕振暴,張揚暴露。

〔18〕見《史記·張儀列傳》。

〔19〕來鵠,人名,不知何時人。

〔20〕詭,欺詐。給,言語便捷。激,鼓動、激發。訐,發人陰私。憸,姦邪。滑,狡猾。

〔21〕飛箝,揣摩人之好惡,待其竭情無隱,因而箝持之。
〔22〕漸漓,謂潛移默化,自然流傳。
〔23〕倉頡,人名,傳說中黃帝的史官,漢字的創造者。
〔24〕見晁公武《郡齋讀書志》引。

　　王蘧常曰:《鬼谷子》不見於《七略》與《漢書・藝文志》,及《七錄》[1],《隋書・經籍志》始著之。世遂疑其僞託,或竟疑蘇秦欲神秘其道以假名聲[2]。然秦說多見《戰國策》,與此絕不類。且六國時尊師說[3],安有以子虛烏有以自重者。且使秦妄言,張儀亦同其妄言而不揭其謬乎?必不然矣。《國策》言秦發書得太公《陰符》之謀[4],簡煉以爲揣摩[5],期年揣摩成。正謂以師術治太公書而成,何得言其自爲揣摩篇乎?至劉向《說苑・善說篇》已引《鬼谷子》,其《權謀篇》亦鎔會其說,則非不見其書。其所不錄者,當出於其子歆。歆妄人[6],《七略》成其手,當時或已傳書由秦記,遂合於蘇秦書,故書存而名亡乎?

【注】
〔1〕《七錄》,南朝梁阮孝緒撰寫的圖書分類目錄專著,已佚。
〔2〕據樂壹《鬼谷子注》。
〔3〕據俞棪《鬼谷子新注・真僞考》。
〔4〕《陰符》,古兵書名,舊題黃帝撰。
〔5〕簡煉,精心研磨,熟練掌握。
〔6〕妄人,無知妄爲的人。

王蘧常《諸子新傳》

鶡　冠　子（戰國中期）

　　鶡冠子者，佚其姓名。楚人。居深山[1]，衣敝履穿，以鶡爲冠[2]，莫測其名，因服成號[3]。或曰賢人，以鶡冠爲氏[4]，則非也。著書言道家事，龐煖常師事之[5]，問用兵之法[6]。道家本與兵家通，《漢書・藝文志》兵權謀家原有鶡冠子言兵之篇也。説者謂鶡勇雉，爲武冠[7]，則其冠此，亦取此義與？後煖顯於趙，鶡冠子懼其薦己，乃與煖絶[8]。其書《漢志・諸子略》僅著一篇，而《兵書略》、《七略》本復著其書，而《漢志》省之。後人又以龐煖書附入，且別有增益，於是篇數遂遞加矣[9]。中多論三才變通古今治亂之道[10]。或稱其天用四時，地用五行，天子執一，以守中央，此亦黄老家之至言也[11]。

【注】

[1] 見《漢書・藝文志》班固自注。
[2] 鶡，鳥名，雉類。鶡冠，用鶡毛制成的帽子。
[3] 見《太平御覽》引袁淑《真隱傳》。
[4] 見應劭《風俗通義・姓氏》。
[5] 見袁淑《真隱傳》。龐煖，原作馮煖，戰國趙將。《漢書・藝文志》兵家、縱横家都有《龐煖》。
[6] 見《鶡冠子・兵政》。
[7] 見《後漢書・輿服志》。

〔8〕見袁淑《真隱傳》。絕,斷絕關係。
〔9〕今本《鶡冠子》三卷十九篇,北宋陸佃注。
〔10〕見《崇文總目》。三才:才亦作"材",指天、地、人。《易·繫辭》:"有天道焉,有人道焉,有地道焉,兼三才而兩之。"
〔11〕見宋濂《諸子辨》。

　　王蘧常曰:劉彥和稱鶡冠綿綿[1],亟發深言。韓昌黎亦稱其四稽五至之説[2],若施於國家,功德豈少焉哉?柳柳州極詆爲盡鄙淺言也[3],其好惡不同有如此。柳州雖亦有所見,故晁公武、陳振孫皆以爲不誣[4],然亦過刻矣,厚重者宜不若是。

【注】
〔1〕劉彥和,即劉勰,《文心雕龍》的作者。語見《文心雕龍·諸子》。
〔2〕韓昌黎,即韓愈。
〔3〕柳柳州,即柳宗元。語見柳氏《辯鶡冠子》。
〔4〕晁公武,宋人,字子止,著有《郡齋讀書志》。陳振孫,宋人,字伯玉,著有《直齋書錄解題》。此據《四庫提要》、晁氏《郡齋讀書志》和陳氏《直齋書錄解題》。

王蘧常《諸子新傳》

惠　　施（約前370—前310）

惠施，宋人[1]，與莊子友善。其學多方[2]，其書五車，歷物之意曰[3]："至大無外，謂之大一；至小無內，謂之小一；無厚不可積也，其大千里[4]；天與地卑，山與澤平[5]；日方中方睨，物方生方死[6]；大同而與小同異，此之謂小同異；萬物畢同畢異，此之謂大同異；南方無窮而有窮；今日適越而昔來；連環可解也；我知天下之中央，燕之北，越之南是也[7]；氾愛萬物，天地一體也[8]。"施以此爲大，觀於天下，而曉辯者，天下之辯者相與樂之，與施相應；而施之口談自以爲最賢，曰："天地其壯乎！施存雄而無術[9]。"南方有倚人焉[10]，曰黃繚，問天地所以不墜不陷，風雨雷霆之故，施不辭而應，不慮而對，遍爲萬物説，説而不休，多而無已，猶以爲寡，然其言反人[11]，與衆不適，衆惟以善辯名之[12]。雖莊子亦不謂然也，曰："子外乎子之神，勞乎子之精，倚樹而吟，據槁梧而瞑，天選子之形，子以堅白鳴[13]。"又曰："非所明而明之，以堅白之昧終[14]。"以此爲施深惜。然莊子極重施，施卒，莊子過其墓，顧嘆謂從者曰："自夫子之死也，吾無可與言者矣[15]！"其見推如此。今其書均不傳，《漢書·藝文志》名家有《惠子》一篇，今亦佚；觀其歷物之意，淵源蓋自墨者也[16]。

【注】

〔1〕宋人,見《吕氏春秋·淫辭》高誘注。

〔2〕方,術。多方,學説多方面。

〔3〕歷物,分别陳説之事。

〔4〕無厚,即薄。薄不可積,而可大至千里。言至微而可至廣。

〔5〕卑,通"比",接近。《荀子·不苟》作:"山淵平,天地比。"

〔6〕睨,側視。日方中方睨,日方正中隨即斜昃。

〔7〕燕,地處北方。越,地處南方。

〔8〕以上謂凡立形占位的具體物體,都有外又都有内。所能舉出的事物既然都有外,以一言之,則無外,無外就是至大;所能舉出的事物既然都有内,以一言之,則無内,無内就是至小,無内無外。至大至小的總稱就是宇。故宇者,統括所有有形的具體事物而以一言之。以宇言事物,則至大至小同,至大至小爲一。這是關於空間的同一觀念。"日方中方睨,物方生方死"則是關於時間的同一觀念。意謂當我所言所思某事某物時,此言此思已成爲過去,故變異是最恒常的。以一稱謂變異就是宙,宙統括了一切時間變化,宙本身則無可變異。惠施從事物的總體本體上去規定,就得出宇宙總體的時空統一性和恒常不變性的結論。

〔9〕壯,大。雄,雄壯。惠施自言惟天地之壯大,雖欲勝之而無辦法。

〔10〕倚,同"畸",奇異。

〔11〕反人,與一般人的日常意識相違背。

〔12〕自"其學多方,其書五車,……衆惟以善辯名之"一節見《莊子·天下》篇,略有删改。

〔13〕見《莊子·德充符》。瞑,睡。選,授。堅白,謂堅石白馬之辯。

〔14〕此據《莊子‧齊物論》。非所明而明之，非彼所明，非明而強示之。昧終，謂彼此終爲暗昧。

〔15〕見《莊子‧徐無鬼》。

〔16〕淵源蓋自墨者，錢穆《惠學鈎沉》中列惠學十事，以明與墨者之關聯：一曰尚用，惠施不滿於莊者，在其無用。二曰重功。三曰勤力，墨子之道，"日夜不休，以自苦爲極，曰：不能如此，非禹之道也，不足爲墨"。惠施亦有之。《莊子‧寓言》載莊子與惠施論孔子之言與行，惠施曰："孔子勤志服知也。"惠施之"外神勞精"亦猶墨子之"摩頂放踵"。四曰明權，墨子《經上》曰"欲正權利，惡正權害"，惠施與匡章論齊之王霸之業，亦主以權治天下。五曰本愛，墨子唱兼愛之説，惠施亦曰"泛愛萬物"。六曰去尊，墨家之愛無差等，惠施亦曰"天地一體"，主平等而去尊卑。七曰偃兵，主兼愛因及非攻寢兵，墨、惠所同。八曰辯物，此爲惠施之獨創，爲其精神所在，與墨有異。九曰正名。十曰善譬，辯物正名爲惠學之體，善譬爲惠學之用，此與莊子近焉！

施游梁[1]，見白圭，説之以強[2]，白圭無以應，施出，白圭告人曰："新婦至，宜安矜烟視媚行[3]；今惠子之遇我尚新，其説我有太甚者。"施聞之曰："不然，《詩》曰：'愷悌君子[4]，民之父母'，父母之教子也，不待久，何乃比我於新婦乎[5]？"白圭因短之於梁惠王[6]，曰："惠施之言雖美，無所可用[7]。"施爲惠王定法，示諸先生[8]，諸先生皆善之，獻之王，王亦善之，以示翟翦[9]，翟翦曰："善而不可行[10]。"然王益信施。客有謂王曰："施之言事也善譬[11]。王使無譬，則不能言矣。"王曰："諾。"明日謂施曰："願先生言事則直言耳,無譬也!"施曰:"今有不知彈者,曰:彈之狀何若? 應曰:"彈之狀如彈,則喻乎?"王曰:"未喻也。""於是更應曰:彈之狀如弓而以竹爲絃,則知乎?"王曰:"可知矣。"施曰:"夫説者固以其所知喻其所不知而使人知之。今王曰無譬,則不可矣。"王曰:"善[12]。"

【注】

[1] 梁,指魏國,魏遷都大梁,故又稱梁。
[2] 説,游説。強,謂強力之道。
[3] 安矜,穩重。烟視,低頭看。媌行,徐步慢行。
[4] 愷,大。悌,長。愷悌君子,謂君子德高望重。
[5] 此據《吕氏春秋・不屈》。
[6] 短,説壞話。梁惠王,戰國魏惠王,名罃,公元前369—前319年在位。
[7] 此據《吕氏春秋・應言》。
[8] 《吕氏春秋・淫辭》作"示諸民人"。舊校云,一作良人,《淮南子・道應》作"示諸先生"。
[9] 翟翦,翟璜之後。《太平御覽》卷六百二十四引《淮南子》作"翟璜",誤,今本《淮南子》作"翟煎"。
[10] 此據《吕氏春秋・淫辭》及《淮南子・道應》。
[11] 善譬,善於譬喻。
[12] 此據《説苑・善説》。

施既見親信,而梁惠王敗於齊,太子申見殺[1],王召施而問焉,曰:"夫齊,寡人之讎也,怨之至死不忘,國雖小,吾常欲起兵而攻之,何如?"施對曰:"不可。臣聞之,王者得度而霸者知計。今王所以告臣者,疏於度而遠於計,王固先屬怨於趙[2],而後與齊戰,今戰不勝,國無守戰之備,王又欲悉起而攻齊,此非臣之所謂也[3]。王不如因變服折節而朝齊[4]。"王曰:"善。"乃使人報於齊,願臣畜而朝,田嬰遂内魏王而與之並朝齊侯再三[5]。至梁惠王後元元年[6],梁、齊會徐州相王[7],惠施爲主謀,遂開六國稱王之局。齊人匡章責之曰:"公之學去尊,今又王齊,何也?"施曰:"今有人於此,欲必擊其愛子之頭,而石可以代之,今王齊,而壽黔首之命[8],免民之死,是以石代愛子頭也[9]。"時惠施既相梁,梁王請令周太史,更著其名,比於管仲,名曰仲父[10]。且欲傳國焉,曰:"上世之有國,必賢者也。今寡人實不若先生,願得傳國!"施辭,王又固請。其尊寵施益甚,匡章毁施於王前曰:"螟螣,農夫得而殺之,奚故?爲其害稼也。今惠施出,從者數百乘,步者數百人;少者數十乘,步者數十人,此無耕而食者,其害稼甚矣[11]!"王謂施曰:"子亦言其志!"施曰:"使工女化而爲絲[12],不能治絲;使大匠化而爲木[13],不能治木;使聖人化而爲農夫,不能治農夫,施治農夫者也,何事比於螣螟哉[14]?"惠王信之終不輟[15]。嘗令施之楚,令犀首之齊,施因令人先之楚言曰:"魏王令二子者出,將以測交也[16]。"楚王聞之,郊迎施。施又爲韓、魏交,令太子鳴質於齊[17]。

【注】

[1] 事在梁惠王二十七年,即公元前343年。
[2] 屬,託。

〔3〕所謂,惠施所謂得度知計。
〔4〕變服折節,謂不爲人君之服和禮。
〔5〕臣畜,自比臣畜。内,納。以上見《戰國策·魏策二》。
〔6〕梁惠王後元元年,即公元前334年。
〔7〕相王,相互稱王。
〔8〕壽,長久。黔首,百姓。
〔9〕此據《吕氏春秋·愛類》。
〔10〕此據《吕氏春秋·不屈》及高誘注。
〔11〕此據《吕氏春秋·不屈》。
〔12〕絲,巢絲。
〔13〕木,割木。
〔14〕以上據《吕氏春秋·不屈》。
〔15〕輟,停止。
〔16〕測交,測,計度;交,交往。
〔17〕質,典押。以上見《戰國策·魏策二》。

其後張儀至梁[1],欲以秦、韓與魏之勢伐齊、荆[2],而惠施欲以齊、荆偃兵,羣臣左右皆爲張儀言,王果聽張儀[3],施見逐之楚,楚王受之。馮郝曰:"逐惠子者,張儀也,今王受之,是欺儀也。宋王之賢惠子,天下莫不知,王不如奉惠子而納之宋!"楚王曰:"善!"乃奉施而納之宋[4]。時梁惠王之後元十三年也[5]。遂與莊子交游。

【注】

〔1〕張儀,戰國縱橫家的連橫派代表。
〔2〕荆,楚。

〔3〕見《戰國策·魏策一》及《韓非子·內儲說上》。
〔4〕此據《戰國策·楚策三》。
〔5〕梁惠王後元十三年,即公元前322年。

及惠王薨,子襄王立,張儀去,惠施重至魏,將葬惠王,天大雨雪,羣臣諫太子莫能得,以告施,施駕而見太子,太子爲之馳期更日焉[1]。其明年,五國伐秦,不勝,魏欲和,使施至楚[2]。其後四年,當魏襄王之五年[3],齊破燕,楚、魏憎之,施復與淖滑使至趙[4]。時田需貴於王,施告之曰:"必善左右!今子雖自樹於王,而欲去子者衆,則子必危矣[5]!"是後施遂卒,不復見。

【注】

〔1〕馳期,緩期。此據《戰國策·魏策二》。
〔2〕見《戰國策·楚策三》。
〔3〕魏襄王之五年,即公元前314年。
〔4〕見《戰國策·趙策三》。
〔5〕見《戰國策·魏策二》。

論曰[1]:惠施雖篤學,其政事亦可觀,能行其意;相惠王,主親齊、楚以偃兵;梁惠晚節,多賴匡輔;王亦排衆議而信施,不可謂非賢王也。卒聽張儀,君臣隙末,惜哉!時宋偃王行仁義,重好惠施,顧施不安於宋,其殆如孟軻之於滕君耶?襄王雖長主,未能用賢,犀首、田文相進退,觀施之告田需,知其憂魏者深矣。要爲異於三晉權詐之士也。史遷既不詳其事,後人於施多譏評,余故列表其志節焉。至其論學之意,余當別著,茲不論。

【注】

〔1〕論曰,錢穆的評論。

選自錢穆《惠施公孫龍》

蘇　　秦 （戰國中期）

　　蘇秦者,東周洛陽人也[1]。東事師於齊[2],而習之於鬼谷先生[3]。

【注】
[1] 蘇秦,字季子,戰國縱橫家之合縱派的代表。東周,戰國時小國名,都鞏(今河南省鞏縣西南)。
[2] 事,服事,侍奉。
[3] 鬼谷,即鬼谷子。本書有傳。

　　出游數歲,大困而歸[1]。兄弟嫂妹妻妾竊皆笑之,曰:"周人之俗,治產業,力工商,逐什二以爲務[2]。今子釋本而事口舌[3],困,不亦宜乎!"蘇秦聞之而慚,自傷,乃閉室不出,出其書徧觀之。曰:"夫士業已屈首受書[4],而不能以取尊榮,雖多亦奚以爲!"於是得周書《陰符》[5],伏而讀之。期年[6],以出揣摩[7],曰:"此可以説當世之君矣。"求説周顯王[8]。顯王左右素習知蘇秦,皆少之[9]。弗信。

【注】
[1] 困,窘迫,不得意。
[2] 什二,十分之二。

〔3〕本,指農業。
〔4〕屈首,低頭。表示虛心。
〔5〕周書《陰符》,據《戰國策》作"《太公陰符》"。
〔6〕期間,一週年。
〔7〕揣摩,度人主之情,合人主之意。
〔8〕周顯王,公元前368—前321年在位。
〔9〕少之,輕視他。

乃西至秦。秦孝公卒〔1〕。說惠王曰〔2〕:"秦四塞之國〔3〕,被山帶渭〔4〕,東有關河〔5〕,西有漢中〔6〕,南有巴蜀〔7〕,北有代馬〔8〕,此天府也〔9〕。以秦士民之眾,兵法之教,可以吞天下,稱帝而治。"秦王曰:"羽毛未成,不可以高蜚〔10〕;文理未明,不可以并兼。"方誅商鞅〔11〕,疾辯士〔12〕,弗用。

【注】

〔1〕秦孝公,公元前361—前338年在位。
〔2〕惠王,即秦惠文王,公元前337—前311年在位。
〔3〕四塞之國,四面都有險塞的國家。
〔4〕山,指崤山。渭,指渭水。
〔5〕關,指函谷、蒲津等關。河,指黃河。
〔6〕漢中,地區名,因漢水得名。戰國時楚設有漢中郡,後被秦所奪取。秦於前312年設漢中郡,位於秦西南。
〔7〕巴,在今四川東部。蜀,在今四川中部偏西地區。
〔8〕代,古地區名,因古之代國得名,在今河北蔚縣東北。馬,即馬邑,古縣名,在今山西朔西。一云"代馬",謂代地兼有胡馬

之利。
〔9〕天府,謂土地肥沃、形勢險固、物產富饒的地方。
〔10〕蜚,通"飛"。
〔11〕商鞅,戰國法家。本書有傳。
〔12〕疾,厭惡。辯士,謂善辯的名士。

乃東之趙。趙肅侯令其弟成爲相[1],號奉陽君。奉陽君弗説之[2]。

【注】
〔1〕趙肅侯,趙武靈王之父,公元前349—前326年在位。奉陽君,即李兑,趙惠文王四年(前295)與公子成一起平定公子章之亂,因功官爲司寇,封號奉陽君,後來昇爲相國,長期專斷國政。李兑非趙肅侯之弟。
〔2〕説,通"悦"。

去游燕[1],歲餘而後得見。説燕文侯曰[2]:"燕東有朝鮮、遼東[3],北有林胡、樓煩[4],西有雲中、九原[5],南有滹沱、易水[6],地方二千餘里,帶甲數十萬,車六百乘[7],騎六千匹,粟支數年。南有碣石、雁門之饒[8],北有棗栗之利,民雖不佃作而足於棗栗矣。此所謂天府者也。

【注】
〔1〕燕,建都薊(在今北京城西南隅)。
〔2〕燕文侯,即燕文公,公元前361—前333年在位。
〔3〕朝鮮,古朝鮮地,與古遼東地區相鄰。遼東,古地區名,因在遼

水以東得名。
〔4〕林胡,古代少數部族名。樓煩,古代少數部族名。
〔5〕雲中,古地區名。趙武靈王時設雲中郡,轄境相當於內蒙古大青山以南,黃河南岸及長城以北地區。九原,古地名,在今內蒙古包頭市西北。
〔6〕滹沱,河名。易水,河名,時爲燕南方之巨流。
〔7〕乘,指兵車。
〔8〕碣石,山名,在今河北昌黎北。雁門,山名,在今山西代縣西北。

"夫安樂無事,不見覆軍殺將,無過燕者。大王知其所以然乎?夫燕之所以不犯寇被甲兵者[1],以趙之爲蔽其南也。秦、趙五戰,秦再勝而趙三勝。秦、趙相獘[2],而王以全燕制其後,此燕之所以不犯寇也。且夫秦之攻燕也,踰雲中、九原[3],過代、上谷[4],彌地數千里[5],雖得燕城,秦計固不能守也。秦之不能害燕亦明矣。今趙之攻燕也,發號出令,不至十日而數十萬之軍軍於東垣矣[6]。渡滹沱,涉易水,不至四五日而距國都矣[7]。故曰秦之攻燕也,戰於千里之外;趙之攻燕也,戰於百里之內。夫不憂百里之患而重千里之外,計無過於此者。是故願大王與趙從親[8],天下爲一,則燕國必無患矣。"

【注】
〔1〕犯寇,爲敵國軍隊所侵犯。
〔2〕獘,讀爲"敝",疲困,衰敗。
〔3〕踰,越過。

〔4〕上谷,古地區名,因在大山谷上邊而得名。燕設有上谷郡,轄境有今河北省張家口、小五臺山以東,赤城、延慶以西及北京市昌平以北地。

〔5〕彌,猶覆。

〔6〕東垣,古地名,戰國中山邑,後屬趙,在今河北石家莊市東。

〔7〕距,到達。

〔8〕從親,合縱相親。從,通"縱"。合縱指齊、燕、趙等國聯合抗秦。

　　文侯曰:"子言則可,然吾國小,西迫強趙[1],南近齊,齊、趙強國也。子必欲合從以安燕,寡人請以國從。"

【注】

〔1〕迫,逼近。

　　於是資蘇秦車馬金帛以至趙[1]。而奉陽君已死,即因說趙肅侯曰:

　　"天下卿相人臣及布衣之士[2],皆高賢君之行義,皆願奉教陳忠於前之日久矣。雖然,奉陽君妒而君不任事,是以賓客游士莫敢自盡於前者。今奉陽君捐館舍[3],君乃今復與士民相親也,臣故敢進其愚慮。

【注】

〔1〕資,供給,資助。

〔2〕布衣之士,普通的知識分子。

〔3〕捐館舍,捐棄館舍。舊時對死亡的諱辭。

"竊爲君計者,莫若安民無事,且無庸有事於民也[1]。安民之本,在於擇交,擇交而得則民安,擇交而不得則民終身不安。請言外患:齊、秦爲兩敵而民不得安,倚秦攻齊而民不得安,倚齊攻秦而民不得安。故夫謀人之主,伐人之國,常若出辭斷絕人之交也。願君慎勿出於口。請別白黑,所以異陰陽而已矣。君誠能聽臣,燕必致旃裘狗馬之地[2],齊必致魚鹽之海,楚必致橘柚之園,韓、魏、中山皆可使致湯沐之奉[3],而貴戚父兄皆可以受封侯。夫割地包利[4],五伯之所以覆軍禽將而求也[5];封侯貴戚,湯、武之所以放弒而爭也[6]。今君高拱而兩有之[7],此臣之所以爲君願也。

【注】

[1] 庸,須,用。
[2] 旃裘,同"氈裘"。古代用獸毛等制成的衣服。
[3] 齊、楚、韓、魏,皆爲戰國七雄之列。中山,古國名,白狄別族所建,在今河北平山、定縣等一帶。湯沐之奉,指賦稅的供給。古代國君等收取賦稅的私邑爲"湯沐邑"。
[4] 包利,取利。
[5] 五伯,即五霸。禽,通"擒"。
[6] 湯,商湯,商朝建立者。武,周武王,周朝建立者。放弒,指湯放逐夏桀、武殺商紂。
[7] 高拱,高拱兩手。謂安坐無所事事。

"今大王與秦[1],則秦必弱韓、魏;與齊,則齊必弱楚、魏。魏弱則割河外[2],韓弱則效宜陽[3],宜陽效則上郡絕[4],河外割則道不通,楚弱則無援。此三策者,不可不孰計也[5]。

【注】

〔1〕與,結交,親附。
〔2〕河外,戰國魏人稱黃河之南、之西爲河外。此指今陝西大荔、華陰等地。
〔3〕效,獻出。宜陽,在今河南宜陽縣西。
〔4〕上郡,郡名。戰國魏文侯置,轄境相當於今陝西洛河以東、黃梁河以北。東北到子長、延安一帶。
〔5〕孰,古"熟"字。

"夫秦下軹道[1],則南陽危[2];劫韓包周[3],則趙氏自操兵;據衛取卷[4],則齊必入朝秦。秦欲已得乎山東[5],則必舉兵而嚮趙矣。秦甲渡河逾漳[6],據番吾[7],則兵必戰於邯鄲之下矣[8]。此臣之所爲君患也。

【注】

〔1〕軹道,古道路名。位於今河南濟源縣境,爲豫北高原進入山西高原的孔道。
〔2〕南陽,古地區名,爲韓、楚、魏三國交界地。此指韓南陽地區,在今河南西南部一帶。
〔3〕劫,強奪。
〔4〕衛,古國名,有今河南、山東之間北部的一部分地。卷,古邑名,在今河南原陽縣舊原武西北。
〔5〕山東,古地區名。戰國通稱崤山或華山以東爲山東。有時也

泛指秦以外的六國領土。
〔6〕河,黃河。漳,漳河。
〔7〕番吾,在今河北靈壽縣西南。
〔8〕邯鄲,趙都城,故址在今河北邯鄲市西南。

"當今之時,山東之建國莫强於趙。趙地方二千餘里,帶甲數十萬,車千乘,騎萬匹,粟支數年。西有常山[1],南有河漳,東有清河[2],北有燕國。燕固弱國,不足畏也。秦之所害於天下者莫如趙,然而秦不敢舉兵伐趙者,何也?畏韓、魏之議其後也。然則韓、魏,趙之南蔽也。秦之攻韓、魏也,無有名山大川之限,稍蠶食之[3],傅國都而止[4]。韓、魏不能支秦,必入臣於秦。秦無韓、魏之規[5],則禍必中於趙矣[6]。此臣之所爲君患也。

【注】
〔1〕常山,山名,即今河北曲陽縣西北的恒山。
〔2〕清河,古河名。戰國時介於齊、趙兩國間。
〔3〕稍,逐漸,慢慢地。
〔4〕傅,通"附"。
〔5〕規,通"窺"。
〔6〕中,對準。

"臣聞堯無三夫之分[1],舜無咫尺之地[2],以有天下;禹無百人之聚[3],以王諸侯[4];湯、武之士不過三千,車不過三百乘,卒不通三萬,立爲天子:誠得其道也。是故明主外料其敵之强弱,内度其士卒賢不肖[5],不待兩軍相當而勝敗存亡之機固已形於胸中矣,豈揜於衆人之言而以冥冥決事哉[6]!

【注】

[1] 堯,傳說中的古帝。陶唐氏,名放勳,史稱唐堯。夫,古代田百畝稱"夫"。
[2] 舜,傳說中的古帝。姚姓,有虞氏,名重華,史稱虞舜。咫尺,謂不長。咫,古長度名。
[3] 禹,即傳說的夏禹。姒姓,又稱大禹。
[4] 王,指統領諸侯以成就王業。
[5] 不肖,不賢。
[6] 揜,蒙蔽。冥冥,糊裏糊涂。

"臣竊以天下之地圖案之[1],諸侯之地五倍於秦,料度諸侯之卒十倍於秦[2],六國爲一,并力西鄉而攻秦,秦必破矣。今西面而事之,見臣於秦。夫破人之與破於人也,臣人之與臣於人也,豈可同日而論哉!

【注】

[1] 案,考察。
[2] 料度,估算。

"夫衡人者[1],皆欲割諸侯之地以予秦。秦成,則高臺榭[2],美宮宣,聽竽瑟之音[3],前有樓闕軒轅[4],後有長姣美人[5],國被秦患而不與其憂[6]。是故夫衡人日夜務以秦權恐愒諸侯以求割地[7],故願大王孰計之也。

【注】

〔1〕衡人,指主張連橫的人。衡,通"橫",即連橫,指六國中的某幾國跟從秦進攻他國。
〔2〕榭,建築在高土臺上的房子。
〔3〕竽,古管樂器。瑟,古絃樂器。
〔4〕闕,古宮殿前兩邊的樓臺,中間有道路。軒轅,本指車輈,小車居中的彎曲車杠。此猶言輿車。或說"軒轅"當作"軒縣",即古代諸侯的樂懸(懸掛鐘磬的架子)。
〔5〕姣,美好。
〔6〕被,遭受。
〔7〕恐愒,恐嚇。謂用威力脅迫。《戰國策‧趙策二》作"恐猲"。

"臣聞明主絕疑去讒,屏流言之迹[1],塞朋黨之門,故尊主廣地强兵之計臣得陳忠於前矣[2]。故竊爲大王計,莫如一韓、魏、齊、楚、燕、趙以從親,以畔秦[3]。令天下之將相會於洹水之上[4],通質[5],刳白馬而盟[6]。要約曰[7]:'秦攻楚,齊、魏各出銳師以佐之,韓絕其糧道,趙涉河漳,燕守常山之北。秦攻韓、魏,則楚絕其後,齊出銳師而佐之,趙涉河漳,燕守雲中。秦攻齊,則楚絕其後,韓守城皋[8],魏塞其道,趙涉河漳、博關[9],燕出銳師以佐之。秦攻燕,則趙守常山,楚軍武關[10],齊涉勃海[11],韓、魏皆出銳師以佐之。秦攻趙,則韓軍宜陽,楚軍武關,魏軍河外,齊涉清河,燕出銳師以佐之。諸侯有不如約者,以五國之兵共伐之。'六國從親以賓秦[12],則秦甲必不敢出於函谷以害山東矣[13]。如此,則霸王之業成矣。"

【注】

〔1〕屏,棄,排除。
〔2〕計臣,謀臣。
〔3〕畔,通"叛"。
〔4〕洹水,古水名,在今河南省北境。
〔5〕質,盟約。
〔6〕刉,剖。白馬,古代盟誓時所用的犧牲。
〔7〕要約,盟約。
〔8〕城皋,古邑名,在今河南汜水鎮。
〔9〕博關,古關名。
〔10〕武關,古關名,在今陝西商南縣西北。
〔11〕勃海,即渤海。勃,通"渤"。
〔12〕賓,通"擯",排斥。
〔13〕甲,指兵甲。函谷,古關名。在今河南靈寶市東北。

趙王曰:"寡人年少,立國日淺,未嘗得聞社稷之長計也[1]。今上客有意存天下,安諸侯,寡人敬以國從。"乃飾車百乘,黃金千溢[2],白璧百雙,錦繡千純[3],以約諸侯。

【注】

〔1〕社稷,原爲土穀之神,後爲國家之代稱。
〔2〕溢,通"鎰"。古金二十兩或二十四兩爲一鎰。
〔3〕純,束,匹。

是時周天子致文武之胙於秦惠王[1]。惠王使犀首攻魏[2],禽將龍賈[3],取魏之雕陰[4],且欲東兵[5]。蘇秦恐秦兵之至趙也,乃激怒張儀,入之於秦。

【注】

〔1〕文武之胙,指周天子祭文王、武王時用的肉。胙,祭祀用的肉。
〔2〕犀首,公孫衍之號。公孫衍,魏人,時任秦將。
〔3〕禽,通"擒"。龍賈,魏將。
〔4〕雕陰,在今陝西甘泉縣南。雕陰之戰發生於前 330 年。
〔5〕東兵,向東方用兵。

　　於是説韓宣王曰〔1〕:
　　"韓北有鞏、成皋之固〔2〕,西有宜陽、商阪之塞〔3〕,東有宛、穰、洧水〔4〕,南有陘山〔5〕,地方九百餘里,帶甲數十萬,天下之强弓勁弩皆從韓出。谿子、少府時力、距來者〔6〕,皆射六百步之外。韓卒超足而射〔7〕,百發不暇止,遠者括蔽洞胸〔8〕,近者鏑弇心〔9〕。韓卒之劍戟皆出於冥山、棠谿、墨陽、合賻、鄧師、宛馮、龍淵、太阿〔10〕,皆陸斷牛馬,水截鵠雁〔11〕,當敵則斬。堅甲鐵幕〔12〕,革抉咙芮〔13〕,無不畢具。以韓卒之勇,被堅甲〔14〕,蹠勁弩〔15〕,帶利劍,一人當百,不足言也。夫以韓之勁與大王之賢,乃西面事秦,交臂而服〔16〕,羞社稷而爲天下笑,無大於此者矣。是故願王孰計之。

【注】

〔1〕韓宣王,即韓宣惠王,公元前 332—前 312 年在位。
〔2〕鞏,在今河南鞏縣。成皋,即城皋。
〔3〕商阪,又名商山,在今陝西商縣東南。

〔4〕宛,在今河南南陽市。穰,在今河南鄧縣。洧水,即今河南雙洎河。
〔5〕陘山,在今河南偃城縣南。
〔6〕谿子,弩名。少府,古官名。掌山海池澤收入和王室手工業製造。時力、距來,少府所造兩種弩名。據王念孫《讀書雜誌》考訂,距來爲"巨黍"之誤。
〔7〕超足而射,依靠腳踏力量張開弓絃而發射。
〔8〕括蔽洞胸,蔽疑爲衍文。括洞胸謂箭射穿胸部。括,箭的末端。
〔9〕鏑弇心,箭射穿心房。鏑,箭鏃。
〔10〕冥山,在今河南信陽東南。棠谿,在今河南舞陽縣西南。墨陽、太阿,所在不詳。合賻、龍淵,皆在今河南西平縣西。鄧師,指鄧,在今河南孟縣東南。宛馮,指宛。
〔11〕鵠,即天鵝。
〔12〕幕,古代戰時的一種臂甲或腿甲。
〔13〕革抉,革制的射抉,戴在右手拇指上用以鉤絃。吸,同"厥",盾。芮,繫盾的綬帶。
〔14〕被,通"披"。穿着。
〔15〕蹠,踏。
〔16〕交臂,猶拱手。

"大王事秦,秦必求宜陽、成皋。今兹效之[1],明年又復求割地。與則無地以給之,不與則棄前功而受後禍。且大王之地有盡而秦之求無已,以有盡之地而逆無已之求[2],此所謂市怨結禍者也[3],不戰而地已削矣。臣聞鄙諺曰:'寧爲雞口,無爲牛後[4]。'今西面交臂而臣事秦,何異於牛後乎？夫以大王之賢,挾彊韓之兵,而有牛後之名,臣竊爲大王羞之。"

【注】
〔1〕今茲,今年。
〔2〕逆,迎。
〔3〕市怨,猶言討怨。
〔4〕寧爲雞口,無爲牛後,謂寧爲弱國、小國而自主,不爲強國、大國之附從。

於是韓王勃然作色,攘臂瞋目[1],按劍仰天太息曰[2]:"寡人雖不肖,必不能事秦。今主君詔以趙王之教[3],敬奉社稷以從。"

【注】
〔1〕攘臂,捋袖伸臂。瞋目,瞪大眼睛。
〔2〕太息,大聲嘆息。
〔3〕主君,此爲韓王對蘇秦的尊稱。詔,告。

又說魏襄王曰[1]:
"大王之地,南有鴻溝、陳、汝南、許、鄢、昆陽、召陵、舞陽、新都、新郪[2],東有淮、潁、煮棗、無胥[3],西有長城之界[4],北有河外卷、衍、酸棗[5],地方千里。地名雖小,然而田舍廬廡之數[6],曾無所芻牧[7]。人民之衆,車馬之多,日夜行不絕,輷輷殷殷[8],若有三軍之衆。臣竊量大王之國不下楚。然衡人怵王交彊虎狼之秦以侵天下[9],

卒有秦患,不顧其禍。夫挾強秦之勢以内劫其主,罪無過此者。魏,天下之強國也;王,天下之賢王也。今乃有意西面而事秦,稱東藩[10],築帝宮[11],受冠帶[12],祠春秋[13],臣竊爲大王恥之。

【注】

[1] 魏襄王,公元前318—前296年在位。
[2] 鴻溝,古運河名,戰國時代陸續開鑿成功,構成濟、汝、淮、泗等河流之間一套水道交通網。陳,在今河南周口市淮陽區。汝南,在今河南中部偏南,汝河中游。許,今河南許昌市東。鄢,又作"鄢",在今河南鄢陵縣西北。昆陽,在今河南葉縣。召陵,在今河南郾城東。舞陽,在今河南舞陽縣。新都,所在不詳,《戰國策》無此二字。新郪,在今安徽太和縣西。
[3] 淮,水名。潁,水名。煮棗,在今山東東明縣南。無胥,地名,不詳。
[4] 長城,此指魏爲防備秦進攻在大梁以西築的長城。
[5] 衍,在今鄭州市北。酸棗,在今河南延津西南。
[6] 廬,村房或小屋。廡,大屋。數,密。
[7] 芻牧,放牧牲畜。
[8] 輷輷殷殷,車馬震聲。輷,同"轟"。
[9] 怵,恐懼。
[10] 東藩,東方的屬國。
[11] 築帝宮,爲秦築宮殿,備其巡狩時居住。此謂魏爲秦的行宮。
[12] 受冠帶,接受秦法規定的冠帶制度。
[13] 祠春秋,每年貢奉以助秦之祭祀。春秋,指歷年。

"臣聞越王句踐戰敝卒三千人[1],禽夫差於干遂[2];

武王卒三千人[3],革車三百乘,制紂於牧野[4]:豈其士卒衆哉,誠能奮其威也。今竊聞大王之卒,武士二十萬,蒼頭二十萬,奮擊二十萬,廝徒十萬[5],車六百乘,騎五千匹。此其過越王句踐、武王遠矣,今乃聽於羣臣之說而欲臣事秦。夫事秦必割地以效實[6],故兵未用而國已虧矣。凡羣臣之言事秦者,皆姦人,非忠臣也。夫爲人臣,割其主之地以求外交,偷取一時之功而不顧其後,破公家而成私門,外挾强秦之勢以内劫其主,以求割地,願大王孰察之。

【注】

〔1〕句踐,即春秋末年越王句踐。

〔2〕夫差,即春秋末年吴王夫差。干遂,在今江蘇吴縣西南。

〔3〕武王,即周武王。

〔4〕紂,即殷紂王。牧野,在今河南淇縣西南。

〔5〕武士,《戰國策·魏策一》作"武力",指最精鋭的兵。蒼頭,以青巾裹頭的兵,或謂即僕隸軍。奮擊,能奮力擊敵的士卒。廝徒,服雜役的人。

〔6〕效實,徵驗自己的誠實。

"《周書》曰[1]:'緜緜不絕,蔓蔓奈何?豪氂不伐,將用斧柯[2]。'前慮不定,後有大患,將奈之何?大王誠能聽臣,六國從親,專心并力壹意,則必無强秦之患。故敝邑趙王使臣效愚計,奉明約,在大王之詔詔之[3]。"

【注】

〔1〕周書,此指《逸周書》。

〔2〕見《逸周書・和寤解》。緜緜,指微小的幼芽。蔓蔓,指長成的枝葉。氂,通"釐",柯,斧柄。

〔3〕詔詔,令告。前"詔",指帝王的詔書;後"詔",謂告。

　　魏王曰:"寡人不肖,未嘗得聞明教。今主君以趙王之詔詔之,敬以國從。"

　　因東説齊宣王曰[1]:

　　"齊南有泰山,東有琅邪[2],西有清河,北有勃海,此所謂四塞之國也。齊地方二千餘里,帶甲數十萬,粟如丘山。三軍之良,五家之兵[3],進如鋒矢,戰如雷霆,解如風雨。即有軍役,未嘗倍泰山,絶清河,涉勃海也。臨菑之中七萬户[4],臣竊度之,不下户三男子,三七二十一萬,不待發於遠縣,而臨菑之卒固已二十一萬矣。臨菑甚富而實,其民無不竽鼓瑟,彈琴擊築[5],鬥雞走狗,六博蹹鞠者[6]。臨菑之塗[7],車轂擊[8],人肩摩,連衽成帷[9],舉袂成幕[10],揮汗成雨,家殷人足,志高氣揚。夫以大王之賢與齊之強,天下莫能當。今乃西面而事秦,臣竊爲大王羞之。

【注】

〔1〕齊宣王,公元前319—前301年在位。

〔2〕琅邪,即琅琊山,在今山東青島市黄島區南境。

〔3〕五家之兵,《國語・齊語》云:"管子於是制國:五家爲軌,十軌爲里,四里爲連,十連爲鄉。以爲軍令。"一説五家即五國。

〔4〕臨菑,齊都,在今山東淄博市東北舊臨淄。

〔5〕築,古打擊樂器。

〔6〕六博,古代一種擲采下棋的比賽。蹹鞠,古代一種踢球游戲。

〔7〕塗,通"途",道路。
〔8〕車轂,此泛指車輪。
〔9〕袵,衣襟。帷,帳幔。
〔10〕袂,衣袖。幕,蓬帳。

"且夫韓、魏之所以重畏秦者,爲與秦接境壤界也。兵出而相當,不出十日而戰勝存亡之機決矣。韓、魏戰而勝秦,則兵半折,四境不守;戰而不勝,則國已危,亡隨其後。是故韓、魏之所以重與秦戰,而輕爲之臣也。今秦之攻齊則不然。倍韓、魏之地,過衛陽晉之道[1],徑乎亢父之險[2],車不得方軌[3],騎不得比行,百人守險,千人不敢過也。秦雖欲深入,則狼顧[4],恐韓、魏之議其後也。是故恫疑虛喝[5],驕矜而不敢進,則秦之不能害齊亦明矣。

【注】
〔1〕陽晉,在今山東菏澤市西北。
〔2〕亢父,在今山東濟寧市南。
〔3〕方軌,兩車並行。
〔4〕狼顧,狼行時常回頭後顧以防襲擊,喻人有後顧之憂。
〔5〕恫疑虛喝,指秦自疑懼而虛恐喝之聲。

"夫不深料秦之無奈齊何,而欲西面而事之,是羣臣之計過也。今無臣事秦之名而有强國之實,臣是故願大王少留意計之。"
齊王曰:"寡人不敏,僻遠守海,窮道東境之國也,未嘗得聞餘教[1]。今足下以趙王詔詔之,敬以國從。"

【注】

〔1〕餘教,從容、委婉的教誨。含有敬重對方之意。

乃西南説楚威王曰[1]:

"楚,天下之强國也;王,天下之賢王也。西有黔中、巫郡[2],東有夏州、海陽[3],南有洞庭、蒼梧[4],北有陘塞、郇陽[5],地方五千餘里,帶甲百萬,車千乘,騎萬匹,粟支十年。此霸王之資也。夫以楚之强與王之賢,天下莫能當也。今乃欲西面而事秦,則諸侯莫不西面而朝於章臺之下矣[6]。

【注】

〔1〕楚威王,公元前 339 年—前 329 年在位。
〔2〕黔中,楚郡名。因黔山得名,轄境有今湖南西部及貴州東北部。巫郡,楚郡名。因巫山得名,轄境有今湖北清江中、上游和四川東部。
〔3〕夏州,在今武漢市漢陽北。海陽,楚之東境。
〔4〕洞庭,湖名。蒼梧,山名,即九嶷山。
〔5〕陘塞,即上文陘山。郇陽,在今陝西郇陽縣。
〔6〕章臺,戰國秦渭南的臺名,此用作秦王的象徵。

"秦之所害莫如楚,楚强則秦弱,秦强則楚弱,其勢不兩立。故爲大王計,莫如從親以孤秦。大王不從親,秦必起兩軍,一軍出武關,一軍下黔中,則鄢、郢動矣[1]。

【注】

〔1〕鄢,在今湖北宜城市東南,爲楚師濟渡之處。郢,楚都,在今湖

北江陵西北。

"臣聞治之其未亂也,爲之其未有也。患至而後憂之,則無及已。故願大王蚤孰計之[1]。

【注】
[1] 蚤,通"早"。

"大王誠能聽臣,臣請令山東之國奉四時之獻,以承大王之明詔,委社稷,奉宗廟,練士厲兵[1],在大王之所用之。大王誠能用臣之愚計,則韓、魏、齊、燕、趙、衛之妙音美人必充後宮,燕、代橐駝良馬必實外廄[2]。故合從則楚王,衡成則秦帝。今釋霸王之業,而有事人之名,臣竊爲大王不取也。

【注】
[1] 厲,通"礪"。磨礪。兵,兵器。
[2] 橐駝,即駱駝。廄,馬房,此泛指牲畜欄。

"夫秦,虎狼之國也,有吞天下之心。秦,天下之仇讎也。衡人皆欲割諸侯之地以事秦,此所謂養仇而奉讎者也。夫爲人臣,割其主之地以外交强虎狼之秦,以侵天下,卒有秦患,不顧其禍。夫外挾强秦之威以内劫其主,以求割地,大逆不忠,無過此者。故從親則諸侯割地以事楚,衡合則楚割地以事秦,此兩策者相去遠矣,二者大王何居焉?

故敝邑趙王使臣效愚計,奉明約,在大王詔之。"

楚王曰:"寡人之國西與秦接境,秦有舉巴蜀並漢中之心。秦,虎狼之國,不可親也。而韓、魏迫於秦患,不可與深謀,與深謀恐反人以入於秦[1],故謀未發而國已危矣。寡人自料以楚當秦,不見勝也;內與羣臣謀,不足恃也。寡人臥不安席,食不甘味,心搖搖然如縣旌而無所終薄[2]。今主君欲一天下,收諸侯,存危國,寡人謹奉社稷以從。"

【注】
[1] 反人,背叛者。
[2] 縣旌,掛在空中隨風飄蕩的旌旗。終薄,依憑歸宿。

於是六國從合而并力焉。蘇秦為從約長,并相六國。

北報趙王,乃行過雒陽,車騎輜重[1],諸侯各發使送之甚眾,疑於王者[2]。周顯王聞之恐懼,除道[3],使人郊勞[4]。蘇秦之昆弟妻嫂側目不敢仰視,俯伏侍取食。蘇秦笑謂其嫂曰:"何前倨而後恭也[5]?"嫂委虵蒲服[6],以面掩地而謝曰:"見季子位高金多也。"蘇秦喟然嘆曰:"此一人之身,富貴則親戚畏懼之,貧賤則輕易之,況眾人乎!且使我有雒陽負郭田二頃[7],吾豈能佩六國相印乎!"於是散千金以賜宗族朋友。初,蘇秦之燕,貸人百錢為資,及得富貴,以百金償之。遍報諸所嘗見德者。其從者有一人獨未得報,乃前自言。蘇秦曰:"我非忘子。子之與我至燕,再三欲去我易水之上,方是時,我困,故望子深[8],是以後子。子今亦得矣。"

【注】

〔1〕車騎,猶言車輛。輜重,外出時所帶的包裹箱籠。此指軍用物資。

〔2〕疑,通"擬",比擬。

〔3〕除道,修治道路。

〔4〕郊勞,到郊外迎接、慰勞。

〔5〕倨,傲慢。

〔6〕委虵,通"逶迤",斜行。蒲服,匍匐。

〔7〕負郭,靠近城。負,背倚。郭,外城。

〔8〕望,埋怨責備。

蘇秦既約六國從親,歸趙,趙肅侯封爲武安君,乃投從約書於秦。秦兵不敢窺函谷關十五年[1]。

【注】

〔1〕窺,窺探,覬覦。

其後秦使犀首欺齊、魏,與共伐趙,欲敗從約。齊、魏伐趙,趙王讓蘇秦[1]。蘇秦恐,請使燕,必報齊。蘇秦去趙而從約皆解。

【注】

〔1〕讓,責備。

秦惠王以其女爲燕太子婦。是歲,文侯卒,太子立,是爲燕易王[1]。易王初立,齊宣王因燕喪伐燕,取十城。易王謂蘇秦曰:"往日先生至燕,而先王資先生見趙,遂約六國從。今齊先伐趙,次至燕,以先王之故爲天下笑,先生能爲燕得侵地乎?"蘇秦大慙,曰:"請爲王取之。"

【注】
〔1〕燕易王,公元前332—前321年在位。

蘇秦見齊王,再拜,俯而慶,仰而弔[1]。齊王曰:"是何慶弔相隨之速也?"蘇秦曰:"臣聞飢人所以飢而不食烏喙者[2],爲其愈充腹而與餓死同患也。今燕雖弱小,即秦王之少婿也。大王利其十城而長與強秦爲仇。今使弱燕爲雁行而強秦敝其後[3],以招天下之精兵,是食烏喙之類也。"齊王愀然變色曰:"然則奈何?"蘇秦曰:"臣聞古之善制事者,轉禍爲福,因敗爲功。大王誠能聽臣計,即歸燕之十城。燕無故而得十城,必喜;秦王知以己之故而歸燕之十城,亦必喜。此所謂棄仇讎而得石交者也[4]。夫燕、秦俱事齊,則大王號令天下,莫敢不聽。是王以虛辭附秦,以十城取天下。此霸王之業也。"王曰:"善。"於是乃歸燕之十城。

【注】
〔1〕弔,慰問遭遇不幸者。
〔2〕烏喙,即烏頭,一種有劇毒的草本植物。
〔3〕雁行,猶前行,走在最前的行列。敝,通"蔽",遮蔽。
〔4〕石交,交誼堅固的朋友,石,通"碩"。

人有毀蘇秦者曰："左右賣國反覆之臣也，將作亂。"蘇秦恐得罪，歸，而燕王不復官也。蘇秦見燕王曰："臣，東周之鄙人也[1]，無有分寸之功，而王親拜之於廟而禮之於廷[2]。今臣爲王却齊之兵而攻得十城，宜以益親。今來而王不官臣者，人必有以不信傷臣於王者。臣之不信，王之福也。臣聞忠信者，所以自爲也；進取者，所以爲人也。且臣之説齊王，曾非欺之也。臣棄老母於東周，固去自爲而行進取也。今有孝如曾參[3]，廉如伯夷[4]，信如尾生[5]。得此三人者以事大王，何若？"王曰："足矣。"蘇秦曰："孝如曾參，義不離其親一宿於外，王又安能使之步行千里而事弱燕之危王哉？廉如伯夷，義不爲孤竹君之嗣[6]，不肯爲武王臣，不受封侯而餓死首陽山下。有廉如此，王又安能使之步行千里而行進取於齊哉？信如尾生，與女子期於梁下[7]，女子不來，水死不去，抱柱而死。有信如此，王又安能使之步行千里却齊之强兵哉？臣所謂以忠信得罪於上者也。"燕王曰："若不忠信耳，豈有以忠信而得罪者乎？"蘇秦曰："不然。臣聞客有遠爲吏而其妻私於人者[8]，其夫將來，其私者憂之，妻曰：'勿憂，吾已作藥酒待之矣。'居三日，其夫果至，妻使妾舉藥酒進之。妾欲言酒之有藥，則恐其逐主母也；欲勿言乎，則恐其殺主父也。於是乎詳僵而棄酒[9]。主父大怒，笞之五十。故妾一僵而覆酒，上存主父，下存主母，然而不免於笞，惡在乎忠信之無罪也？夫臣之過，不幸而類是乎！"燕王曰："先生復就故官。"益厚遇之。

【注】

〔1〕鄙人,鄙俗的人。此爲自稱的謙辭。
〔2〕廟,廟堂。指太廟的明堂,古帝王祭祀、議事之處。
〔3〕曾參,孔子弟子。本書有傳。
〔4〕伯夷,商末孤竹君長子。古代有名的賢人,不食周粟,死於首陽山(在今山西永濟縣南)下。
〔5〕尾生,古代傳說中堅守信約的人。
〔6〕嗣,繼承人。
〔7〕梁下,橋下。
〔8〕私,私通。
〔9〕詳,通"佯",假裝。僵,向後倒下。

　　易王母,文侯夫人也,與蘇秦私通。燕王知之,而事之加厚。蘇秦恐誅,乃説燕王曰:"臣居燕不能使燕重,而在齊則燕必重。"燕王曰:"唯先生之所爲。"於是蘇秦詳爲得罪於燕而亡走齊〔1〕,齊宣王以爲客卿〔2〕。

【注】

〔1〕亡,逃亡。
〔2〕客卿,指在本國做官的外國人。謂以客禮相待。

　　齊宣王卒,湣王即位〔1〕,説湣王厚葬以明孝,高宮室大苑囿以明得意,欲破敝齊而爲燕。燕易王卒,燕噲立爲王〔2〕。其後齊大夫多與蘇秦爭寵者,而使人刺蘇秦,不死,殊而走〔3〕。齊王使人求賊,不得。蘇秦且死,乃謂齊王曰:"臣即死,車裂臣於徇於市〔4〕,曰'蘇秦爲燕作亂於齊',如此則臣之賊必得矣。"於是如其言,而殺蘇秦者果自出,齊王因而誅之。燕聞之曰:"甚矣,齊之爲蘇生報仇也!"

【注】

〔1〕湣王,齊國君。公元前300—前284年在位。
〔2〕燕噲,即燕王噲,公元前320—前312年在位。
〔3〕殊,此指致命傷。
〔4〕車裂,古代一種殘酷的死刑。徇,示衆。

　　蘇秦既死,其事大泄。齊後聞之,乃恨怒燕。燕甚恐。蘇秦之弟曰代,代弟蘇厲,見兄遂[1],亦皆學。及蘇秦死,代乃求見燕王,欲襲故事[2]。曰:"臣,東周之鄙人也。竊聞大王義甚高,鄙人不敏,釋鉏耨而干大王[3]。至於邯鄲,所見者紲於所聞於東周[4],臣竊負其志[5]。及至燕廷,觀王之羣臣下吏,王,天下之明王也。"燕王曰:"子所謂明王者何如也?"對曰:"臣聞明王務聞其過[6],不欲聞其善,臣請謁王之過[7]。夫齊、趙者,燕之仇讎也;楚、魏者,燕之援國也。今王奉仇讎以伐援國,非所以利燕也。王自慮之,此則計過,無以聞者,非忠臣也。"王曰:"夫齊者固寡人之讎,所欲伐也,直患國敝力不足也。子能以燕伐齊,則寡人舉國委子[8]。"對曰:"凡天下戰國七,燕處弱焉。獨戰則不能,有所附則無不重[9]。南附楚,楚重;西附秦,秦重;中附韓、魏,韓、魏重。且苟所附之國重[10],此必使王重矣。今夫齊,長主而自用也[11]。南攻楚五年,畜聚竭;西困秦三年,士卒罷敝[12];北與燕人戰,覆三軍,得二將。然而以其餘兵南面舉五千乘之大宋[13],而包十二諸侯[14]。此其君欲得,其民力竭,惡足取乎!且臣聞之,數戰則民勞,入師則兵敝矣[15]。"燕王曰:"吾聞齊有清濟、濁河可以爲固[16],長城、鉅防足以爲塞[17],誠有之乎?"對曰:"天時不與,雖有清濟、濁河,惡足以爲固!民力罷敝,雖有長城、鉅防,惡足以爲塞!且異日濟西不師[18],所以備趙也;河北不師[19],所以備燕也。今濟西河北盡已役矣,封內敝矣[20]。夫驕君必好利,而亡國之臣必貪於財。王誠能無羞從子母弟以爲質[21],寶珠玉帛以事左右,彼將有德燕而輕亡宋,則齊可亡已。"燕王曰:"吾終以子受命於天矣。"燕乃使一子質於齊。而蘇厲因燕質子而求見齊王。齊王怨蘇秦,欲囚蘇厲。燕質子爲謝[22],已遂委質爲齊臣[23]。

【注】

[1] 遂,成功,順利。
[2] 衺,因循,沿襲。故事,舊業。
[3] 鉏,"鋤"的異體字。耨,小手鋤。干,求取。
[4] 絀,猶屈,不如。
[5] 負,抱持,抱負。
[6] 務,要求,致力。
[7] 謁,告訴,陳述。
[8] 舉,全。委,託付。
[9] 重,加重,增益。
[10] 苟,如果。
[11] 長主,指強大。自用,謂只憑自己的主觀意圖行事。

〔12〕罷敝,疲乏,衰敝。罷,通"疲"。
〔13〕宋,古國名。公元前286年爲齊所滅。
〔14〕包十二諸侯,《史記·田仲敬完世家》云:齊湣王時,"泗上諸侯鄒魯之君皆稱臣"。包,包圍。十二,泛指,並非確數。
〔15〕入師,謂軍隊進犯他國。
〔16〕濟、河,濟水和黃河。濟水清,黃河水濁。
〔17〕長城、鉅防,齊長城是利用原有的堤防連結山脈擴建而成,故與鉅防連稱。
〔18〕異日,謂往日、從前。濟西,古濟水之西,今山東聊城、高唐等地。不師,《戰國策》作"不役"。
〔19〕河北,古漯水之北。
〔20〕封內,本國境內。
〔21〕從子,兄弟的兒子,即侄兒。《戰國策》"從"作"寵"。母弟,同母所生的弟弟。
〔22〕謝,謝罪,道歉。
〔23〕已,已而,隨後。委質,此謂歸順之意。

　　燕相子之與蘇代婚,而欲得燕權,乃使蘇代侍質子於齊。齊使代報燕,燕王噲問曰:"齊王其霸乎?"曰:"不能。"曰:"何也?"曰:"不信其臣。"於是燕王專任子之,已而讓位,燕大亂。齊伐燕,殺王噲、子之。燕立昭王[1],而蘇代、蘇厲遂不敢入燕,皆終歸齊,齊善待之。

【注】
〔1〕昭王,燕國君,前311—前279年在位。

蘇代過魏,魏爲燕執代。齊使人謂魏王曰:"齊請以宋地封涇陽君[1],秦必不受。秦非不利有齊而得宋地也,不信齊王與蘇子也。今齊、魏不和如此其甚,則齊不欺秦。秦信齊,齊、秦合,涇陽君有宋地,非魏之利也。故王不如東蘇子,秦必疑齊而不信蘇子矣。齊、秦不合,天下無變,伐齊之形成矣。"於是出蘇代。代之宋,宋善待之。

【注】
[1] 涇陽君,即秦昭王同母弟公子市(一作公子池)。

齊伐宋,宋急,蘇代乃遺燕昭王書曰[1]:

"夫列在萬乘而寄質於齊[2],名卑而權輕;奉萬乘助齊伐宋,民勞而實費;夫破宋,殘楚淮北,肥大齊,讎强而國害:此三者皆國之大敗也。然且王行之者,將以取信於齊也。齊加不信於王,而忌燕愈甚,是王之計過矣。夫以宋加之淮北,强萬乘之國也,而齊并之、是益一齊也[3]。北夷方七百里[4],加之以魯、衛[5],强萬乘之國也,而齊并之,是益二齊也。夫一齊之强,燕猶狼顧而不能支,今以三齊臨燕,其禍必大矣。

【注】
[1] 遺,給予。
[2] 萬乘,戰國大國之稱。寄質,指燕有一子質於齊。
[3] 益一齊,增加了一個齊國。

〔4〕北夷,據王念孫《讀書雜志》當作"九夷",指古代東方各族。此指泗水、淮水和長江之間的少數部族。
〔5〕魯,古國名,國都在曲阜(今山東曲阜縣)。

　　"雖然,智者舉事,因禍爲福,轉敗爲功,齊紫敗素也,而賈十倍〔1〕;越王句踐棲於會稽〔2〕,復殘强吳而霸天下:此皆因禍爲福,轉敗爲功者也。

【注】
〔1〕齊紫敗素也,而賈十倍,指齊商將污損之素帛染成時俗所好之紫色,以取十倍之利。賈,通"價"。
〔2〕棲,居住。會稽,即會稽山,在今浙江中部。

　　"今王若欲因禍爲福,轉敗爲功,則莫若挑霸齊而尊之〔1〕,使使盟於周室,焚秦符〔2〕,曰:'其大上計〔3〕,破秦;其次,必長賓之〔4〕。'秦挾賓以待破〔5〕,秦王必患之。秦五世伐諸侯〔6〕,今爲齊下,秦王之志苟得窮齊,不憚以國爲功。然則王何不使辯士以此言説秦王曰:'燕、趙破宋肥齊,尊之爲之下者,燕、趙非利之也。燕、趙不利而勢爲之者,以不信秦王也。然則王何不使可信者接收燕、趙,令涇陽君、高陵君先於燕、趙〔7〕?秦有變,因以爲質,則燕、趙信秦。秦爲西帝,燕爲北帝,趙爲中帝,立三帝以令於天下。韓、魏不聽則秦伐之,齊不聽則燕、趙伐之,天下孰敢不聽?天下服聽,因驅韓、魏以伐齊,曰"必反宋地,歸楚淮北"。

反宋地,歸楚淮北,燕、趙之所利也;並立三帝,燕、趙之所願也。夫實得所利,尊得所願,燕、趙棄齊如躧矣[8]。今不收燕、趙,齊霸必成。諸侯贊齊而王不從,是國伐也[9];諸侯贊齊而王從之,是名卑也。今收燕、趙,國安而名尊;不收燕、趙,國危而名卑。夫去尊安而取危卑,智者不爲也。'秦王聞若説,必若刺心然。則王何不使辯士以此若言説秦?秦必取,齊必伐矣。

【注】

[1] 挑,執持。
[2] 符,古代使者所持的憑證。
[3] 大上計,最好的計策。
[4] 長賓,永久擯棄。賓,通"擯"。
[5] 挾賓,受到擯棄。
[6] 秦五世,指秦獻公、孝公、惠文王、武王、昭襄王。
[7] 高陵君,即秦昭王同母弟公子悝。
[8] 躧,同"屣",鞋。
[9] 國伐,國家受到攻伐。

"夫取秦,厚交也;伐齊,正利也。尊厚交,務正利,聖王之事也。"

燕昭王善其書,曰:"先人嘗有德蘇氏,子之之亂而蘇氏去燕。燕欲報仇於齊,非蘇氏莫可。"乃召蘇代,復善待之,與謀伐齊。竟破齊,湣王出走。

久之,秦召燕王,燕王欲往,蘇代約燕王曰[1]:"楚得枳而國亡[2],齊得宋而國亡,齊、楚不得以有枳、宋而事秦者,何也? 則有功者,秦之深讎也。秦取天下,非行義也,暴也。秦之行暴,正告天下[3]。

【注】
〔1〕約,約束,引申作阻止之意。
〔2〕枳,在今四川涪陵縣東。
〔3〕正告,公告。

"告楚曰:'蜀地之甲,乘船浮於汶[1],乘夏水而下江[2],五日而至郢。漢中之甲,乘船出於巴[3],乘夏水而下漢[4],四日而至五渚[5]。寡人積甲宛東下隨[6],智者不及謀,勇士不及怒,寡人如射隼矣[7]。王乃欲待天下之攻函谷,不亦遠乎!'楚王爲是故,十七年事秦。

【注】
〔1〕汶,即岷江。
〔2〕夏水,指夏潦盛漲之水。江,長江。
〔3〕巴,水名。
〔4〕漢,水名。
〔5〕五渚,楚地。《水經注》云:"湘、沅、資、澧四水,同注洞庭,北會大江,名之五渚。"
〔6〕宛東,宛邑之東。隨,在今湖北隨縣。
〔7〕隼,鷹的一種,飛行極快。

"秦正告韓曰:'我起乎少曲[1],一日而斷大行[2]。我起乎宜陽而觸平陽[3],二日而莫不盡繇[4]。我離兩周而觸鄭[5],五日而國舉[6]。'韓氏以爲然,故事秦。

【注】

[1] 少曲,在今河南濟源縣東北少水彎曲處。
[2] 大行,即太行山,此特指太行山上的羊腸坂道。
[3] 平陽,在今山西臨汾西南。
[4] 繇,通"搖",動搖。
[5] 離,謂歷此而離去。兩周,指戰國時分治的西周、東周二小國。鄭,即新鄭(今屬河南)。戰國韓哀侯滅鄭國後都於此。
[6] 舉,拔,攻佔。

"秦正告魏曰:'我舉安邑[1],塞女戟[2],韓氏太原卷[3]。我下軹[4],道南陽、封、冀[5],包兩周。乘夏水,浮輕舟,強弩在前,銛戈在後[6],決榮口[7],魏無大梁[8];決白馬之口[9],魏無外黃、濟陽[10];決宿胥之口[11],魏無虛、頓丘[12]。陸攻則擊河內,水攻則滅大梁。'魏氏以爲然,故事秦。

【注】

[1] 安邑,在今山西夏縣西北禹王村。
[2] 女戟,古地名,在太行山之西。
[3] 太原,《史記索隱》云:"太"字或爲衍字,"原"當爲"京"。京,在今河南滎陽縣東南。
[4] 軹,在今河南濟源市東南軹城。
[5] 南陽,此指魏南陽,相當今河南濟源至獲嘉一帶。冀,在今山

西河津市。
〔6〕銚,通"銛",鋒利。
〔7〕榮口,滎澤之口。滎澤,古澤名,故址在今河南鄭州市西北古滎之北。
〔8〕大梁,魏都城,在今河南開封市。
〔9〕白馬,古津渡名,在今河南滑縣東北。
〔10〕外黃,在今河南民權西北。濟陽,在今河南蘭考東北。
〔11〕宿胥之口,古黃河決口處。在今河南滑縣西南。
〔12〕虛,在今河南延津縣東。頓丘,在今河南浚縣西。

　　"秦欲攻安邑,恐齊救之,則以宋委於齊。曰:'宋王無道,爲木人以寫寡人,射其面。寡人地絶兵遠,不能攻也。王苟能破宋有之,寡人如自得之。'已得安邑,塞女戟,因以破宋爲齊罪。

　　"秦欲攻韓,恐天下救之,則以齊委於天下。曰:'齊王四與寡人約,四欺寡人,必率天下以攻寡人者三。有齊無秦,有秦無齊,必伐之,必亡之。'已得宜陽、少曲,致藺、離石[1],因以破齊爲天下罪。

【注】
〔1〕藺,在今山西吕梁市離石區西。離石,在今山西吕梁市離石區。

　　"秦欲攻魏重楚,則以南陽委於楚。曰:'寡人因與韓且絶矣。殘均陵[1],塞鄳阨[2],苟利於楚,寡人如自有之。'魏棄與國而合於秦[3],因以塞鄳阨爲楚罪。

【注】

〔1〕均陵,在今湖北均縣。
〔2〕鄳陁,古隘道名,在今河南信陽市西南平靖關。
〔3〕與國,結盟的國家。

"兵困於林中[1],重燕、趙,以膠東委於燕[2],以濟西委於趙。已得講於魏[3],至公子延[4],因犀首屬行而攻趙[5]。

【注】

〔1〕林中,在今河南新鄭市東故林鄉城。
〔2〕膠東,今山東東部膠河谷地以東、東南北三面環海的半島地區的習稱。
〔3〕講,和解。
〔4〕至,《史記索隱》云當爲"質"。
〔5〕屬行,集合軍隊。行,軍行,隊伍。

"兵傷於譙石[1],而遇敗於陽馬[2],而重魏,則以葉、蔡委於魏[3]。已得講於趙,則劫魏,魏不爲割。困則使太后弟穰侯爲和[4],嬴則兼欺舅與母[5]。

【注】

〔1〕譙石,《戰國策》作"離石"。
〔2〕陽馬,《戰國策》作"馬陵"。戰國有二馬陵,此馬陵當在今山西和順縣西。
〔3〕葉,在今河南葉縣西南。蔡,即上蔡,在今河南上蔡西南。
〔4〕太后,指宣太后,秦昭王母。穰侯,宣太后異父弟。

〔5〕嬴,通"贏"。獲勝。舅與母,指穰侯和宣太后。

"適燕者曰'以膠東',適趙者曰'以濟西',適魏者曰'以葉、蔡',適楚者曰'以塞鄳阨',適齊者曰'以宋'〔1〕。此必令言如循環,用兵如刺蜚〔2〕,母不能制,舅不能約。

【注】
〔1〕適,通"謫",責備。
〔2〕刺蜚,喻輕而易舉。

"龍賈之戰〔1〕,岸門之戰〔2〕,封陵之戰〔3〕,高商之戰〔4〕,趙莊之戰〔5〕,秦之所殺三晉之民數百萬〔6〕,今其生者皆死秦之孤也〔7〕。西河之外〔8〕,上雒之地〔9〕,三川晉國之禍〔10〕,三晉之半,秦禍如此其大也。而燕、趙之秦者,皆以爭事秦說其主,此臣之所大患也。"

【注】
〔1〕龍賈之戰,指公元前330年秦敗魏於雕陰擒魏將龍賈事。
〔2〕岸門之戰,指公元前314年秦敗韓之戰。岸門,在今河南許昌西北。
〔3〕封陵之戰,指公元前303年秦敗魏之戰。封陵,在今山西芮城縣西南端,黃河北岸的風陵渡以東。
〔4〕高商之戰,《史記集解》云"此戰事不見"。
〔5〕趙莊之戰,指公元前313年秦攻趙、俘趙將趙莊之戰。
〔6〕三晉,指韓、趙、魏三國。
〔7〕死秦之孤,在與秦交戰中戰死者的孤兒。
〔8〕西河,古稱西部地區南北流向的黃河爲西河。

〔9〕上雒之地,指洛水上游地區。
〔10〕三川,古地區名,以有黃河、洛水、伊水三川而得名。

　　燕昭王不行。蘇代復重於燕。
　　燕使約諸侯從親如蘇秦時,或從或不,而天下由此宗蘇氏之從約[1]。代、厲皆以壽死,名顯諸侯。

【注】
〔1〕宗,尊奉。

　　太史公曰[1]:蘇秦兄弟三人,皆游說諸侯以顯名,其術長於權變。而蘇秦被反間以死[2],天下共笑之,諱學其術[3]。然世言蘇秦多異,異時事有類之者皆附之蘇秦[4]。夫蘇秦起閭閻[5],連六國從親,此其智有過人者。吾故列其行事,次其時序,毋令獨蒙惡聲焉[6]。

【注】
〔1〕太史公,即司馬遷。本書有傳。
〔2〕反間,利用間諜活動來戰勝對方。
〔3〕諱,避忌。
〔4〕謂世傳的蘇秦事迹多有差異,不同時期的相類事迹都附會在蘇秦身上。
〔5〕閭閻,本指里巷的門,此借指平民。
〔6〕蒙,遭受。

選自《史記》卷六十九《蘇秦列傳》

張　　儀（？—前310）

張儀者,魏人也[1]。始嘗與蘇秦俱事鬼谷先生[2],學術,蘇秦自以不及張儀。

【注】
〔1〕張儀,戰國時縱橫家,主張連橫的代表人物。
〔2〕鬼谷,即鬼谷子,本書有傳。事,師事。

張儀已學而游説諸侯。嘗從楚相飲[1],已而楚相亡璧[2],門下意張儀[3],曰:"儀貧無行[4],必此盜相君之璧。"共執張儀[5],掠笞數百[6],不服,醳之[7]。其妻曰:"嘻[8]！子毋讀書游説,安得此辱乎？"張儀謂其妻曰:"視吾舌尚在不？"其妻笑曰:"舌在也。"儀曰:"足矣。"

【注】
〔1〕楚相,戰國時楚始終未設相,此指楚令尹。
〔2〕已而,不久,旋即。亡,丢失,失去。璧,玉器名。
〔3〕意,認爲。
〔4〕行,品行。
〔5〕執,捉拿,拘捕。
〔6〕掠笞,用竹板或荆條拷打。
〔7〕醳,古"釋"字,釋放。

〔8〕嘻,悲恨的感嘆聲音。

　　蘇秦已説趙王而得相約從親〔1〕,然恐秦之攻諸侯,敗約後負〔2〕,念莫可使用於秦者〔3〕,乃使人微感張儀曰〔4〕:"子始與蘇秦善〔5〕,今秦已當路〔6〕,子何不往游〔7〕,以求通子之願〔8〕?"張儀於是之趙〔9〕,上謁求見蘇秦〔10〕。蘇秦乃誡門下人不爲通〔11〕,又使不得去者數日〔12〕。已而見之,坐之堂下,賜僕妾之食〔13〕,因而數讓之曰〔14〕:"以子之材能,乃自令困辱至此〔15〕。吾寧不能言而富貴子?子不足收也。"謝去之〔16〕。張儀之來也,自以爲故人,求益,反見辱,怒,念諸侯莫可事,獨秦能苦趙,乃遂入秦。

【注】

〔1〕從,通"縱",指合縱。
〔2〕負,背棄。
〔3〕念,考慮。
〔4〕微感,謂暗中勸説。微,暗暗地,悄悄地。
〔5〕善,友好,親善。
〔6〕當路,謂擔任重要官職,掌握大權。
〔7〕游,游説,交際。
〔8〕通,達。
〔9〕之,到,往。
〔10〕上謁,遞上名帖。
〔11〕誡,警告,叮囑。通,通報,傳達。
〔12〕去,離開。
〔13〕僕妾,奴僕。

〔14〕讓,責備。
〔15〕令,使。
〔16〕謝,辭別。

　　蘇秦已而告其舍人曰[1]:"張儀,天下賢士,吾殆弗如也[2]。今吾幸先用,而能用秦柄者[3],獨張儀可耳。然貧,無因以進[4]。吾恐其樂小利而不遂[5],故召辱之,以激其意。子爲我陰奉之[6]。"乃言趙王,發金幣車馬,使人微隨張儀,與同宿舍,稍稍近就之,奉以車馬金錢,所欲用,爲取給,而弗告。張儀遂得以見秦惠王[7]。惠王以爲客卿[8],與謀伐諸侯。

【注】
〔1〕舍人,門客。
〔2〕殆,大概,恐怕。
〔3〕柄,指政權。
〔4〕進,引薦。
〔5〕遂,成就。
〔6〕陰奉,謂暗中籠絡。
〔7〕秦惠王,秦孝公子,公元前337—前311年在位。
〔8〕客卿,在本國做官的外國人,以禮相待,稱爲"客卿"。

　　蘇秦之舍人乃辭去。張儀曰:"賴子得顯,方且報德,何故去也?"舍人曰:"臣非知君,知君乃蘇君。蘇君憂秦伐趙敗從約,以爲非君莫能得秦柄,故感怒君,使臣陰奉給君資[1],盡蘇君之計謀。今君已用,請歸報。"張儀曰:"嗟乎[2],此吾在術中而不悟[3],吾不及蘇君明矣！吾又新用,安能謀趙乎[4]？爲吾謝蘇君,蘇君之時,儀何敢言。且蘇君在,儀寧渠能乎[5]！"張儀既相秦[6],爲文檄告楚相曰[7]:"始吾從若飲,我不盜而璧,若笞我。若善守汝國,我顧且盜而城！"

【注】

〔1〕資,資財,錢財。
〔2〕嗟乎,感嘆聲。
〔3〕術,謀術,權謀。
〔4〕謀,謀算。
〔5〕寧渠,難道。渠,同"詎",豈。
〔6〕張儀任相在秦惠王十年(前328)。
〔7〕檄,長兩尺的木簡。古代有徵召或宣告等事,寫在檄上傳發出去。

苴、蜀相攻擊[1],各來告急於秦。秦惠王欲發兵以伐蜀,以爲道險狹難至,而韓又來侵秦,秦惠王欲先伐韓,後伐蜀,恐不利,欲先伐蜀,恐韓襲秦之敝[2],猶豫未能決。司馬錯與張儀爭論於惠王之前[3],司馬錯欲伐蜀,張儀曰:"不如伐韓。"王曰:"請聞其說。"

【注】

〔1〕苴,古國名,在今四川廣元市昭化區東南。《華陽國志》云:"昔蜀王封其弟於漢中,號曰苴侯。"蜀,古族名、國名,有今四川西部長江上游以北及陝西西南部分地。

〔2〕敝,疲憊。
〔3〕司馬錯,秦將。

　　儀曰:"親魏善楚,下兵三川[1],塞什谷之口[2],當屯留之道[3],魏絕南陽[4],楚臨南鄭[5],秦攻新城、宜陽[6],以臨二周之郊[7],誅周王之罪[8],侵楚、魏之地。周自知不能救,九鼎寶器必出[9]。據九鼎,案圖籍[10],挾天子以令於天下,天下莫敢不聽,此王業也[11]。今夫蜀,西僻之國而戎翟之倫也[12],敝兵勞衆不足以成名,得其地不足以爲利。臣聞爭名者於朝,爭利者於市。今三川、周室,天下之朝市也,而王不爭焉,顧爭於戎翟,去王業遠矣。"

【注】

〔1〕三川,韓郡名。因有黃河、洛水、伊水三川而得名。
〔2〕什谷,在今河南偃師市東南。
〔3〕屯留,在今山西長治市屯留區。道,即太行羊腸坂道。
〔4〕南陽,古地區名,此指魏之南陽,相當今河南濟源至獲嘉一帶。以在太行山南、黃河之北,故名。
〔5〕南鄭,即"鄭"。韓都城,在今河南新鄭。
〔6〕新城,在今河南伊川西南。宜陽,在今河南宜陽西。
〔7〕二周,指戰國時分治的西周和東周二小國。
〔8〕誅,討伐。
〔9〕九鼎,相傳爲夏禹所鑄,象徵九州。三代時奉爲傳國的寶器,王都之所在,即鼎之所在。
〔10〕案圖籍,掌握地圖和户籍。案,同"按"。圖籍,地圖和户籍。
〔11〕王業,統一天下的事業。

〔12〕戎,古代對西部民族的統稱。翟,通"狄",古代北部一民族。倫,類。

　　司馬錯曰:"不然。臣聞之,欲富國者務廣其地[1],欲強兵者務富其民,欲王者務博其德[2],三資者備而王隨之矣。今王地小民貧,故臣願先從事於易。夫蜀,西僻之國也,而戎翟之長也[3],有桀、紂之亂[4]。以秦攻之,譬如使豺狼逐羣羊[5]。得其地足以廣國,取其財足以富民繕兵[6],不傷衆而彼已服焉。拔一國而天下不以為暴[7],利盡西海而天下不以為貪[8],是我一舉而名實附也,而又有禁暴止亂之名。今攻韓,劫天子[9],惡名也,而未必利也,又有不義之名,而攻天下所不欲,危矣。臣請謁其故[10]:周,天下之宗室也;齊,韓之與國也[11]。周自知失九鼎,韓自知亡三川,將二國并力合謀,以因乎齊、趙而求解乎楚、魏[12],以鼎與楚,以地與魏,王弗能止也。此臣之所謂危也。不如伐蜀完[13]。"

【注】
〔1〕務,從事,致力。
〔2〕王,謂成王業。
〔3〕長,首領。
〔4〕桀,夏朝末代國君。紂,商代最後一個君主。
〔5〕逐,追趕。
〔6〕繕,通"膳",飯食。
〔7〕拔,攻取。
〔8〕西海,指羌戎各族居住的四川一帶地方。

〔9〕劫,威逼,威脅。
〔10〕謁,告訴,陳述。
〔11〕齊,韓之與國也,凌稚隆《史記評林》云:"按'齊'字恐衍,當云:'韓,周之與國也'。"據上下文,此說是,正與司馬錯"今攻韓,劫天子"説相應。與國,結盟的國家。
〔12〕因,依靠,憑藉。齊,戰國七雄之一。
〔13〕完,完滿,萬全。

惠王曰:"善,寡人請聽子。"率起兵伐蜀[1],十月,取之,遂定蜀,貶蜀王更號爲侯[2],而使陳莊相蜀[3]。蜀既屬秦,秦以益强,富厚,輕諸侯。

【注】
〔1〕卒,終於。
〔2〕《史記·六國年表》云:"擊蜀,滅之。"《華陽國志》云:蜀王"爲秦軍所害。秦遂滅蜀。"此處"貶蜀王更號爲侯",當是指改封所殺蜀王之子弟爲侯。
〔3〕陳莊,一作"陳狀",蜀相。公元前310年被殺。

秦惠王十年,使公子華與張儀圍蒲陽[1],降之。儀因言秦復與魏,而使公子繇質於魏[2]。儀因說魏王曰:"秦王之遇魏甚厚[3],魏不可以無禮。"魏因入上郡、少梁[4],謝秦惠王。惠王乃以張儀爲相,更名少梁曰夏陽[5]。

【注】
〔1〕蒲陽,在今山西隰縣西北。

〔2〕公子華,一作"公子桑"。質,人質。
〔3〕遇,對待。
〔4〕上郡,郡名,魏文侯置。轄境相當今陝西洛河以東,黄梁河以北,東北到子長、延安一帶。少梁,縣名,在今陝西韓城縣西南。據《史記・六國年表》及《魏世家》,秦惠王十年,魏納上郡於秦,並無少梁。
〔5〕據《史記・秦本紀》,更名少梁曰夏陽,在秦惠王十一年。

儀相秦四歲,立惠王爲王〔1〕。居一歲,爲秦將,取陝〔2〕。築上郡塞〔3〕。

【注】
〔1〕秦惠王稱王在其十三年(前335年)。
〔2〕陝,在今河南三門峽市陝州區。
〔3〕塞,邊界險要之處。

其後二年,使與齊、楚之相會嚙桑〔1〕。東還而免相,相魏以爲秦,欲令魏先事秦而諸侯效之。魏王不肯聽儀。秦王怒,伐取魏之曲沃、平周〔2〕,復陰厚張儀益甚。張儀慙,無以歸報。留魏四歲而魏襄王卒,哀王立〔3〕。張儀復說哀王,哀王不聽。於是張儀令秦伐魏。魏與秦戰,敗。

【注】
〔1〕嚙桑,在今江蘇沛縣西南。據《史記・六國年表》,嚙桑之會在惠王初更二年即張儀取陝後一年,非其後二年。
〔2〕曲沃,在今山西聞喜縣東北。平周,在今山西介休市西。

〔3〕據《竹書紀年》,應爲"魏惠王卒,襄王立。"魏惠王即梁惠王,公元前369—前319年在位。襄王,魏惠王子,公元前318—前296年在位。

明年,齊又來敗魏於觀津[1]。秦復欲攻魏,先敗韓申差軍[2],斬首八萬,諸侯震恐。而張儀復說魏王曰:

"魏地方不至千里,卒不過三十萬。地四平,諸侯四通輻湊[3],無名山大川之限[4]。從鄭至梁二百餘里[5],車馳人走,不待力而至。梁南與楚境[6],西與韓境,北與趙境,東與齊境,卒戍四萬[7],守亭障者不下十萬[8]。梁之地勢,固戰場也。梁南與楚而不與齊[9],則齊攻其東;東與齊而不與趙,則趙攻其北;不合於韓,則韓攻其西;不親於楚,則楚攻其南:此所謂四分五裂之道也。

【注】

〔1〕觀津,在今河北武邑東南。
〔2〕申差,韓將名。
〔3〕輻湊,亦作"輻輳",車輻湊集於轂上。喻人或物集聚在一起。
〔4〕限,阻隔;界限。
〔5〕據《戰國策·魏策》云:"從鄭至梁,不過百里,從陳至梁二百餘里。"梁,即魏。
〔6〕境,接境,交界。
〔7〕戍,駐防。
〔8〕亭,瞭望臺。障,駐守的城堡。
〔9〕與,結交,親附。

"且夫諸侯之爲從者,將以安社稷尊主強兵顯名也[1]。今從者一天下,約爲昆弟[2],刑白馬以盟洹水之上[3],以相堅也。而親昆弟同父母,尚有爭錢財,而欲恃詐僞反覆蘇秦之餘謀[4],其不可成亦明矣。

【注】

〔1〕社稷,原爲土穀神。古代帝王都祭祀社稷,以後社稷就成了國家的代稱。
〔2〕昆弟,兄弟。
〔3〕刑,割,殺。洹水,古水名,在今河南省北境,又名安陽河。
〔4〕恃,依靠,依賴。

"大王不事秦,秦下兵攻河外[1],據卷、衍、燕、酸棗[2],劫衛取陽晉[3],則趙不南,趙不南而梁不北,梁不北則從道絶,從道絶則大王之國欲毋危不可得也。秦折韓而攻梁,韓怯於秦,秦、韓爲一,梁之亡可立而須也。此臣之所爲大王患也。

【注】

〔1〕河外,指黃河以南、以西地區。
〔2〕卷,在今河南原陽縣舊原武西北。衍,在今河南鄭州市北。燕,在今河南延津縣東北。酸棗,在今河南延津縣西南。
〔3〕劫,脅迫。衛,古國名。陽晉,故城在今山東菏澤市西北。

"爲大王計,莫如事秦。事秦則楚、韓必不敢動;無楚、韓之患,則大王高枕而臥,國必無憂矣。

"且夫秦之所欲弱者莫如楚,而能弱者莫如梁。楚雖有富大之名而實空虛;其卒雖多,然而輕走易北,不能堅戰。悉梁之兵南面而伐楚[1],勝之必矣。割楚而益梁,虧楚而適秦,嫁禍安國,此善事也。大王不聽臣,秦下甲士而東伐,雖欲事秦,不可得矣。

【注】
〔1〕悉,盡。

"且夫從人多奮辭而少可信[1],說一諸侯而成封侯,是故天下之游談士莫不日夜搤腕瞋目切齒以言從之便[2],以說人主。人主賢其辯而牽其說[3],豈得無眩哉[4]。

【注】
〔1〕奮辭,高談闊論。
〔2〕搤腕,一手掐另一手腕。搤,"扼"之異體字。瞋目,瞪眼。
〔3〕牽,制。
〔4〕眩,迷惑。

"臣聞之,積羽沈舟[1],羣輕折軸[2],眾口鑠金[3],積毀銷骨,故願大王審定計議,且賜骸骨辟魏[4]。"

【注】
〔1〕沈,即"沉"。
〔2〕折軸,折斷車軸。
〔3〕眾口鑠金,喻眾人之言論力量極大。鑠,熔化金屬。

〔4〕賜骸骨,謂賞我生命。

哀王於是乃倍從約而因儀請成於秦〔1〕。張儀歸,復相秦。三歲而魏復背秦爲從。秦攻魏,取曲沃〔2〕。明年,魏復事秦。

【注】
〔1〕倍,通"背",背棄。
〔2〕曲沃,魏有二曲沃,此在今河南三門峽市西北。

秦欲伐齊,齊、楚從親,於是張儀往相楚。楚懷王聞張儀來〔1〕,虛上舍而自館之〔2〕。曰:"此僻陋之國,子何以教之?"儀説楚王曰:"大王誠能聽臣,閉關絶約於齊,臣請獻商於之地六百里〔3〕,使秦女得爲大王箕帚之妾〔4〕,秦、楚娶婦嫁女,長爲兄弟之國。此北弱齊而西益秦也,計無便此者。"楚王大説而許之〔5〕。羣臣皆賀,陳軫獨弔之〔6〕。楚王怒曰:"寡人不興師發兵得六百里地,羣臣皆賀,子獨弔,何也?"陳軫對曰:"不然,以臣觀之,商於之地不可得而齊、秦合,齊、秦合則患必至矣。"楚王曰:"有説乎?"陳軫對曰:"夫秦之所以重楚者,以其有齊也。今閉關絶約於齊,則楚孤。秦奚貪夫孤國,而與之商於之地六百里?張儀至秦,必負王,是北絶齊交,西生患於秦也,而兩國之兵必俱至。善爲王計者,不若陰合而陽絶於齊〔7〕,使人隨張儀。苟與吾地,絶齊未晚也;不與吾地,陰合謀計也。"楚王曰:"願陳子閉口毋復言,以待寡人得地。"乃以相印授張儀,厚賂之。於是遂閉關絕約於齊,使一將軍隨張儀。

【注】

〔1〕楚懷王,楚威王子,公元前328—前299年在位,公元前296年死於秦。
〔2〕上舍,上等的客舍。館,留宿。
〔3〕商於,古地區名,又名於中,在今河南淅川縣西南。或以爲係指商(今陝西商洛市商州區東南)、於(今河南西峽縣地)兩邑及兩邑間地區,即今丹江中、下游一帶。
〔4〕箕帚之妾,持簸箕掃帚的奴婢,作妻之謙稱。
〔5〕說,通"悅"。
〔6〕弔,與"賀"相對,表示哀嘆。
〔7〕陰,暗地裏。陽,公開。

張儀至秦,詳失綏墮車[1],不朝三月。楚王聞之,曰:"儀以寡人絕齊未甚邪?"乃使勇士至宋[2],借宋之符,北罵齊王[3]。齊王大怒,折節而下秦[4]。秦、齊之交合,張儀乃朝,謂楚使者曰:"臣奉邑六里,願以獻大王左右[5]。"楚使者曰:"臣受令於王,以商於之地六百里,不聞六里。"還報楚王,楚王大怒,發兵而攻秦。陳軫曰:"軫可發口言乎?攻之不如割地反以賂秦,與之併兵而攻齊,是我出地於秦,取償於齊也,王國尚可存。"楚王不聽,卒發兵而使將軍屈匄擊秦。秦、齊共攻楚,斬首八萬,殺屈匄[6],遂取丹陽、漢中之地[7]。楚又復發兵而襲秦,至藍田[8],大戰,楚大敗,於是楚割兩城以與秦平[9]。

【注】

〔1〕詳,通"佯",假裝。綏,車繩,登車時作拉手用。
〔2〕宋,古國名。
〔3〕符,古代朝廷的憑證。《史記志疑》云此語可疑。
〔4〕折節,折斷符節。節,符節,古使者所持以作憑證。
〔5〕大王,即楚王。
〔6〕屈匄,一作"屈丐",楚將名。
〔7〕丹陽,在今河南陝西西丹水以北地區。漢中,郡名,轄境有今陝西東南部,南到今湖北西北部。
〔8〕藍田,在今湖北鍾祥市西北。
〔9〕平,媾和,講和。

秦要楚欲得黔中地〔1〕,欲以武關外易之〔2〕。楚王曰:"不願易地,願得張儀而獻黔中地。"秦王欲遣之,口弗忍言。張儀乃請行。惠王曰:"彼楚王怒子之負以商於之地,是且甘心於子。"張儀曰:"秦強楚弱,臣善靳尚〔3〕,尚得事楚夫人鄭袖,袖所言皆從。且臣奉王之節使楚,楚何敢加誅。假令誅臣而為秦得黔中之地,臣之上願。"遂使楚。楚懷王至則囚張儀,將殺之。靳尚謂鄭袖曰:"子亦知子之賤於王乎?"鄭袖曰:"何也?"靳尚曰:"秦王甚愛張儀而不欲出之,今將以上庸之地六縣賂楚〔4〕,以美人聘楚,以宮中善歌謳者為媵〔5〕。楚王重地尊秦,秦女必貴而夫人斥矣。不若為言而出之。"於是鄭袖日夜言懷王曰:"人臣各為其主用。今地未入秦,秦使張儀來,至重王。王未有禮而殺張儀,秦必大怒攻楚。妾請子母俱遷江南〔6〕,毋為秦所魚肉也[7]。"懷王後悔,赦張儀,厚禮之如故。

【注】
[1] 要,要挾,威迫。黔中,郡名,轄境有今湖南西部及貴州東北部。
[2] 武關,在今陝西商南縣西北。據《史記·楚世家》,懷王十七年,與秦戰丹陽,秦虜屈匄,遂取漢中郡;十八年,秦使使約復與楚親,分漢中之半以和楚。《屈原列傳》亦同。
[3] 靳尚,楚人,任上官大夫。
[4] 上庸,在今湖北竹山西南。
[5] 謳,唱歌。媵,隨嫁的人。
[6] 江南,地區名。泛指長江以南。
[7] 魚肉,殘害。

張儀既出,未去,聞蘇秦死[1],乃說楚王曰:

"秦地半天下,兵敵四國,被險帶河[2],四塞以爲固。虎賁之士百餘萬[3],車千乘,騎萬匹,積粟如丘山。法令既明,士卒安難樂死,主明以嚴,將智以武,雖無出甲,席卷常山之險[4],必折天下之脊,天下有後服者先亡。且夫爲從者,無以異於驅羣羊而攻猛虎,虎之與羊不格明矣[5]。今王不與猛虎而與羣羊,臣竊以爲大王之計過也。

【注】
[1]《史記索隱》曰:"此時當秦惠王之後元十四年。"(即前311)。據1973年底長沙馬王堆三號漢墓出土帛書考證,蘇秦卒於秦昭襄王二十三年(即前280)。時張儀早已死去。

〔2〕帶,圍繞。河,黃河。
〔3〕虎賁,勇士。
〔4〕常山,在今河北曲陽西北與山西接壤處。
〔5〕格,抵敵。

"凡天下強國,非秦而楚,非楚而秦,兩國交爭,其勢不兩立。大王不與秦,秦下甲據宜陽[1],韓之上地不通[2]。下河東[3],取成皋[4],韓必入臣[5],梁則從風而動。秦攻楚之西,韓、梁攻其北,社稷安得毋危?

【注】
〔1〕宜陽,在今河南宜陽縣西。
〔2〕上地,即上黨郡,在今山西沁河以東一帶地區。
〔3〕河東,古地區名。指今山西黃河以内的西南部。
〔4〕成皋,在今河南滎陽氾水鎮。
〔5〕入臣,指投降。

"且夫從者聚羣弱而攻至強,不料敵而輕戰,國貧而數舉兵,危亡之術也。臣聞之,兵不如者勿與挑戰,粟不如者勿與持久。夫從人飾辯虛辭[1],高主之節,言其利不言其害,卒有秦禍,無及爲已。是故願大王之孰計之。

【注】
〔1〕飾辯虛辭,謂巧辯不實之言。

"秦西有巴蜀,大船積粟,起於汶山[1],浮江已下[2],

至楚三千餘里。舫船載卒[3]，一舫載五十人與三月之食，下水而浮，一日行三百餘里，里數雖多，然而不費牛馬之力，不至十日而距扞關[4]。扞關驚，則從境以東盡城守矣[5]，黔中、巫郡非王之有[6]。秦舉甲出武關，南面而伐，則北地絕[7]。秦兵之攻楚也，危難在三月之内，而楚待諸侯之救，在半歲之外，此其勢不相及也。夫恃弱國之救，忘強秦之禍，此臣所以爲大王患也。

【注】

〔1〕汶山，即岷山。汶讀若"岷"。
〔2〕已，同"以"。
〔3〕舫船，謂兩船相併。
〔4〕距，到。扞關，關名，在今湖北宜昌市西。
〔5〕從境，據《戰國策·楚策一》作"竟陵"。竟陵，在今湖北潛江西北。
〔6〕巫郡，郡名，轄境有今湖北清江中、上游和四川東部。
〔7〕北地，指楚北部。

"大王嘗與吳人戰[1]，五戰而三勝，陳卒盡矣；偏守新城[2]，存民苦矣。臣聞功大者易危，而民敝者怨上。夫守易危之功而逆強秦之心，臣竊爲大王危之。

【注】

〔1〕吳，古國名。吳在公元前473年已爲越所滅，並不存在楚懷王與吳人作戰之事。
〔2〕新城，新奪取的城邑。

"且夫秦之所以不出兵函谷十五年以攻齊、趙者[1]，陰謀有合天下之心[2]。楚嘗與秦構難[3]，戰於漢中，楚人不勝，列侯執珪死者七十餘人[4]，遂亡漢中。楚王大怒，興兵襲秦，戰於藍田。此所謂兩虎相搏者也。夫秦、楚相敝而韓、魏以全制其後，計無危於此者矣。願大王孰計之。

【注】
[1] 函谷，在今河南靈寶縣東北。秦惠王初更八年至十二年（前317至前313年），曾攻趙三次。
[2] 合，一作"吞"。
[3] 構難，結成怨仇。
[4] 列侯，亦稱"徹侯"、"通侯"，爵位名，秦二十等爵的最高一級。執珪，爵位名，爲楚最高爵位。

"秦下甲攻衛陽晉，必大關天下之匈[1]。大王悉起兵以攻宋，不至數月而宋可舉，舉宋而東指[2]，則泗上十二諸侯盡王之有也[3]。

【注】
[1] 關，貫穿。《戰國策·楚策一》作"開"。匈，同"胸"，胸脯。若以常山爲天下之脊骨，則陽晉爲天下之胸，説明秦攻取陽晉之重要。
[2] 指，指向。
[3] 泗上十二諸侯，指近泗水宋、魯、邾、葛等諸侯國。泗，水名，在今山東中部，源出山東泗水縣東蒙山南麓。

"凡天下而以信約從親相堅者蘇秦,封武安君[1],相燕,即陰與燕王謀伐破齊而分其地;乃詳有罪出走入齊[2],齊王因受而相之;居二年而覺,齊王大怒,車裂蘇秦於市[3]。夫以一詐偽之蘇秦,而欲經營天下[4],混一諸侯[5],其不可成亦明矣。

【注】
[1] 武安君,封號,封邑在武安(今河南武安縣西)。
[2] 詳,通"佯"。
[3] 車裂,古代一種殘酷的死刑。
[4] 經營,籌劃營謀。
[5] 混一,統一。

"今秦與楚接境壤界,固形親之國也。大王誠能聽臣,臣請使秦太子入質於楚,楚太子入質於秦,請以秦女爲大王箕帚之妾,效萬室之都以爲湯沐之邑[1],長爲昆弟之國,經身無相攻伐。臣以爲計無便於此者。"

【注】
[1] 效,獻出;授予。湯沐之邑,本是古代天子賜給諸侯來朝的住宿、齋戒沐浴的地方。此指收取賦稅之所在。

於是楚王已得張儀而重出黔中地與秦,欲許之,屈原曰[1]:"前大王見欺於張儀,張儀至,臣以爲大王烹之[2];今縱弗忍殺之,又聽其邪說,不可。"懷王曰:"許儀而得黔中,美利也。後而倍之,不可。"故卒許張儀,與秦親。

【注】

〔1〕屈原,我國最早的大詩人。名平,字原。本書有傳。
〔2〕烹,古代以鼎鑊煮殺人的一種酷刑。

張儀去楚,因遂之韓,説韓王曰:

"韓地險惡山居,五穀所生,非菽而麥[1],民之食大抵菽飯藿羹[2]。一歲不收,民不饜糟糠[3]。地不過九百里,無二歲之食。料大王之卒,悉之不過三十萬,而厮徒負養在其中矣[4]。除守徼亭障塞[5],見卒不過二十萬而已矣。秦帶甲百餘萬,車千乘,騎萬匹,虎賁之士跿跔科頭貫頤奮戟者[6],至不可勝計。秦馬之良,戎兵之衆,探前趹後蹄間三尋騰者[7],不可勝數。山東之士被甲蒙冑以會戰[8],秦人捐甲徒裼以趨敵[9],左挈人頭[10],右挾生虜。夫秦卒與山東之卒,猶孟賁之與怯夫[11];以重力相壓,猶烏獲之與嬰兒[12]。夫戰孟賁、烏獲之士以攻不服之弱國,無異垂千鈞之重於鳥卵之上,必無幸矣。

【注】

〔1〕非菽而麥,《戰國策·韓策一》作"非麥而豆"。
〔2〕藿羹,豆葉湯。藿,豆葉。
〔3〕饜,吃飽。糟糠,謂粗劣的食物。
〔4〕厮徒,養馬的雜役兵。負養,服勞役者。
〔5〕徼,邊界。
〔6〕跿跔,騰跳踴躍。科頭,謂不戴帽。貫頤,箭穿下巴。頤,下巴。戟,古兵器。
〔7〕探前趹後蹄間三尋騰者,形容良馬。前蹄躍向前,後蹄踢地,

騰空而起,前後蹄間相距二丈多。
〔8〕山東,古地區名,泛指戰國時秦以外六國領土。被,通"披"。胄,古代戰士作戰時戴的頭盔。
〔9〕捐,棄。徒,赤脚。裼,去上衣,露出身體的一部分。
〔10〕挈,提。
〔11〕孟賁,戰國時的勇士。
〔12〕烏獲,戰國時秦力士。據説能舉千鈞之重。

"夫羣臣不料地之寡,而聽從人之甘言好辭[1],比周以相飾也[2],皆奮曰'聽吾計可以强霸天下'。夫不顧社稷之長利而聽須臾之説[3],詿誤人主[4],無過此者。

【注】
〔1〕甘言好辭,甜言蜜語。
〔2〕比周,彼此勾結。
〔3〕須臾,片刻,一會兒。
〔4〕詿誤,貽誤,牽纍。

"大王不事秦,秦下甲據宜陽,斷韓之上地,東取成皋、榮陽[1],則鴻臺之宮、桑林之苑非王之有也[2]。夫塞成皋,絶上地,則王之國分矣。先事秦則安,不事秦則危。夫造禍而求其福報,計淺而怨深,逆秦而順楚,雖欲毋亡,不可得也。

【注】
〔1〕榮陽,在今河南榮陽東北。
〔2〕苑,養禽獸植樹木的地方。多指帝王及貴族游樂打獵的場所。

"故爲大王計,莫如爲秦[1]。秦之所欲莫如弱楚,而能弱楚者莫如韓。非以韓能强於楚也,其地勢然也。今王西面而事秦以攻楚,秦王必喜。夫攻楚以利其地,轉禍而説秦,計無便於此者。"

【注】

[1] 爲,《戰國策・韓策一》作"事"。

韓王聽儀計。張儀歸報,秦惠王封儀五邑,號曰武信君。使張儀東説齊湣王曰[1]:

"天下强國無過齊者,大臣父兄殷衆富樂。然而爲大王計者,皆爲一時之説,不顧百世之利。從人説大王者,必曰'齊西有强趙,南有韓與梁。齊,負海之國也[2],地廣民衆,兵强士勇,雖有百秦,將無奈齊何'。大王賢其説而不計其實。夫從人朋黨比周,莫不以從爲可。臣聞之,齊與魯三戰而魯三勝[3],國以危,亡隨其後,雖有戰勝之名,而有亡國之實。是何也?齊大而魯小也。今秦之與齊也,猶齊之與魯也。秦、趙戰於河漳之上[4],再戰而趙再勝秦;戰於番吾之下[5],再戰又勝秦。四戰之後,趙之亡卒數十萬,邯鄲僅存[6],雖有戰勝之名而國已破矣。是何也?秦强而趙弱[7]。

【注】

[1] 齊湣王,一作"齊閔王"。齊宣王之子,約公元前300—前284年在位,至張儀死尚未即位。

〔2〕負,背靠着。
〔3〕魯,古國名。
〔4〕河,指黃河。漳,水名,今在河北、河南兩省邊界,源出山西東南部。
〔5〕番吾,在今河北靈壽縣西南。
〔6〕邯鄲,趙都,故址在今河北邯鄲市。
〔7〕此段所記頗可疑,或不見史書他處,或事在張儀死後。

"今秦、楚嫁女娶婦[1],爲昆弟之國。韓獻宜陽[2];梁效河外;趙入朝澠池[3],割河間以事秦[4]。大王不事秦,秦驅韓、梁攻齊之南地,悉趙兵渡清河[5],指博關[6],臨菑、即墨非王之有也[7]。國一日見攻,雖欲事秦,不可得也。是故願大王孰計之也。"

【注】
〔1〕秦迎楚婦在公元前305年,時張儀已死。
〔2〕秦攻取韓之宜陽,在公元前307年,時張儀已死。
〔3〕澠池,在今河南澠池縣西。公元前279年秦昭王和趙惠王會盟於此,時張儀已死。
〔4〕河間,黃河與漳水之間地區。澠池之會無割河間事。
〔5〕清河,古河名,戰國時介於齊、趙之間。
〔6〕博關,古關名。
〔7〕臨菑,齊都,故址在今山東淄博市西臨淄北。即墨,在今山西平度東南。

齊王曰:"齊僻陋隱居東海之上[1],未嘗聞社稷之長利也。"乃許張儀。

【注】

〔1〕齊境東靠渤海和黃海。

張儀去,西説趙王曰[1]:

"敝邑秦王使使臣效愚計於大王。大王收率天下以賓秦[2],秦兵不敢出函谷關十五年。大王之威行於山東[3],敝邑恐懼懾伏[4],繕甲厲兵[5],飾車騎[6],習馳射,力田積粟,守四封之内[7],愁居懾處,不敢動摇,唯大王有意督過之也[8]。

【注】

〔1〕趙王,指趙武靈王,公元前 325—前 299 年在位。
〔2〕收,聚集。賓,通"擯",排斥。
〔3〕趙武靈王十九年,實行軍事改革,"胡服騎射",後陸續攻滅中山,攻破林胡、樓煩,國勢始大盛。時張儀已死。張儀在世時,趙屢爲秦、齊所敗,更未"收率天下以賓秦"。
〔4〕懾伏,又作"懾服",屈服。
〔5〕繕,整治。厲,謂磨礪。兵,兵器,武器。
〔6〕飾,通"飭",整飭。
〔7〕封,邊界,界域。
〔8〕督過,猶言"督責",監督責罰。

"今以大王之力,舉巴蜀,并漢中,包兩周,遷九鼎[1],守白馬之津[2]。秦雖僻遠,然而心忿含怒之日久矣。今秦有敝甲凋兵,軍於澠池,願渡河逾漳,據番吾,會邯鄲之下,願以甲子合戰,以正殷紂之事[3],敬使使臣先聞左右。

【注】
〔1〕包兩周,謂秦先後攻滅分治的西周和東周二小國,周朝滅亡。皆張儀死後事。
〔2〕白馬之津,古津渡名,在今河南滑縣東北。
〔3〕甲子,甲子之日。以正殷紂之事,以驗證周武王伐殷紂的故事,據《史記·周本紀》記載,周武王在甲子日與殷紂軍隊戰於牧野。正,通"證"。殷,即商,朝代名。

"凡大王之所信爲從者恃蘇秦。蘇秦熒惑諸侯[1],以是爲非,以非爲是,欲反齊國,而自令車裂於市。夫天下之不可一亦明矣。今楚與秦爲昆弟之國,而韓、梁稱爲東藩之臣[2],齊獻魚鹽之地,此斷趙之右臂也。夫斷右臂而與人鬭,失其黨而孤居,求欲毋危,豈可得乎?

【注】
〔1〕熒惑,迷惑。
〔2〕東藩之臣,謂在東方藩國稱臣子。

"今秦發三將軍:其一軍塞午道[1],告齊使興師渡清河,軍於邯鄲之東;一軍軍成皋,驅韓、梁軍於河外;一軍軍於澠池。約四國爲一以攻趙,趙破,必四分其地。是故不敢匿意隱情,先以聞於左右。臣竊爲大王計,莫如與秦王遇於澠池,面相見而口相結[2],請案兵無攻。願大王定計。"

【注】

〔1〕午道,縱橫交錯的道路。《史記索隱》云:"此午道當在趙之東,齊之西也。午道,地名也。鄭玄云'一縱一橫爲午',謂交道也。"

〔2〕口相結,口頭相互訂約。

趙王曰:"先王之時,奉陽君專權擅勢[1],蔽欺先王,獨擅綰事[2],寡人居屬師傅[3],不與國謀計。先王棄羣臣,寡人年幼,奉祀之日新[4],心固竊疑焉,以爲一從不事秦,非國之長利也。乃且願變心易慮,割地謝前過以事秦。方將約車趨行[5],適聞使者之明詔[6]。"趙王許張儀,張儀乃去。

【注】

〔1〕奉陽君,即趙大臣李兑,曾任司寇,後升爲相。封奉陽君,長期專斷國政。此爲張儀死後事。

〔2〕綰,控扼。

〔3〕居屬師傅,跟老師居住在一起。

〔4〕奉祀之日新,即位的日子還不久。

〔5〕約車,收拾車子。

〔6〕詔,教誨,告誡。

北之燕,説燕昭王曰[1]:

"大王之所親莫如趙,昔趙襄子嘗以其姊爲代王妻[2],欲并代,約與代王遇於句注之塞[3]。乃令工人作爲金斗[4],長其尾[5],令可以擊人。與代王飲,陰告廚人曰:

'即酒酣樂,進熱啜[6],反斗以擊之。'於是酒酣樂,進熱啜,廚人進斟,因反斗以擊代王,殺之,王腦塗地。其姊聞之,因摩笄以自刺[7],故至今有摩笄之山[8]。代王之亡,天下莫不聞。

【注】

〔1〕燕昭王,燕王噲庶子。公元前311—前279年在位。
〔2〕趙襄子,即趙無恤,趙鞅(即趙簡子)之子,春秋末年晉大夫。與韓、魏二家合謀,滅知伯,三家分晉。代,古國名,在今河北蔚縣東北。公元前475年,爲趙襄子所滅。
〔3〕句注,山名。又名陘嶺、雁門山、西陘山。在今山西代縣北。
〔4〕金斗,炊具。《史記·趙世家》作"銅枓"。
〔5〕尾,斗柄。
〔6〕進熱啜,指送上熱羹。
〔7〕摩,通"磨"。笄,簪子。古代用來插住挽起的頭髮或升冕。
〔8〕摩笄之山,在今河北淶源縣境。

"夫趙王之很戾無親[1],大王之所明見,且以趙王爲可親乎?趙興兵攻燕,再圍燕都而劫大王[2],大王割十城以謝。今趙王已入朝澠池,效河間以事秦。今大王不事秦,秦下甲雲中、九原[3],驅趙而攻燕,則易水、長城非大王之有也[4]。

【注】

〔1〕很,通"狠"。戾,暴戾。
〔2〕燕都,即薊,在今北京市西南。

〔3〕雲中,郡名。因地名雲中(今內蒙古自治區托克托縣東北)得名。轄境相當今內蒙古自治區大青山以南、黃河南岸及長城以北地區。九原,在今內蒙古自治區包頭市西。

〔4〕易水,在今河北省西部。長城,指燕的南長城,是因易水的堤防擴建而成的。

"且今時趙之於秦猶郡縣也,不敢妄舉師以攻伐。今王事秦,秦王必喜,趙不敢妄動,是西有強秦之援,而南無齊、趙之患,是故願大王孰計之。"

燕王曰:"寡人蠻夷僻處,雖大男子,裁如嬰兒〔1〕,言不足以採正計〔2〕。今上客幸教之,請西面而事秦,獻恒山之尾五城〔3〕。"燕王聽儀。儀歸報,未至咸陽而秦惠王卒,武王立〔4〕。武王自爲太子時不說張儀,及即位,羣臣多讒張儀曰:"無信,左右賣國以取容。秦必復用之,恐爲天下笑。"諸侯聞張儀有郤武王〔5〕。皆畔衡〔6〕,復合從。

【注】

〔1〕裁,通"才",僅僅。
〔2〕正計,正確的計謀。
〔3〕恒山,即常山。
〔4〕秦惠王卒,時爲公元前311年。武王,秦惠王子,公元前310—前307年在位。
〔5〕郤,通"隙",感情上的裂痕。
〔6〕畔,通"叛"。衡,通"橫",連橫。

秦武王元年,羣臣日夜惡張儀未已,而齊讓又至〔1〕。

張儀懼誅,乃因謂秦武王曰:"儀有愚計,願效之。"王曰:"奈何?"對曰:"爲秦社稷計者,東方有大變,然後王可以多割得地也。今聞齊王甚憎儀,儀之所在,必興師伐之。故儀願乞其不肖之身之梁,齊必興師而伐梁。梁、齊之兵連於城下而不能相去,王以其間伐韓,入三川,出兵函谷而毋伐,以臨周,祭器必出[2]。挾天子,按圖籍,此王業也。"秦王以爲然,乃具革車三十乘[3],入儀之梁[4]。齊果興師伐之。梁哀王恐[5]。張儀曰:"王勿患也,請令罷齊兵。"乃使其舍人馮喜之楚,借使之齊[6],謂齊王曰:"王甚憎張儀;雖然,亦厚矣王之託儀於秦也!"齊王曰:"寡人憎儀,儀之所在,必興師伐之,何以託儀?"對曰:"是乃王之託儀也。夫儀之出也,固與秦王約曰:'爲王計者,東方有大變,然後王可以多割得地。今齊王甚憎儀,儀之所在,必興師伐之。故儀願乞其不肖之身之梁,齊必興師而伐之。齊、梁之兵連於城下而不能相去,王以其間伐韓,入三川,出兵函谷而無伐,以臨周,祭器必出。挾天子,案圖籍,此王業也。'秦王以爲然,故具革車三十乘而入之梁也。今儀入梁,王梁伐之,是王內罷國而外伐與國[7],廣鄰敵以內自臨[8],而信儀於秦王也。此臣之所謂'託儀'也。"齊王曰:"善。"乃使解兵[9]。

【注】

〔1〕讓,責難。
〔2〕祭器,周天子祭祀時所陳設的器物,是政權的象徵。
〔3〕具,準備。革車,古代的一種戰車。

〔4〕入儀之梁,"儀"字疑衍。《戰國策·齊策》作"內之梁",內,入。
〔5〕梁哀王,當爲魏襄王。
〔6〕借使,假借楚使的身份。
〔7〕罷,通"疲"。
〔8〕廣鄰敵,謂樹敵多。
〔9〕解,停止。

　　張儀相魏一歲,卒於魏也〔1〕。

【注】
〔1〕卒於魏,時爲公元前309年。

　　太史公曰:三晉多權變之士〔1〕,夫言從衡强秦者大抵皆三晉之人也。夫張儀之行事甚於蘇秦,然世惡蘇秦者,以其其先死,而儀振暴其短以扶其説〔2〕,成其衡道。要之,此兩人真傾危之士哉〔3〕!

【注】
〔1〕三晉,即韓、趙、魏三國。權變,權宜機變。
〔2〕振暴其短以扶其説,揭露蘇秦合縱之術的短處,用來附會自己的主張。
〔3〕傾危,猶言險詐。

選自《史記》卷七十《張儀列傳》

宋　　鈃（約前382—前300）

　　宋子者，名鈃，一作銒[1]，或作牼[2]，一稱宋榮子[3]。宋人也[4]。與尹文俱游稷下[5]。《莊子·天下篇》稱之曰："不累於俗，不飾於物[6]，不苟於人[7]，不忮於衆[8]，願天下之安寧，以活民命，人我之養，畢足而止，以此白心[9]。古之道術有在於是者，宋鈃、尹文聞其風而説之[10]。"然尹文學行不少概見，今傳書後出[11]，惟《呂覽》略載其遺説[12]。清人馬國翰以爲《天下篇》所叙皆屬宋鈃者也[13]。《天下篇》曰："作爲華山之冠以自表[14]，接萬物以別宥爲始[15]。語心之容，命之曰心之行[16]。以腷合歡[17]，以調海内，請欲置之以爲主[18]。見侮不辱[19]，救民之鬥，禁攻寢兵，救世之戰。以此周行天下，上説下教，雖天下不取，强聒而不舍者也[20]。故曰：'上下見厭而强見也。'雖然，其爲人太多，其自爲太少，曰：'請欲固置[21]，五升之飯足矣。'先生恐不得飽，弟子雖飢，不忘天下。日夜不休，曰：'我必得活哉？圖傲乎救世之士哉[22]！'曰：'君子不爲苛察，不以身假物[23]，'以爲無益於天下者，明之不如已也[24]。以禁攻寢兵爲外，以情欲寡淺爲内[25]。其小大精粗，其行適至是而止[26]。"周赧王三年，楚怒秦欺，發兵西擊秦，秦亦發兵擊之[27]。乃之楚，説楚王。遇孟子於石丘。孟子問何之？曰："秦、楚構兵，我將見秦王説而罷之,二王我將有所遇焉。"又問其指[28]。曰:"我將言其不利也[29]。"莊子又稱之曰:"舉世譽之而不加勸,舉世非之而不加沮[30],定乎内外之分,辨乎是非之竟[31]。"韓子亦稱之曰:"設不鬭争[32],不羞囹圄,世主以爲寬而禮之[33]"。《漢書・藝文志》有書十八篇,在小説家,其言黄老意[34]。孫卿子論其學,於其終曰,小家珍説[35],故《漢志》隸諸小説家歟?宋子崇儉非鬭,與墨子近。故孫卿子以墨宋並稱[36]。然師承迥異[37]。或以爲墨者徒[38],誤已。

【注】

[1] 見陶潛《聖賢羣輔録》。

[2] 見《孟子・告子》。孫奭《孟子疏》云:牼與銒同,口莖反。方以智《藥地炮莊》云:宋銒即宋牼,銒牼聲相近。

[3] 見《莊子・逍遥遊》及《韓非子・顯學》篇。馬國翰《玉函山房宋子》輯本序云:宋銒、宋牼、宋榮子,要是一人也。王先慎《韓非子集解》云:宋榮即宋銒,榮銒偏旁相通,《月令》腐草爲螢,《吕覽》、《淮南》皆蚈,榮爲銒,猶榮之爲蚈也。

[4] 據《孟子》趙歧注、陸德明《莊子釋文》、荀子《非十二子》楊倞注。

[5] 據劉向《七略別録》。《荀子》楊倞注謂爲尹文弟子,不知何據,殆非也。

[6] 飾,通"飭",整治。不飾於物,不加整治任物自然。

[7] 苟,章太炎説,苟者苛之誤,是也。《説文敍》言苛之字止句也。是漢時俗書苛、苟相亂。下言苛察,一本作苟,是其例。不苛於人,對人不作過分的要求。

〔8〕忮,忌害。

〔9〕白心,《莊子釋文》引崔云:明白其心也,白或作任。顧實說,當以作任爲長,是也。觀下文命之曰心之行可證。

〔10〕尹文,戰國時齊人,姓尹名文,或曰尹文復姓。與宋鈃俱游稷下。本書有傳。

〔11〕《漢書·藝文志》名家著録《尹文子》一篇。《隋書·經籍志》、《舊唐書·經籍志》作二卷。成玄英説著書二篇。今本分上下二篇,復有殘缺,且詞説庸近,陳義尤雜,當爲後出。

〔12〕見《吕氏春秋·正名》。

〔13〕據馬國翰輯《宋子》序。

〔14〕作華山之冠,作像華山那樣上下四方平均的帽子。《山海經·西山經》云:太華之山,削成而四方。《莊子》郭象注:華山上下均平。《釋文》云:華山上下均平,作冠象之,表己心均平也。成玄英疏:爲冠以表德之異。

〔15〕別宥,辨別清除偏見。宥,通"囿"。

〔16〕容,詘容。《荀子·正論》云:宋子獨"詘容爲己"。心之行,心的自然趨向。《文子·道原》:"真人者,通於靈府,與造化者爲人,執玄德於心,而化馳如神,是故不道之道,芒乎大哉,未發號施令,而移風易俗,其唯心行也。"

〔17〕胹,《莊子釋文》云:崔本作"聏",音而,郭音餌,司馬云,色厚貌。崔、郭、王云,和也。聏和萬物,物合則歡。一云調也。郭嵩燾説《莊子闕誤》作"胹"。

〔18〕請欲置之,應爲"情欲寡之",此從唐鉞《尹文和尹文子》説。請,讀爲情。欲,動詞。置,"寡"字之誤。宋子講人情欲寡,認爲人的本性就是要少不要多,故下文説"五升之飯足矣"。所以荀子批評説:"宋子有見於少,無見於多。"(《荀子·正論》)"宋子蔽於欲而不知得。"(《解蔽》)

〔19〕見侮不辱,被欺侮不認爲是恥辱。《荀子・正論》、《韓非子・顯學》、《吕氏春秋・正名》等均記宋子"見侮不辱"。
〔20〕强聒,勉强勸告。聒,喧擾,聲音擾耳。
〔21〕請欲固置,應爲"情欲固寡"。見前。
〔22〕圖傲,章太炎説,圖,當爲"嵒"之誤,嵒即鄙陋鄙夷之鄙本字。嵒傲猶今言鄙夷耳。
〔23〕不以身假物,不爲物役。
〔24〕已,止也。謂止而不行也。
〔25〕《莊子・逍遥遊》云:宋榮子"定乎内外之分",即此内外。
〔26〕謂其行也,無論小大粗精,必實事求是。
〔27〕據張宗泰《孟子諸國年志》。
〔28〕指,要點。指同"旨",主意。
〔29〕此據《孟子・告子下》。宋子言興兵之不利,旨近墨子,故孟子説:"先生之志則大矣,先生之號則不可。"
〔30〕勸,勉力。沮,怨喪。
〔31〕見《莊子・逍遥遊》。辨乎是非之竟,作"辨乎榮辱之境"。
〔32〕設,主張。
〔33〕見《韓非子・顯學》。
〔34〕見《漢書・藝文志》班固自注。
〔35〕見《荀子・正論》。
〔36〕見《荀子・非十二子》。
〔37〕據孫詒讓《墨子閒詁・墨子後語》。
〔38〕見陶潛《聖賢羣輔録》。

王蘧常曰:東儒渡邊氏亦誤以宋子爲墨徒[1],然又曰深體老子之柔道,遂卓然於墨子之上,而凝視萬古,不意二千餘年後,得一知己於異邦,亦奇也。

【注】

〔1〕見日本渡邊秀方《中國哲學史概論》。

王蘧常《諸子新傳》

孟　　子（約前372—前289）

　　孟軻,騶人也[1]。受業子思之門人[2]。道既通,游事齊宣王,宣王不能用[3]。適梁,梁惠王不果所言[4],則見以爲迂遠而闊於事情[5]。當是之時,秦用商君[6],富國强兵;楚、魏用吳起[7],戰勝弱敵;齊威王、宣王用孫子、田忌之徒[8],而諸侯東面朝齊。天下方務於合從連衡[9],以攻伐爲賢,而孟軻乃述唐、虞、三代之德[10],是以所如者不合。退而與萬章之徒序《詩》《書》[11],述仲尼之意[12],作《孟子》七篇[13]。其後有騶子之屬。

【注】

〔1〕孟軻,字子輿。騶,又作鄒,古國名,本邾婁國,戰國時魯穆公改號爲鄒,在今山東鄒城市。
〔2〕子思,孔子孫。門人,弟子。《孟子外傳》云:子思學於曾子,子思之子曰子上,軻嘗學焉。是以得聖人之傳也。
〔3〕齊宣王,齊威王之子,名辟疆。公元前319—前301在位。孟子游説齊宣王,因其主張不同,故不見用。
〔4〕梁惠王,即魏惠王,名罃,惠是謚號。公元前369—前319年在位。在位後十年,即公元前362年,由舊都安邑遷都大梁,所以又叫梁惠王。不果,不合。
〔5〕迂遠而闊於事情,不切實情。
〔6〕商君,即商鞅。本書有傳。

〔7〕吳起,兵家。本書有傳。
〔8〕孫子,指孫臏。本書有傳。田忌,齊將。
〔9〕合從連衡,戰國時以蘇秦爲代表的主張六國聯合抗秦,以張儀爲代表的主張六國事秦。
〔10〕唐,唐堯。虞,虞舜。三代,指夏、商、周三代。
〔11〕萬章,萬姓,章名,孟子高足弟子。序,評述。
〔12〕仲尼,孔子。意,旨意。孟子曰:"乃所願,則學孔子也。"《孟子·盡心下》提出堯、舜、湯、文王、孔子,這是儒家道統的先聲。
〔13〕作《孟子》七篇,趙岐《孟子章句·題辭》云:"又存外書四篇——《性善辨》、《文説》、《孝經》、《爲政》——其文不能宏深,又與内篇相似,似非《孟子》本真,後世依放而託也。"又云:"孟子退自齊、梁,述堯、舜之道而著作焉,此大賢擬聖而作者也。"又云:"《論語》者,五經之錧鎋,六藝之喉衿也。《孟子》之書則而象之。"《孟子》七篇目録如下:《梁惠王》、《公孫丑》、《滕文公》、《離婁》、《萬章》、《告子》、《盡心》,古今關於《孟子》著作甚多,而以朱熹《孟子集注》和焦循《孟子正義》爲優。

選自《史記》卷七十四《孟子荀卿列傳》

莊　子（約前369—前286）

　　莊子者，蒙人也，名周[1]。周嘗爲蒙漆園吏[2]，與梁惠王、齊宣王同時[3]。其學無所不闚[4]，然其要本歸於老子之言[5]。故其著書十餘萬言[6]，大抵率寓言也[7]。作《漁父》、《盜跖》、《胠篋》[8]，以詆訿孔子之徒[9]，以明老子之術。《畏累虛》、《亢桑子》之屬[10]，皆空語無事實。然善屬書離辭[11]，指事類情，用剽剝儒、墨[12]，雖當世宿學不能自解免也[13]。其言洸洋自恣以適己[14]，故自王公大人不能器之。

【注】

[1] 莊子，莊周，字子休，戰國時哲學家。蒙，蒙邑，今河南商丘市東北。

[2] 漆園吏，漆園地方的官吏。《史記正義》引《括地志》："漆園故城在曹州冤句縣北七十里。"即今山東曹縣地。但安徽定遠縣、河南商丘市都有"漆園"，也有莊周爲吏之傳說。

[3] 莊周生卒年，其說不一。梁惠王，公元前369—前335年在位。齊宣王，公元前319—前301年在位。馬敍倫《莊子年表》謂其活動年代起公元前369年至前286年。

[4] 闚，《方言》："闚，視也。"亦作"窺"，引申爲探測。

[5] 老子，春秋時哲學家。本書有傳。莊子之學，闡發老子之言，故其本歸於老子之言。與申不害"學本於黃老而主刑名"、韓

非"喜刑名法術之學而其歸本於黃老",及慎到"學黃老道德之術"有別。

〔6〕《漢書·藝文志》道家錄《莊子》五十二篇。晉郭象注三十三卷三十三篇,即今存之《莊子》。分內七篇,外十五篇,雜十一篇。明《正統道藏》收爲《南華真經》。

〔7〕大抵,大略。率,猶"類"也。寓言,《史記索隱》:"其書十餘萬言,率皆立主客,使之相對語,故云'偶言'。又音寓,寓,寄也。故《別錄》云,作人姓名,使相與語,是寄辭於其人,故《莊子》有《寓言》篇。"

〔8〕此《莊子》三篇名。《漁父》、《盜跖》在雜篇,《胠篋》在外篇。

〔9〕詆訛,誹謗。也作"詆訾"。孔子,本書有傳。

〔10〕畏累虛,《史記索隱》云,莊子篇名,即老聃弟子畏累。今存《莊子》無此篇名。疑爲地名。《庚桑楚》曰:"老聃之役,有庚桑楚者,偏得老聃之道,以北居畏壘之山。"壘,通"累"。虛,大丘,土山。畏累虛即畏壘之山。亢桑子,老子弟子,即庚桑楚,也作亢倉子。《列子·仲尼》:"老聃之弟子亢倉子者,得聃之道。"張湛注:"《釋文》云,亢倉音庚桑,名楚,《史記》作亢桑子。"

〔11〕善屬書離辭,善於寫文章和分析辭句。

〔12〕剽剝儒、墨,攻擊儒家和墨家。

〔13〕宿學,積學之士。

〔14〕洸洋,猶"汪洋",水勢浩大的樣子。自恣,肆意。洸洋自恣,以水之無邊無際喻議論放肆。

楚威王聞莊周賢[1],使使厚幣迎之,許以爲相[2]。莊周笑謂楚使者曰:"千金,重利;卿相,尊位也。子獨不見郊祭之犧牛乎[3]？養食之數歲，衣以文繡，以入大廟[4]。當是之時，雖欲爲孤豚[5]，豈可得乎？子亟去[6]，無污我。我寧游戲污瀆之中自快[7]，無爲有國者所羈[8]，終身不仕，以快吾志焉[9]。"

【注】

[1] 楚威王，楚宣王之子熊商。公元前339—前330在位。
[2] 使使，派遣使者。相，官名。《呂氏春秋·舉難》："相也者，百官之長也。"後專指宰相。
[3] 郊祭，古時於郊外祭祀天地。犧牛，古代祭祀用的純色牛。
[4] 大廟，即"太廟"。國君的祖廟。
[5] 孤豚，小猪。
[6] 亟，急速。
[7] 污瀆，污穢的溝渠。自快，自得其樂。
[8] 羈，馬籠頭。此謂束縛。
[9]《莊子·秋水》記載楚使使迎莊周事，與此傳不同，然其義相一。

選自《史記》卷六十三《老子韓非列傳》

尹　文（約前360—前280）

　　尹文子者,蓋出於周之尹氏[1],與宋鈃俱[2]。不累於俗[3],不飾於物[4],不苟於人[5],不忮於衆[6],願天下之安寧以活民命,人我之養畢足而止。以此白心[7]。作爲華山之冠以自表[8]。接萬物以別宥爲始[9]。語心之容[10],命之曰心之行[11]。以聏合歡[12],以調海内。請欲置之以爲主[13]。見侮不辱[14],救民之鬭,禁攻寢兵,救世之戰。以此周行天下,上説下教,雖天下不取,强聒而不舍者也[15]。齊宣王時[16],居稷下[17]。

【注】

[1] 尹文子,姓尹名文,或曰尹文復姓。戰國時齊人,與宋鈃俱游稷下。

[2] 宋鈃,鈃,一作"鉶",或作"牼",一稱"宋榮子"。宋人,本書有傳。

[3] 不累於俗,不被世俗事務所牽累。

[4] 飾,通"飭",整治。不飾於物,不加整治,任物自然。

[5] 苟,"苛"字之誤。不苟於人,不苛責於人。

[6] 忮,忌害。

[7] 白心,明白其心。《莊子釋文》引崔云:"白或作任。"

[8] 華山之冠,像華山上下均平的帽子。作冠以表己心均平,德異他人。

[9] 別宥,清除偏見。別,辨別,清除。宥,通"囿"。

〔10〕容,寬容。
〔11〕心之行,心的自然趨向。
〔12〕聊,調和。
〔13〕請欲置之,情欲寡之。請,讀爲"情",置,"寡"字之誤。見《宋鈃》傳注。
〔14〕見侮不辱,受人欺侮而不以爲是恥辱。
〔15〕聒,喧擾。以上見《莊子·天下》篇。
〔16〕齊宣王,戰國時齊國君,田氏,名辟疆。公元前319—前301年在位。
〔17〕稷下,地名。齊國都城臨淄(今屬山東淄博市)稷門附近地區。田氏幾代國君在此置學宮,招攬文學游説之士數千人,是戰國時各學派薈萃的中心。

　　尹文子見齊宣王,宣王不言而嘆。尹文子曰:"何嘆?"王曰:"吾嘆國中寡賢。"尹文子曰:"使國悉賢,孰處王下,誰爲王使[1]?"王曰:"國悉不肖,可乎?"尹文子曰:"國悉不肖,孰理王朝?"王曰:"賢與不肖皆無,可乎?"尹文子曰:"不然,有賢,有不肖,故王尊於上,臣卑於下,進賢退不肖,所以有上下也[2]。"

【注】
[1]見《意林》。
[2]見《藝文類聚》卷二十,《太平御覽》卷四百二。

　　齊宣王謂尹文曰:"人君之事何如?"尹文對曰:"人君之事,無爲而能容下。夫事寡易從,法省易因[1],故民不以政獲罪也[2]。大道容衆,大德容下,聖人寡爲而天下理矣。《書》曰:'睿作聖[3]。'詩人曰:'歧有夷之行,子孫其保之[4]。'"宣王曰:"善。"

【注】

[1] 因,依循。
[2] 以政獲罪,因政令煩苛而得罪。
[3] 《尚書·洪範》:"思曰睿,……睿作聖。"睿,通達、明智。
[4] 《詩·周頌·天作》,"子孫"下無"其"字。以上據《説苑·君道》。

宣王謂尹文曰:"寡人甚好士,以齊國無士[1],何也?"尹文曰:"願聞大王之所謂士者。"王無以應。尹文曰:"今有人於此,事君則忠,事親則孝,交友則信,處鄉則順。有此四行,可謂士乎?"王曰:"善。此真吾所謂士也。"尹文曰:"王得此人,肯以爲臣乎?"王曰:"所願而不可得也。"是時王好勇,於是尹文曰:"使此人廣庭大衆之中,見侵侮而終不敢鬭,王將以爲臣乎?"王曰:"鉅士也[2]?見之而不鬭[3],辱也。辱,則寡人不以爲臣矣。"尹文曰:"唯見侮而不鬭,未失其四行也。是人未失其四行,其所以爲士也。然而王一以爲臣,一不以爲臣,則向之所謂士者[4],乃非士乎?"王無以應。尹文曰:"今有人將理其國,人有非,則非之;無非,則亦非之;有功,則賞之;無功,則亦賞之,而怨人之不理也,可乎?"王曰:"不可。"尹文曰:"臣竊觀下吏之理齊[5],其方若此矣[6]。"王曰:"寡人理國信若先生之言[7],人雖不理,寡人不敢怨也。意未至然歟[8]?"尹文曰："言之敢無説乎。王之令曰，殺人者死，傷人者刑。人有畏王之令者，見侮而終不敢鬭，是全王之令也。而王曰見侮而不鬭者辱也。謂之辱，非之也。無非而王辱之，故因除其籍[9]，不以爲臣也。不以爲臣者，罰之也。此無罪而王罰之也。且王辱不敢鬭者，必榮敢鬭者也。榮敢鬭者是，而王是之，必以爲臣矣。必以爲臣者，賞之也。彼無功而王賞之。王之所賞，吏之所誅也。上之所是，而法之所非也。賞罰是非，相與四謬，雖十黄帝，不能理也[10]。"王無以應焉。

【注】

[1] 以，而也。
[2] 鉅，豈。
[3] 唯，"雖"之假字。
[4] 向，往昔、從前。
[5] 竊，謙虚用語。下吏，指齊王，但不敢直接指斥。此古人敬人而曲稱之例。
[6] 方，正是。
[7] 信，誠。
[8] 意，我想。
[9] 籍，簿籍，這裏指名册。
[10] 以上見《公孫龍子·府迹》、《吕氏春秋·正名》。

於是尹文乃著書上下篇，言刑名道德之意五千餘言[1]。其書先自道以至名，自名以至法。以名爲根，以法爲柄[2]，而其歸本於黄老[3]。所貴道虚無因應[4]，變化於無爲云。

【注】
〔1〕刑名道德之意,即黃老刑名之學。
〔2〕見《文獻通考》卷二百十二引《周氏涉筆》。
〔3〕此據洪邁《容齋隨筆》卷十四引劉歆説。黃老,指黃帝、老子。黃老之學,是繼《老子》發展起來的刑名之學,故又稱"黃老刑名之學"。
〔4〕虛無,無所不在而無形可見。因應,隨機應變。

　　論曰:余讀《漢書・藝文志》著録《尹文子》一篇,以爲説齊宣王,先公孫龍[1]。而仲長氏所定序[2],乃稱繆熙伯言[3],與宋鈃、田駢同學於公孫龍[4],龍稱之。然據《史記・平原君虞卿列傳》云[5],公孫龍客於平原君,君相趙惠文王。文王元年,齊宣殁已四十餘歲矣。若説齊宣王之事爲有徵,則知尹文非學於龍者也。而諸子書之涉尹文者多矣,謹次所睹以著於篇。

【注】
〔1〕公孫龍,戰國時名家,本書有傳。
〔2〕仲長氏,即仲長統,本書有傳。
〔3〕繆熙伯,姓繆名襲字熙伯。
〔4〕田駢,戰國齊人,田又作"陳"。
〔5〕平原君,戰國四公子之一,名趙勝,三爲趙相。

　　　　　　　　　　選自錢基博《名家五種校讀記》

屈　　原 （約前340—約前278）

　　屈原者，名平，楚之同姓也⁽¹⁾。爲楚懷王左徒⁽²⁾。博聞強志，明於治亂，嫺於辭令⁽³⁾。入則與王圖議國事，以出號令；出則接遇賓客，應對諸侯。王甚任之。

【注】
〔1〕楚之同姓，屈、景、昭三家是楚的大族。
〔2〕楚懷王，楚國君，公元前328—前299年在位。左徒，官名，掌供奉諷諫。
〔3〕志，記。嫺，善長。

　　上官大夫與之同列⁽¹⁾，爭寵而心害其能。懷王使屈原造爲憲令，屈平屬草稿未定⁽²⁾。上官大夫見而欲奪之，屈平不與，因讒之曰："王使屈平爲令，衆莫不知，每一令出，平伐其功⁽³⁾，曰以爲'非我莫能爲'也。"王怒而疏屈平。

【注】
〔1〕上官大夫，指靳尚。
〔2〕草稿，文字底稿，如同没有整理過的禾秆。
〔3〕伐，居功。

屈平疾王聽之不聰也,讒諂之蔽明也,邪曲之害公也,方正之不容也,故憂愁幽思而作《離騷》[1]。離騷者,猶離憂也。夫天者,人之始也;父母者,人之本也。人窮則反本,故勞苦倦極,未嘗不呼天也;疾痛慘怛[2],未嘗不呼父母也[3]。屈平正道直行,竭忠盡智以事其君,讒人間之,可謂窮矣。信而見疑,忠而被謗,能無怨乎?屈平之作《離騷》,蓋自怨生也。《國風》好色而不淫[4],《小雅》怨誹而不亂[5]。若《離騷》者,可謂兼之矣。上稱帝嚳[6],下道齊桓[7],中述湯、武[8],以刺世事。明道德之廣崇,治亂之條貫,靡不畢見。其文約,其辭微,其志絜,其行廉,其稱文小而其指極大,舉類邇而見義遠。其志絜,故其稱物芳。其行廉,故死而不容。自疏濯淖汙泥之中[9],蟬蛻於濁穢,以浮游塵埃之外,不獲世之滋垢,皭然泥而不滓者也[10]。推此志也,雖與日月爭光可也。

【注】

〔1〕離騷,離,遭遇,騷,憂愁。

〔2〕怛,痛苦。

〔3〕《離騷》開首四句:"帝高陽之苗裔兮,朕皇考曰伯庸,攝提貞於孟陬兮,惟庚寅吾以降。"前二句呼父母,後二句呼天地。

〔4〕風,樂曲的通名。《詩》分風、雅、頌三類。《國風》,指《詩》《周南》至《豳風》的十五國詩。《詩集傳》:"國者,諸侯所封之域;風者,民俗歌謠之詩也。謂之風者,以其被上之化以有言,而其言又足以感人,如物因風之動以有聲,而其聲又足以動物也;是以諸侯采之以貢於天子,天子受之而列於學官,於以考

其俗尚之美惡,而知其政治之得失焉。"
〔5〕《小雅》,《詩・周南・關雎序》:"雅者,正也,言王政之所由廢興也。政有小大,故有小雅焉,有大雅焉。"
〔6〕帝嚳,古帝。嚳亦作俈,黃帝曾孫,名夋,年十五佐顓頊,受封於辛。
〔7〕齊桓,即春秋齊桓公,名小白。周莊王五十一年,以襄公無道,出奔莒。迨襄公被殺,乃歸國即位。任管仲爲相,九合諸侯,一匡天下,遂成霸業。
〔8〕湯、武,商湯與武王。世稱湯武革命。
〔9〕濯淖,爛泥。
〔10〕皭然,白色,清潔貌。

屈平既絀,其後秦欲伐齊,齊與楚從親,惠王患之,乃令張儀詳去秦,厚幣委質事楚,曰:"秦甚憎齊,齊與楚從親,楚誠能絕齊,秦願獻商、於之地六百里。"楚懷王貪而信張儀,遂絕齊,使使如秦受地。張儀詐之曰:"儀與王約六里,不聞六百里。"楚使怒去,歸告懷王。懷王怒,大興師伐秦。秦發兵擊之,大破楚師於丹、淅[1],斬首八萬,虜楚將屈匄[2],遂取楚之漢中地。懷王乃悉發國中兵以深入擊秦,戰於藍田。魏聞之,襲楚至鄧。楚兵懼,自秦歸。而齊竟怒不救楚,楚大困。

【注】
〔1〕丹、淅,謂丹水之北,淅水之南。
〔2〕匄,音蓋。

明年,秦割漢中地與楚以和。楚王曰:"不願得地,願得張儀而甘心焉。"張儀聞,乃曰:"以一儀而當漢中地,臣請往如楚。"如楚,又因厚幣用事者臣靳尚,而設詭辯於懷王之寵姬鄭袖。懷王竟聽鄭袖,復釋去張儀。是時屈平既疏,不復在位,使於齊,顧反[1],諫懷王曰:"何不殺張儀?"懷王悔,追張儀不及。

【注】

[1] 反,通"返"。

其後諸侯共擊楚,大破之,殺其將唐眛。

時秦昭王與楚婚,欲與懷王會。懷王欲行,屈平曰:"秦虎狼之國,不可信,不如毋行。"懷王稚子子蘭勸王行:"奈何絶秦歡!"懷王卒行。入武關,秦伏兵絶其後,因留懷王,以求割地。懷王怒,不聽。亡走趙,趙不内[1]。復之秦,竟死於秦而歸葬。

【注】

[1] 内,通"納"。

長子頃襄王立[1],以其弟子蘭爲令尹。楚人既咎子蘭以勸懷王入秦而不反也。

【注】

[1] 頃襄王,公元前298—前263年在位。

屈平既嫉之，雖放流，睠顧楚國，繫心懷王，不忘欲反，冀幸君之一悟，俗之一改也[1]。其存君興國而欲反覆之，一篇之中三致志焉。然終無可奈何，故不可以反，卒以此見懷王之終不悟也。人君無愚智賢不肖，莫不欲求忠以自爲，舉賢以自佐，然亡國破家相隨屬，而聖君治國纍世而不見者，其所謂忠者不忠[2]，而所謂賢者不賢也。懷王以不知忠臣之分，故內惑於鄭袖，外欺於張儀，疏屈平而信上官大夫、令尹子蘭。兵挫地削，亡其六郡，身客死於秦，爲天下笑。此不知人之禍也。《易》曰："井泄不食，爲我心惻，可以汲。王明，並受其福[3]。"王之不明，豈足福哉[4]！

【注】

[1] 冀，希望。

[2] 不忠，不能盡其忠。

[3] 謂上有明主，能不斷地吸收采用忠良賢者的諫言謀策，故而天下能並受其福。

[4] 短，中傷。

令尹子蘭聞之大怒，卒使上官大夫短屈原於頃襄王[1]，頃襄王怒而遷之[2]。

【注】

[1] 謂楚王不明忠賢，豈足受福，故屈原懷沙自沉。

[2] 遷之，遷於江南。

屈原至於江濱，被髮行吟澤畔。顏色憔悴，形容枯槁。

漁父見而問之曰:"子非三閭大夫歟[1]?何故而至此?"屈原曰:"舉世混濁而我獨清,衆人皆醉而我獨醒,是以見放。"漁父曰:"夫聖人者,不凝滯於物而能與世推移。舉世混濁,何不隨其流而揚其波?衆人皆醉,何不餔其糟而啜其醨[2]?何故懷瑾握瑜而自令見放爲[3]?"屈原曰:"吾聞之,新沐者必彈冠,新浴者必振衣,人又誰能以身之察察[4],受物之汶汶者乎[5]!寧赴常流而葬乎江魚腹中耳[6],又安能以皓皓之白而蒙世俗之溫蠖乎[7]!"

【注】

[1] 三閭大夫,《離騷序》:"三閭之職,掌三族三姓,曰昭、屈、景,序其譜屬,率其賢良,以屬國士。"
[2] 啜,飲吃。醨,薄酒。
[3] 瑾、瑜皆爲美玉。
[4] 身之察察,自爲静潔。
[5] 汶汶,垢污。
[6] 常流,長流。
[7] 溫蠖,惛憤。

乃作《懷沙》之賦。其辭曰:

"陶陶孟夏兮,草木莽莽[1]。傷懷永哀兮,汨徂南土[2]。眴兮窈窈,孔静幽墨[3]。冤結紆軫兮,離愍之長鞠[4];撫情效志兮,俛詘以自抑。

【注】

[1] 陶陶,盛陽貌。孟夏,初夏。莽莽,茂盛貌。

〔2〕汩,疾行;徂,往。謂被流放江南。
〔3〕眴,眩。孔,甚;墨,無聲。謂江南山高澤深,視之目眩;野甚清淨,嘆無人聲。
〔4〕紆,屈。軫,痛。愍,病痛。鞠,窮。

"刓方以爲圜兮,常度未替[1];易初本由兮,君子所鄙[2]。章畫職墨兮,前度未改[3];内直質重兮,大人所盛[4]。巧匠不斲兮,孰察其揆正[5]?玄文幽處兮,矇謂之不章[6];離婁微睇兮,瞽以爲無明[7]。變白而爲黑兮,倒上以爲下。鳳皇在笯兮,雞雉翔舞[8]。同糅玉石兮,一概而相量[9]。夫黨人之鄙妒兮,羌不知吾所臧[10]。

【注】

〔1〕刓,削。度,法規。替,廢棄。謂人們削方木欲以爲圓,故其常規法度尚未廢棄。
〔2〕易初本由兮,君子所鄙,謂人遭遇不道之世,被迫變易初行,違離正道,這是君子所鄙棄的。
〔3〕謂工匠明於所畫,整其繩墨,修前人之法,不改前人之道,則曲木直而惡木好。
〔4〕謂人質性敦厚,心志正直,行無過失,則大人君子所盛美。
〔5〕斲,砍、削。揆,度。
〔6〕玄,黑。矇,盲人。章,明。
〔7〕離婁微睇兮,瞽以爲無明,離婁,古代目明者。睇,盼視。瞽,盲人。
〔8〕笯,藤蘿相互籠絡。雉,《楚辭》作鶩,雞雉,雞鴨。謂鳳凰被藤

蘿羈縻而不能高翔,雞鴨飛舞。
〔9〕糅,混雜。概,衡量。
〔10〕不知吾所臧,不明白我的善意。

　　"任重載盛兮,陷滯而不濟[1];懷瑾握瑜兮,窮不得余所示。邑犬羣吠兮,吠所怪也;誹駿疑桀兮,固庸態也[2]。文質疏內兮,眾不知吾之異采[3];材樸委積兮,莫知余之所有。重仁襲義兮,謹厚以爲豐[4];重華不可牾兮[5],孰知余之從容！古固有不並兮,豈知其故也？湯禹久遠兮,邈不可慕也。懲違改忿兮,抑心而自彊;離湣而不遷兮,願志之有象[6]。進路北次兮,日昧昧其將暮;含憂虞哀兮[7],限之以大故[8]。

【注】
〔1〕謂自己才力盛壯,可任用重載,而身陷沉滯,不能成其本志。
〔2〕駿,通"俊"。千人才爲俊,一國高爲桀。庸態,庸人所取的態度。
〔3〕采,文彩。
〔4〕重,積累,襲,及於。
〔5〕重華,對虞舜的贊稱,舜能繼堯重其文德之光華。牾,逢。
〔6〕象,法則。
〔7〕虞,娛,樂。
〔8〕大故,死亡。

　　"亂曰[1]：浩浩沅、湘兮[2],分流汩兮[3]。脩路幽拂兮,道遠忽兮。曾唫恒悲兮[4],永嘆慨兮。世既莫吾知兮,人心不可謂兮。懷情抱質兮,獨無匹兮。伯樂既殁兮,驥將焉程兮?人生禀命兮,各有所錯兮[5]。定心廣志,余何畏懼兮?曾傷爰哀,永嘆喟兮[6]。世溷不吾知[7],心不可謂兮。知死不可讓兮,願勿愛兮。明以告君子兮,吾將以爲類兮[8]。"

【注】

[1] 亂,理。用以發理辭旨,撮總其要,而重理前意。
[2] 沅、湘,二水名。
[3] 汩,水流貌。
[4] 唫,同"吟"。
[5] 錯,安。
[6] 喟,息。
[7] 溷,亂,濁。
[8] 類,例,謂我要作爲忠臣不事亂君的例子。

　　於是懷石遂自投汩羅以死[1]。
　　屈原既死之後,楚有宋玉、唐勒、景差之徒者,皆好辭而以賦見稱;然皆祖屈原之從容辭令,終莫敢直諫。其後楚日以削,數十年竟爲秦所滅。
　　自屈原沈汩羅後百有餘年,漢有賈生[2],爲長沙王太傅,過湘水,投書以弔屈原。

【注】

[1] 汩羅,水名,源出江西修水縣西南山中,是爲汩水,西南流,入湖南境,經湘陰東北,又有羅水;其發源於岳陽,西流來會,乃

稱汨羅江。西北流,注湘水。屈原自沉處曰屈潭。
〔2〕賈生,即賈誼。本書有傳。

選自《史記》卷八十四《屈原賈生列傳》

公 孫 龍（約前330—前242）

公孫龍,趙人[1],或云魏人[2],又云字子秉[3],未詳其信否。

【注】
[1] 見《史記·孟子荀卿列傳》及《漢書·藝文志》班固注。
[2] 見《呂氏春秋·應言》高誘注。
[3] 見《列子釋文》,《莊子·徐無鬼》成玄英疏云:"秉者,公孫龍字也。"

燕昭王二十八年[1],既破齊,而公孫龍游燕,説昭王以偃兵,昭王曰:"甚善。"龍曰:"竊意大王之弗爲也。"王曰:"何故?"曰:"日者大王欲破齊,諸天下之士,其欲破齊者,大王盡養之,其卒果破齊以爲功;今大王曰:'我甚取偃兵。'士之在大王之朝者,盡善用兵者也,臣是以知大王之弗爲也。"王無以應[2]。

【注】
[1] 燕昭王二十八年,即公元前284年。
[2] 見《呂氏春秋·應言》。

龍既不得志於燕而返趙,趙惠王問曰:"寡人事偃兵十餘年矣,而不成,兵不可偃乎?"龍對曰:"偃兵之意,兼愛天下之心也;兼愛天下,不可以虛名爲也,必有其實。今藺離石入秦,而王縞素布總[1],東攻齊得城,而王加膳置酒,是非兼愛之心也。此偃兵之所以不成也[2]。"

【注】

[1] 藺離石,城名。總,絹。
[2] 此據《呂氏春秋·審應》。

時平原君爲相,好士[1]。龍客平原君所,平原君加敬禮。空雄之遇[2],秦、趙相與約,曰:"秦之所欲爲,趙助之,趙之所欲爲,秦助之。"居無幾何,秦攻魏,趙欲救之,秦使人讓趙[3],曰:"約曰:'秦之所欲爲,趙助之,趙之所欲爲,秦助之。'今秦欲攻魏,而趙因欲救之,非約也。"趙王以告平原君,平原君以告公孫龍,龍曰:"此亦可以發使而讓秦,曰:'趙欲救之,秦獨不助,此非約也[4]。'"

【注】

[1] 平原君,原名趙勝。戰國趙武靈王之子,趙惠文王弟,封於東武城,號平原君。三任趙相,食客三千。
[2] 空雄,《呂氏春秋·淫辭》作"空洛"。疑"雄"爲"洛"之誤。
[3] 讓,責怪。
[4] 見《呂氏春秋·淫辭》。

其後秦圍邯鄲,虞卿欲以信陵君之存邯鄲爲平原君請封[1]。公孫龍聞之,夜駕見平原君,曰:"龍聞虞卿欲爲君請封，有之乎？"平原君曰："然。"龍曰："此甚不可。且王舉君而相趙者，非以君之智能爲趙國無有也；割東武城而封君者，非以君爲有功也；乃以君爲親戚故也。君受相印不辭無能，割地不言無功者，亦自以親戚故也。今信陵君存邯鄲，而君請封，是親戚受城而國人計功也，此甚不可。"平原君曰："諾。"遂不聽虞卿之言〔2〕，而益厚待公孫龍。

【注】

〔1〕邯鄲，趙都。信陵君，名無忌，戰國魏安釐王異母弟。封信陵君，有食客三千。
〔2〕見《史記·平原君虞卿列傳》。

　　龍有口善辨，持白馬非馬之論〔1〕。魯人孔穿適趙〔2〕，與龍會平原君家，穿曰："素聞先生高誼〔3〕，願爲弟子久，但不取以白馬謂非馬耳，請去此術，穿則請爲弟子。"龍曰："先生之言悖。龍之學正以白馬非馬，去之則無以教。夫學於龍者，以智與學不逮也〔4〕，今教龍去白馬非馬，是先教也。且白馬非馬，乃子先君仲尼之所取也。龍聞楚王張繁弱之弓，載忘歸之矢〔5〕，以射蛟兕於雲夢之圃，而喪其弓，左右請求之，王曰：'止！楚人遺弓，楚人得之，又何求乎？'仲尼聞之，曰：'楚王仁義而未遂也，亦曰人忘弓人得之而已矣，何必楚乎？'是仲尼異楚人於所謂人〔6〕。夫是仲尼之異楚人於所謂人，而非龍之異白馬於所謂馬，悖也〔7〕。"

【注】

〔1〕白馬非馬之論,公孫龍曰:"馬者所以命形也,白者所以命色也。命色者非命形也,故曰:白馬非馬。"
〔2〕孔穿,孔子六世孫。
〔3〕誼,通"議",議論。
〔4〕不逮,不及。
〔5〕繁弱,良弓名。忘歸,良箭名。
〔6〕異楚人於所謂人,楚人爲小類概念,人爲大類概念,大小不同,不可混而爲一。
〔7〕據《公孫龍子·迹府》。

孔穿又與公孫龍論於平原君所,深辨至於臧三耳[1]。公孫龍言臧之三耳甚辯,孔穿不應。少選[2],辭而出。明日,孔穿朝,平原君謂孔穿曰:"昔者公孫龍之言辯。"曰:"然,幾能令臧三耳矣。雖然,謂臧三耳甚難而實非也,謂臧兩耳甚易而實是也,不知君將從易而是者乎?抑從難而非者乎?"平原君不應。明日,謂公孫龍曰:"公無與孔穿辯矣[3]!"

【注】

〔1〕臧三耳,臧,奴婢;此意謂兩耳聽言語而不解其意,必有另一控制理解從耳傳入聲音意思的器官,故共爲三,比喻爲奴婢聽主人之言必具三耳。《吕氏春秋·淫辭》作"臧三牙",誤。
〔2〕少選,不多時,隔一會兒。
〔3〕見《吕氏春秋·淫辭》及《孔叢子·公孫龍》。

及齊使鄒衍過趙[1],平原君見公孫龍,及其徒綦毋子之屬,論白馬非馬之辯,以問鄒子。鄒子曰:"不可！彼天下之辯有五勝三至,而辭正爲下。辯者別殊類使不相害,序異端使不相亂,抒意通指[2],明其所謂,使人與知焉,不務相迷也,故勝者不失其所守,不勝者得其所求,若是,故辯可爲也。及至煩文以相假,飾辭以相悖,巧譬以相移,引人聲使不得及其意,如此,害大道。"坐皆稱善[3],公孫龍由是見絀[4]。

【注】
[1] 鄒衍,陰陽家。本書有傳。
[2] 指,旨意。
[3] 以上據《史記·平原君虞卿列傳》集解引劉向《別錄》。
[4] 此據《史記·平原君虞卿列傳》。絀,通"黜"。

同時趙有處士毛公,藏於博徒,信陵君至趙,聞其賢士,往從之游,遂顯名,與公孫龍並游平原君家[1],亦論堅白同異,以謂可以治天下[2],有書九篇言其意[3]。

【注】
[1] 見《史記·信陵君列傳》。
[2] 見《漢書·藝文志》班固自注。
[3] 見《漢書·藝文志》顏師古注引劉向《別錄》。

魏有公子牟,亦與公孫龍善。有書四篇,爲道家言[1]。

【注】

〔1〕《漢書·藝文志》道家,班固自注云:"先莊子,莊子稱之。"案《莊子·秋水》有公子牟稱莊子言以折公孫龍,則在莊子之後也。

又有桓團,與公孫公齊名,皆悦惠施之風,而以巧譬善辯。其言如卵有毛,雞三足,推此類論之,能勝人之口,不能服人之心也[1]。

【注】

〔1〕見《莊子·天下》。

又傳公孫龍見魏王,告以七説,曰:"有意不心,有指不至,有物不盡,有影不移,發引千鈞,白馬非馬,孤駒未嘗有母。"一時怪之,不能明其指意之所在也[1]。

【注】

〔1〕見《列子·仲尼》。

龍著書十四篇,至唐時而殘[1]。今存《白馬》、《指物》、《通變》、《堅白》、《名實》凡五篇[2]。篇首有《迹府》一篇,疑非原書也[3]。其論似惠施,與《墨經》相出入,蓋亦源自兼愛之旨,爲墨學旁枝,餘當別論其意,兹不著。

【注】

〔1〕《漢書·藝文志》名家著錄公孫龍有十四篇。《隋書·經籍志》不著錄,《舊唐書·經籍志》三卷。

〔2〕《白馬》，論白馬非馬。《指物》，論物體本身與物體名稱之間又有聯繫又有區別，要在名不可離實。《通變》，論事物的概念多於事物本身，故必須明白分類的依據才能通於概念的變化。《堅白》，論概念與實體泯而爲一，物質實體的概念與物質屬性的概念的不可分離。《名實》，論名與實當合，故必審其名實，慎其所謂。

〔3〕《迹府》，載有公孫龍之事迹。

　　論曰[1]：公孫龍説燕、趙以偃兵，諫平原君以讓封，諒哉其爲樂道慕義之君子也。其友如魏牟、毛公，皆言行卓然，可信於後世。龍之恂恂退讓，不溺仕宦，而篤志於文學，可謂賢士矣[2]。至其持論精微，世俗不深曉，多致譏評，未足爲龍損也。鄒衍騁怪迂之辯，燕、齊遂有神仙方士，人主方醉心，過趙而龍遂見黜，一進一退之間，豈不宜也哉！後人於此，可以覘當時學術興衰之機矣[3]。

【注】

〔1〕論，錢穆的評論。

〔2〕恂恂，恭順的樣子。不溺仕宦，不沉迷於做官。

〔3〕覘，窺視。

選自錢穆《惠施公孫龍》

附

　　而趙亦有公孫龍爲堅白同異之辯，劇子之言；魏有李悝,盡地力之敎;楚有尸子、長盧;阿之吁子焉。自如孟子至於吁子,世多有其書,故不論其傳云。 (錄自《史記》卷七十四《孟子荀卿列傳》)

虞卿欲以信陵君之存邯鄲爲平原君請封。公孫龍聞之,夜駕見平原君曰:"龍聞虞卿欲以信陵君之存邯鄲爲君請封,有之乎?"平原君曰:"然。"龍曰:"此甚不可。且王舉君而相趙者,非以君之智能爲趙國無有也。割東武城而封君者,非以君爲有功也,而以國人無勳,乃以君爲親戚故也。君受相印不辭無能,割地不言無功者,亦自以爲親戚故也。今信陵君存邯鄲而請封,是親戚受城而國人計功也。此甚不可。且虞卿操其兩權,事成,操右券以責;事不成,以虛名德君。君必勿聽也。"平原君遂不聽虞卿。
……
平原君厚待公孫龍。公孫龍善爲堅白之辯,及鄒衍過趙,言至道,乃絀公孫龍。 (錄自《史記》卷七十六《平原君虞卿列傳》)

騶　　衍 （約前305—前240）

　　騶衍[1]，後孟子。騶衍睹有國者益淫侈，不能尚德，若《大雅》整之於身[2]，施及黎庶矣[3]。乃深觀陰陽消息而作怪迂之變[4]，《終始》、《大聖》之篇十餘萬言[5]。其語閎大不經，必先驗小物，推而大之，至於無垠[6]。先序今以上至黃帝，學者所共術，大並世盛衰[7]，因載其禨祥度制[8]，推而遠之，至天地未生，窈冥不可考而原也[9]。先列中國名山大川，通谷禽獸，水土所殖，物類所珍，因而推之，及海外人之所不能睹。稱引天地剖判以來，五德轉移[10]，治各有宜，而符應若茲。以爲儒者所謂中國者，於天下乃八十一分居其一分耳。中國名曰赤縣神州。赤縣神州内自有九州，禹之序九州是也[11]，不得爲州數。中國外如赤縣神州者九，乃所謂九州也。於是有裨海環之[12]，人民禽獸莫能相通者，如一區中者，乃爲一州。如此者九，乃有大瀛海環其外，天地之際焉[13]。其術皆此類也。然要其歸，必止乎仁義節儉，君臣上下六親之施，始也濫耳[14]。王公大人初見其術，懼然顧化，其後不能行之[15]。

【注】

〔1〕騶衍，騶亦作鄒。戰國齊臨菑人，陰陽家。
〔2〕大雅，原爲《詩經》六詩的一種，此謂宏達雅正。

〔3〕黎庶,黎民百姓。
〔4〕陰陽,古代認爲對立雙方相互消長的勢力。消息,即變化。陰死爲消,陽生爲息。怪迂,怪異脫離實際。
〔5〕《終始》、《大聖》,鄒衍著作篇名。《漢書·藝文志》有《鄒子終始》五十六篇。《大聖》後人未提及。
〔6〕無垠,無邊無際。清代學者以爲其法近乎演繹。
〔7〕術,通"述"。共述,共同稱述。大並世盛衰,張大了各時代盛衰的狀況。
〔8〕機祥,預測凶吉。
〔9〕窈冥,深遠難見。
〔10〕五德,五行之德。《漢書·郊祀志》:"騶子之徒,論著終始五德之運,始皇採用之。"古代以水、火、木、金、土五行生剋,與帝王嬗變相適。比如,少昊以金德王,顓頊以水德王,帝嚳以木德王,堯以火德王,舜以土德王。
〔11〕禹之序九州,指《禹貢》九州:冀、兗、青、徐、揚、荆、豫、梁、雍。
〔12〕裨海環之,裨,小。裨海,較小的海。九州之外,更有大瀛海。
〔13〕天地之際。天地的邊緣。這是騶衍不同凡響的新地理概念。
〔14〕始也濫,對"要其歸"而言,謂開始有此泛濫,扯得太遠,但並不只是談天,關於君臣上下六親之際、行爲所施所治必有其政治理論。劉勰説:"鄒子養政於天文",是也。
〔15〕這裏説騶衍的理論很能鼓動人心,初接觸的人莫不懼然駐想,又内心留顧感化,然而最後都不能遵其學説而行。

是以騶子重於齊[1]。適梁,惠王郊迎[2],執賓主之禮。適趙,平原君側行撇席[3]。如燕,昭王擁彗先驅[4],

請列弟子之座而受業,築碣石宮[5],身親往師之。作《主運》[6]。其游諸侯見尊禮如此,豈與仲尼菜色陳、蔡,孟軻困於齊梁同乎哉[7]！故武王以仁義伐紂而王[8],伯夷餓不食周粟[9];衛靈公問陳[10],而孔子不答;梁惠王謀欲攻趙,孟軻稱大王去邠[11]。此豈有意阿世俗苟合而已哉！持方枘欲內圜鑿,其能入乎[12]？或曰,伊尹負鼎而勉湯以王[13],百里奚飯牛車下而穆公用霸[14],作先合,然後引之大道。騶衍其言雖不軌,倘亦有牛鼎之意乎[15]？

【注】

[1] 重,受到重用。
[2] 郊迎,郊外迎客,表示敬重。
[3] 平原君,即趙勝。趙武靈王之子,惠文王弟,封東武城,號平原君。側行撇席,謂側而行,用衣拂席以示敬重。
[4] 擁彗,彗,掃;掃地。
[5] 碣石宮,舊址在今河北昌樂縣。
[6] 作《主運》,劉向《別錄》說,鄒子書有《主運》篇。
[7] 仲尼菜色陳、蔡,見本書《孔子》傳。孟軻困於齊、梁,見本書《孟子》傳。
[8] 武王以仁義伐紂而王,見本書《周公》傳注。
[9] 伯夷,商孤竹君墨胎初之子,名元,或作允,夷是謚號。其父將死,遺命立其弟叔齊。父卒,叔齊讓伯夷,伯夷說:"父命也。"遂逃去。叔齊亦不肯立而逃。周武王伐商,夷、齊叩馬而諫,及勝商,有天下,夷、齊恥食周粟,隱於首陽山,采薇而食,遂餓死。

〔10〕陳,即陣,指軍事。

〔11〕孟軻稱大王去邠,原是孟子對滕文公之語。

〔12〕阿,迎合。持方柄欲內圓鑿,拿着方木要納入圓孔。

〔13〕伊尹,商之賢相,名摯,耕於有莘氏之野,湯三以幣聘之,始往就湯。湯伐桀,滅夏,遂王天下,伊尹之功爲多,湯尊之爲阿衡。

〔14〕百里奚,春秋時虞人,字井伯。少貧,流落不偶,尋事虞公爲大夫。晉滅虞,被虜。將以爲秦穆公夫人奴,奚恥之,逃宛。楚鄙人執之,穆公聞其賢,以五羊皮贖之,授以國政,相秦七年而霸。

〔15〕牛鼎之意,此謂鄒衍的理論迂闊浩大,不能爲亂世帝王所用,就像煮牛之鼎不可以烹雞。

選自《史記》卷七十四《孟子荀卿列傳》

荀　　子（約前313—前238）

　　荀卿,趙人[1]。年五十始來游學於齊[2]。騶衍之術迂大而閎辯[3];奭也文具難施[4];淳于髡久與處,時有得善言[5]。故齊人頌曰:"談天衍,雕龍奭,炙轂過髡[6]。"田駢之屬皆已死。齊襄王時[7],而荀卿最爲老師[8]。齊尚脩列大夫之缺[9],而荀卿三爲祭酒焉[10]。齊人或讒荀卿,荀卿乃適楚[11],而春申君以爲蘭陵令[12]。春申君死而荀卿廢,因家蘭陵[13]。李斯嘗爲弟子,已而相秦[14]。荀卿嫉濁世之政,亡國亂君相屬[15],不遂大道而營於巫祝,信機祥,鄙儒小拘[16],如莊周等又猾稽亂俗[17],於是推儒、墨、道德之行事興壞[18],序列著數萬言而卒[19]。因葬蘭陵。

【注】

[1] 荀卿,姓荀,名况,時人尊號爲"卿"。後亦稱孫卿。《史記索隱》以爲改荀爲孫,是避漢宣帝"詢"諱。非也。漢不避嫌名。據胡元儀《郇卿別傳》云,荀子爲周郇伯公孫之後,故又氏孫。

[2] 年五十,《風俗通·窮通》作年十五。劉向《別錄》、《顔氏家訓》皆作五十。游學,遠游異地從師求學,或以所學游説諸侯求取官職。

[3] 騶衍,即鄒衍,戰國時陰陽家,本書有傳。迂,迂曲。閎,大。迂大而閎辯,迂曲而善辯。

[4] 奭,即騶奭。齊國三騶子之一。《史記》有傳,謂其"亦頗採騶

衍之術以紀文"。奭修衍文,但難施行。

〔5〕淳于髡,戰國時齊國學者。《史記》有傳,稱其"博聞強記,學無所主。其諫說,慕晏嬰之為人,然而承意觀色為務"。曾與梁惠王接連談了三天三夜,惠王欲以卿相位待之,髡因謝去。與之久處,有時能得有益之言。

〔6〕《史記集解》引劉向《別錄》云,騶衍之所言五德終始,天地廣大,盡言天事,故曰"談天"。騶奭修衍之文,飾若雕鏤龍文,故曰"雕龍"。炙,熱。轂,車輪中心的圓木,中有圓孔,用以插軸。俗稱花轂筒。過,即"輠"之假借字,車上盛潤滑油之器。炙轂輠,車輪轉動,輠經熱則油流出,以潤滑轂軸。比喻善於議論,滔滔不絕。《集解》云,言淳于髡智不盡如炙輠也。

〔7〕田駢,戰國時齊思想家。姓田,名駢,又名廣(《釋文》引《慎子》)。齊田氏本出於陳,故《呂氏春秋·不二》和《淮南子·人間訓》皆稱陳駢。《戰國策·齊策》謂其好高議,設為不宦。《史記正義》說,田駢號"天口"。

〔8〕最為老師,尊為老師。

〔9〕大夫,職官等級名。三代時官分卿、大夫、士三等;大夫又分上、中、下三級。《史記·田敬仲完世家》說,騶衍、淳于髡、田駢等七十六人,皆賜列第,為上大夫,不治而議論。

〔10〕祭酒,古時宴酒祭神,必由席中之尊長者一人舉酒祭地,遂謂位尊長者為祭酒。後因以為官名。荀子先後三度處列大夫之位,而皆為其所尊,故云三為祭酒。

〔11〕讒,說別人的壞話。適,往。

〔12〕春申君,即黃歇(?—前238),戰國時楚國貴族。考烈王十五年(前248)封黃歇於吳(今江蘇蘇州),號春申君。蘭陵,古縣名,戰國楚置,治所在今山東蒼山縣西南蘭陵鎮。令,官名,縣的行政長官。

〔13〕廢,廢除,放黜。家,落户安居。
〔14〕李斯,秦代政治家。本書有傳。
〔15〕嫉,憎恨。濁世,亂世。相屬,相接連。
〔16〕遂,順。巫祝,指裝神弄鬼爲人祈禱求福的人或事。幾祥,謂吉凶的先兆。鄙儒,識見褊淺的儒生,小拘,拘泥於某個偏面。
〔17〕莊周,戰國時哲學家。本書有傳。猾稽,猾通"滑",亦作"滑稽"。圓轉自如浮而不實。
〔18〕推,推究。儒、墨、道德,指儒家、墨家和道家。行事興壞,所作所爲的好壞和成敗。
〔19〕序列著,按次序評著。數萬言,數萬字。《漢書·藝文志》録孫卿子三十三篇。今《荀子》經唐代楊倞作注,分爲二十卷,三十三篇。

選自《史記》卷七十四《孟子荀卿列傳》

吕 不 韋（？—前235）

吕不韋者，陽翟大賈人也[1]。往來販賤賣貴，家累千金。

【注】
[1] 吕不韋，戰國末年韓國陽翟（今河南禹州）的大商人。後爲秦國相。

秦昭王四十年[1]，太子死。其四十二年，以其次子安國君爲太子[2]。安國君有子二十餘人。安國君有所甚愛姬，立以爲正夫人，號曰華陽夫人。華陽夫人無子。安國君中男名子楚[3]，子楚母曰夏姬，毋愛。子楚爲秦質子於趙[4]。秦數攻趙，趙不甚禮子楚[5]。

【注】
[1] 秦昭王，即秦昭襄王，名則，一名稷，公元前306—前251年在位。
[2] 安國君，即公子柱，秦昭王次子。昭王死，立爲王，即秦孝文王。
[3] 子楚，即秦莊襄王。孝文王之中子，原名異人，後從華陽夫人，更名子楚。
[4] 質子，指以王子爲人質。趙，戰國七雄之一。

〔5〕禮，禮遇，敬重。

子楚，秦諸庶孽孫[1]，質於諸侯，車乘進用不饒[2]，居處困[3]，不得意，吕不韋賈邯鄲[4]，見而憐之，曰"此奇貨可居[5]"。乃往見子楚，説曰："吾能大子之門。"子楚笑曰："且自大君之門，而乃大吾門！"吕不韋曰："子不知也，吾門待子門而大。"子楚心知所謂，乃引與坐，深語[6]。吕不韋曰："秦王老矣，安國君得爲太子。竊聞安國君愛幸華陽夫人，華陽夫人無子，能立適嗣者獨華陽夫人耳[7]。今子兄弟二十餘人，子又居中，不甚見幸，久質諸侯。即大王薨[8]，安國君立爲王，則子毋幾得與長子及諸子旦暮在前者争爲太子矣[9]。"子楚曰："然。爲之奈何？"吕不韋曰："子貧，客於此，非有以奉獻於親及結賓客也。不韋雖貧，請以千金爲子西游[10]，事安國君及華陽夫人[11]，立子爲適嗣。"子楚乃頓首曰[12]："必如君策，請得分秦國與君共之。"

【注】

〔1〕庶孽孫，妾媵之孫。即非嫡子孫。
〔2〕車乘，猶言車馬。進用，財用。饒，多，富足。
〔3〕困，困窘，困難。
〔4〕邯鄲，趙都，在今河北邯鄲市。
〔5〕奇貨可居，謂把稀有之物囤積起來，等待高價出售。
〔6〕深語，密談。
〔7〕適，通"嫡"。嗣，繼承人。
〔8〕薨，古稱侯王死。
〔9〕毋幾，無望。

〔10〕西游,謂到秦國去交游。秦在趙之西。
〔11〕事,奉事。
〔12〕頓首,叩頭。

　　呂不韋乃以五百金與子楚,爲進用,結賓客;而復以五百金買奇物玩好[1],自奉而西游秦,求見華陽夫人姊,而皆以其物獻華陽夫人。因言子楚賢智,結諸侯賓客遍天下,常曰"楚也以夫人爲天[2],日夜泣思太子及夫人"。夫人大喜。不韋因使其姊說夫人曰[3]:"吾聞之,以色事人者,色衰而愛弛[4]。今夫人事太子,甚愛而無子,不以此時蚤自結於諸子中賢孝者[5],舉立以爲適而子之,夫在則重尊,夫百歲之後[6],所子者爲王,終不失勢,此所謂一言而萬世之利也。不以繁華時樹本[7],即色衰愛弛後,雖欲開一語,尚可得乎？今子楚賢,而自知中男也,次不得爲適[8],其母又不得幸,自附夫人,夫人誠以此時拔以爲適[9],夫人則竟世有寵於秦矣[10]。"華陽夫人以爲然,承太子間,從容言子楚質於趙者絕賢[11],來往者皆稱譽之。乃因涕泣曰:"妾幸得充後宮[12],不幸無子,願得子楚立以爲適嗣,以託妾身。"安國君許之,乃與夫人刻玉符[13],約以爲適嗣。安國君及夫人因厚餽遺子楚[14],而請呂不韋傅之[15],子楚以此名譽益盛於諸侯。

【注】

〔1〕玩好,供玩弄而喜愛之物。
〔2〕天,指所依存或所依靠者。

〔3〕《戰國策》作"説秦王后弟陽泉君"。
〔4〕色,姿色。弛,鬆懈。
〔5〕蚤,通"早"。
〔6〕百歲,古人對死的諱稱。
〔7〕繁華時樹本,植物在鮮花盛開時扎下深根,喻被寵愛時立嫡子。
〔8〕次,按次第。
〔9〕拔,選取。
〔10〕竟世,終世。
〔11〕從容,舒緩,不急迫。
〔12〕後宮,古時姬妾或妃嬪所居的宮室。
〔13〕符,憑證。
〔14〕饋遺,贈送禮物等。
〔15〕傅,教導。

　　吕不韋取邯鄲諸姬絶好善舞者與居〔1〕,知有身〔2〕。子楚從不韋飲〔3〕,見而説之〔4〕,因起爲壽〔5〕,請之〔6〕。吕不韋怒,念業已破家爲子楚〔7〕,欲以釣奇〔8〕,乃遂獻其姬。姬自匿有身〔9〕,自大期時〔10〕,生子政〔11〕。子楚遂立姬爲夫人。

【注】
〔1〕絶好,極美。
〔2〕有身,懷孕。
〔3〕飲,指喝酒。
〔4〕説,通"悦",喜歡。

〔5〕壽，敬酒。
〔6〕請，請求。此指子楚請求呂不韋獻其姬。
〔7〕破家，耗盡家産。
〔8〕釣奇，此以取魚喻取利。奇，即上云"奇貨可居"。
〔9〕匿，隱瞞。
〔10〕大期，指婦女分娩超正常産期。
〔11〕政，即秦始皇嬴政。

秦昭王五十年，使王齮圍邯鄲[1]，急，趙欲殺子楚。子楚與呂不韋謀，行金六百斤予守者吏[2]，得脱，亡赴秦軍[3]，遂以得歸。趙欲殺子楚妻子[4]，子楚夫人，趙豪家女也[5]，得匿[6]，以故母子竟得活。秦昭王五十六年，薨，太子安國君立爲王，華陽夫人爲王后，子楚爲太子。趙亦奉子楚夫人及子政歸秦。

【注】
〔1〕王齮，秦將。《史記·秦本紀》齮作"齕"。
〔2〕行金，以金行賄。
〔3〕亡，逃亡。
〔4〕妻子，妻子和兒子。
〔5〕豪家，有錢有勢的人家。
〔6〕匿，隱藏，躲藏。

秦王立一年，薨，謚爲孝文王[1]。太子子楚代立，是爲莊襄王[2]。莊襄王所母華陽后爲華陽太后，真母夏姬尊以爲夏太后。莊襄王元年，以呂不韋爲丞相，封爲文信侯,食河南洛陽十萬户。

【注】
〔1〕謚,古代帝王死後給予的表示褒貶的稱號。
〔2〕莊襄王,公元前249—前247年在位。

　　莊襄王即位三年,薨,太子政立爲王,尊吕不韋爲相國,號稱"仲父"〔1〕。秦王年少,太后時時竊私通吕不韋。不韋家僮萬人〔2〕。

【注】
〔1〕太子政,即秦始皇嬴政。仲父,古稱父之次弟。春秋齊桓公曾尊稱管仲爲"仲父"。
〔2〕家僮,僕婢。

　　當是時,魏有信陵君,楚有春申君,趙有平原君,齊有孟嘗君〔1〕,皆下士喜賓客以相傾〔2〕。吕不韋以秦之彊,羞不如,亦招致士〔3〕,厚遇之〔4〕,至食客三千人〔5〕。是時諸侯多辯士,如荀卿之徒〔6〕,著書布天下〔7〕。吕不韋乃使其客人人著所聞,集論以爲八覽、六論、十二紀,二十餘萬言〔8〕。以爲備天地萬物古今之事,號曰《吕氏春秋》。布咸陽市門〔9〕,懸千金其上,延諸侯游士賓客有能增損一字者予千金〔10〕。

【注】
〔1〕信陵君,即魏無忌,魏安釐王異母弟,被封爲信陵君。門下有

食客三千。春申君，即黃歇，楚貴族，門下有食客三千。平原君，即趙勝，趙惠文王同母弟，封平原君。有食客數千人。孟嘗君，即田文，齊貴族。門下有食客數千。

〔2〕相傾，相傾奪，相互競爭。

〔3〕招致，招引，收羅。

〔4〕遇，待。

〔5〕食客，古代寄於豪門貴家並爲之服務的門客。

〔6〕荀卿，即荀況，本書有傳。徒，類。

〔7〕布，流傳。

〔8〕即《呂氏春秋》。其次序爲：十二紀、八覽、六論，凡二十六卷。

〔9〕布，公布。咸陽，秦都，在今陝西咸陽市東北。

〔10〕延，邀請。

始皇帝益壯，太后淫不止。呂不韋恐覺禍及己，乃私求大陰人嫪毐以爲舍人〔1〕，時縱倡樂〔2〕，使毐以其陰關桐輪而行〔3〕，令太后聞之，以啗太后〔4〕。太后聞，果欲私得之。呂不韋乃進嫪毐〔5〕，詐令人以腐罪告之〔6〕。不韋又陰謂太后曰〔7〕："可事詐腐，則得給事中〔8〕。"太后乃陰厚賜主腐者吏〔9〕，詐論之〔10〕，拔其鬚眉爲宦者〔11〕，遂得侍太后。太后私與通，絕愛之〔12〕。有身，太后恐人知之，詐卜當避時〔13〕，徙宮居雍〔14〕。嫪毐常從，賞賜甚厚，事皆決於嫪毐。嫪毐家僮數千人，諸客求宦爲嫪毐舍人千餘人。

【注】

〔1〕陰，指生殖器。嫪毐，後爲秦宦官。舍人，親近左右之通稱也。

〔2〕縱，放縱，放任。倡樂，歌舞音樂。

〔3〕關,貫穿。桐輪,以桐木製作的小車輪。
〔4〕啗,"啖"的異體字,引誘。
〔5〕進,進獻。
〔6〕詐,欺騙。腐,宮刑,閹割生殖器的刑罰。
〔7〕陰,暗地裏。
〔8〕給事中,官名。
〔9〕主,掌管。
〔10〕論,判罪。
〔11〕宦者,被閹割過的侍奉帝王及其家屬的官員。
〔12〕絶,極,非常。
〔13〕卜,占卜。避時,卜知某時爲凶時而遷地以避禍患。
〔14〕徙,遷移。雍,在今陝西鳳翔南。

　　始皇七年,莊襄王母夏太后薨。孝文王后曰華陽太后,與孝文王會葬壽陵〔1〕。夏太后子莊襄王葬芷陽〔2〕,故夏太后獨別葬杜東〔3〕,曰:"東望君子,西望吾夫。後百年,旁當有萬家邑〔4〕"。

【注】
〔1〕壽陵,在今陝西臨潼北。
〔2〕芷陽,古縣名,在今陝西西安市東北。
〔3〕杜,古縣名,在今陝西西安市東南。
〔4〕邑,城鎮。

　　始皇九年,有告嫪毐實非宦者,常與太后私亂,生子二人,皆匿之。與太后謀曰"王即薨,以子爲後〔1〕"。於是秦王下吏治[2],具得情實[3],事連相國吕不韋。九月,夷嫪毐三族[4],殺太后所生兩子,而遂遷太后於雍。諸嫪毐舍人皆没其家而遷之蜀[5]。王欲誅相國,爲其奉先王功大,及賓客辯士爲游説者衆,王不忍致法[6]。

【注】

[1] 後,後代,此指以嫪毐之子爲秦君後代。
[2] 下吏治,謂交給司法的官吏審問治罪。
[3] 具,通"俱",全部。
[4] 夷,滅族。三族,謂父母、兄弟、妻子也。
[5] 没,没收。家,家產資物。蜀,郡名,轄境有今四川閬中以西、松潘、天全以東,宜賓、石棉以北地。
[6] 致法,行法。

秦王十年十月,免相國吕不韋。及齊人茅焦説秦王,秦王乃迎太后於雍,歸復咸陽[1],而出文信侯就國河南[2]。

【注】

[1] 復,返。
[2] 文信侯,吕不韋之封號。就,趨,歸。國,指封地。

歲餘,諸侯賓客使者相望於道,請文信侯。秦王恐其爲變,乃賜文信侯書曰:"君何功於秦?秦封君河南,食十萬户。君何親於秦?號稱仲父。其與家屬徙處蜀!"吕不韋自度稍侵[1],恐誅,乃飲酖而死[2]。秦王所加怒吕不韋、嫪毐皆已死,乃皆復歸嫪毐舍人遷蜀者。

【注】

〔1〕稍,逐漸,慢慢地。侵,迫害,欺凌。
〔2〕酖,毒酒。

　　始皇十九年,太后薨,謚爲帝太后,與莊襄王會葬茝陽[1]。
　　太史公曰:不韋及嫪毐貴,封號文信侯。人之告嫪毐,毐聞之。秦王驗左右,未發。上之雍郊[2],毐恐禍起,乃與黨謀,矯太后璽發卒以反蘄年宮[3]。發吏攻毐,毐敗亡走,追斬之好畤[4],遂滅其宗[5]。而呂不韋由此絀矣[6]。孔子之所謂"聞"者[7],其呂子乎?

【注】

〔1〕茝陽,即上文"茝陽"。
〔2〕郊,邑外。
〔3〕矯,假託。蘄年宮,在雍的秦宮名。
〔4〕好畤,古縣名,在今陝西乾縣東。
〔5〕宗,宗族。
〔6〕絀,通"黜"。貶斥,排除。
〔7〕孔子,本書有傳。"聞"者,謂佞人。《論語·顏淵》:"子曰:'……夫聞也者,色取仁而行違,居之不疑,在邦必聞,在家必聞。'"

選自《史記》卷八十五《呂不韋列傳》

韓　　非（約前280—前233）

　　韓非者,韓之諸公子也[1]。喜刑名法術之學[2],而其歸本於黃老[3]。非爲人口吃,不能道説,而善著書。與李斯俱事荀卿[4],斯自以爲不如非。

【注】
[1] 韓非,戰國末哲學家,法家的主要代表人物。公子,韓侯的庶子。
[2] 刑名法術之學,《尹文子・大道》:"名者,名形者也;形者,應名者也。"法家把"形名"和"法術"聯繫起來,把"名"引申爲法令、名分、言論等,主張循名責實,慎賞明罰。《韓非子・二柄》:"人主將欲禁姦,則審合刑名;刑名者,言與事也。爲人臣者陳而言,君以其言授之事,專以其事責其功。"《史記集解》引《新序》云,申子之書號曰"術",商鞅所書號曰"法",皆曰"刑名",故號曰"刑名法術之學"。韓非集先秦法家之大成者。
[3] 黃老,黃帝和老子。《史記索隱》引劉氏云,黃老之法不尚繁華,清簡無爲,君臣自正。韓非之論,詆駁浮淫,法制無私,而名實相稱。故曰"歸於黃老"。
[4] 李斯,戰國末期法家,本書有傳。事,師事。荀卿,戰國末哲學家,本書有傳。

　　非見韓之削弱,數以書諫韓王[1],韓王不能用。於是韓非疾治國不務脩明其法制,執勢以御其臣下[2],富國強兵而以求人任賢,反舉浮淫之蠹而加之於功實之上[3]。以爲儒者用文亂法,而俠者以武犯禁[4]。寬則寵名譽之人,急則用介冑之士[5]。今者所養非所用,所用非所養[6]。悲廉直不容於邪枉之臣[7],觀往者得失之變,故作《孤憤》、《五蠹》、《内外儲》、《説林》、《説難》十餘萬言[8]。

【注】

[1] 韓,指韓王安,公元前238—前230年在位,後爲秦滅。
[2] 勢,權位和威勢。韓非認爲"勢"有自然之勢,有人設之勢,他强調人設之勢,要發揮權位的威勢。
[3] 浮淫,浮夸惑亂。蠹,蛀蟲,指儒、墨之徒。
[4] 文,文學,指仁義。俠,見義勇爲的人,指墨俠。《韓非子·五蠹》:"儒以文亂法,俠以武犯禁,而人主兼禮之,此所以亂也。"
[5] 名譽之人,指行仁義者的儒家。《五蠹》:"行仁義者非所譽,譽之則害功。"介冑之士,指披甲戴盔的劍客俠士,即以武犯禁的墨俠。
[6] 此謂養人和用人之不當。《五蠹》:"離法者罪,而諸先生以文學取,犯禁者誅,而羣俠以私劍養,故法之所非,君之所取,吏之所誅,上之所養也。"
[7] 邪枉之臣,姦邪諂諛不正之臣。
[8] 韓非有感於此,總結歷史經驗,著《韓子》二十卷,《孤憤》等皆其篇名。《漢書·藝文志》著録《韓子》五十五篇,即今存《韓非子》二十卷五十五篇。

然韓非知説之難,爲《説難》書甚具[1],終死於秦,不能自脱[2]。

【注】
[1] 説,勸説別人接受自己的意見。《説難》言游説之道爲難。甚具,很完備。
[2] 《史記·韓世家》:"王安五年(前234),秦攻韓韓急使韓非使秦,秦留非,因殺之。"

《説難》曰[1]:
"凡説之難,非吾知之有以説之難也[2];又非吾辯之難能明吾意之難也[3];又非吾敢横失能盡之難也[4]。凡説之難,在知所説之心,可以吾説當之[5]。

【注】
[1] 以下爲司馬遷摘録《説難》篇之言。
[2] 知之,指認識和知道的事理。説之,把事理講清楚。
[3] 辯之,分析辯明。明吾意,闡明自己的思想。
[4] 横失,無所顧慮。失,通"佚"。盡之,充分表達意見。
[5] 所説,被説者。下同。當之,適合被説者。

"所説出於爲名高者也[1],而説之以厚利,則見下節而遇卑賤,必棄遠矣[2]。所説出於厚利者也,而説之以名高,則見無心而遠事情,必不收矣[3]。所説實爲厚利而顯爲名高者也[4],而説之以名高,則陽收其身而實疏之[5];若説之以厚利,則陰用其言而顯棄其身〔6〕。此之不可不知也。

【注】

〔1〕爲名高,追求好的名聲。
〔2〕見,覺得,認爲。下節,志節低下。遇,賞識。棄遠,抛棄和疏遠。
〔3〕無心,不合心意。不收,不能收用。
〔4〕實爲厚利,《韓非子·説難》作"陰爲厚利"。顯,表面上。
〔5〕陽收其身,表面上收用其人。
〔6〕陰用其言,暗地裏采取其主張。顯棄其身,公開鄙棄進説者。

"夫事以密成,語以泄敗〔1〕。未必其身泄之也,而語及其所匿之事〔2〕,如是者身危。貴人有過端〔3〕,而説者明言善議以推其惡者〔4〕,則身危。周澤未渥也而語極知〔5〕,説行而有功則德亡〔6〕,説不行而有敗則見疑〔7〕,如是者身危。夫貴人得計而欲自以爲功,説者與知焉〔8〕,則身危。彼顯有所出事,迺自以爲也故〔9〕,説者與知焉,則身危。彊之以其所必不爲,止之以其所不能已者〔10〕,身危。

【注】

〔1〕事以密成,保密則事成功。語以泄敗,道出了機密則失敗。
〔2〕其身,指説者。其所匿,被説者所隱匿的機密。
〔3〕貴人,地位高貴的人。指被説者。過端,過失之始。
〔4〕明言善議,公開説明好的主張。議,通"義",主張也。《韓非子》作"明言禮義"。推其惡,追究他不喜歡的。

〔5〕周澤未渥,關係不密切恩情不深厚。極知,盡知。

〔6〕説行而有功,説者的主張實行了而且見成效。德,獎賞。《韓非子·二柄》:"慶賞之謂德"。

〔7〕見疑,被懷疑。

〔8〕得計,計謀得當。與知,指説者同樣知道。

〔9〕彼,被説者。顯有所出事,公開要做某事。也故,他故。也爲"他"之誤,《韓非子》作"乃以成他故"。

〔10〕其所必不爲,被説者一定不做的。不能已,不能止,謂必爲。

"故曰:與之論大人,則以爲間己[1];與之論細人,則以爲粥權[2]。論其所愛,則以爲借資[3];論其所憎,則以爲嘗己[4]。徑省其辭,則不知而屈之[5];汎濫博文,則多而久之[6]。順事陳意,則曰怯懦而不盡[7];慮事廣肆,則曰草野而倨侮[8]。此説之難,不可不知也。

【注】

〔1〕大人,指大臣。間己,離間自己。

〔2〕細人,指君主親近的小臣。粥權,賣權。粥,通"鬻"。《韓非子》作"賣重"。

〔3〕借資,借助其所愛。借,同"藉"。《韓非子》作"藉資"。

〔4〕嘗己,試探自己。

〔5〕徑省,簡而不明。辭,言辭。《韓非子》作"説"。不知而屈之,被認爲無知而笨拙。《韓非子》作"不智而拙之"。

〔6〕汎濫博文,浮辭廣言。久,時間長。《墨子·經上》:"久,彌異時也。"《韓非子》作"米鹽博辯,則多而交之"。疑"久""交"二

字皆誤，當作"史"。《韓非子·難言》："捷敏辯給，繁於文采，則見以爲史。"《儀禮·聘記》："辭多則史。"鄭玄注云，史爲策祝，言史官辭多文也。

〔7〕順事陳意，對事陳言迎合主意。《韓非子》作"略事陳意"。怯懦，膽小怕事。

〔8〕廣肆，大言侈談。草野，粗魯。倨侮，傲慢。

　　"凡説之務，在知飾所説之所敬，而滅其所醜[1]。彼自知其計，則毋以其失窮之[2]；自勇其斷，則毋以其敵怒之[3]；自多其力，則毋以其難概之[4]。規異事與同計，譽異人與同行者，則以飾之無傷也[5]。有與同失者，則明飾其無失也[6]。大忠無所拂悟[7]，辭言無所擊排[8]，迺後申其辯知焉[9]。此所以親近不疑，知盡之難也[10]。得曠日彌久[11]，而周澤既渥[12]，深計而不疑，交争而不罪[13]，迺明計利害以致其功[14]，直指是非以飾其身[15]，以此相持，此説之成也[16]。

【注】

〔1〕所敬，《韓非子》作"所矜"。滅其所醜，掩蓋其所恥辱的。《韓非子》醜作"恥"。

〔2〕窮之，追究、窘困之。《韓非子》知作"智"，失作"敗"。

〔3〕自勇其斷，自己敢於決斷。敵，對也。指不同的決斷。《韓非子》作"謫"，謂過失也。

〔4〕自多，自我夸贊。概，阻礙。

〔5〕規異事與同計，規劃與被説者不謀而合的别的事。譽異人與同行者，贊美與被説者有同樣德行的人。傷，害。

〔6〕明飾其無失,公開粉飾與被説者有同樣過失的人爲無過失。

〔7〕拂悟,違逆。悟當作"悟"。形近音同而誤。

〔8〕擊排,打擊排擠。《韓非子》作"擊摩"。

〔9〕申其辯知,猶暢所欲言。《韓非子》作"極騁智辯"。

〔10〕此句,《韓非子》作"此道所得親近不疑,而得盡辭也"。

〔11〕曠日彌久,經過較長時間。彌,猶"經"也。

〔12〕周澤既渥,關係密切感情深厚。

〔13〕交爭,相互爭論。

〔14〕明計利害,公開計劃利害關係。《韓非子》作"明割利害"。

〔15〕飾其身,修正被説者的錯誤。

〔16〕相持,相對待。説之成,游説成功了。

"伊尹爲庖〔1〕,百里奚爲虜〔2〕,皆所由干其上也〔3〕。故此二子者,皆聖人也,猶不能無役身而涉世如此其汙也〔4〕,則非能仕之所設也〔5〕。

【注】

〔1〕伊尹,商湯的大臣。原爲商湯的廚師,故曰"爲庖"。《韓非子》作"宰"。宰,庖人也。

〔2〕百里奚,春秋時虞大夫,曾淪爲奴隸,故曰"爲虜"。後爲秦之大臣。

〔3〕干其上,求取其君主。

〔4〕役身,卑身服役。指伊尹爲"庖",百里奚爲"虜"。涉世,經歷世事。汙,污穢,此爲卑賤。《韓非子》作"猶不能無役身以進,如此其汙也"。

〔5〕所設,《韓非子》作"所恥",此句上並有"今以吾言爲宰虜,而可

以聽用而振世"兩句。

"宋有富人,天雨墻壞。其子曰"不築且有盜"[1],其鄰人之父亦云[2],暮而果大亡其財,其家甚知其子而疑鄰人之父[3]。昔者鄭武公欲伐胡[4],迺以其子妻之[5]。因問羣臣曰:"吾欲用兵,誰可伐者?"關其思曰[6]:"胡可伐。"迺戮關其思,曰:"胡,兄弟之國也,子言伐之,何也?"胡君聞之,以鄭爲親己而不備鄭。鄭人襲胡[7],取之。此二說者[8],其知皆當矣,然而甚者爲戮,薄者見疑[9]。非知之難也,處知則難矣[10]。

【注】

〔1〕不築,不修理。且,語中助詞,無義。《韓非子》作"必"。
〔2〕鄰人之父,鄰居的老人。亦云,也這樣說。
〔3〕甚知,很聰敏。《韓非子》知作"智"。
〔4〕鄭武公,西周宣王封弟姬友於鄭,爲鄭桓公。後建立鄭國,都新鄭,在今河南省。武公即桓公之子,公元前770—前745年在位。胡,《史記正義》引《世本》云:"胡,歸姓也。《括地志》云,胡城在豫州郾城縣界。"
〔5〕迺,"乃"的古體字。謂以其子妻之,將其女兒嫁給胡。子,古時對男女通稱。
〔6〕關其思,鄭國大夫。
〔7〕襲,突然進攻。
〔8〕二說,指鄰人之父和關其思之說。
〔9〕甚者,指說得很對的關其思。薄者,指疏於己的鄰人之父。

〔10〕處知，處理和運用知。

"昔者彌子瑕見愛於衛君[1]。衛國之法，竊駕君車者罪至刖[2]。既而彌子之母病[3]，人聞，往夜告之，彌子矯駕君車而出[4]。君聞之而賢之曰："孝哉，爲母之故而犯刖罪！"與君游果園，彌子食桃而甘，不盡而奉君[5]。君曰："愛我哉，忘其口而念我[6]！"及彌子色衰而愛弛[7]，得罪於君。君曰："是嘗矯駕吾車，又嘗食我以其餘桃[8]。"故彌子之行未變於初也，前見賢而後獲罪者，愛憎之至變也[9]。故有愛於主，則知當而加親；見憎於主，則罪當而加疏。故諫説之士不可不察愛憎之主而後説之矣[10]。

【注】

〔1〕彌子瑕，春秋時衛靈公的寵臣。
〔2〕竊駕，私自竊取馬車。刖，古代一種斷足的酷刑。
〔3〕既而，忽然。
〔4〕矯，假託，詐稱。出，出歸。
〔5〕不盡而奉君，沒有吃完而奉獻給衛君吃。《韓非子》作"不盡，以其半啗君"。
〔6〕忘其口，忘其口味。《韓非子》作"忘其口味以啗寡人"。
〔7〕色衰愛弛，年老姿色衰退而不受寵愛。
〔8〕是，此，指彌子瑕。嘗，曾經。食我，給我吃。餘桃，吃剩下來的桃子。
〔9〕至變，極變。
〔10〕愛憎之主，主之愛憎。

"夫龍之爲蟲也[1],可擾狎而騎也[2]。然其喉下有逆鱗徑尺[3],人有嬰之[4],則必殺人。人主亦有逆鱗,説之者能無嬰人主之逆鱗,則幾矣[5]。"

【注】

〔1〕龍,古代傳説中的一種神異動物。蟲,泛稱動物。
〔2〕擾狎,馴服。
〔3〕逆鱗,倒逆而長的鱗甲。徑尺,一尺長。
〔4〕嬰,通"攖",觸犯。
〔5〕幾,近也。喻近於善説。

人或傳其書至秦[1]。秦王見《孤憤》、《五蠹》之書[2],曰:"嗟乎,寡人得見此人與之游[3],死不恨矣!"李斯曰[4]:"此韓非之所著書也。"秦因急攻韓。韓王始不用非,及急,迺遣非使秦。秦王悦之,未信用。李斯、姚賈害之[5],毁之曰:"韓非,韓之諸公子也。今王欲并諸侯,非終爲韓不爲秦,此人之情也。今王不用,久留而歸之,此自遺患也,不如以過法誅之[6]。"秦王以爲然,下吏治非[7]。李斯使人遺非藥[8],使自殺。韓非欲自陳[9],不得見。秦王後悔之,使人赦之[10],非已死矣。

【注】

〔1〕人或,有人。其書,指《韓非子》。
〔2〕秦王,指秦始皇嬴政。
〔3〕游,交游。
〔4〕李斯,秦代政治家,與韓非同學。本書有傳。

〔5〕姚賈,《戰國策·秦策》云,秦王封姚賈千户以爲上卿,韓非知之而短之,秦王召姚賈問之,賈毁韓非,復使賈而誅韓非。
〔6〕過法,過失犯法。
〔7〕下吏,交法官審問。
〔8〕遺,送。
〔9〕自陳,親自上言陳述。
〔10〕赦,免罪釋放。

申子、韓非皆著書[1],傳於後世,學者多有。余獨悲韓子爲《說難》而不能自脱耳[2]。

【注】
〔1〕申子,申不害,戰國時法家,注重"術"者。本書有傳。
〔2〕余,司馬遷自謂。司馬遷悲感韓非作《說難》甚具,而其使秦説秦王,不免於難。

太史公曰:老子所貴道,虛無,因應變化於無爲[1],故著書辭稱微妙難識[2]。莊子散道德,放論[3],要亦歸之自然。申子卑卑[4],施之於名實[5]。韓子引繩墨,切事情[6],明是非,其極慘礉少恩[7]。皆原於道德之意,而老子深遠矣[8]。

【注】
〔1〕因應,順應。
〔2〕微妙,精微深奥。《老子》曰:"微妙玄通,深不可識。"(十五章)
〔3〕散道德,不自檢束道德。放論,縱意論之。

〔4〕卑卑,自勉勵之意。
〔5〕施,行。名實,指循名責實的刑名之術。
〔6〕繩墨,謂標準,指"法"。切事情,切近於事實。
〔7〕慘礉,用法苛刻。
〔8〕皆原,指莊子、申不害、韓非皆本於老子道德之意,故曰老子深遠矣。

選自《史記》卷六十三《老子韓非列傳》

尉　　繚（戰國）

王蘧常曰："《漢書·藝文志》諸子略雜家有《尉繚》，兵形勢家又有《尉繚》，或以爲一人，或以爲兩人[1]。以時推之，一與商鞅同時[2]，一在梁惠王時[3]，相去頗遠。安得以偶同姓名，遽合爲一。又秦始皇初年，又有一尉繚，官國尉，未見有傳書。古多以官置名前，如趙佗嘗爲南海尉，遂稱尉佗[4]。疑秦之尉繚官國尉，亦如是耶？今以三尉繚合傳，實是家創例也。"

【注】

〔1〕梁玉繩《瞥記》云：《漢志》雜家尉繚先尸子，兵家尉繚先魏公子，蓋兩人，尸佼所稱，非爲秦始皇尉者。
〔2〕劉向《別録》云：繚爲商君學。商鞅，即商君，本書有傳。
〔3〕其書首篇有答梁惠王問。梁惠王，即魏惠王，名罃，公元前369—前319年在位。
〔4〕見《史記·南越列傳》。

雜家尉繚者，尉姓繚名[1]，六國時不知何國人[2]。爲商君學[3]，商君客尸佼稱料子貴別囿，或即其人[4]。有書二十九篇，已佚，唐人《初學記》、宋人《太平御覽》皆引其書，則唐宋時猶在也。

【注】

〔1〕見《漢書・藝文志》顏師古注。
〔2〕見《漢書・藝文志》班固自注。
〔3〕見《漢書・藝文志》顏師古注引劉向《別録》。
〔4〕見《尸子・廣澤》及梁玉繩《瞥記》。尸佼，即尸子，本書有傳。別囿，辨别、清除偏見。囿，通"宥"。

兵家尉繚者，梁惠王時人。其書三十一篇，大旨主於分本末，别賓主，明賞罰，所言往往合於正[1]。曰："兵者兇器也，争者逆德也，將者死官也。故不得已而用之。無天於上，無地於下，無主於後[2]，無敵於前。一人之兵[3]，如狼如虎，如風如雨，如雷如霆，震震冥冥，天下皆驚[4]。"由此觀之，其威烈可謂莫之嬰矣[5]。及究其所以爲用，則曰："不攻無過之城，不殺無罪之人。夫殺人之父兄，利人之貨財，臣妾人之子女，此皆盜也[6]。"又曰："兵者所以誅暴亂禁不義也，兵之所加者，農不離其田業，賈不離其肆宅，士大夫不離其官府，故兵不血刃而天下親[7]。""嗚呼！又何其仁哉[8]？書中《兵令篇》於誅逃之法，言之極詳，可想見其節制，則亦非漫無經略高談仁義者[9]。然有曰[10]："古之善用兵者，能殺卒之半，其次殺其十三，其下殺其十一。能殺其半者，威加海内；殺其十三者，力加諸侯；殺其十一者，令行士卒[11]。"嗚呼！又何其酷也！嘗見梁惠王，答其問黄帝刑德[12]。然亦不見用。其書今存二十四篇。

【注】

〔1〕見《四庫提要‧子部‧兵家類‧尉繚子》。
〔2〕無主於後,將在前方,不受國君在後方的牽制。
〔3〕一人之兵,喻萬衆一心的軍隊。
〔4〕見《尉繚子‧武議》。
〔5〕嬰,通"攖",觸犯。
〔6〕〔7〕均見《尉繚子‧武議》。
〔8〕見宋濂《諸子辨》。
〔9〕見《四庫提要‧子部‧兵家類‧尉繚子》。
〔10〕有,通"又"。
〔11〕見《尉繚子‧兵令》。
〔12〕見《尉繚子‧天官》。

　　後百餘年〔1〕,大梁人復有曰尉繚者〔2〕,於秦始皇十年時往說之曰:"以秦之強,諸侯譬如郡縣之臣,臣但恐諸侯合縱〔3〕,翕而出不意〔4〕,此乃智伯、夫差、湣王之所以亡也〔5〕。願大王毋愛財物,賂其豪臣〔6〕,以亂其謀,不過亡三十萬金,則諸侯可盡。"秦王從其計。見尉繚亢禮〔7〕,衣服食飲與繚同。繚曰:"秦王爲人,蜂準〔8〕,長目,鷙鳥膺〔9〕,豺聲,少恩而虎狼心。居約易出人下〔10〕,得志亦輕食人〔11〕。我布衣〔12〕,然見我,常身自下我。誠使秦王得志於天下,天下皆爲虜矣,不可與久游。"乃亡去。秦王覺,固止,以爲國尉〔13〕。未見有書。或以雜家尉繚當之,則時世懸絕矣〔14〕。

【注】

〔1〕顧實《漢書藝文志講疏》云:梁惠王末年,即周慎靚王三

年(前215),至始皇十年(前136),中隔八十九年。案:如非末年,則百餘年矣。

〔2〕大梁,古城名,在今河南開封市西北。戰國時最大都市之一。

〔3〕合縱,戰國時政治術語,主張山東六國聯合起來構成一條直綫,以抵拒秦的擴張。

〔4〕翕而出不意,聯合起來采取突然行動。

〔5〕智伯,春秋末年晉國六卿之一。六卿分晉後,他吞併了范氏和中行氏兩家,隨之又想吞併趙氏。魏氏、韓氏和趙氏三家聯合起來,殺智伯而三分其地。夫差,春秋末吳國君。他爲父報仇,大敗越國。後與晉爭霸,越乘機滅吳,夫差自殺。湣王,即齊湣王,戰國時齊國君。曾與秦並稱東西帝,繼又滅宋。後五國聯合攻齊,他出走被殺。

〔6〕豪臣,權貴之臣。

〔7〕亢禮,彼此以平等的禮節相待。亢又作"抗"。

〔8〕蜂準,高鼻。

〔9〕鷙鳥膺,像鷙鳥的胸脯前突,性情悍勇。膺,胸。

〔10〕居約易出人下,居儉約之時容易表現謙卑。

〔11〕得志亦輕食人,若得天下,也會輕易啖食人。

〔12〕布衣:庶民的衣服,引申爲平民的代稱。

〔13〕見《史記·秦始皇本紀》。

〔14〕懸絕,相差極遠。

王蘧常《諸子新傳》

附

大索,逐客。李斯上書説,乃止逐客令。李斯因説秦王,請先取韓以恐他國,於是使斯下韓。韓王患之,與韓非謀弱秦。大梁人尉繚來,説秦王曰:"以秦之强,諸侯譬如郡縣之君,臣但恐諸侯合從,翕而出不意,此乃智伯、夫差、湣王之所以亡也。願大王毋愛財物,賂其豪臣,以亂其謀,不過亡三十萬金,則諸侯可盡。"秦王從其計,見尉繚亢禮,衣服食飲與繚同。繚曰:"秦王爲人,蜂準,長目,摯鳥膺,豺聲,少恩而虎狼心,居約易出人下,得志亦輕食人。我布衣,然見我常身自下我。誠使秦王得志於天下,天下皆爲虜矣。不可與久游。"乃亡去。秦王覺,固止,以爲秦國尉,卒用其計策。而李斯用事。　(録自《史記》卷六《秦始皇本紀》)

秦

李　　斯（？—前208）

　　李斯者，楚上蔡人也[1]。年少時，爲郡小吏[2]，見吏舍廁中鼠食不絜[3]，近人犬，數驚恐之[4]。斯入倉，觀倉中鼠，食積粟，居大廡之下[5]，不見人犬之憂。於是李斯乃嘆曰："人之賢不肖譬如鼠矣，在所自處耳[6]！"

【注】
[1] 李斯，秦代政治家。楚國上蔡（今河南上蔡西南）人。
[2] 郡小吏，郡縣的小官員。
[3] 舍廁，宿舍的邊房。不絜，沒有約束。
[4] 數，通"速"，快。
[5] 大廡，大堂屋的走廊。
[6] 在所自處，在於自己所處的地位。

　　乃從荀卿學帝王之術[1]。學已成，度楚王不足事[2]，而六國皆弱[3]，無可爲建功者，欲西入秦。辭於荀卿曰："斯聞得時無怠，今萬乘方争時[4]，游者主事[5]。今秦王欲吞天下，稱帝而治，此布衣馳騖之時而游説者之秋也[6]。處卑賤之位而計不爲者，此禽鹿視肉[7]，人面而能彊行者耳[8]。故詬莫大於卑賤[9]，而悲莫甚於窮困。久處卑賤之位，困苦之地，非世而惡利[10]，自託於無爲，此非士之情也。故斯將西説秦王矣。"

【注】

〔1〕荀卿，即荀況，戰國末哲學家。本書有傳。帝王之術，指統治之術。
〔2〕度，衡量。楚王，指楚國考烈王。
〔3〕六國，指魏、趙、韓、楚、燕、齊。
〔4〕萬乘，指大國。謂七國爭雄。
〔5〕游者，游説之士。主事，擇主而從事。
〔6〕布衣，普通人。馳鶩，奔走。秋，秋天萬物成熟，收獲之時，喻游説者有收獲之時。
〔7〕禽鹿視肉，禽獸只知見肉而食。喻不計爲者如禽獸。
〔8〕人面，人與禽獸相反，相背曰"面"。
〔9〕詬，恥辱。
〔10〕非世，譏世。

　　至秦，會莊襄王卒[1]，李斯乃求爲秦相文信侯吕不韋舍人[2]；不韋賢之，任以爲郎[3]。李斯因以得説，説秦王曰："胥人者，去其幾也[4]。成大功者，在因瑕釁而遂忍之[5]。昔者秦穆公之霸[6]，終不東并六國者，何也？諸侯尚衆，周德未衰，故五伯迭興[7]，更尊周室[8]。自秦孝公以來[9]，周室卑微，諸侯相兼，關東爲六國，秦之乘勝役諸侯，蓋六世矣[10]。今諸侯服秦，譬若郡縣[11]。夫以秦之彊，大王之賢，由竈上騷除[12]，足以滅諸侯，成帝業，爲天下一統，此萬世之一時也。今怠而不急就[13]，諸侯復彊，相聚約從[14]，雖有黄帝之賢[15]，不能并也。"秦王乃拜斯爲長史[16]，聽其計，陰遣謀士賫持金玉以游説諸侯[17]。諸侯名士可下以財者，厚遺結之[18]；不肯者，利劍刺之。

離其君臣之計,秦王乃使其良將隨其後。秦王拜斯爲客卿[19]。

【注】

[1] 會,正當。莊襄王,本名子異,後爲華陽夫人嗣,因改名子楚。秦始皇之父。公元前247年死。

[2] 呂不韋,陽翟(今河南禹縣)大商人。在趙國邯鄲與當時質於趙的秦公子子異(子楚)交游,子楚即位,任呂不韋爲國相,封文信侯。舍人,門客。

[3] 郎,侍從官。

[4] 秦王,指秦王嬴政,即秦始皇。胥人,小人。胥爲古代官府中的小吏。去其幾,失其時機。

[5] 瑕釁,即"瑕隙",弱點,間隙。此謂諸侯國之間有仇釁也。

[6] 秦穆公,春秋五霸之一。姓嬴名任好,公元前659—前621年在位。

[7] 五伯,春秋五霸。其說不一。一般指:齊桓、宋襄、晉文、秦穆、楚莊(據《孟子·告子》趙岐注)。迭,輪流。

[8] 更,更替。周室,指周王朝。

[9] 秦孝公,秦穆公十五世孫。名渠梁,公元前361—前338年在位,用商鞅變法,秦由此國富民強。

[10] 六世,指秦孝公、惠文王、武王、昭襄王、秦文王、莊襄王。

[11] 郡縣,秦制,直屬中央管轄。

[12] 由,通"猶",如也。竈上騷除,掃除竈上的灰塵。喻不足爲難。騷,通"掃"。

[13] 怠,懈怠。急就,速成。

[14] 從,通"縱",合縱。

〔15〕黃帝,相傳中華民族的祖先。姓公孫,居軒轅之丘,故號軒轅氏。
〔16〕長史,秦置官名。相國、丞相之屬官。
〔17〕陰遣,暗地裏派遣。
〔18〕下以財,用財貨攻陷、降服。遺,送。結,交結。
〔19〕客卿,秦官名。請別國的人在本國做官,其位爲卿,而以客禮待之。故稱"客卿"。

會韓人鄭國來間秦[1],以作注溉渠[2],已而覺[3]。秦宗室大臣皆言秦王曰:"諸侯人來事秦者[4],大抵爲其主游間於秦耳,請一切逐客[5]。"李斯議亦在逐中[6]。斯乃上書曰[7]:

【注】
〔1〕鄭國,人名。韓國的水利工。間,刺探,離間。
〔2〕注溉渠,灌溉渠。即"鄭國渠"。
〔3〕已而覺,後來被發覺了。
〔4〕諸侯人,指其他諸侯國家的人。
〔5〕一切,一律,沒有例外。
〔6〕議,議論,議決。謂李斯也在被逐的議決中。
〔7〕以下爲李斯《諫逐客書》。

"臣聞吏議逐客,竊以爲過矣[1]。昔繆公求士[2],西取由余於戎[3],東得百里奚於宛[4],迎蹇叔於宋[5],來丕豹、公孫支於晉[6]。此五子者,不產於秦[7],而繆公用之,并國二十,遂霸西戎。孝公用商鞅之法〔8〕,移風易俗,民以殷盛,國以富彊,百姓樂用,諸侯親服,獲楚、魏之師〔9〕,舉地千里,至今治彊。惠王用張儀之計〔10〕,拔三川之地,西并巴、蜀〔11〕,北收上郡〔12〕,南取漢中〔13〕,包九夷,制鄢、郢〔14〕,東據成皋之險〔15〕,割膏腴之壤〔16〕,遂散六國之從〔17〕,使之西面事秦〔18〕,功施到今。昭王得范雎〔19〕,廢穰侯,逐華陽〔20〕,強公室,杜私門,蠶食諸侯〔21〕,使秦成帝業。此四君者,皆以客之功。由此觀之,客何負於秦哉!向使四君却客而不內〔22〕,疏士而不用,是使國無富利之實而秦無彊大之名也。

【注】

〔1〕竊,臣對君的卑稱。過,失也。

〔2〕繆公,即秦穆公。

〔3〕由余,《史記‧秦本紀》云:由余其先爲晉人,亡入西戎,奉使入秦見穆公,穆公以女樂贈戎王,戎王受而悅之,由余數諫不聽,遂奔秦,秦用由余謀,伐戎,遂霸西戎。

〔4〕百里奚,秦穆公之賢相。原爲虞國大夫,晉獻公滅虞,被虜,作爲秦穆公夫人的陪嫁之臣。後逃到楚國的宛邑,被楚人所捉,秦穆公聞其賢,用五羖羊皮贖之,後委以國政。

〔5〕蹇叔,原爲岐(陝西岐山)人,居住於宋,經百里奚推薦,秦穆公用爲上大夫。

〔6〕來,招來。丕豹,晉人,後逃至秦,穆公用爲大將。公孫支,字子桑,岐人,居於晉,後入秦,任爲大夫。

〔7〕不產於秦,不是出生於秦。

〔8〕商鞅,戰國時法家,本書有傳。

〔9〕獲,戰勝。公元前340年,商鞅率秦軍大破魏軍,俘魏公子卬,同年又戰勝楚國。

〔10〕惠王,秦惠王嬴駟,公元前337—前311年在位。張儀,本書有傳。

〔11〕巴、蜀,當時兩個小國,在今四川東部和西部。

〔12〕上郡,魏郡名。今陝西北部。公元前328年,魏以上郡十五縣獻秦求和。

〔13〕漢中,今陝西南部漢水流域。公元前312年秦破楚軍,獲得漢中地方六百里。

〔14〕包九夷,兼容了東南九個少數民族。制鄢、郢,控制了湖北宜城、江陵一帶。郢,原爲楚的國都。此事指公元前280—前277年秦攻楚佔領大片土地之事。

〔15〕成皋,又名"虎牢"。古代軍事重鎮,在今河南榮陽市汜水鎮西。

〔16〕割,瓜分。膏腴之壤,肥沃的土地。

〔17〕散,瓦解。六國之從,六國合縱。

〔18〕西面,秦在六國西面。

〔19〕昭王,秦昭王嬴則,公元前306—前251年在位。范雎,魏人,後到秦國,被昭王用爲秦相。

〔20〕穰侯,名魏冉。曾任秦相,因受封於穰(今河南鄧州),故稱穰侯。華陽,即華陽君,名華戎,與穰侯同朝當政,都是昭王之母宣太后之弟。

〔21〕蠶食,逐步併吞。

〔22〕向,過去。却客,拒絕外地人。不内,不納。

"今陛下致崑山之玉[1],有隨、和之寶[2],垂明月之珠[3],服太阿之劍[4],乘纖離之馬[5],建翠鳳之旗[6]，樹靈鼉之鼓[7]。此數寶者，秦不生一焉，而陛下說之，何也？必秦國之所生然後可，則是夜光之璧不飾朝廷，犀象之器不爲玩好[8]，鄭、衛之女不充後宮[9]，而駿良駃騠不實外廄[10]，江南金錫不爲用，西蜀丹青不爲採[11]。所以飾後宮充下陳娛心意說耳目者[12]，必出於秦然後可，則是宛珠之簪[13]，傅璣之珥[14]，阿縞之衣[15]，錦繡之飾不進於前，而隨俗雅化佳冶窈窕趙女不立於側也[16]。夫擊甕叩缶彈箏搏髀[17]，而歌呼嗚嗚快耳者，真秦之聲也[18]；《鄭》、《衛》、《桑間》、《昭》、《虞》、《武》、《象》者[19]，異國之樂也。今棄擊甕叩缶而就《鄭》、《衛》，退彈箏而取《昭》、《虞》，若是者何也？快意當前，適觀而已矣[20]。今取人則不然。不問可否，不論曲直[21]，非秦者去，爲客者逐。然則是所重者在乎色樂珠玉，而所輕者在乎人民也。此非所以跨海内制諸侯之術也[22]。

【注】

〔1〕陛下，對帝王的尊稱。崑山之玉，產於崑崙山北麓（今新疆和田一帶）的良玉。
〔2〕隨、和之寶，指"隨侯之珠"和"和氏之璧"。
〔3〕垂，掛。明月之珠，即夜光珠。
〔4〕服，佩帶。太阿，寶劍名，相傳春秋吳國著名冶匠干將和歐冶子所共同鑄造的劍。
〔5〕纖離之馬，古代駿馬名。
〔6〕建，立。翠鳳之旗，用翠綠色羽毛裝飾的帝王旗幟。

〔7〕靈鼉,亦稱"揚子鱷"。其皮可以蒙鼓。
〔8〕犀象之器,指用犀牛角和象牙做的器具。玩好,賞玩。
〔9〕後宮,嬪妃居住的宮殿。
〔10〕駃騠,古代北方良馬。廄,馬棚。
〔11〕丹青,顏料。
〔12〕下陳,指侍奉君主的嬪妃宮女。
〔13〕宛珠,楚國宛邑出的珠子。簪,插在髮髻上的針狀首飾。
〔14〕傅,通"附"。璣,一種不圓的珍珠,也產於宛。珥,耳環。
〔15〕阿縞,齊國東阿(今山東東阿)出產的白色絲織品。
〔16〕隨俗雅化,隨着流行的式樣很好地打扮,即趕時髦。佳冶窈窕,裝飾漂亮而體態優美。
〔17〕擊甕叩缶,敲打陶瓦器的樂器。箏,古絃樂器。搏髀,打拍子。
〔18〕嗚嗚,歌唱聲。聲,指歌樂之聲。
〔19〕鄭、衛,原國名,以盛行民間音樂著稱,這裏指樂名。桑間,原地名,在衛國濮水(今河南境內)之賓,是當時男女聚會唱歌的地方,後爲當地民間音樂的代稱。昭虞,即虞韶,虞舜時舞曲名。武象,周武王時舞曲名。
〔20〕快意,愉快。適觀,看了舒服。
〔21〕曲直,是非。
〔22〕跨海內,謂統一天下。

"臣聞地廣者粟多,國大者人衆,兵彊則士勇。是以太山不讓土壤[1],故能成其大;河海不擇細流,故能就其深[2];王者不却衆庶,故能明其德。是以地無四方,民無異國,四時充美,鬼神降福,此五帝、三王之所以無敵也[3]。今乃棄黔首以資敵國[4]，却賓客以業諸侯[5]，使天下之士退而不敢西向，裹足不入秦，此所謂"借寇兵而齎盜糧"者也[6]。

【注】

[1] 太山，泰山。不讓，不拒絶。土壤，小的泥土。
[2] 不擇，疑爲"不釋"。就，成。
[3] 五帝，相傳古有五帝，其説不一。據《易·繫辭》爲伏羲（太皥）、神農（炎帝）、黄帝、堯、舜。三王，夏禹、商湯、周文。
[4] 黔首，百姓。資，助。
[5] 業，輔助，壯大。
[6] 藉，借。齎，贈送。

"夫物不産於秦，可寶者多；士不産於秦，而願忠者衆。今逐客以資敵國，損民以益讎[1]，內自虛而外樹怨於諸侯，求國無危，不可得也。"

【注】

[1] 益讎，幫助讎人。

秦王乃除逐客之令，復李斯官，卒用其計謀。官至廷尉[1]。二十餘年，竟併天下，尊主爲皇帝[2]，以斯爲丞相[3]。夷郡縣城，銷其兵刃[4]，示不復用。使秦無尺土之封，不立子弟爲王、功臣爲諸侯者[5]，使後無戰攻之患。

【注】

〔1〕廷尉，秦置官名。九卿之一，掌刑獄。
〔2〕尊主，尊秦始皇。
〔3〕丞相，即後謂之相國，宰相。
〔4〕夷，平。銷，銷熔。
〔5〕無尺土之封，沒有分封子弟功臣爲諸侯王。

始皇三十四年，置酒咸陽宫〔1〕，博士僕射周青臣等頌稱始皇威德〔2〕。齊人淳于越進諫曰〔3〕："臣聞之，殷、周之王千餘歲，封子弟功臣自爲支輔〔4〕。今陛下有海内，而子弟爲匹夫〔5〕，卒有田常、六卿之患〔6〕，臣無輔弼〔7〕，何以相救哉？事不師古而能長久者〔8〕，非所聞也。今青臣等又面諛以重陛下過〔9〕，非忠臣也。"始皇下其議丞相〔10〕。丞相謬其説，絀其辭〔11〕，乃上書曰："古者天下散亂，莫能相一〔12〕，是以諸侯並作，語皆道古以害今，飾虛言以亂實，人善其所私學，以非上所建立〔13〕。今陛下并有天下，別白黑而定一尊；而私學乃相與非法教之制，聞令下，即各以其私學議之，入則心非，出則巷議〔14〕，非主以爲名，異趣以爲高，率羣下以造謗〔15〕。如此不禁，則主勢降乎上，黨與成乎下〔16〕。禁之便〔17〕。臣請諸有文學《詩》《書》百家語者，蠲除去之〔18〕。令到滿三十日弗去，黥爲城旦〔19〕。所不去者，醫藥卜筮種樹之書〔20〕。若有欲學者，以吏爲師。"始皇可其議，收去《詩》《書》百家之語以愚百姓，使天下無以古非今。明法度，定律令，皆以始皇起。同文書〔21〕。治離宫別館〔22〕，周遍天下。明年，又巡狩〔23〕，外攘四夷〔24〕，斯皆有力焉。

【注】

〔1〕咸陽宮,戰國時秦孝公建都咸陽,故址在今陝西長安縣東之渭城故城。

〔2〕博士,官名。秦漢相承,諸子、詩賦、術數等都立博士。僕射,宦官。《漢書·百官公卿表》:"僕射,秦官。自侍中、尚書、博士、郎皆有。古者重武官,有主射以督課之。"

〔3〕淳于越,秦博士,齊人。

〔4〕支輔,即"枝輔"。《秦始皇本紀》作"枝輔"。枝輔本,喻分封子弟以輔君。

〔5〕匹夫,一般人。

〔6〕田常,一名田成子,又名田桓。春秋時陳公子完以內亂奔齊,以陳氏為田氏,其後宗族益強,至田常殺齊簡公,立簡公弟驁為平公,田常為相,專齊之政,至田和立為齊侯。六卿,指晉國之韓、趙、魏、范、中行、智氏六卿,後韓、趙、魏分晉政,史稱"三晉"。

〔7〕輔弼,佐助帝王的左右大臣。左輔右弼。

〔8〕師古,法古。

〔9〕面諛,當面吹捧。重,推重,稱讚。

〔10〕下其議,把周青臣和淳于越的意見交下面議論。丞相,指李斯。《秦始皇本紀》作"始皇下其議,丞相李斯曰"。

〔11〕絀,通"黜",貶斥。

〔12〕散亂,離亂。莫能相一,不能統一。

〔13〕私學,指儒墨之學。上所建立,指秦始皇所建立的法教之制。

〔14〕入則心非,當面不反對,實際心裏反對。巷議,在街道巷里非議。

〔15〕名,名聲。異趣,趣向不同。高,高尚。造謗,造謠。

〔16〕黨與,同黨的人。

〔17〕禁之便,"之"指上文道古非今的私學。便,利。

〔18〕蠲,除。

〔19〕黥,古代一種肉刑,也即"墨刑",用刀刺人面額後用墨染之。城旦,四歲刑。《史記集解》引如淳曰:"律說,論決爲髡鉗,輸邊築長城,晝日伺寇虜,夜暮築長城。"

〔20〕卜筮,古代占卜之書。用龜甲稱卜,用蓍草稱筮。

〔21〕同文書,統一文字。

〔22〕離宮別館,古代帝王於正式宮殿外,別築宮室,以便隨時游居。

〔23〕巡狩,帝王離開國都巡行境内,又作"巡守"。

〔24〕攘,排斥。四夷,泛指四方邊域的少數民族。

　　斯長男由爲三川守[1],諸男皆尚秦公主,女悉嫁秦諸公子[2]。三川守李由告歸咸陽[3],李斯置酒於家,百官長皆前爲壽,門廷車騎以千數。李斯喟然而嘆曰:"嗟呼!吾聞之荀卿曰'物禁大盛'[4]。夫斯乃上蔡布衣,閭巷之黔首[5],上不知其駑下,遂擢至此[6]。當今人臣之位無居臣上者,可謂富貴極矣。物極則衰,吾未知所稅駕也[7]!"

【注】

[1] 由,李由,李斯的長子。三川守,三川郡的長官。

[2] 尚,匹配,指娶帝王之女。悉嫁,都嫁給。

[3] 告歸,請假回家。

[4] 物禁大盛,事物禁忌太强盛。

〔5〕閭巷,猶里巷,泛指民間。
〔6〕駑下,才能低下。擢,提拔。
〔7〕稅駕,猶解駕。謂休息或歸宿。

　　始皇三十七年十月,行出游會稽[1],並海上,北抵琅邪[2]。丞相斯、中車府令趙高兼行符璽令事[3],皆從。始皇有二十餘子,長子扶蘇以數直諫上,上使監兵上郡[4],蒙恬爲將[5]。少子胡亥愛[6],請從,上許之。餘子莫從。

【注】
〔1〕會稽,秦郡名。當今之江蘇東南及浙江西部。
〔2〕琅邪,秦郡名。當今之山東膠南諸城縣一帶。
〔3〕中車府令,秦官名,掌王室車馬政令。兼行,即兼職。符璽令,秦官名,掌管帝王的印信。璽,皇帝印。
〔4〕監兵,即監軍,監視軍隊。上郡,郡名,今陝西延安榆林一帶。
〔5〕蒙恬,秦始皇時官內史。秦統一六國,使蒙恬率兵三十萬築長城。
〔6〕胡亥,秦始皇的小兒子,即後之秦二世。

　　其年七月,始皇帝至沙丘[1],病甚,令趙高爲書賜公子扶蘇曰:"以兵屬蒙恬,與喪會咸陽而葬[2]。"書已封,未授使者,始皇崩。書及璽皆在趙高所,獨子胡亥、丞相李斯、趙高及幸宦者五六人知始皇崩[3],餘群臣皆莫知也。李斯以爲上在外崩,無真太子,故秘之[4]。置始皇居輼輬車中[5],百官奏事上食如故[6],宦者輒從輼輬車中可諸奏事[7]。

【注】

〔1〕沙丘,今河北廣宗縣境。

〔2〕屬,託付。會,會合。

〔3〕幸,寵倖。

〔4〕秘,隱秘。

〔5〕轀輬車,卧車。轀車密閉,輬車旁開窗牖,後專稱載屍柩的車爲轀輬車。

〔6〕上食,送飯。如故,照舊。

〔7〕輒,即時。諸,之於。

　　趙高因留所賜扶蘇璽書,而謂公子胡亥曰:"上崩,無詔封王諸子而獨賜長子書。長子至,即立爲皇帝,而子無尺寸之地,爲之奈何?"胡亥曰:"固也。吾聞之。明君知臣,明父知子。父捐命[1],不封諸子,何可言者!"趙高曰:"不然。方今天下之權,存亡在子與高及丞相耳,願子圖之,且夫臣人與見臣於人[2],制人與見制於人,豈可同日道哉!"胡亥曰:"廢兄而立弟,是不義也;不奉父詔而畏死,是不孝也;能薄而材譾[3],彊因人之功,是不能也。三者逆德,天下不服,身殆傾危,社稷不血食[4]。"高曰:"臣聞湯、武殺其主[5],天下稱義焉,不爲不忠。衛君殺其父,而衛國載其德,孔子著之,不爲不孝。夫大行不小謹[6],盛德不辭讓,鄉曲各有宜,而百官不同功[7]。故顧小而忘大,後必有害;狐疑猶豫,後必有悔。斷而敢行,鬼神避之,後有成功。願子遂之!"胡亥喟然嘆曰:"今大行未發[8],喪禮未終,豈宜以此事干丞相哉!"趙高曰:"時乎時乎,間不及謀！贏糧躍馬,唯恐後時[9]！"

【注】

[1] 捐命,捨生,死亡。
[2] 臣人,役使人。見臣於人,被人役使。
[3] 謅,淺薄。
[4] 社稷,原爲土穀之神,後爲國家政權的標誌。血食,古時殺牲取血用以祭祀曰血食。
[5] 湯武,商湯王和周武王。湯殺夏桀而立,武王伐紂而立。
[6] 大行,重大的行爲。小謹,小心謹慎。
[7] 鄉曲,鄉下人。
[8] 大行,指帝王死亡停棺未葬。
[9] 間,時間短促。贏糧,負擔着糧食。後時,落在時間後面,謂來不及。

　　胡亥既然高之言[1],高曰:"不與丞相謀,恐事不能成,臣請爲子與丞相謀之。"高乃謂丞相斯曰:"上崩,賜長子書,與喪會咸陽而立爲嗣[2]。書未行,今上崩,未有知者也。所賜長子書及符璽皆在胡亥所,定太子在君侯與高之口耳[3]。事將何如?"斯曰:"安得亡國之言！此非人臣所當議也！"高曰:"君侯自料能孰與蒙恬? 功高孰與蒙恬? 謀遠不失孰與蒙恬? 無怨於天下孰與蒙恬? 長子舊而信之孰與蒙恬?"斯曰:"此五者皆不及蒙恬,而君責之何深也?"高曰:"高固內官之廝役也[4],幸得以刀筆之文進入秦宮[5],管事二十餘年,未嘗見秦免罷丞相功臣有封及二世者也[6],卒皆以誅亡。皇帝二十餘子,皆君之所知。長子剛毅而武勇，信人而奮士，即位必用蒙恬爲丞相，君侯終不懷通侯之印歸於鄉里[7]，明矣。高受詔教習胡亥，使學以法事數年矣，未嘗見過失。慈仁篤厚，輕財重士，辯於心而訥於口[8]，盡禮敬士，秦之諸子未有及此者，可以爲嗣。君計而定之。"斯曰："君其反位[9]！斯奉主之詔，聽天之命，何慮之可定也？"高曰："安可危也，危可安也。安危不定，何以貴聖？"斯曰："斯，上蔡閭巷布衣也，上幸擢爲丞相，封爲通侯，子孫皆至尊位重祿者，故將以存亡安危屬臣也。豈可負哉！夫忠臣不避死而庶幾[10]，孝子不勤勞而見危，人臣各守其職而已矣。君其勿復言，將令斯得罪。"高曰："蓋聞聖人遷徙無常[11]，就變而從時，見末而知本，觀指而睹歸[12]。物固有之，安得常法哉！方今天下之權命懸於胡亥，高能得志焉。且夫從外制中謂之惑[13]，從下制上謂之賊。故秋霜降者草花落，水搖動者萬物作[14]，此必然之效也。君何見之晚[15]？"斯曰："吾聞晉易太子[16]，三世不安；齊桓兄弟爭位[17]，身死爲戮；紂殺親戚[18]，不聽諫者，國爲丘墟，遂危社稷：三者逆天，宗廟不血食。斯其猶人哉[19]，安足爲謀！"高曰："上下合同，可以長久；中外若一，事無表裏。君聽臣之計，即長有封侯，世世稱孤，必有喬松之壽[20]，孔、墨之智。今釋此而不從，禍及子孫，足以爲寒心。善者因禍爲福，君何處焉？"斯乃仰天而嘆，垂淚太息曰："嗟乎！獨遭亂世，既以不能死，安託命哉[21]！"於是斯乃聽高。高乃報胡亥曰："臣請奉太子之明命以報丞相，丞相斯敢不奉令！"

【注】

〔1〕然,肯定,同意。

〔2〕嗣,繼承。指繼皇帝位。

〔3〕君侯,古時稱列侯爲君侯。指李斯。

〔4〕厮役,做粗雜之活。

〔5〕刀筆之文,刀筆都是書寫工具。此指能書寫文案。

〔6〕封及二世,指本人受封澤及其子。

〔7〕通侯,爵位名,即"徹侯"。李斯被封爲通侯。此言不能終身爲通侯。

〔8〕辯於心而訕於口,心裏明白不善於説出來。

〔9〕反位,返位,反通"返"。

〔10〕庶幾,差不多。

〔11〕遷徙無常,變化不定。

〔12〕指,意向。見其意向而知其歸宿。

〔13〕中,謂心中。

〔14〕水摇動,指春天冰溶解而水晃動。

〔15〕晚,遲也。

〔16〕晉易太子,指晉獻公廢太子申生而立奚齊代之。

〔17〕兄弟争位,指齊桓公小白與公子糾争位。

〔18〕紂殺親戚,指殷紂王殺比干,囚箕子。

〔19〕猶人,猶如上述易太子争位、殺親戚之人。

〔20〕喬松,高松。

〔21〕託命,寄託於命運。

於是乃相與謀,詐爲受始皇詔丞相[1],立子胡亥爲太子。更爲書賜長子扶蘇曰[2]:"朕巡天下,禱祠名山諸神以延壽命[3]。今扶蘇與將軍蒙恬將師數十萬以屯邊[4],十有餘年矣,不能進而前,士卒多耗,無尺寸之功,乃反數上書直言誹謗我所爲[5],以不得罷歸爲太子,日夜怨望[6]。扶蘇爲人子不孝,其賜劍以自裁[7]!將軍恬與扶蘇居外,不匡正,宜知其謀。爲人臣不忠,其賜死[8],以兵屬裨將王離[9]。"封其書以皇帝璽[10],遣胡亥客奉書賜扶蘇於上郡。

【注】

〔1〕詐爲,假作。詔,皇帝的命令文告。
〔2〕更爲書,更改秦始皇賜公子扶蘇的詔書。《秦始皇本紀》:"而更詐爲丞相斯受始皇遺詔沙丘,立子胡亥爲太子。"
〔3〕禱祠,祈禱。求福曰禱,得求曰祠。
〔4〕將師,率領軍隊。屯邊,駐守邊疆。
〔5〕反數,幾次三番。
〔6〕怨望,心懷不滿。
〔7〕自裁,自己斷制,即自殺。
〔8〕賜死,帝王要臣下死爲賜死。
〔9〕裨將,副將。
〔10〕以皇帝璽,蓋上皇帝的印。

　　使者至,發書,扶蘇泣,入內舍,欲自殺。蒙恬止扶蘇曰:"陛下居外,未立太子,使臣將三十萬衆守邊,公子爲監,此天下重任也。今一使者來,即自殺,安知其非詐?請復請[1],復請而後死,未暮也[2]。"使者數趣之。扶蘇爲人仁,謂蒙恬曰:"父而賜子死,尚安復請!"即自殺。蒙恬不肯死,使者即以屬吏,繫於陽周[3]。

【注】
[1] 復請,再請示,再訊問。
[2] 暮,晚。
[3] 屬吏,指蒙恬所隸屬之官吏。《蒙恬列傳》:"使者以蒙恬屬吏,更置。"繫於陽周,拘囚蒙恬於上郡之陽周。

　　使者還報,胡亥、斯、高大喜。至咸陽,發喪,太子立為二世皇帝。以趙高為郎中令,常侍中用事[1]。

【注】
[1] 郎中令,秦官名,掌宮殿門戶。侍中,官名,原為丞相屬官。此謂侍從皇帝左右,出入宮廷,應對顧問的親臣。用事,執政,掌權。

　　二世燕居[1],乃召高與謀事,謂曰:"夫人生居世間也,譬猶騁六驥過決隙也[2]。吾既已臨天下矣,欲悉耳目之所好,窮心志之所樂,以安宗廟而樂萬姓[3],長有天下,終吾年壽,其道可乎?"高曰:"此賢主之所能行也,而昏亂主之所禁也。臣請言之,不敢避斧鉞之誅,願陛下少留意焉。夫沙丘之謀,諸公子及大臣皆疑焉,而諸公子盡帝兄,大臣又先帝之所置也。今陛下初立,此其屬意怏怏皆不服[4],恐為變。且蒙恬已死,蒙毅將兵居外[5],臣戰戰慄慄,唯恐不終。且陛下安得為此樂乎?"二世曰:"為之奈何?"趙高曰:"嚴法而刻刑,令有罪者相坐誅[6],至收族[7]，滅大臣而遠骨肉；貧者富之，賤者貴之。盡除去先帝之故臣，更置陛下之所親信者近之。此則陰德歸陛下[8]，害除而姦謀塞，羣臣莫不被潤澤，蒙厚德，陛下則高枕肆志寵樂矣。計莫出於此。"二世然高之言，乃更爲法律。於是羣臣諸公子有罪，輒下高[9]，令鞠治之[10]。殺大臣蒙毅等，公子十二人僇死咸陽市，十公主矺死於杜[11]，財物入於縣官，相連坐者不可勝數。

【注】
〔1〕燕居，閒居。
〔2〕騁，縱馬奔馳。六驥，古代帝王的車駕用六匹馬。驥，千里馬。決隙，裂開的縫隙。
〔3〕宗廟，帝王祭祖先的地方。王朝把天下據爲一家所有，世代相傳，故宗廟作爲王室乃至國家的代稱。
〔4〕屬意，歸心。怏怏，不服氣。
〔5〕蒙毅，蒙恬之弟。
〔6〕相坐，一人犯法株連他人同時治罪。
〔7〕收族，拘捕家族。相坐之法連至於家族。
〔8〕陰德，暗地施德於人。
〔9〕輒下高，即時交給趙高處置。
〔10〕鞠治，審問定罪。鞠，通"鞫"。
〔11〕矺死，裂其肢體而殺之，即分屍。矺同"磔"。杜，地名，今陝西西安市東南。

公子高欲奔，恐收族，乃上書曰："先帝無恙時[1]，臣入則賜食，出則乘輿。御府之衣[2]，臣得賜之；中廄之寶馬[3]，臣得賜之。臣當從死而不能，爲人子不孝，爲人臣不忠。不忠者無名以立於世，臣請從死，願葬酈山之足[4]。唯上幸哀憐之。"書上，胡亥大說，召趙高而示之，曰："此可謂急乎[5]？"趙高曰："人臣當憂死而不暇，何變之得謀[6]！"胡亥可其書，賜錢十萬以葬。

【注】
〔1〕無恙，沒有疾病。
〔2〕御府，皇帝儲藏財物的地方。
〔3〕中廄，帝王養馬的棚舍。
〔4〕從死，追隨始皇而死。酈山，秦始皇葬地，在今陝西西安市臨潼區。足，山下。
〔5〕急，急迫。
〔6〕何變之得謀，不能讓其有時間謀變。

　　法令誅罰日益刻深，羣臣人人自危，欲畔者衆[1]。又作阿房之宮[2]，治直道、馳道[3]，賦斂愈重，戍徭無已[4]。於是楚戍卒陳勝、吳廣等乃作亂[5]，起於山東[6]，傑俊相立，自置爲侯王，叛秦，兵至鴻門而卻[7]。李斯數欲請間諫，二世不許。而二世責問李斯曰："吾有私議而有所聞於韓子也[8]，曰'堯之有天下也，堂高三尺，采椽不斲[9]，茅茨不翦，雖逆旅之宿不勤於此矣[10]。冬日鹿裘，夏日葛衣[11]，粢糲之食，藜藿之羹[12]，飯土簋，啜土鉶[13]，雖監門之養不觳於此矣[14]。禹鑿龍門[15]，通大夏[16]，疏九河，曲九防[17]，決渟水致之海[18]，而股無胈[19]，脛無毛[20],手足胼胝[21],面目黎黑[22],遂以死於外,葬於會稽,臣虜之勞不烈於此矣'[23]。然則夫所貴於有天下者,豈欲苦形勞神,身處逆旅之宿,口食監門之養,手持臣虜之作哉?此不肖人之所勉也,非賢者之所務也。彼賢人之有天下也,專用天下適己而已矣[24],此所以貴於有天下也。夫所謂賢人者,必能安天下而治萬民,今身且不能利[25],將惡能治天下哉[26]!故吾願賜志廣欲[27],長享天下而無害,爲之奈何?"李斯子由爲三川守,羣盜吳廣等西略地[28],過去弗能禁[29]。章邯以破逐廣等兵[30],使者覆案三川相屬[31],誚讓斯居三公位[32],如何令盜如此。李斯恐懼,重爵祿,不知所出[33],乃阿二世意,欲求容,以書對曰:

【注】

〔1〕畔,叛。
〔2〕阿房,秦宮殿名。故址在今陝西西安市長安區西。
〔3〕直道,直通的道路。馳道。君主馳車馬的道路。
〔4〕戍徭,服守邊兵役和勞役。無已,無止境。
〔5〕戍卒,守邊的士兵。陳勝、吳廣,秦末農民起義領袖。陳勝在戍邊途中,率戍卒九百人在蘄縣大澤鄉,揭竿起義,占陳縣,自立爲王,國號張楚。《史記》有《陳涉世家》。
〔6〕山東,崤山或華山以東爲山東,也指戰國時秦以外的六國。
〔7〕鴻門,古地名。在今陝西臨潼縣東。却,退。
〔8〕韓子,指韓非子。
〔9〕采椽不斲,沒有砍削加工過的樹木椽子。
〔10〕茅茨,茅草。逆旅,客舍,迎止賓客之處。

〔11〕鹿裘,鹿皮衣。泛指獸皮衣。葛衣,麻布衣服。

〔12〕粢糲,粗糧。藜藿之羹,野菜湯。

〔13〕飯土匭,土制飯碗。匭,飯匣。啜土鉶,土制茶杯。啜,飲。鉶,盛湯的器皿。

〔14〕監門,看門的人。不觳,不薄。

〔15〕禹,夏禹。龍門,山名。大禹治水,鑿龍門辟伊闕。龍門即今河南洛陽市南之伊闕。

〔16〕大夏,湖澤名。《淮南子·地形訓》:"西北方曰大夏,曰海澤。"

〔17〕九河,古黃河自孟津而北,分爲九道,故稱九河。九河古道,湮廢已久。曲九防,黃河河道九曲折,爲之堤防。

〔18〕決淳水,疏通水流。淳,水積聚不流。海,指渤海。

〔19〕股無胈,大腿沒有肌肉。謂大腿消瘦。

〔20〕脛無毛,小腿無毛。

〔21〕手足胼胝,手掌腳底生了老繭。

〔22〕黧黑,青黑色。

〔23〕臣虜,指奴隸。烈,猛烈,引申爲難苦。

〔24〕適己,滿足自己。

〔25〕利,利益。

〔26〕惡能,何能。

〔27〕賜志廣欲,恣意盡欲。

〔28〕略地,掠地。略,通"掠"。

〔29〕過去,來往經過。

〔30〕章邯,秦二世時官少府,陳勝吳廣起義,二世發驪山徒,使章邯爲將。

〔31〕覆案,反覆察驗。也作"覆按"。

〔32〕誚讓,譴責。三公,輔助國君掌握軍政大權的最高官員。

〔33〕出,謂離險。

"夫賢主者,必且能全道而行督責之術者也[1]。督責之,則臣不敢不竭能以徇其主矣[2]。此臣主之分定[3],上下之義明,則天下賢不肖莫敢不盡力竭任以徇其君矣。是故主獨制於天下而無所制也[4]。能窮樂之極矣,賢明之主也,可不察焉!

【注】
〔1〕督責,察其罪責之以刑罰。督責之術,也即循名責實的刑名之術。
〔2〕徇,獻身。
〔3〕分定,名分確定。
〔4〕獨制,獨裁。無所制,不爲他制裁。

"故申子曰[1]'有天下而不恣睢[2],命之曰以天下爲桎梏'者[3],無他焉,不能督責,而顧以其身勞於天下之民[4],若堯、禹然,故謂之'桎梏'也。夫不能修申、韓之明術[5],行督責之道,專以天下自適也,而徒務苦形勞神,以身徇百姓,則是黔首之役,非畜天下者也[6],何足貴哉!夫以人徇己,則己貴而人賤;以己徇人,則己賤而人貴。故徇人者賤,而人所徇者貴。自古及今,未有不然者也。凡古之所爲尊賢者,爲其貴也;而所爲惡不肖者,爲其賤也。而堯、禹以身徇天下者也,因隨而尊之[7],則亦失所爲尊賢之心矣夫!

可謂大繆矣[8]。謂之爲'桎梏',不亦宜乎?不能督責之過也。

【注】

[1] 申子,申不害,戰國時法家。本書有傳。
[2] 恣睢,肆意縱欲。
[3] 桎梏,枷鎖。
[4] 顧,反。
[5] 申、韓,申不害和韓非。此講刑名法術者。
[6] 畜天下,養天下。畜天下者,指帝王。
[7] 因隨,因循,因從。
[8] 繆,通"謬"。

"故韓子曰'慈母有敗子而嚴家無格虜'者[1],何也?則能罰之加焉必也。故商君之法,刑棄灰於道者[2]。夫棄灰,薄罪也,而被刑,重罰也。彼唯明主爲能深督輕罪。夫罪輕且督深,而況有重罪乎?故民不敢犯也。是故韓子曰"布帛尋常,庸人不釋,鑠金百溢,盜跖不搏"者[3],非庸人之心重,尋常之利深,而盜跖之欲淺也;又不以盜跖之行,爲輕百鎰之重也。搏必隨手刑[4],則盜跖不搏百鎰;而罰不必行也,則庸人不釋尋常。是故城高五丈,而樓季不輕犯也[5];泰山之高百仞,而跛牂牧其上[6]。夫樓季也而難五丈之限,豈跛牂也而易百仞之高哉?峭塹之勢異也[7]。明主聖王之所以能久處尊位,長執重勢,而獨擅天下之利者,非有異道也,能獨斷而審督責,必深罰[8],故天下不敢犯也。今不務所以不犯,而事慈母之所以敗子也[9],則亦不察於聖人之論矣。夫不能行聖人之術[10],則舍爲天下役何事哉[11]?可不哀邪!

【注】

〔1〕格虜,勇猛不順的奴僕。格,猶"悍"也。此引《韓非子·顯學》語。

〔2〕商君,即商鞅。本書有傳。刑棄灰於道者,棄灰於街道者處以刑罰。《韓非子·内儲說》:"殷之法,刑棄灰於街者。子貢以爲重。問之仲尼,仲尼曰,知治之道也。"

〔3〕尋常,古長度單位。八尺爲尋,兩尋爲一常。引申爲一般的不貴重的東西。鑠金,輝煌的金。鑠,通"爍"。溢,通"鎰",古代重量單位。二十兩(一說二十四兩)爲一鎰。盜跖,相傳爲春秋末期人,名跖,一作"蹠"。搏,拾取。語見《韓非子·五蠹》。

〔4〕隨,隨即,立刻。

〔5〕樓季,戰國時衛人。《史記集解》引許慎云:"樓季,魏文侯之弟。"《韓非子·五蠹》:"十仞之城,樓季弗能踰者,峭也。"故此喻法之峻峭。

〔6〕跛牂,跛足的母羊。牂,同"羘"。《韓非子·五蠹》:"千仞之山,跛牂易牧者,夷也。"

〔7〕峭塹,陡峭和平坦。喻法之嚴峻與平夷。

〔8〕必深罰,一定執行苛刻的刑罰。

〔9〕所以不犯,指嚴刑峻法。所以敗子,指慈愛寬容。

〔10〕聖人,指申不害、韓非。術,指督責之刑名之術。

〔11〕舍,止宿,引申爲居處。爲天下役,指勞形苦神。

"且夫儉節仁義之人立於朝,則荒肆之樂輟矣〔1〕;諫說論理之臣間於側,則流漫之志詘矣〔2〕;烈士死節之行顯於世,則淫康之虞廢矣〔3〕。故明主能外此三者,而獨操主術以制聽從之臣,而修其明法,故身尊而勢重也。凡賢主者,必將能拂世磨俗〔4〕,而廢其所惡,立其所欲,故生則有尊重之勢,死則有賢明之謚也〔5〕。是以明君獨斷,故權不在臣也。然後能滅仁義之塗〔6〕,掩馳說之口,困烈士之行,塞聰揜明〔7〕,內獨視聽〔8〕,故外不可傾以仁義烈士之行,而內不可奪以諫說忿爭之辯。故能犖然獨行恣睢之心而莫之敢逆〔9〕。若此然後可謂能明申、韓之術,而脩商君之法。法脩術明而天下亂者,未之聞也。故曰"王道約而易操"也〔10〕。唯明主爲能行之。若此則謂督責之誠,則臣無邪,臣無邪則天下安,天下安則主嚴尊,主嚴尊則督責必,督責必則所求得,所求得則國家富,國家富則君樂豐。故督責之術設,則所欲無不得矣。羣臣百姓救過不給,何變之敢圖〔11〕?若此則帝道備,而可謂能明君臣之術矣。雖申、韓復生,不能加也。"

【注】

〔1〕荒肆,恣意享受。輟,停止。
〔2〕間於側,近於旁。流漫,放蕩散漫。詘,絕止。
〔3〕淫康之虞,貪色安逸之樂。虞,通"娛"。

〔4〕拂世磨俗,矯正和磨礪世俗,即移風易俗。
〔5〕謚,帝王貴族等死後,依其生前事迹給予的稱號。
〔6〕塗,通"途"。途徑,道路。
〔7〕掩,掩蓋。
〔8〕内獨視聽,主觀想象。
〔9〕挈然,超絕的樣子。恣睢,恣意縱欲。
〔10〕約,簡要。操,掌握。
〔11〕救過不給,改正過失來不及。圖,圖謀。

書奏,二世悅。於是行督責益嚴[1],稅民深者爲明吏[2]。二世曰:"若此則可謂能督責矣。"刑者相半於道[3],而死人日成積於市[4]。殺人衆者爲忠臣。二世曰:"若此則可謂能督責矣。"

【注】
〔1〕益嚴,更加嚴。
〔2〕稅民深,向人民稅斂苛刻。明吏,好的官吏。
〔3〕刑者相半於道,道路上的人有一半是刑徒。
〔4〕日成積於市,每天堆積成市場一樣。

初,趙高爲郎中令,所殺及報私怨衆多,恐大臣入朝奏事毀惡之,乃說二世曰:"天子所以貴者,但以聞聲[1],羣臣莫得見其面,故號曰'朕'[2]。且陛下富於春秋[3],未必盡通諸事,今坐朝廷,譴舉有不當者,則見短於大臣,非所以示神明於天下也。且陛下深拱禁中[4],與臣及侍中習法者待事,事來有以揆之[5]。如此則大臣不敢奏疑事,天下稱聖主矣。"二世用其計,乃不坐朝廷見大臣,居禁中。趙高常侍中用事,事皆決於趙高。

【注】

〔1〕但以聞聲,只知其説。
〔2〕朕,皇帝的自稱。
〔3〕春秋,指年齡。富於春秋,年富力強之時,引申爲年輕。
〔4〕深拱,拱手安居無所事事。禁中,皇帝的宫中。謂門户有禁,非侍衛不得入内。
〔5〕揆,度。

高聞李斯以爲言,乃見丞相曰:"關東羣盗多,今上急益發繇治阿房宫[1],聚狗馬無用之物。臣欲諫,爲位賤。此真君侯之事,君何不諫?"李斯曰:"固也[2],吾欲言之久矣。今時上不坐朝廷,上居深宫,吾有所言者,不可傳也,欲見無閒[3]。"趙高謂曰:"君誠能諫,請爲君侯上閒語君。"於是趙高待二世方燕樂[4],婦女居前,使人告丞相:"上方閒,可奏事。"丞相至宫門上謁,如此者三[5]。二世怒曰:"吾常多閒日,丞相不來。吾方燕私,丞相輒來請事。丞相豈少我哉?且固我哉?"[6]趙高因曰:"如此殆矣!夫沙丘之謀[7],丞相與焉。今陛下已立爲帝,而丞相貴不益,此其意亦望裂地而王矣[8]。且陛下不問臣,臣不敢言。丞相長男李由爲三川守,楚盗陳勝等皆丞相傍縣之子[9],以故楚盗公行[10],過三川,城守不肯擊。高聞其文書相往來,未得其審,故未敢以聞[11]。且丞相居外,權重於陛下。"二世以爲然。欲案丞相[12],恐其不審,乃使人案驗三川守與盜通狀[13]。李斯聞之。

【注】

〔1〕繇,通"徭"。勞役。
〔2〕固也,本來。
〔3〕無閒,無空閒。
〔4〕燕樂,晏樂。燕,通"晏"。
〔5〕謁,請求晉見。三,指多次。
〔6〕少我,輕視我年幼。固我,鄙視我淺陋。
〔7〕沙丘之謀,指秦始皇死謀殺太子扶蘇而立胡亥二世。
〔8〕裂地而王,封土稱王。
〔9〕傍縣之子,旁縣的人。傍,通"旁"。
〔10〕公行,無所顧忌地行事。
〔11〕聞,告知。
〔12〕案,處理。官府處理公事的文書或成例,及獄訟判定結論稱"案"。
〔13〕案驗,查問證實。

是時二世在甘泉[1],方作觳抵優俳之觀[2]。李斯不得見,因上書言趙高之短曰:"臣聞之,臣疑其君,無不危國;妾疑其夫,無不危家。今有大臣於陛下擅利擅害[3],與陛下無異,此甚不便。昔者司城子罕相宋[4],身行刑罰,以威行之,朞年遂劫其君[5]。田常爲簡公臣,爵列無敵於國,私家之富與公家均[6],布惠施德,下得百姓,上得羣臣,陰取齊國[7],殺宰予於庭[8],即弒簡公於朝,遂有齊國。此天下所明知也。今高有邪佚之志,危反之行[9],如子罕相宋也;私家之富,若田氏之於齊也。兼行田常、子罕之逆道而劫陛下之威信,其志若韓玘爲韓安相也[10]。陛下不圖,臣恐其爲變也。"二世曰:"何哉？夫高,故宦人也[11],然不爲安肆志,不以危易心,絜行脩善,自使至此,以忠得進,以信守位,朕實賢之,而君疑之,何也？且朕少失先人[12],無所識知,不習治民,而君又老,恐與天下絕矣。朕非屬趙君,當誰任哉？且趙君爲人精廉强力,下知人情,上能適朕。君其勿疑。"李斯曰:"不然。夫高,故賤人也,無識於理,貪欲無厭,求利不止,列勢次主[13],求欲無窮,臣故曰殆。"二世已前信趙高,恐李斯殺之,乃私告趙高。高曰:"丞相所患者獨高,高已死,丞相即欲爲田常所爲。"於是二世曰:"其以李斯屬郎中令[14]！"

【注】

〔1〕甘泉,秦宫名。在今陝西淳化縣西北甘泉山。

〔2〕觳抵,古代一種技藝表演,似今之摔跤。優俳,古代以樂舞作滑稽戲。

〔3〕擅,獨斷專行。

〔4〕司城,官名,即司空,春秋宋國設置。因宋武公名司空,故改稱司城。

〔5〕身行刑罰,謂子罕掌握刑罰之權。朞年,一年。朞同"期"。《韓非子·二柄》:"子罕謂宋君曰,夫慶賞賜予者,民之所喜也,君自行之;殺戮刑罰者,民之所惡也,臣請當之。於是宋君失刑而子罕用之,故宋君見劫。"

〔6〕無敵於國,國內没有與他匹敵的。私家,指田常家族。公室,

指齊簡公王室。均,等。
〔7〕陰取,暗地裏奪取。
〔8〕宰予,孔子弟子,春秋時魯國人。字予我,也稱宰我。爲齊臨菑大夫,因參與田常反齊簡公的鬥爭,事敗被殺。
〔9〕邪佚,放蕩不正。危反,凶險違逆。
〔10〕韓玘,即韓姬。《史記·韓世家》:昭侯十年,"韓姬弑其君悼公"。《索隱》引《紀年》:"姬,亦作玘。"姬是韓大夫,然不知悼公爲何君。此云韓玘爲韓安相,韓王安則是韓昭侯下四代矣。
〔11〕宦,僕隷。宮内侍奉的官,即所謂太監。
〔12〕先人,指先父秦始皇。
〔13〕列勢次主,勢力僅次於君主。
〔14〕屬郎中令,交給趙高處置。

趙高案治李斯。李斯拘執束縛,居囹圄中,仰天而嘆曰:"嗟乎,悲夫! 不道之君,何可爲計哉! 昔者桀殺關龍逢[1],紂殺王子比干[2],吴王夫差殺伍子胥[3]。此三臣者,豈不忠哉,然而不免於死,身死而所忠者非也[4]。今吾智不及三子,而二世之無道過於桀、紂、夫差,吾以忠死,宜矣。且二世之治豈不亂哉! 日者夷其兄弟而自立也[5],殺忠臣而貴賤人,作爲阿房之宮,賦斂天下。吾非不諫也,而不吾聽也[6]。凡古聖王,飲食有節,車器有數,宮室有度,出令造事,加費而無益於民利者禁,故能長久治安。今行逆於昆弟[7],不顧其咎;侵殺忠臣,不思其殃;大爲宮室,厚賦天下,不愛其費;三者已行,天下不聽。今反者已有天下之半矣,而心尚未寤也[8],而以趙高爲佐,吾必見寇至咸陽[9],麋鹿游於朝也[10]。"

【注】

〔1〕桀,夏桀。關龍逢,夏之賢臣。夏桀無道,爲酒池糟丘,關龍逢極諫,桀囚而殺之。事見《莊子·人間世》、《荀子·解蔽》。

〔2〕紂,殷紂王。王子比干,一説爲殷紂王叔伯父,此説是紂之庶兄。比干諫紂,紂怒而剖其心而死。

〔3〕夫差,吴王闔閭之子。伍子胥,名員,春秋時楚人。父奢、兄尚被楚平王所殺,子胥奔吴。吴封於申地,稱申胥。與孫武共輔吴王闔閭伐楚,五戰入楚都郢。吴王敗越,越請和,吴王允之,子胥諫之不從,被迫自殺。

〔4〕所忠者,指秦二世。

〔5〕夷,殺滅。

〔6〕不吾聽,不聽我的。

〔7〕昆弟,兄弟。

〔8〕寤,覺也。

〔9〕寇至咸陽,敵軍到秦都。

〔10〕麋鹿,怪獸,俗稱四不像。麋鹿游於朝,謂亡國也。

　　於是二世乃使高案丞相獄,治罪,責斯與子由謀反狀,皆收捕宗族賓客。趙高治斯,榜掠千餘[1],不勝痛,自誣服[2]。斯所以不死者,自負其辯,有功,實無反心,幸得上書自陳,幸二世之寤而赦之[3]。李斯乃從獄中上書曰:"臣爲丞相,治民三十餘年矣。逮秦地之陿隘。先王之時秦地不過千里,兵數十萬。臣盡薄材,謹奉法令,陰行謀臣,資之金玉,使游説諸侯,陰脩甲兵,飾政教,官鬬士[4],尊功臣,盛其爵禄,故終以脅韓弱魏[5],破燕、趙,夷齊、楚[6],卒兼六國,虜其王,立秦爲天子[7],罪一矣。地非不廣,又北逐胡、貉[8],南定百越[9],以見秦之彊,罪二矣。尊大臣,盛其爵位,以固其親,罪三矣。立社稷,脩宗廟,以明主之賢,罪四矣。更剋畫[10],平斗斛度量,文章布之天下[11],以樹秦之名,罪五矣。治馳道,興游觀,以見主之得意,罪六矣。緩刑罰,薄賦斂,以遂主得衆之心,萬民戴主,死而不忘,罪七矣。若斯之爲臣者,罪足以死固久矣。上幸盡其能力,乃得至今,願陛下察之!"書上,趙高使吏棄去不奏,曰:"囚安得上書!"

【注】

[1] 榜掠,鞭打。
[2] 自誣服,自己承認假的是真的。
[3] 幸,僥倖。
[4] 飾政教,整飭政教。官鬭士,授予勇鬭之士以官職。
[5] 脅,脅迫。
[6] 夷,平。
[7] 天子,指秦始皇帝。
[8] 胡、貉,對北方少數民族的誣稱。
[9] 百越,泛稱江浙閩粤一帶的民族。
[10] 更剋畫,更改度量衡的標準。
[11] 平,統一。斗斛,量器。十升爲斗,十斗爲斛。文章,文字。

趙高使其客十餘輩詐爲御史、謁者、侍中[1],更往覆訊斯。斯更以其實對,輒使人復榜之。後二世使人驗斯,斯以爲如前,終不敢更言,辭服。奏當上,二世喜曰:"微趙君,幾爲丞相所賣[2]。"及二世所使案三川之守至,則項梁已擊殺之[3]。使者來,會丞相下吏,趙高皆妄爲反辭[4]。

【注】
〔1〕詐爲,冒充爲。御史,官名,爲帝王親近之職,掌文書及記事。謁者,接待賓客的近侍。侍中,官名,屬丞相。
〔2〕賣,出賣,欺騙。
〔3〕項梁,楚將項燕之子,項羽的叔父。
〔4〕反辭,相反的口供。

　　二世二年七月,具斯五刑,論腰斬咸陽市[1]。斯出獄,與其中子俱執[2],顧謂其中子曰:"吾欲與若復牽黃犬俱出上蔡東門逐狡兔[3],豈可得乎?"遂父子相哭,而夷三族[4]。

【注】
〔1〕五刑,五種輕重不同的刑罰。腰斬,古時酷刑,將犯人肢體斬爲兩段。
〔2〕俱執,同時被執法。
〔3〕與若,與你。上蔡,李斯的家鄉。
〔4〕夷三族,滅父、母、妻三族。

　　李斯已死,二世拜趙高爲中丞相,事無大小輒決於高。高自知權重,乃獻鹿,謂之馬[1]。二世問左右:"此乃鹿也?"左右皆曰"馬也"。二世驚,自以爲惑,乃召太卜[2],令卦之。太卜曰:"陛下春秋郊祀[3],奉宗廟鬼神[4],齋戒不明[5],故至於此。可依盛德而明齋戒。"於是乃入上林齋戒[6]。日游弋獵,有行人入上林中,二世自射殺之。趙高教其女婿咸陽令閻樂劾不知何人賊殺人移上林[7]。高乃諫二世曰:"天子無故賊殺不辜人[8],此上帝之禁也,鬼神不享,天且降殃,當遠避宮以禳之[9]。"二世乃出居望夷之宮[10]。

【注】

〔1〕獻鹿謂之馬,指鹿爲馬。喻故意顛倒是非,作威作福。《秦始皇本紀》云趙高欲爲亂,恐羣臣不聽,乃先設驗,指鹿爲馬。
〔2〕太卜,官名。爲卜筮官之長。
〔3〕郊祀,於郊外祭祀天地。
〔4〕宗廟,祭祖先的地方。
〔5〕齋戒,古人在祭祀前沐浴更衣,不吃葷,不飲酒,不與妻同寢,整潔身心,以示虔誠。
〔6〕上林,苑名。秦朝養禽獸供皇帝春秋打獵的園林。
〔7〕劾,揭發。
〔8〕不辜,無罪。
〔9〕禳,祭名。去邪除惡之祭。
〔10〕望夷之宮,秦宮名。以臨涇水,可望北夷,故名望夷宮。故址在今陝西涇陽縣東南。趙高殺秦二世於此。

留三日,趙高詐詔衛士,令士皆素服持兵內鄉[1],入告二世曰:"山東羣盜兵大至!"二世上觀而見之,恐懼,高即因劫令自殺。引璽而佩之[2],左右百官莫從;上殿,殿欲壞者三。高自知天弗與,羣臣弗許,乃召始皇弟[3],授之璽。

【注】

〔1〕素服持兵,穿白衣服手拿兵器。内鄉,即内向。謂向望夷宫内奔去。
〔2〕引璽而佩之,拿皇帝的印佩帶在身上。
〔3〕始皇弟,"弟"字誤,當爲"孫"。《秦始皇本紀》:"立二世兄子公子嬰爲秦王。"則子嬰是秦始皇孫。

子嬰即位,患之,乃稱疾不聽事,與宦者韓談及其子謀殺高。高上謁[1],請病,因召入,令韓談刺殺之,夷其三族。

【注】

〔1〕高上謁,趙高要晉見秦王子嬰。

子嬰立三月,沛公兵從武關入[1],至咸陽,羣臣百官皆畔,不適[2]。子嬰與妻子自繫其頸以組,降軹道旁[3]。沛公因以屬吏[4]。項王至而斬之[5]。遂以亡天下。

【注】

〔1〕沛公,即劉邦。武關,地名。秦之南關,在今陝西商南縣西北。
〔2〕畔,叛。不適,不敵。適,通"敵"。
〔3〕組,絲帶。軹道,亭名,在今陝西西安市東北。
〔4〕屬吏,將子嬰託付給官吏。
〔5〕項王,指西楚霸王項羽。

太史公曰:李斯以閭閻歷諸侯[1],入事秦,因以瑕釁[2]，以輔始皇，卒成帝業，斯爲三公，可謂尊用矣。斯知六藝之歸[3]，不務明政以補主上之缺，持爵禄之重，阿順苟合，嚴威酷刑，聽高邪説，廢適立庶[4]。諸侯已畔，斯乃欲諫争，不亦末乎！人皆以斯極忠而被五刑死，察其本，乃與俗議之異[5]。不然，斯之功且與周、召列矣[6]。

【注】

〔1〕閭閻，泛指民間。
〔2〕瑕釁，即"瑕隙"，弱點。
〔3〕六藝，指禮、樂、射、御、書、數六藝。
〔4〕適，通"嫡"。
〔5〕俗議，指人皆以李斯極忠而被五刑而死。
〔6〕周，指周公旦。召，指周公奭。列，並列。

選自《史記》卷八十七《李斯列傳》

西　漢

陸　　賈（西漢初）

　　陸賈者，楚人也[1]。以客從高祖定天下[2]，名爲有口辯士[3]，居左右，常使諸侯[4]。

【注】

[1] 陸賈，漢初思想家。《史記索隱》引《陳留風俗傳》云："陸氏，春秋時陸渾國之後，晉侯伐之，故陸渾子奔楚，賈其後。"又《陸氏譜》云："齊宣公支子達食菜於陸。達生發，發生皋，適楚。賈其孫也。"
[2] 客，説客。高祖，漢高祖劉邦。
[3] 有口辯士，敢言善辯之士。
[4] 居左右，指在劉邦身旁。使，使者，出使。

　　及高祖時，中國初定，尉他平南越，因王之[1]。高祖使陸賈賜尉他印爲南越王[2]。陸生至，尉他魋結箕倨見陸生[3]。陸生因進説他曰："足下中國人，親戚昆弟墳墓在真定[4]。今足下反天性，棄冠帶[5]，欲以區區之越與天子抗衡爲敵國[6]，禍且及身矣。且夫秦失其政，諸侯豪桀並起，唯漢王先入關，據咸陽[7]。項羽倍約，自立爲西楚霸王[8]，諸侯皆屬，可謂至強。然漢王起巴蜀[9]，鞭笞天下，劫略諸侯[10]，遂誅項羽滅之。五年之間，海内平定，此非人力，天之所建也。天子聞君王王南越，不助天下誅暴逆,將相欲移兵而誅王,天子憐百姓新勞苦,故且休之,遣臣授君王印,剖符通使[11]。君王宜郊迎,北面稱臣[12],迺欲以新造未集之越[13],屈強於此[14]。漢誠聞之,掘燒王先人冢[15],夷滅宗族,使一偏將將十萬衆臨越[16],則越殺王降漢,如反覆手耳[17]。"

【注】

〔1〕尉他,南越尉趙他。南越,也作南粤,今廣東廣西一帶。尉,官名,掌兵事。王,南越王。
〔2〕印,南越王印。
〔3〕魋結,把頭髮梳成椎髻。箕倨,兩脚伸直岔開而坐,形如簸箕。
〔4〕真定,漢真定縣。在今河北省。
〔5〕反天性,違背原來的本性,指風俗習慣。棄冠帶,不戴帽子不穿衣佩帶。
〔6〕區區,小也。天子,指漢高祖。
〔7〕漢王,指劉邦。入關,入武關。據咸陽,佔據秦都咸陽。
〔8〕項羽,名籍,字羽(公元前232—前202)。秦末下相人,從叔父項梁在吳中響應陳勝吳廣起義。倍約,背約。指劉邦和項羽共立楚懷王時相約,先入定關中者爲王。西楚霸王,項羽背約自立爲王,西楚,今淮北一帶。王九郡,都彭城,在今江蘇徐州。
〔9〕巴蜀,巴郡和蜀郡。今四川省及重慶市境。
〔10〕鞭笞,鞭撻。劫略,用暴力迫脅。
〔11〕剖符,古時帝王授予諸侯及功臣的憑證。一分爲二,各執其一,故稱剖符。
〔12〕郊迎,出郊迎接,以示隆重。尉他魋結箕倨,是謂失禮。北

面,古時君見臣,尊長見卑幼,南面而坐,故以北面指向人稱臣。
〔13〕新造未集,新建立還未成功。
〔14〕屈強,即倔強。不順從。
〔15〕冢,墳墓。
〔16〕偏將,偏師之將,即副將。
〔17〕反覆手,反掌。喻很容易。

　　於是尉他迺蹶然起坐[1],謝陸生曰:"居蠻夷中久,殊失禮義[2]。"因問陸生曰:"我孰與蕭何、曹參、韓信賢[3]?"陸生曰:"王似賢。"復曰:"我孰與皇帝賢?"陸生曰:"皇帝起豐沛[4],討暴秦,誅強楚,為天下興利除害,繼五帝三王之業統理中國[5]。中國之人以億計,地方萬里,居天下之膏腴[6],人眾車舉[7],萬物殷富,政由一家[8],自天地剖泮未始有也[9]。今王眾不過數十萬,皆蠻夷,崎嶇山海間,譬若漢一郡,王何乃比於漢!"尉他大笑曰:"吾不起中國,故王此。使我居中國,何渠不若漢[10]?"迺大說陸生[11],留與飲數月。曰:"越中無足與語,至生來,令我日聞所不聞。"賜陸生橐中裝直千金[12],他送亦千金。陸生卒拜尉他為南越王,令稱臣奉漢約[13]。歸報,高祖大悅,拜賈為太中大夫[14]。

【注】

〔1〕蹶然,疾起的樣子。起坐,站立起來。
〔2〕蠻夷,古代泛指華夏中原民族之外的民族。殊,甚。
〔3〕蕭何,漢沛人,曾為沛吏,佐劉邦定天下。劉邦為漢王,蕭何為

丞相,天下既定,論功第一,封酇侯。曹參,漢沛人,曾爲沛獄吏,佐劉邦滅項羽,封平陽侯。漢惠帝時,繼蕭何任相國。韓信,秦末淮陰人,初從項羽,後歸劉邦,拜爲大將。漢五年會師圍項羽於垓下,項羽自殺。封韓信爲楚王。我孰與賢,我與彼誰賢?

[4] 豐沛,沛縣豐邑。漢高祖劉邦的故鄉。

[5] 五帝三王,伏羲(太皞)、神農(炎帝)、黃帝、堯、舜五帝(據《易・繫辭》);夏禹、商湯、周文武三王。

[6] 膏腴,肥沃的土地。

[7] 轝,同"輿"。指衆多的車。

[8] 政由一家,政出一家。謂天下統一。

[9] 剖泮,開闢。泮,通"判"。

[10] 何渠,怎怕。

[11] 大說,大敬詞,說,通"稅",舍止。

[12] 橐,袋。裝,裹。直,通"值"。

[13] 約,定。約爲漢的臣屬之國。

[14] 太中大夫,官名。掌議論。

陸生時時前說稱《詩》《書》[1]。高帝罵之曰:"迺公居馬上而得之[2],安事《詩》《書》!"陸生曰:"居馬上得之,寧可以馬上治之乎[3]?且湯、武逆取而以順守之[4],文武並用,長久之術也。昔者吳王夫差、智伯極武而亡[5];秦任刑法不變,卒滅趙氏[6]。鄉使秦已并天下[7],行仁義,法先聖,陛下安得而有之?"高帝不懌而有慚色[8],迺謂陸生曰:"試爲我著秦所以失天下[9],吾所以得之者何,及古成敗之國[10]。"陸生迺粗述存亡之徵[11],

凡著十二篇。每奏一篇，高帝未嘗不稱善，左右呼萬歲，號其書曰《新語》[12]。

【注】

[1] 時時，經常。前，指漢高祖劉邦面前。
[2] 公，漢高祖劉邦自稱。馬上，謂騎馬打仗。
[3] 寧可，豈可。治之，平治天下。
[4] 逆取，以武力奪取天下。順守，修文教以治天下。
[5] 夫差，春秋吳國君主闔閭之子。吳與晉爭霸，越王勾踐滅吳，夫差自殺。智伯，即荀瑤，春秋晉國六卿之一。智伯貪而好勝，率韓、魏攻趙襄子，趙襄子與韓魏約，反而滅之。
[6] 卒滅趙氏，終滅於趙氏。趙氏，秦姓也。秦之先造父有功於穆王，封於趙城，因以爲姓。
[7] 鄉使，過去倘若。
[8] 不懌，不愉快。慙，同"慚"，羞愧。
[9] 試，考較。
[10] 古成敗之國，過去的國家成功和失敗的教訓。
[11] 徵，徵兆，徵驗。
[12]《新語》，書名，二卷十二篇，漢陸賈撰。書中多闡述《春秋》、《論語》之文，旨在崇王黜霸。《漢書‧藝文志》儒家著錄《陸賈》二十三篇，與此不合。

孝惠帝時[1]，呂太后用事[2]，欲王諸呂，畏大臣有口者[3]，陸生自度不能爭之，迺病免家居。以好畤田地善[4]，可以家焉。有五男，迺出所使越得橐中裝賣千金，分其子，子二百金，令爲生產。陸生常安車駟馬，從歌舞鼓琴瑟侍者十人,寳劍直百金,謂其子曰:"與汝約:過汝,汝給吾人馬酒食,極欲,十日而更[5]。所死家,得寳劍車騎侍從者[6]。一歲中往來過他客,率不過再三過[7],數見不鮮[8],無久慁公爲也[9]。"

【注】

[1] 孝惠帝,漢高祖之子劉盈,公元前194—前188年在位。
[2] 吕太后,孝惠帝之母,劉邦之妻。姓吕名雉,字娥姁。用事,執政當權。
[3] 有口,敢言善辯。
[4] 好畤,縣名。今陝西乾縣。
[5] 極欲,指給人馬吃飽吃好。十日而更,十天改換一家。
[6] 所死家,死在哪一家,則這家得遺物。
[7] 再三過,一年中每子家不過二三次。
[8] 不鮮,不新鮮。《漢書》作"數擊鮮",謂數殺新鮮肉食。
[9] 慁,患也,引申爲討厭。公,陸賈自稱。

吕太后時,王諸吕[1],諸吕擅權,欲劫少主,危劉氏[2]。右丞相陳平患之[3],力不能爭,恐禍及己,常燕居深念。陸生往請[4],直入坐,而陳丞相方深念,不時見陸生[5]。陸生曰:"何念之深也?"陳平曰:"生揣我何念[6]?"陸生曰:"足下位爲上相,食三萬户侯[7],可謂極富貴無欲矣。然有憂念,不過患諸吕、少主耳。"陳平曰:"然。爲之奈何?"陸生曰:"天下安,注意相;天下危,注意將。將相和調,則士務附[8];士務附,天下雖有變,即權不分。爲社稷計,在兩君掌握耳[9]。臣常欲謂太尉絳侯[10],絳侯與我戲，易吾言[11]。君何不交歡太尉，深相結?"爲陳平畫呂氏數事[12]。陳平用其計，迺以五百金爲絳侯壽，厚具樂飲；太尉亦報如之。此兩人深相結，則呂氏謀益衰。陳平迺以奴婢百人，車馬五十乘，錢五百萬，遺陸生爲飲食費。陸生以此游漢廷公卿間，名聲藉甚[13]。

【注】

[1] 王諸呂，諸呂氏封爲王。指漢惠帝死，呂后取後宮美人子立爲太子而稱帝，太后臨朝稱制，封呂后兄弟呂產、呂禄、呂臺及子呂通爲王。

[2] 擅權，專權。劫少主，掠取小皇帝的權力。危劉氏，危及劉姓家的天下。

[3] 陳平，漢陽武人。秦末農民起義，初從項羽，後歸劉邦，封曲逆侯。漢惠帝時爲左丞相，呂后時徙爲右丞相。

[4] 往請，去看望陳平。

[5] 不時見，沒有覺到。

[6] 生，有才學之人的通稱，指陸賈。揣，猜度。

[7] 食三萬户侯，指曲逆侯。秦時有三萬户。漢初人口亡半，《漢書·陳平傳》作"食户五千"。

[8] 務附，《漢書》作"豫附"，顏師古注："豫，素也。"

[9] 兩君，指丞相陳平、太尉周勃。

[10] 絳侯，指周勃，漢高祖封周勃爲絳侯，後遷爲太尉，掌軍事。絳，漢縣名，在今山西新絳。

[11] 戲，開玩笑。此謂兩者交情好。易吾言，我容易和他談得通。

[12] 畫，謀劃。

[13] 藉，因也。

及誅諸呂,立孝文帝[1],陸生頗有力焉。孝文帝即位,欲使人之南越。陳丞相等乃言陸生爲太中大夫,往使尉他,令尉他去黃屋稱制[2],令比諸侯[3],皆如意旨[4]。語在《南越》語中[5]。陸生竟以壽終[6]。

【注】
[1] 孝文帝,漢高祖劉邦之子劉恒。高祖時立爲代王。
[2] 黃屋,帝王車蓋,以黃繒爲蓋故名。漢制唯皇帝得用黃屋。稱制,行使皇帝權力。黃屋稱制,天子之儀,故令去之。
[3] 比,並列。
[4] 皆如意旨,都達到預定目的。
[5] 《南越》,指《史記·南越列傳》。見《史記》卷一百十三。
[6] 壽,自然的壽命。

選自《史記》卷九十七《酈生陸賈列傳》

賈　　誼（前200—前168）

　　賈生名誼,雒陽人也。年十八,以能誦詩屬書聞於郡中。吳廷尉爲河南守,聞其秀才,召置門下,甚幸愛。孝文皇帝初立[1],聞河南守吳公治平爲天下第一[2],故與李斯同邑而常學事焉,乃徵爲廷尉[3]。廷尉乃言賈生年少,頗通諸子百家之書。文帝召以爲博士[4]。

【注】
[1] 孝文皇帝,公元前180—前157年在位。
[2] 吳公,吳,姓,史失名,故稱公。
[3] 廷尉,官名,秦置,漢因之,掌刑辟。
[4] 博士,官名,秦置,漢因之,掌通古今。至武帝,初置五經博士。

　　是時賈生年二十餘,最爲少。每詔令議下,諸老先生不能言,賈生盡爲之對,人人各如其意所欲出。諸生於是乃以爲能不及也。孝文帝説之,超遷,一歲中至太中大夫[1]。

【注】
[1] 超遷,越級提拔。太中大夫,官名,秦置,漢因之,掌論議。

　　賈生以爲漢興至孝文二十餘年[1],天下和洽,而固當改正朔[2],易服色,法制度,定官名,興禮樂,乃悉草具其事儀法,色尚黃,數用五,爲官名,悉更秦之法。孝文帝初即位,謙讓未遑也[3]。諸律令所更定,及列侯悉就國,其說皆自賈生發之。於是天子議以爲賈生任公卿之位。絳、灌、東陽侯、馮敬之屬盡害之[4],乃短賈生曰[5]:"雒陽之人,年少初學,專欲擅權,紛亂諸事。"於是天子後亦疏之,不用其議,乃以賈生爲長沙王太傅[6]。

【注】

〔1〕漢興至孝文二十餘年,高祖元年爲公元前206年,文帝元年爲前180年,共二十餘年。
〔2〕正朔,謂正月一日。古時王者易姓,有改正朔。《尚書大傳·略說》:"夏以十三月爲正,以平旦爲朔;殷以十二月爲正,以雞鳴爲朔;周以十一月爲正,以夜半爲朔。"自漢武帝以後,直至清末,皆從夏制。
〔3〕遑,暇。
〔4〕絳、灌,周勃、灌嬰。東陽侯,張相如。害,妒忌。
〔5〕短,中傷,說壞話。
〔6〕太傅,官名,原爲三公之一,位次太師,在太保上。此指諸侯國王的太傅。

賈生既辭往行,聞長沙卑濕,自以壽不得長,又以適去[1],意不自得。及渡湘水,爲賦以弔屈原。其辭曰:

【注】

〔1〕適,通"謫"。貶遣。

共承嘉惠兮,俟罪長沙[1]。側聞屈原兮,自沈汨羅。造託湘流兮[2],敬弔先生。遭世罔極兮,乃隕厥身[3]。嗚呼哀哉,逢時不祥!鸞鳳伏竄兮,鴟梟翺翔[4]。闒茸尊顯兮[5],讒諛得志;賢聖逆曳兮[6],方正倒植。世謂伯夷貪兮,謂盜跖廉[7];莫邪爲頓兮,鉛刀爲銛[8]。於嗟嚜嚜兮[9],生之無故!斡棄周鼎兮寶康瓠[10],騰駕罷牛兮驂蹇驢[11],驥垂兩耳兮服鹽車[12]。章甫薦屨兮[13],漸不可久;嗟苦先生兮,獨離此咎[14]!

【注】

[1] 共,恭,敬也。俟,待也。
[2] 造,祭名。託,寄。
[3] 隕,通"殞",死。
[4] 鸞鳳,鸞鳥和鳳凰。喻賢俊之士。伏竄,隱藏。鴟梟,又作"鴟鴞",惡鳥。
[5] 闒茸,猥賤。指不才之人。
[6] 逆曳,不能順隨正道而行。
[7] 伯夷,相傳叔齊讓位給伯夷,伯夷不受,是守節高尚的人。盜跖,相傳爲貪盜之人。
[8] 莫邪,名劍。頓,鈍。銛,利。
[9] 嚜嚜,不自得意。
[10] 斡棄周鼎兮寶康瓠,意謂轉棄周鼎而寶貝空瓠。
[11] 罷,疲。驂蹇驢,用駑鈍的驢子駕車。
[12] 驥垂兩耳兮服鹽車,《戰國策》:"夫驥服鹽車上太山中阪,遷延負轅不能上,伯樂下車哭之也。"驥服鹽車,不當其用。

〔13〕章甫,殷代冠帽。薦履,草鞋。
〔14〕離,罹,遭也。咎,災難。

　　訊曰[1]:已矣,國其莫我知,獨堙鬱兮其誰語[2]?鳳漂漂其高遰兮,夫固自縮而遠去[3]。襲九淵之神龍兮[4],沕深潛以自珍[5]。彌融爚以隱處兮[6],夫豈從螘與蛭螾[7]?所貴聖人之神德兮,遠濁世而自藏。使騏驥可得繫羈兮,豈云異夫犬羊[8]!般紛紛其離此尤兮[9],亦夫子之辜也[10]!瞝九州而相君兮[11],何必懷此都也?鳳皇翔於千仞之上兮,覽悳輝而下之[12];見細德之險徵兮,搖增翮逝而去之[13]。彼尋常之汙瀆兮[14],豈能容吞舟之魚!橫江湖之鱣鱏兮[15],固將制於蟻螻[16]。

【注】

〔1〕訊曰,告宣曰。
〔2〕堙鬱,悶塞,氣不舒暢。
〔3〕遰,音逝,義同。縮,引。
〔4〕襲,覆。
〔5〕沕,潛藏。
〔6〕彌,遠,作動詞。融,明。爚,光明。
〔7〕螘,水蟲;蛭螾,土蟲。以上意謂,寧投水合神龍,而不願陸葬隨小蟲。
〔8〕謂假使騏驥被繫縛羈絆,那麼與犬羊無異。
〔9〕般紛紛其離此尤兮,謂盤桓不去,小人紛紛讒言,致使遭到災難。

〔10〕夫子,指屈原。辜,罪。謂這也是屈原不如麟鳳翔逝之故,而遭此咎。
〔11〕瞵,歷觀。
〔12〕悳,同"德"。謂鳳皇飛翔,見人君有德乃下。
〔13〕細德,無德。徵,徵兆。謂遇見缺德之人,又有險難的兆頭,那麼合動羽翼,遠逝而去。
〔14〕尋常之汙瀆,小汙水溝。尋,尺;常,倍尋;汙,潢汙;瀆,小渠。
〔15〕鱣鯨,大魚。
〔16〕制於蟻螻,《莊子》:"吞舟之魚,蕩而失水,則螻蟻能制之。"

賈生爲長沙王太傅三年,有鴞飛入賈生舍,止於坐隅。楚人命鴞曰"服"[1]。賈生既以適居長沙,長沙卑濕,自以爲壽不得長,傷悼之,乃爲賦以自廣[2]。其辭曰:

【注】
〔1〕服,山鴞,體有文色,土俗名之曰服。不能遠飛,行不出域。
〔2〕廣,寬慰。

"單閼之歲兮[1],四月孟夏,庚子日施兮[2],服集予舍,止於坐隅,貌甚閒暇。異物來集兮,私怪其故,發書占之兮,筴言其度[3]。曰"野鳥入處兮,主人將去[4]"。請問於服兮:"予去何之?吉乎告我,凶言其菑[5]。淹數之度兮,語予其期[6]。"服乃嘆息,舉首奮翼,口不能言,請對以意。

【注】

〔1〕單閼,歲在卯曰單閼。指漢文帝六年即丁卯年。
〔2〕施,移。謂日西斜。
〔3〕筴,同"策"。指卜筮所揲之蓍度,占度預驗。
〔4〕野鳥入處兮,主人將去,此爲占度結果。
〔5〕菑,同"災"。
〔6〕淹,遲。數,速。此二句謂請服鳥告訴我吉祥或者災難來的快慢和日期。

"萬物變化兮,固無休息。斡流而遷兮[1],或推而還。形氣轉續兮,變化而嬗[2]。沕穆無窮兮[3],胡可勝言！禍兮福所倚,福兮禍所伏[4];憂喜聚門兮、吉凶同域[5]。彼吳強大兮,夫差以敗;越棲會稽兮,句踐霸世[6]。斯游遂成兮,卒被五刑[7];傅說胥靡兮[8],乃相武丁。夫禍之與福兮,何異糾纆[9]。命不可說兮,孰知其極？水激則旱兮,矢激則遠[10]。萬物迴薄兮[11],振蕩相轉。雲蒸雨降兮,錯繆相紛。大專槃物兮[12],坱軋無垠[13]。天不可與慮兮[14],道不可與謀。遲數有命兮,惡識其時[15]？

【注】

〔1〕斡,旋轉。
〔2〕嬗,更替。
〔3〕沕穆,深微的樣子。
〔4〕此二句爲老子言。謂禍福之涵,相互轉化。
〔5〕謂憂喜相因,吉凶不定。

〔6〕夫差,吳王。句踐,越王。
〔7〕斯,指秦相李斯。遂成,指李斯做了秦相。五刑,指車裂而死。
〔8〕傅説,爲殷高宗賢相。胥靡,做奴隸。傅説開始隱居於傅巖,傅巖有澗水壞道,傅説衣褐帶索版築以供食。高宗夢見傅説,於是求而得之,與語,果賢,乃作《説命》之篇,舉以爲相,國大治。
〔9〕糾,絞。纆,索。何異糾纆,像繩索一樣地絞在一起。
〔10〕旱,讀爲悍,猛疾。見《淮南子》及《鶡冠子》。
〔11〕薄,逼。
〔12〕大專槃物,專亦作鈞,制陶器用的可以轉動的模子。槃,播化。此謂陶冶萬物的自然。
〔13〕塊軋,彌漫。此謂變化不測。塊軋無垠,變化無窮。
〔14〕與,通"預"。
〔15〕數,速。惡,怎能。

"且夫天地爲爐兮,造化爲工[1];陰陽爲炭兮,萬物爲銅。合散消息兮,安有常則[2];千變萬化兮,未始有極[3]。忽然爲人兮,何足控摶[4];化爲異物兮[5],又何足患!小知自私兮,賤彼貴我[6];通人大觀兮,物無不可[7]。貪夫徇財兮[8],烈士徇名;夸者死權兮,品庶馮生[9]。怵迫之徒兮,或趨西東[10];大人不曲兮,億變齊同[11]。拘士系俗兮,攌如囚拘[12];至人遺物兮[13],獨與道俱。衆人或或兮,好惡積意[14];真人淡漠兮,獨與道息。釋知遺形兮[15],超然自喪[16];寥廓忽荒兮,與道翺翔。乘流則逝兮,得坻則止[17];縱軀委命兮,不私與己[18]。其生若浮兮,其死若休[19];澹乎若深淵之静,氾乎若不繫之舟[20]。不以生故自寶兮[21],養空而浮[22],德人無纍兮[23],知命不憂。細故憅葪兮,何足以疑[24]!"

【注】

〔1〕天地爲爐兮,造化爲工,見《莊子・大宗師》。

〔2〕消息,生死。《莊子・知北遊》云:"人之生也,氣之聚也,聚則爲生,散則爲死。"

〔3〕《莊子・大宗師》云:"人之形者,萬化而未始有極。"

〔4〕控,引。搏,揣。控搏,謂玩弄愛惜。

〔5〕化爲異物,死而爲鬼。

〔6〕《莊子・秋水》曰:"以物觀之,自貴而相賤;以俗觀之,貴賤不在己。"

〔7〕物無不可,《莊子・齊物論》云:"物固有所然,物固有所可;無物不然,無物不可。"

〔8〕徇,通"殉"。

〔9〕夸者死權,驕傲的人爲爭奪權勢而死。品庶,衆庶。馮,通"憑"。品庶馮生,謂各種壞事由此而生。

〔10〕怵迫,誘於利,迫於貧。謂爲利所誘惑的人,東奔西趨。

〔11〕億變齊同,把千變萬化都看作是等同的。

〔12〕欘,大木栅。

〔13〕遺物,不被物質利益所拘困。

〔14〕或或,惚惚。好惡積意,把好惡的成見積纍於心意之中。意,讀爲臆。

〔15〕釋知遺形,謂棄智遺形。

〔16〕喪,超脱。

〔17〕坻，水中小洲。謂君子見險則止。
〔18〕縱軀委命兮，不私與己，謂讓軀身任憑命運的擺佈，而不必施予各類私念。
〔19〕其生若浮兮，其死若休，《莊子·刻意》："勞我以心，休我以死。"
〔20〕澹，澹泊。氾，泛。語出《莊子·列禦寇》。
〔21〕自寶，自貴，自愛。
〔22〕養空而浮，謂將自己的心性養空，於是能像浮舟一樣氾流四方。
〔23〕德人無纍，有德的人心中沒有物質掛牽。
〔24〕懲，音寨。葪，即芥。懲芥，鯁刺。此謂細微事故不足干擾我心。

後歲餘，賈生徵見。孝文帝方受釐[1]，坐宣室[2]。上因感鬼神事，而問鬼神之本。賈生因具道所以然之狀。至夜半，文帝前席[3]。既罷，曰："吾久不見賈生，自以為過之，今不及也。"居頃之，拜賈生為梁懷王太傅。梁懷王，文帝之少子，愛，而好書，故令賈生傅之。

【注】
〔1〕釐，音僖，祭祀福胙。
〔2〕宣室，漢宮未央殿北。
〔3〕前席，古人席地而坐，文帝聽得入神，漸漸地靠近賈誼。

文帝復封淮南厲王子四人皆為列侯。賈生諫，以為患之興自此起矣。賈生數上疏，言諸侯或連數郡，非古之制，可稍削之。文帝不聽。

　　居數年,懷王騎,墜馬而死,無後。賈生自傷爲傅無狀[1],哭泣歲餘,亦死。賈生之死時年三十三矣。及孝文崩,孝武皇帝立,舉賈生之孫二人至郡守,而賈嘉最好學,世其家,與余通書[2]。至孝昭時,列爲九卿。

【注】

〔1〕無狀,謂自己没有盡職。
〔2〕余,指司馬遷。

　　太史公曰:余讀《離騷》、《天問》、《招魂》、《哀郢》,悲其志。適長沙,觀屈原所自沈淵,未嘗不垂涕,想見其爲人。及見賈生弔之,又怪屈原以彼其材,游諸侯,何國不容,而自令若是。讀《服鳥賦》,同死生,輕去就,又爽然自失矣[1]。

【注】

〔1〕爽然,默然。

　　　　　　　　選自《史記》卷八十四《屈原賈生列傳》

劉　　安（前179—前122）

　　淮南王安爲人好讀書鼓琴[1]，不喜弋獵狗馬馳騁[2]，亦欲以行陰德拊循百姓[3]，流譽天下。時時怨望厲王死[4]，時欲畔逆，未有因也[5]。及建元二年[6]，淮南王入朝。素善武安侯[7]，武安侯時爲太尉，乃逆王霸上[8]，與王語曰："方今上無太子，大王親高皇帝孫[9]，行仁義，天下莫不聞。即宮車一日晏駕[10]，非大王當誰立者！"淮南王大喜，厚遺武安侯金財物[11]。陰結賓客[12]，拊循百姓，爲畔逆事。建元六年，彗星見[13]，淮南王心怪之。或説王曰[14]："先吳軍起時[15]，彗星出長數尺，然尚流血千里。今彗星長竟天，天下兵當大起。"王心以爲上無太子，天下有變，諸侯並爭，愈益治器械攻戰具[16]，積金錢賂遺郡國諸侯游士奇材[17]。諸辨士爲方略者[18]，妄作妖言，諂諛王，王喜，多賜金錢，而謀反滋甚。

【注】

[1] 淮南王，西漢諸侯國王名。漢高祖十一年淮南王黥布反，劉邦立少子劉長爲淮南王，轄地當今江蘇安徽兩省長江以北淮河以南地方。漢文帝時，淮南厲王陰謀叛亂，事發被拘，謫徙蜀郡，途中不食而死。文帝十六年，立其子劉安爲淮南王。安，劉安，漢高祖孫。

〔2〕弋獵,打獵。馳騁,馳馬奔騰。

〔3〕陰德,暗地裏施德於人。拊循,撫慰。

〔4〕怨望,心懷不滿。厲王,劉長,劉安父。

〔5〕畔,叛。因,原由。

〔6〕建元,漢武帝年號(前140—前135年)。

〔7〕素善,平素友好。武安侯,指田蚡,武帝即位封爲武安侯。位太尉,掌軍事,尊與丞相等。

〔8〕逆,迎也。霸上,地名,今陝西西安市長安區東。劉邦滅秦,還軍霸上,即此。

〔9〕親皇帝孫,漢高帝劉邦的親孫子。

〔10〕宮車,謂有天下的帝王,指漢武帝。晏駕,謂帝王死亡。

〔11〕厚遺,贈送厚禮。

〔12〕陰結賓客,暗地結交賓客方術之士。

〔13〕彗星,即"孛星",俗稱掃帚星。見,現。

〔14〕或説,有人説。

〔15〕吳軍,指漢景帝三年(前154)吳王劉濞等七國舉兵叛亂。

〔16〕器械攻戰具,指打仗用的兵器等。

〔17〕賂遺,送賄賂。

〔18〕方略,謀略計劃。

　　淮南王有女陵,慧,有口辯[1]。王愛陵,常多予金錢,爲中詗長安[2],約結上左右。元朔三年[3],上賜淮南王几杖[4],不朝。淮南王王后荼,王愛幸之。王后生太子遷,遷取王皇太后外孫修成君女爲妃[5]。王謀爲反具,畏太子妃知而内泄事[6],乃與太子謀,令詐弗愛,三月不同席[7]。王乃詳爲怒太子,閉太子使與妃同内三月[8],太子終不近妃。妃求去，王乃上書謝歸去之[9]。王后荼、太子遷及女陵得愛幸王，擅國權，侵奪民田宅，妄致繫人[10]。

【注】

〔1〕慧，聰敏。口辯，能言善辯。
〔2〕中詗，暗中偵詢，即坐探。長安，西漢都城，故城在今西安市西北。
〔3〕元朔，漢武帝年號(前128—123)。
〔4〕几杖，几案與手杖。
〔5〕王皇太后，漢景帝皇后，武帝之母。修成君，漢武帝之姐，王皇太后早年所嫁金王孫所生之女，名俗。漢武帝即位，迎俗入長樂宫，號修成君。妃，配偶。
〔6〕太子妃，劉遷之妻，即修成君之女。内泄事，將謀反之事泄露出去。
〔7〕詐，假裝。不同席，不同床。
〔8〕同内，同"室内"。
〔9〕謝，告辭。
〔10〕繫人，拘囚人。《史記集解》引徐廣曰：一作"毆擊"。

　　元朔五年，太子學用劍，自以爲人莫及，聞郎中靁被巧[1]，及召與戲。被一再辭讓，誤中太子。太子怒，被恐。此時有欲從軍者輒詣京師[2]，被即願奮擊匈奴[3]。太子遷數惡被於王，王使郎中令斥免，欲以禁後[4]，被遂亡至長安，上書自明[5]。詔下其事廷尉、河南[6]。河南治，逮淮南太子，王、王后計欲無遣太子，遂發兵反，計猶豫，十餘日未定。會有詔，即訊太子。當是時，淮南相怒壽春丞留太子逮不遣,劾不敬[7]。王以請相,相弗聽。王使人上書告相,事下廷尉治。蹤迹連王[8],王使人候伺漢公卿[9],公卿請逮捕治王。王恐事發,太子遷謀曰:"漢使即逮王,王令人衣衛士衣[10],持戟居庭中,王旁有非是,則刺殺之,臣亦使人刺殺淮南中尉[11],乃舉兵,未晚。"是時上不許公卿請,而遣漢中尉宏即訊驗王[12]。王聞漢使來,即如太子謀計。漢中尉至,王視其顏色和,訊王以斥雷被事耳,王自度無何,不發[13]。中尉還,以聞。公卿治者曰:"淮南王安擁閼奮擊匈奴者雷被等,廢格明詔,當棄市[14]。"詔弗許。公卿請廢勿王,詔弗許。公卿請削五縣,詔削二縣。使中尉宏赦淮南王罪,罰以削地。中尉入淮南界,宣言赦王。王初聞漢公卿請誅之,未知得削地,聞漢使來,恐其捕之,乃與太子謀刺之如前計。及中尉至,即賀王,王以故不發。其後自傷曰:"吾行仁義見削,甚恥之。"然淮南王削地之後,其爲反謀益甚。諸使道從長安來,爲妄妖言,言上無男[15],漢不治,即喜;即言漢廷治,有男,王怒,以爲妄言,非也。

【注】

〔1〕郎中,官名。以其爲郎居中,故名郎中,爲侍從之職。雷被,即雷被。巧,謂善用劍。

〔2〕輒詣京師,立即到國都長安。

〔3〕匈奴,古代北方民族之一,也稱"胡"。

〔4〕郎中令,官名,郎中的長官。禁後,使後人不敢爲。

〔5〕自明,坦白。

〔6〕詔,皇帝的文書命令。廷尉,官名,九卿之一,掌刑獄。景帝時曾更名大理,武帝時復稱廷尉。河南,漢郡名,今河南洛陽。此謂詔命其事由廷尉與河南郡同治。
〔7〕淮南相,淮南王的輔佐。壽春,淮南王屬地,今安徽壽春。丞,壽春的副長官,主刑獄囚徒。劾,揭發。
〔8〕蹤迹,追蹤。
〔9〕候伺,偵察。公卿,三公九卿的簡稱,泛指朝廷中的高級官員。
〔10〕衣衛士衣,穿守衛士卒的衣服。
〔11〕中尉,官名,主治安。
〔12〕宏,姓殷。
〔13〕無何,沒有關係。不發,沒有實行發難計劃。
〔14〕擁閼,阻擋,也作"擁遏"。廢格明詔,擱置帝王的詔書。漢有廢格罪,指對詔令擱置或行之不力要治罪。棄市,處死刑。
〔15〕上無男,武帝沒有太子。

　　王日夜與伍被、左吳等案輿地圖[1],部署兵所從入。王曰:"上無太子,宮車即晏駕,廷臣必徵膠東王,不即常山王[2],諸侯並爭,吾可以無備乎!且吾高祖孫,親行仁義,陛下遇我厚,吾能忍之;萬世之後,吾寧能北面臣事豎子乎[3]!"

【注】

[1] 伍被,淮南王郎中,楚人,淮南王賓客之首。左吳,淮南王安的賓客。案,通"按",查考。《漢書》作"按"。輿地圖,即地圖。
[2] 膠東王,即膠東康王劉寄,景帝之子。常山王,即常山憲王劉舜,景帝之子。

〔3〕豎子,小子。對人的鄙稱。

　　王坐東宮,召伍被與謀,曰:"將軍上〔1〕。"被悵然曰〔2〕:"上寬赦大王,王復安得此亡國之語乎!臣聞子胥諫吳王〔3〕,吳王不用,乃曰'臣今見麋鹿游姑蘇之臺也'〔4〕。今臣亦見宮中生荊棘,露沾衣也〔5〕。"王怒,繫伍被父母,囚之三月。復召曰:"將軍許寡人乎?"被曰:"不,直來爲大王畫耳。臣聞聰者聽於無聲,明者見於未形,故聖人萬舉萬全。昔文王一動而功顯於千世,列爲三代,此所謂因天心以動作者也,故海内不期而隨〔6〕。此千歲之可見者。夫百年之秦,近世之吴、楚〔7〕,亦足以喻國家之存亡矣。臣不敢避子胥之誅,願大王毋爲吴王之聽〔8〕。昔秦絶聖人之道,殺術士,燔《詩》《書》〔9〕,棄禮義,尚詐力,任刑罰,轉負海之粟致之西河〔10〕。當是之時,男子疾耕不足於糟穅〔11〕,女子紡織不足於蓋形。遣蒙恬築長城,東西數千里,暴兵露師常數十萬,死者不可勝數,僵尸千里,流血頃畝,百姓力竭,欲爲亂者十家而五。又使徐福入海求神異物〔12〕,還爲僞辭曰:'臣見海中大神,言曰:"汝西皇之使邪?"臣答曰:"然。""汝何求?"曰:"願請延年益壽藥。"神曰:"汝秦王之禮薄,得觀而不得取。"即從臣東南至蓬萊山,見芝成宮闕,有使者銅色而龍形,光上照天。於是臣再拜問曰:"宜何資以獻?"海神曰:"以令名男子若振女與百工之事〔13〕,即得之矣。"'秦皇帝大説,遣振男女三千人,資之五穀種種百工而行。徐福得平原廣澤,止王不來〔14〕。於是百姓悲痛相思,欲爲亂者十家而六。又使尉佗踰五嶺攻百越[15]。尉佗知中國勞極，止王不來，使人上書，求女無夫家者三萬人，以爲士卒衣補。秦皇帝可其萬五千人。於是百姓離心瓦解，欲爲亂者十家而七。客謂高皇帝曰[16]：'時可矣。'高皇帝曰：'待之，聖人當起東南間。'不一年，陳勝、吳廣發矣[17]。高皇始於豐沛[18]，一倡，天下不期而響應者不可勝數也。此所謂蹈瑕候間[19]，因秦之亡而動者也。百姓願之，若旱之望雨，故起於行陳之中而立爲天子[20]，功高三王[21]，德傳無窮。今大王見高皇帝得天下之易也，獨不觀近世之吳、楚乎？夫吳王賜號爲劉氏祭酒[22]，復不朝，王四郡之衆，地方數千里，內鑄消銅以爲錢[23]，東煮海水以爲鹽，上取江陵木以爲船[24]，一船之載當中國數十兩車[25]，國富民衆。行珠玉金帛賂諸侯宗室大臣，獨竇氏不與[26]。計定謀成，舉兵而西。破於大梁，敗於狐父[27]，奔走而東，至於丹徒[28]，越人禽之[29]，身死絕祀，爲天下笑。夫以吳、越之衆，不能成功者何？誠逆天道而不知時也。方今大王之兵衆不能十分吳、楚之一，天下安寧有萬倍於秦之時，願大王從臣之計。大王不從臣之計，今見大王事必不成而語先泄也。臣聞微子過故國而悲[30]，於是作《麥秀之歌》[31]，是痛紂之不用王子比干也[32]。故《孟子》曰'紂貴爲天子，死曾不若匹夫'[33]。是紂先自絕於天下久矣，非死之日而天下去之。今臣亦竊悲大王棄千乘之君，必且賜絕命之書，爲羣臣先，死於東宮也。"於是王氣怨結而不揚，涕滿匡而橫流，即起，歷階而去[34]。

【注】

〔1〕將軍上,即上將軍。位次丞相。

〔2〕悵然,失意的樣子。

〔3〕子胥,姓伍名員。春秋楚國人,父兄爲楚平王所殺,子胥奔吳。吳王夫差敗越,越請和,子胥諫吳王不聽。

〔4〕麋鹿,怪獸,俗稱四不像。姑蘇,山名,在江蘇蘇州市吳中區西南。山上有姑蘇臺,相傳爲吳王所築。此謂國家要滅亡,姑蘇之臺荒涼。

〔5〕荆棘,叢生有刺的灌木。露沾衣,露水霑濡了衣服。此謂王宮亡廢。

〔6〕天心,上天的心意。不期,不約。

〔7〕吳、楚,指漢景帝時吳楚七國之叛亂。

〔8〕吳王之聽,指春秋吳王夫差不聽伍子胥之諫。

〔9〕燔,焚燒。

〔10〕轉負海之粟,把糧食轉運過黃河。西河,故稱黃河上游南北游向的一段爲西河。

〔11〕糟穅,穀皮。喻粗劣的食物。

〔12〕徐福,《秦始皇本記》作"徐巿"。秦之方士,齊人。曾上書言海中有三神仙,仙人居之。

〔13〕男子若振女,謂童男童女。振,通"侲"。

〔14〕止王不來,到那裏而不回來。王,通"往"。

〔15〕尉佗,即趙佗,秦末任嚻爲南海尉,病將死,命真定人趙佗行南海尉事,因稱尉佗。《陸賈列傳》佗作"他"。尉,軍尉。掌兵事。踰,越過。五嶺,山名。百越,泛稱江浙閩粤一帶之民族。

〔16〕客,有人,指劉邦的從客。高皇帝,漢高祖劉邦。

〔17〕陳勝、吳廣,秦末農民起義領袖。

〔18〕豐沛,地名,沛縣豐邑,今江蘇豐縣。

〔19〕蹈瑕候間,伺機而行。瑕,玉之疵隙。
〔20〕行陳,即行陣。指軍隊。
〔21〕三王,指夏禹、商湯、周文武王。
〔22〕祭酒,古時饗宴酹酒祭神,必由尊者或老者舉酒祭地,遂謂尊長者爲祭酒。後爲官名。
〔23〕鑄消,熔冶和鑄煉。消,通"銷"。
〔24〕江陵,漢縣名。爲南郡治所,今屬湖北省。
〔25〕兩,通"輛"。
〔26〕竇氏,指漢文帝皇后竇氏及其家族。竇太后爲景帝母,竇氏侄竇嬰爲吳相,吳楚七國之亂拜竇嬰爲大將軍,平七國之亂。
〔27〕大梁,地名,今河南開封縣。孤父,地名,今江蘇碭山附近。
〔28〕丹徒,地名,今江蘇鎮江東南。
〔29〕禽,通"擒"。
〔30〕微子,殷紂王庶兄,名啓。故國,指殷墟。
〔31〕《麥秀之歌》,《史記·宋微子世家》:"箕子朝周,過故殷墟,感宮室毀壞,生禾黍,箕子傷之……乃作《麥秀》之詩以歌詠之。"則《麥秀之歌》,爲箕子所作。
〔32〕紂,殷紂王。比干,殷紂王庶兄,故曰王子比干。一説爲紂王叔伯父。
〔33〕《孟子》,書名。戰國時孟軻及其弟子萬章等所著。《孟子·梁惠王》:"聞誅一夫紂矣,未聞弒君也。"
〔34〕歷階,登階。

　　王有孽子不害,最長[1],王弗愛,王、王后、太子皆不以爲子兄數。不害有子建,材高有氣,常怨望太子不省其父[2];又怨時諸侯皆得分子弟爲侯,而淮南獨二子,一爲太子,建父獨不得爲侯。建陰結交,欲告敗太子,以其父代之[3]。太子知之,數捕繫而榜笞建[4]。建具知太子之謀欲殺漢中尉[5],即使所善壽春莊芷以元朔六年上書於天子曰[6]:"毒藥苦於口利於病,忠言逆於耳利於行。今淮南王孫建,材能高,淮南王王后荼、荼子太子遷常疾害建。建父不害無罪,擅數捕繫,欲殺之。今建在,可徵問,具知淮南陰事[7]。"書聞,上以其事下廷尉,廷尉下河南治。是時故辟陽侯孫審卿善丞相公孫弘[8],怨淮南厲王殺其大父[9],乃深購淮南事於弘[10],弘乃疑淮南有畔逆計謀,深窮治其獄[11]。河南治建,辭引淮南太子及黨與。淮南王患之,欲發,問伍被曰:"漢廷治亂?"伍被曰:"天下治。"王意不說,謂伍被曰:"公何以言天下治也?"被曰:"被竊觀朝廷之政,君臣之義,父子之親,夫婦之別,長幼之序,皆得其理,上之舉錯遵古之道[12],風俗紀綱未有所缺也。重裝富賈,周流天下,道無不通,故交易之道行。南越賓服,羌僰入獻,東甌入降[13],廣長榆[14],開朔方[15],匈奴折翅傷翼,失援不振。雖未及古太平之時,然猶爲治也。"王怒,被謝死罪。王又謂被曰:"山東即有兵[16],漢必使大將軍將而制山東[17],公以爲大將軍何如人也?"被曰:"被所善者黃義,從大將軍擊匈奴,還,告被曰:'大將軍遇士大夫有禮,於士卒有恩,衆皆樂爲之用。騎上下山若蜚[18],材幹絕人。'被以爲材能如此,數將習兵,未易當也。及謁者曹梁使長安來[19],言大將軍號令明,當敵勇敢,常爲士卒先。休舍[20],穿井未通,須士卒盡得水,乃敢飲。軍罷,卒盡已度河,乃度[21]。皇太后所賜金帛,盡以賜軍吏。雖古名將弗過也。"王默然。

【注】

〔1〕孽子,非嫡妻之子。最長,最大的兒子。
〔2〕不省,不問候,看不起。
〔3〕代之,以劉不害代劉遷。
〔4〕捕繫,拘囚。榜笞,鞭打。
〔5〕漢中尉,指殷宏。
〔6〕莊芷,《漢書》作"嚴正"。
〔7〕淮南陰事,指淮南王陰謀反叛之事。
〔8〕公孫弘,姓公孫,名弘,字季。漢武帝初爲博士,元朔中由御史大夫升任丞相。
〔9〕大父,祖父。
〔10〕深購,深交。購爲"構"之同音字。《漢書》作"構"。交構,結合之意。
〔11〕深窮,深究。
〔12〕舉錯,舉措。
〔13〕南越、羌僰、東甌,皆漢之邊域民族。
〔14〕廣,拓大。長榆,塞名。漢時廣樹榆林爲塞,故名。故址在今內蒙古自治區托克托縣至陝西榆林市北一帶。
〔15〕朔方,地名。漢元朔二年以河南地爲朔方郡,在今內蒙古自治區境內。
〔16〕山東,時稱崤山或華山以東爲山東。
〔17〕大將軍,武官名。指衛青。
〔18〕蜚,通"飛"。

〔19〕謁者,官名。主報奏章。
〔20〕休舍,指軍隊住宿。
〔21〕軍罷,不打仗。度,通"渡"。

　　淮南王見建已徵治,恐國陰事且覺,欲發,被又以爲難[1],乃復問被曰:"公以爲吳興兵是邪非也?"被曰:"以爲非也。吳王至富貴也,舉事不當,身死丹徒,頭足異處,子孫無遺類。臣聞吳王悔之甚。願王孰慮之,無爲吳王之所悔。"王曰:"男子之所死者一言耳[2]。且吳何知反[3],漢將一日過成皋者四十餘人[4]。今我令樓緩先要成皋之口[5],周被下潁川兵塞轘轅、伊闕之道[6],陳定發南陽兵守武關[7]。河南太守獨有洛陽耳,何足憂。然此北尚有臨晉關、河東、上黨與河內、趙國[8]。人言曰'絕成皋之口,天下不通'。據三川之險[9],招山東之兵,舉事如此,公以爲何如?"被曰:"臣見其禍,未見其福也。"王曰:"左吳、趙賢、朱驕如皆以爲有福,什事九成,公獨以爲有禍無福,何也?"被曰:"大王之群臣近幸素能使衆者,皆前繋詔獄[10],餘無可用者。"王曰:"陳勝、吳廣無立錐之地,千人之聚,起於大澤,奮臂大呼而天下響應,西至於戲而兵百二十萬[11]。今吾國雖小,然而勝兵者可得十餘萬,非直適戍之衆,鑱鑿棘矜也[12],公何以言有禍無福?"被曰:"往者秦爲無道,殘賊天下。興萬乘之駕,作阿房之宮,收太半之賦,發閭左之戍[13],父不寧子,兄不便弟,政苛刑峻,天下熬然若焦,民皆引領而望[14],傾耳而聽,悲號仰天,叩心而怨上,故陳勝大呼,天下響應。當今陛下臨制天下,一齊海内,汎愛蒸庶[15],佈德施惠。口雖未言,聲疾雷霆,令雖未出,化馳如神,心有所懷,威動萬里,下之應上,猶影響也[16]。而大將軍材能不特章邯、楊熊也[17]。大王以陳勝、吳廣諭之,被以爲過矣。"王曰:"苟如公言,不可徼幸邪[18]?"被曰:"被有愚計。"王曰:"奈何?"被曰:"當今諸侯無異心,百姓無怨氣。朔方之郡田地廣,水草美,民徙者不足以實其地。臣之愚計,可僞爲丞相御史請書[19],徙郡國豪傑任俠及有耐罪以上[20],赦令除其罪,產五十萬以上者,皆徙其家屬朔方之郡,益發甲卒,急其會日。又僞爲左右都司空上林中都官詔獄書[21],逮諸侯太子幸臣。如此則民怨,諸侯懼,即使辯武隨而說之[22],儻可徼幸什得一乎?"王曰:"此可也。雖然,吾以爲不至若此。"於是王乃令官奴入宮,作皇帝璽,丞相、御史、大將軍、軍吏、中二千石、都官令、丞印,及旁近郡太守、都尉印[23],漢使節法冠[24],欲如伍被計。使人僞得罪而西[25],事大將軍、丞相;一日發兵,使人即刺殺大將軍青[26],而説丞相下之[27],如發蒙耳[28]。

【注】

〔1〕爲難,作難。指阻止叛亂。
〔2〕一言,《漢書》顏師古注:"言男子感氣,相許一言,不顧其死。或曰,一言之恨,不顧危亡,以此致死也。"
〔3〕何知反,不知如何反叛。
〔4〕成皋,地名。今河南滎陽縣氾水鎮西。
〔5〕樓緩,淮南王臣名。要,攔截。

〔6〕潁川,郡名。漢治翟陽,今河南省中南部地區。轘轅,山關口名,今河南偃師縣東南。伊闕,即龍門,今河南洛陽市南。

〔7〕南陽,地名。漢置宛縣,今河南南陽市。武關,地名,在陝西商南縣西北。

〔8〕臨晉關,關名。古軍事要地,今陝西大荔縣東黃河西岸。漢武帝改稱蒲津關。河東,黃河流經山西省境,自北而南,故山西境内黃河以東地稱河東。漢置河東郡。河内,郡名,約今河南省黃河南北兩岸的地方。趙國,指原戰國時趙國地區,今河北南部、山西北部地區。

〔9〕三川,指洛、伊、河三川。

〔10〕前繫詔獄,以前已奉詔拘捕入獄。

〔11〕戲,地名。即戲亭,今陝西西安市臨潼區東北戲水西岸。

〔12〕適戍,以罪被罰充軍守邊。钁鑿棘矜,裝着柄的大鐮刀。钁,大鐮刀。鑿,孔。棘矜,戟柄。

〔13〕閻左,居閻里之左者。閻左皆貧弱之民,邊戍不役,而秦發之。

〔14〕引領,伸長頸脖。

〔15〕蒸庶,庶民百姓。

〔16〕影響,影之隨形響之應聲。

〔17〕章邯、楊熊,秦二世將領。

〔18〕徼幸,即僥倖。

〔19〕僞爲,詐作。丞相,協助帝王處理政務的最高行政長官。御史,職副丞相,掌文書記事。請書,指僞造的真文書。請,通"情",實也。

〔20〕耐罪,古代一種剃去頰須的兩年刑罰。耐,通"耏"。

〔21〕左右都司空,官名,主管囚徒之官。上林,苑名,皇帝游獵的園林。中都官,京官。《史記集解》引晉灼曰:"百官表宗正有左右都司空,上林有水司空,皆主囚徒官也。"

〔22〕辯武,辯士。《史記集解》引徐廣曰:"淮南人名士曰武。"
〔23〕二千石,漢代內自九卿郎將,外至郡守尉的俸祿等級都是二千石。分三等,中二千石月得八十斛,二千石月得百二十斛,比二千石月得百斛。這裏指漢中央二千石之官。都官令,官名,掌中都官的不法事。丞,中央及地方官吏的副職。《漢書》作"丞相、御史大夫、將軍、吏中二千石、都官令、丞印"。
〔24〕法冠,御史冠。
〔25〕西,向西去,指去京師長安。
〔26〕青,衛青,漢大將軍。
〔27〕下之,説服丞相公孫弘。
〔28〕發蒙,把頭上蒙的布去掉。謂發者容易蒙者願意。

　　王欲發國中兵,恐其相、二千石不聽。王乃與伍被謀,先殺相、二千石;僞失火宫中,相、二千石救火,至即殺之。計未決,又欲令人衣求盜衣[1],持羽檄[2],從東方來,呼曰'南越兵入界',欲因以發兵。乃使人至廬江、會稽爲求盜[3],未發。王問伍被曰:"吾舉兵西鄉[4],諸侯必有應我者;即無應,奈何?"被曰:"南收衡山以擊廬江[5],有尋陽之船,守下雉之城[6],結九江之浦,絶豫章之口[7],彊弩臨江而守,以禁南郡之下[8],東收江都、會稽[9],南通勁越,屈彊江淮間[10],猶可得延歲月之壽。"王曰:"善,無以易此。急則走越耳。"

【注】
〔1〕求盜,追捕盜賊之卒。

〔2〕羽檄,即羽毛信,快信也。
〔3〕廬江,郡名,今安徽合肥市。會稽,郡名,今江蘇東南部及浙江西部。
〔4〕西鄉,西向。指向漢都長安。
〔5〕衡山,縣名。漢湘南縣地,屬長沙王國。
〔6〕尋陽,縣名。漢屬廬江郡。下雉,縣名。漢屬江夏郡,今湖北陽新縣東南。
〔7〕九江,長江水系的九條河,各說不一。浦,河流注入長江的地方。豫章,淮南江北一帶,置郡屬揚州。
〔8〕南郡,地名。今湖北江陵縣北,即今江陵。
〔9〕江都,揚州一帶。今江蘇江都縣地。
〔10〕越,指江浙閩等地。江、淮,長江、淮河。

　　於是廷尉以王孫建辭連淮南王太子遷聞[1]。上遣廷尉監因拜淮南中尉,逮捕太子。至淮南,淮南王聞,與太子謀召相、二千石,欲殺而發兵。召相,相至;内史以出爲解[2]。中尉曰:"臣受詔使,不得見王。"王念獨殺相而内史、中尉不來,無益也,即罷相。王猶豫,計未決。太子念所坐者謀刺漢中尉[3],所與謀者已死,以爲口絕,乃謂王曰:"羣臣可用者皆前繫,今無足與舉事者。王以非時發,恐無功,臣願會逮[4]。"王亦偷欲休[5],即許太子。太子即自刭,不殊[6]。伍被自詣吏[7],因告與淮南王謀反,反蹤迹具如此。

【注】
〔1〕聞,問罪。

〔2〕内史，官名，諸侯王國的負責政務的官。以出爲解，以外出爲假口。
〔3〕所坐者，所連累獲罪的人。
〔4〕會逮，應詔書而被捕。
〔5〕偷，苟且。休，不欲發兵。
〔6〕殊，絕也。不殊，謂没有自殺成。
〔7〕自詣吏，自己到官府告發，即自首。

吏因捕太子、王后，圍王宫，盡求捕王所與謀反賓客在國中者，索得反具以聞。上下公卿治，所連引與淮南王謀反列侯二千石豪傑數千人，皆以罪輕重受誅。衡山王賜，淮南王弟也，當坐收〔1〕，有司請逮捕衡山王。天子曰：" 諸侯各以其國爲本，不當相坐〔2〕。與諸侯王列侯會肄丞相諸侯議〔3〕。"趙王彭祖、列侯臣讓等四十三人議，皆曰：" 淮南王安甚大逆無道，謀反明白，當伏誅。"膠西王臣端議曰：" 淮南王安廢法行邪，懷詐僞心，以亂天下，熒惑百姓，倍畔宗廟，妄作妖言。《春秋》曰'臣無將，將而誅〔4〕'。安罪重於將，謀反形已定。臣端所見其書節印圖及他逆無道事驗明白〔5〕，甚大逆無道，當伏其法。而論國吏二百石以上及比者〔6〕，宗室近幸臣不在法中者，不能相教〔7〕，當皆免官削爵爲士伍，毋得宦爲吏。其非吏〔8〕，他贖死金二斤八兩。以章臣安之罪〔9〕，使天下明知臣子之道，毋敢復有邪僻倍畔之意。"丞相弘、廷尉湯等以聞〔10〕，天子使宗正以符節治王〔11〕。未至，淮南王安自刭殺。王后荼、太子遷、諸所與謀反者皆族。天子以伍被雅辭多引漢之美〔12〕，欲勿誅。廷尉湯曰："被首爲王畫反謀，被罪無赦。"遂誅被。國除爲九江郡[13]。

【注】

〔1〕坐收，株連獲罪。
〔2〕相坐，相株連。
〔3〕會肄，會閱，共同查辦。
〔4〕將，逆亂。臣無將，臣不得叛亂。將而誅，叛亂者則殺。語見《春秋公羊傳》莊公三十二年。
〔5〕書節印圖，指書信符節印章地圖等。
〔6〕比者，指與二千石俸祿的職官一樣。
〔7〕不能相教，謂縱無反叛行爲但不能制止者。
〔8〕非吏，指近幸之人但不是官。
〔9〕章，通"彰"。顯明。
〔10〕廷尉湯，掌刑獄的廷尉張湯。聞，問罪。
〔11〕宗正，官名，掌管王室親族的事務。符節，朝庭的信物，即證明件。
〔12〕雅辭，好聽的言辭。引漢之美，稱引漢朝的美德。
〔13〕國除，除去淮南王國。九江郡，今江西九江市。

選自《史記》卷一百一十八《淮南衡山列傳》

司　馬　談（？—前110）

　　昔在顓頊，命南正重以司天，北正黎以司地[1]。唐虞之際，紹重黎之後，使復典之[2]，至於夏商，故重黎氏世序天地。其在周，程伯休甫其後也。當周宣王時[3]，失其守而爲司馬氏[4]。司馬氏世典周史。惠、襄之間[5]，司馬氏去周適晉。晉中軍隨會奔秦，而司馬氏入少梁[6]。

【注】
〔1〕司天，管理天文的官職。北正，《漢書》作"火正"。司地，管理地文的官職。
〔2〕紹，繼。典，主管。
〔3〕周宣王，公元前827—前728年在位。
〔4〕失其守，失去常任的司天地的官職。司馬，官名。程伯休甫爲周宣王時的司馬，因官爲氏，其後爲司馬氏。
〔5〕惠、襄，周惠王，公元前676—前652年在位；周襄王，前651—前619年在位。
〔6〕少梁，古梁國，秦滅之。改曰少梁，後名夏陽。

　　自司馬氏去周適晉，分散，或在衛，或在趙，或在秦。其在衛者，相中山。在趙者，以傳劍論顯，蒯聵其後也。在秦者名錯，與張儀爭論，於是惠王使錯將伐蜀，遂拔，因而守之[1]。錯孫靳，事武安君白起[2]。而少梁更名曰夏陽。

靳與武安君阬趙長平軍,還而與之俱賜死杜郵,葬於華池。靳孫昌,昌爲秦主鐵官,當始皇之時。蒯聵玄孫卬爲武信君將而徇朝歌[3]。諸侯之相王,王卬於殷[4]。漢之伐楚,卬歸漢,以其地爲河內郡。昌生無澤,無澤爲漢市長[5]。無澤生喜,喜爲五大夫[6],卒,皆葬高門。喜生談,談爲太史公[7]。

【注】

〔1〕守,郡守。

〔2〕靳,又作"蕲"。白起,戰國秦郿人。昭王時,封武安君,善用兵,戰勝攻取,凡七十餘城,破趙國,坑趙降卒四十萬。後與應侯范雎有隙,免官,復賜死。

〔3〕蒯聵,《刺客列傳》有蒯聵。蒯聵生昭豫,昭豫生憲,憲生卬。武信君,《張耳列傳》云,武臣自號武信君。

〔4〕《漢書》云,項羽封卬爲殷王。

〔5〕市長,官名。西漢長安有四市,各有長、丞,爲左馮翊屬官。

〔6〕五大夫,官名。第九爵也。

〔7〕太史公,漢武帝時設置的官職。各地上書朝廷的公文先至太史公處。司馬遷死後,漢宣帝削減太史公權力,唯以公文交通爲其職。

太史公學天官於唐都[1],受《易》於楊何[2],習道論於黃子[3]。太史公仕於建元、元封之間[4],愍學者之不達其意而師悖[5],乃論六家之要指曰:

【注】

〔1〕天官,天文星象。古人以爲星座有尊卑,若人間的官曹列位,

故而稱天官。《史記》有《天官書》,記錄漢以前天文學之沿革。其中曰:星則唐都。

〔2〕易,《周易》,書名。舊說爲伏羲、文王、孔子所作,即伏羲制卦,文王繫辭,孔子作十翼,所謂《易》歷三聖。《經》分上下二篇。孔子作十翼,傳解經文意義,所以稱十翼爲傳。秦焚《詩》《書》百家語,《易》因爲是卜筮書而得以保存。漢鄭玄有注,已佚,魏晉以下各家注本,皆傳於今。

〔3〕道論,道家的理論和法術。黃子,即黃生。《史記·儒林列傳》曰黃生,好黃老之學。

〔4〕建元,武帝劉徹年號,自公元前140年至前135年;元封,武帝劉徹年號,自公元前110年至前105年。

〔5〕愍,同"憫",哀憐,擔憂。悖,惑。

"《易大傳》〔1〕:'天下一致而百慮,同歸而殊塗。'夫陰陽、儒、墨、名、法、道德,此務爲治者也,直所從言之異路,有省不省耳〔2〕。嘗竊觀陰陽之術,大祥而衆忌諱〔3〕,使人拘而多所畏〔4〕;然其序四時之大順,不可失也。儒者博而寡要,勞而少功,是以其事難盡從;然其序君臣父子之禮,列夫婦長幼之別,不可易也〔5〕。墨者儉而難遵,是以其事不可徧循〔6〕;然其彊本節用,不可廢也。法家嚴而少恩;然其正君臣上下之分,不可改矣。名家使人儉而善失真〔7〕;然其正名實,不可不察也。道家使人精神專一,動合無形,贍足萬物〔8〕。其爲術也,因陰陽之大順,採儒墨之善,撮名法之要〔9〕,與時遷移,應物變化,立俗施事,無所不宜,指約而易操〔10〕,事少而功多。儒者則不然。以爲人主天下之儀表也,主倡而臣和,主先而臣隨。如此則主勞而臣逸。至於大道之要,去健羨[11],絀聰明[12],釋此而任術。夫神大用則竭,形大勞則敝[13]。形神騷動,欲與天地長久,非所聞也。

【注】

〔1〕《易大傳》,謂《易·繫辭》。參見前注。
〔2〕直,但是。從言,所根據的理論。省不省,簡易和不簡易。
〔3〕祥,吉凶的先兆。衆忌諱,多忌諱。
〔4〕拘,拘束於日時迷信。
〔5〕不可易,不可變更。
〔6〕徧循,盡從。
〔7〕儉,同"檢",辨察。
〔8〕動合無形,行動合乎無形之道。贍,充足。
〔9〕撮,總取。
〔10〕指,通"恉",亦作"旨",宗旨。操,掌握。
〔11〕健羨,剛强貪欲。
〔12〕絀,廢棄。
〔13〕神,精神。形,形體。

"夫陰陽四時、八位、十二度、二十四節各有教令[1],順之者昌,逆之者不死則亡[2],未必然也[3],故曰'使人拘而多畏'。夫春生夏長,秋收冬藏,此天道之大經也[4],弗順則無以爲天下綱紀,故曰'四時之大順,不可失也'。

【注】

〔1〕四時,春夏秋冬。八位,即八方,指南、北、東、西四方和東南、東北、西北、西南四隅。十二度,即十二月次。二十四節,每月分月初、月中二氣,全年二十四個節氣。教令,古代由朝廷公佈按曆法行事的各種規定。

〔2〕順之者昌,逆之者不死則亡,這是陰陽家所言。

〔3〕未必然也,事實不一定是這樣。這是作者所評。

〔4〕經,常法。

"夫儒者以六藝爲法[1]。六藝經傳以千萬數[2],累世不能通其學,當年不能究其禮,故曰'博而寡要,勞而少功'。若夫列君臣父子之禮,序夫婦長幼之別,雖百家弗能易也。

【注】

〔1〕六藝,即六經,指《易》、《禮》、《樂》、《詩》、《書》、《春秋》。法,根本原則。

〔2〕經傳,經指六經本文;傳,指對經解釋的傳文。

"墨者亦尚堯舜道[1],言其德行曰:'堂高三尺[2],土階三等[3],茅茨不翦[4],采椽不刮[5]。食土簋[6],啜土刑[7],糲粱之食[8],藜藿之羹[9]。夏日葛衣,冬日鹿裘。'其送死,桐棺三寸[10],舉音不盡其哀[11]。教喪禮,必以此爲萬民之率[12]。使天下法若此,則尊卑無別也。夫世異時移,事業不必同,故曰"儉而難遵"。要曰彊本節用[13],則人給家足之道也。

此墨子之所長,雖百家弗能廢也。

【注】

〔1〕尚,崇尚。

〔2〕堂高三尺,正堂只有三尺高。

〔3〕土階三等,堂前泥土砌成的階梯只有三級。

〔4〕茅茨不翦,茨,用茅草蓋屋。謂用沒有修剪過的茅草作屋頂。

〔5〕采椽不刮,采椽,用不成材的櫟木做椽子。謂用沒有刨過的劣質木頭做屋椽。

〔6〕簋,盛飯的瓦器。

〔7〕啜,喝。土刑,盛羹湯的瓦器。

〔8〕糲粱,粗糧。

〔9〕藜,野菜;藿,豆葉。

〔10〕桐棺三寸,三寸厚的桐木棺材。

〔11〕舉音,此指親人的哀哭。

〔12〕教喪禮,謂教君主必須行這樣的喪禮。率,表率。

〔13〕彊本節用,謂重視農業生產,節省用度。

"法家不別親疏,不殊貴賤[1],一斷於法[2],則親親尊尊之恩絕矣[3]。可以行一時之計,而不可長用也,故曰'嚴而少恩'。若尊主卑臣,明分職不得相逾越,雖百家弗能改也。

【注】

〔1〕殊,分別。

〔2〕一斷於法,謂一律聽從法律裁斷。

〔3〕親親尊尊之恩絕，斷絕了恩情，親的不親，尊的不尊。

"名家苛察繳繞[1]，使人不得反其意[2]，專決於名而失人情[3]，故曰'使人儉而善失真'。若夫控名責實[4]，參伍不失[5]，此不可不察也。

【注】
〔1〕繳繞，瑣碎纏繞。
〔2〕反其意，反駁他們的言論。
〔3〕專決於名而失人情，謂專從名詞上來判斷一切，以致違反人情。
〔4〕控，引。責，求。謂使名與實相符。
〔5〕參伍，參錯交互。此謂即使在錯綜複雜的情況下，也不使名實相違。

"道家無爲[1]，又曰無不爲[2]，其實易行[3]，其辭難知[4]。其術以虛無爲本[5]，以因循爲用[6]。無成勢[7]，無常形[8]，故能究萬物之情[9]。不爲物先，不爲物後，故能爲萬物主。有法無法，因時爲業[10]；有度無度，因物與合[11]。故曰'聖人不朽[12]，時變是守[13]。虛者道之常也[14]，因者君之綱'也[15]。羣臣並至，使各自明也[16]。其實中其聲者謂之端[17]，實不中其聲者謂之窾[18]。窾言不聽，姦乃不生，賢不肖自分，白黑乃形[19]。在所欲用耳，何事不成。乃合大道，混混冥冥。光燿天下，復反無名[20]。凡人所生者神也,所託者形也[21]。神大用則竭,形大勞則敝,形神離則死[22]。死者不可復生,離者不可復反,故聖人重之。由是觀之,神者生之本也,形者生之具也[23]。不先定其神形[24],而曰'我有以治天下'[25],何由哉?"

【注】

[1] 無爲,順應自然。《史記・老子列傳》:"老子無爲自化,清淨自正。"
[2] 無不爲,順應自然就無所不能爲。
[3] 其實易行,謂實際很容易施行。
[4] 其辭難知,謂說的話很難理解。
[5] 其術以虛無爲本,謂他們的方法是以虛無爲本體。
[6] 以因循爲用,謂以因順自然爲作用。
[7] 無成勢,沒有一成不變的情勢。
[8] 無常形,沒有固定不變的形態。
[9] 究,推究,窮盡。
[10] 法,法則。因時爲業,依順時勢的成法爲業。
[11] 因物與合,因循萬物天性。《漢書》作"因物興舍",舍,同"捨"。
[12] 不朽,《漢書》作"不巧",謂沒有什麼巧辦法。
[13] 時變是守,善於掌握時機的變化。
[14] 虛者道之常,虛無是道的常態。
[15] 因,順自然,即無爲也。因者君之綱,因順自然是爲君的要領。
[16] 使各自明,使他們各自完成自己的職分。

〔17〕實中其聲,名實相符。聲,名聲。端,正。
〔18〕實不中其聲,名不合實。窾,空,空名。
〔19〕形,見。
〔20〕反,返,還。
〔21〕神,精神。形,形體。
〔22〕形神離則死,精神與身體分離人就死亡。
〔23〕神者生之本也,形者生之具也,謂精神是生命的根本,形體是生命所託的條件。
〔24〕"形",此字原無,據《漢書·司馬遷傳》補。
〔25〕我有以治天下,我有辦法治理天下。

　　太史公既掌天官,不治民。有子曰遷。
　　遷生龍門[1],耕牧河山之陽[2]。年十歲則誦古文[3]。二十而南游江、淮[4],上會稽[5],探禹穴,闚九疑[6],浮於沅、湘[7];北涉汶、泗[8],講業齊、魯之都[9],觀孔子之遺風,鄉射鄒、嶧[10];戹困鄱、薛、彭城[11],過梁、楚以歸[12]。於是遷仕為郎中[13],奉使西征巴、蜀以南,南略邛、筰、昆明[14],還報命。

【注】
〔1〕龍門,龍門山,在夏陽縣。司馬遷即漢夏陽縣人。
〔2〕河山之陽,河的北邊,山的南邊,即龍門山南。
〔3〕古文,司馬遷從伏生習古文《尚書》。
〔4〕江、淮,長江、淮河。
〔5〕會稽,山名,在今浙江紹興市東南。《史記·夏本紀》:"禹會諸侯江南,計功而崩,因葬焉。命曰會稽。"

〔6〕九疑,又作九嶷,山名。虞舜葬處,在今湖南省寧遠縣。《水經·湘水注》:"九疑山盤基蒼梧之野,峰秀數郡之間,羅巖九舉,各導一溪,岫壑負岨,異嶺同勢,游者疑焉,故曰九疑山,山南有舜廟。"
〔7〕沅、湘,沅江、湘江。曾爲屈原游吟之處。
〔8〕汶、泗,汶水、泗河,皆在今山東省。孔丘故里近於汶、泗。
〔9〕齊、魯,齊國、魯國。
〔10〕鄉射,古射禮之一。嶧,山名,在今山東鄒城東南。
〔11〕鄒、薛,均是縣名,在魯國。彭城,地名,春秋時在宋國,漢初置郡,後改國。
〔12〕梁,地名,戰國時魏國地。楚,地名,戰國時楚國地。
〔13〕郎中,官名,秦置,漢初因之。主更直宿衛。
〔14〕邛、筰,漢時西南少數民族的二個國名。《史記·西南夷列傳》:"自滇以北,君長以什數,邛都最大……自嶲以東北,君長以十數,徙、筰都最大。"邛、筰都在今四川省。

　　是歲天子始建漢家之封[1],而太史公留滯周南[2],不得與從事[3],故發憤且卒。而子遷適使反,見父於河洛之間[4]。太史公執遷手而泣曰:"余先周室之太史也。自上世嘗顯功名於虞夏,典天官事。後世中衰,絕於予乎?汝復爲太史,則續吾祖矣。今天子接千歲之統,封泰山[5],而余不得從行,是命也夫,命也夫!余死,汝必爲太史;爲太史,無忘吾所欲論著矣。且夫孝始於事親,中於事君,終於立身。揚名於後世,以顯父母,此孝之大者。夫天下稱誦周公[6],言其能論歌文、武之德,宣周、邵之風[7],達太王、王季之思慮[8],爰及公劉[9],以尊后稷也[10]。幽、厲之後[11]，王道缺，禮樂衰，孔子修舊起廢，論《詩》《書》，作《春秋》，則學者至今則之。自獲麟以來四百有餘歲[12]，而諸侯相兼，史記放絕。今漢興，海内一統，明主賢君忠臣死義之士，余爲太史而弗論載，廢天下之史文，余甚懼焉，汝其念哉！"遷俯首流涕曰："小子不敏，請悉論先人所次舊聞，弗敢闕。"

【注】

〔1〕封，封禪。封爲祭天，禪爲祭地，爲重大禮儀。
〔2〕周南，地名，即今洛陽。
〔3〕與從事，參預封禪之事。
〔4〕河洛，黄河、洛水。
〔5〕封泰山，在泰山積土以增其高還報天命。
〔6〕周公，姓姬，名旦。周武王弟，成王叔叔。武王死時，成王年尚幼，周公攝政，改定官制，創制禮法，周朝制度因此而齊備。
〔7〕周、邵，周，周公；邵，召公，周文王庶子，名奭，成王時爲三公，與周公分陜而治。爲二伯，故世常以周召並稱。
〔8〕太王，周文王之祖，即古公亶父。武王得天下後，追尊爲太王。王季，周太王季子，文王父親，名季歷。太王卒，季歷嗣立，修太王之業，傳位於文王，及武王得天下後，追尊爲王季。
〔9〕公劉，周后稷的曾孫，恢復后稷事業，遷周於邠，周室之興自此始。
〔10〕后稷，周之始祖，堯時居稷官，封於邰，子孫十五傳而至周武王。
〔11〕幽、厲，周代暴君幽王和厲王。《禮記·禮運》："我觀周道，幽厲傷之"。後世都以幽厲比作昏亂之君。

〔12〕獲麟,事出《春秋》魯哀公十四年春:"西狩獲麟。"《史記·孔子世家》説,孔子因西狩見麟作《春秋》。其時流傳這樣的觀念:麟爲聖人而出現。故獲麟有象徵天命的意義。

　　選自《史記》卷一百三十《太史公自序》

董 仲 舒 (前197—前104)

　　董仲舒,廣川人也[1]。少治《春秋》,孝景時爲博士[2]。下帷講誦[3],弟子傳以久次相授業[4],或莫見其面[5]。蓋三年不窺園[6],其精如此。進退容止,非禮不行,學士皆師尊之[7]。

【注】

[1] 董仲舒,西漢哲學家。廣川(今河北棗强東)人。
[2] 《春秋》,爲編年體史書。相傳孔子據魯史修改而成。所記起魯隱公元年(前722)至魯哀公十四年(前481),凡十二公,二百四十二年。這裏指戰國時齊人公羊高作《春秋公羊傳》。博士,官名。戰國時有博士,秦漢相承,漢武帝建元五年置五經博士,屬太常(九卿之一,掌禮樂郊廟社稷事宜)。
[3] 下帷,放下帳幕。
[4] 久次相授業,以時間長短爲次序相互傳授學業。即新學者向舊學者受業。
[5] 或莫見其面,不一定自己見到董仲舒。
[6] 不窺園,不窺視園圃。言其治學專精。
[7] 學士,指在學的貴族子弟。師尊之,尊董仲舒爲老師。

　　武帝即位[1],舉賢良文學之士前後百數[2],而仲舒以賢良對策焉[3]。

【注】

〔1〕武帝,漢武帝劉徹。公元前140年即位,到前87年死。
〔2〕舉,選用。賢良,有德行的人。
〔3〕對策,自漢以來,考試取士,所問問題寫在簡策上,應考者對答稱"對策"。

　　制曰[1]:朕獲承至尊休德[2],傳之亡窮,而施之罔極[3],任大而守重,是以夙夜不皇康寧[4],永惟萬事之統,猶懼有闕[5]。故廣延四方之豪儁[6],郡國諸侯公選賢良修絜博習之士[7],欲聞大道之要,至論之極[8]。今子大夫褎然爲舉首[9],朕甚嘉之[10]。子大夫其精心致思,朕垂聽而問焉[11]。

【注】

〔1〕制曰,皇帝的命令說。
〔2〕朕,帝王自稱。至尊休德,極尊之位至美之德。
〔3〕亡,無。罔,無。極,盡。
〔4〕夙夜,朝夕。皇,暇也。康寧,安樂。
〔5〕永惟,經常思考。統,緒也。闕,缺。
〔6〕廣延,廣泛進用。
〔7〕公選,公正之道選士。修絜,操行純潔。博習,學識淵博。
〔8〕要,綱要。至論之極,根本性的理論。
〔9〕子,對男子的美稱。大夫,漢分爵位二十級,大夫屬第五級。褎然,枝葉漸長的樣子,引申爲出衆的樣子。
〔10〕嘉,善也。
〔11〕垂聽,注意聽取。

蓋聞五帝三王之道[1]，改制作樂而天下洽和，百王同之。當虞氏之樂莫盛於《韶》[2]，於周莫盛於《勺》[3]。聖王已没，鐘鼓筦絃之聲未衰[4]，而大道微缺，陵夷至虖桀紂之行[5]，王道大壞矣。夫五百年之間，守文之君，當塗之士[6]，欲則先王之法以戴翼其世者甚衆[7]，然猶不能反，日以仆滅[8]，至後王而後止，豈其所持操或誖繆而失其統與[9]？固天降命不可復反，必推之於大衰而後息與[10]？烏虖！凡所爲屑屑，夙興夜寐，務法上古者，又將無補與[11]？三代受命，其符安在[12]？災異之變，何緣而起[13]？性命之情，或夭或壽，或仁或鄙[14]，習聞其號，未燭厥理[15]。伊欲風流而令行[16]，刑輕而姦改，百姓和樂，政事宣昭[17]，何修何飭而膏露降[18]，百穀登[19]，德潤四海，澤臻屮木[20]，三光全[21]，寒暑平[22]，受天之祜[23]，享鬼神之靈，德澤洋溢[24]，施虖方外[25]，延及羣生[26]？

【注】

[1] 五帝，相傳古代有五帝，其説不一。據《易·繫辭》：伏羲（太皞）、神農（炎帝）、黃帝、堯、舜。三王，夏禹、商湯、周文武。

[2] 虞氏，指虞舜。韶，舜樂名。

[3] 周，周文、武王。《勺》，指《周頌》。勺讀如"酌"。

[4] 筦，同"管"。鐘鼓管絃，泛指樂器。

[5] 陵夷，衰落。虖，通"乎"。桀紂，夏桀和殷紂王。行，輩。

[6] 守文，遵守成法。當塗，當仕路，指執掌大權。

[7] 則，傚法。戴翼，擁戴輔助。

[8] 反，通"返"。仆滅，失敗。

〔9〕持操,掌握。訸繆,荒謬。訸,同"悖"。繆,通"謬"。統,緒也。與,即"歟"。

〔10〕息,止。

〔11〕屑屑,勞碌不安的樣子。夙興夜寐,早起晚睡。無補,無益。

〔12〕三代,指夏、商、周三代。受命,受天之命。符,吉祥的徵兆。

〔13〕災異,指自然災害和反常的自然現象。緣,原由。

〔14〕性命,性者天生之質,命者人所禀受。性命之情,人的本性。孔子曰:"死生由命。"董仲舒說,人有"貪仁之性"。鄙,貪也。

〔15〕習聞其號,學習和知道這些名稱。燭,明也。厥理,即其理。

〔16〕伊,惟也。風流,教化流行。

〔17〕宣昭,宣明。

〔18〕膏露,猶甘露。指及時雨。

〔19〕登,成熟,豐收。

〔20〕臻,至。屮木,即草木。屮,古"草"字。

〔21〕三光,指日、月、星。

〔22〕寒暑平,寒暑正常。

〔23〕祜,福祐。

〔24〕洋溢,充滿,廣泛傳播。

〔25〕方外,指邊遠的地方。

〔26〕延,伸展。羣生,一切生物。

子大夫明先聖之業,習俗化之變,終始之序,講聞高誼之日久矣,其明以諭朕[1]。科別其條[2],勿猥勿并[3],取之於術,慎其所出[4]。乃其不正不直,不忠不極[5],枉於執事[6],書之不泄[7],興於朕躬,毋悼後害[8]。子大夫其盡心,靡有所隱,朕將親覽焉[9]。

【注】
〔1〕高誼,即高義,行爲高尚而合於正義。諭,明告。
〔2〕科別其條,分別條理次序。
〔3〕勿猥勿併,不要堆積合併。
〔4〕術,學術,學問。慎其所出,詳細地説明出處。
〔5〕不極,不適合。
〔6〕枉,不正直,指違背。執事,職守。
〔7〕泄,遺漏。
〔8〕躬,親自。悼,懼怕。
〔9〕靡有,無有,不要有。覽,閲也。

　　仲舒對曰[1]:
　　"陛下發德音,下明詔[2],求天命與情性[3],皆非愚臣之所能及也。臣謹案《春秋》之中,視前世已行之事,以觀天人相與之際[4],甚可畏也。國家將有失道之敗,而天乃先出災害以譴告之[5],不知自省,又出怪異以警懼之[6],尚不知變,而傷敗乃至。以此見天心之仁愛人君而欲止其亂也[7]。自非大亡道之世者[8],天盡欲扶持而全安之,事在彊勉而已矣。彊勉學問,則聞見博而知益明;彊勉行道,則德日起而大有功;此皆可使還至而有效者也。《詩》曰'夙夜匪解'[9],《書》云'茂哉茂哉[10]!'皆彊勉之謂也。

【注】
〔1〕以下爲董仲舒對策之言。
〔2〕陛下,猶階下,對帝王的尊稱。詔,帝王的文書命令。

〔3〕天命,古代把天當作神,稱天的意旨爲天命。情性,本性。
〔4〕天人相與之際,天和人之間的相互關係。
〔5〕譴告,責告。
〔6〕怪異,變異。《春秋繁露·必仁且智》:"天地之物有不常之變者謂之異,小者謂之災。災常先至而異乃隨之。災者,天之譴也;異者,天之威也。譴之而不知,乃畏之以威。"
〔7〕天心,天帝的心意。
〔8〕亡道,無道。亡,通"無"。
〔9〕《詩》,指《詩經·大雅·烝民》。匪解,不懈怠。
〔10〕《書》,指《尚書·虞書·皋陶謨》。茂哉,勉力啊。

"道者,所繇適於治之路也[1],仁義禮樂皆其具也[2]。故聖王已没,而子孫長久安寧數百歲,此皆禮樂教化之功也。王者未作樂之時,乃用先王之樂宜於世者,而以深入教化於民。教化之情不得,雅頌之樂不成[3],故王者功成作樂,樂其德也。樂者,所以變民風、化民俗也;其變民也易,其化人也著,故聲發於和而本於情,接於肌膚,臧於骨髓。故王道雖微缺,而筦絃之聲未衰也。夫虞氏之不爲政久矣,然而樂頌遺風猶有存者,是以孔子在齊而聞《韶》也[4]。夫人君莫不欲安存而惡危亡,然而政亂國危者甚衆,所任者非其人,而所繇者非其道,是以政日以仆滅也。夫周道衰於幽、厲[5],非道亡也,幽、厲不繇也。至於宣王[6],思昔先王之德,興滯補弊,明文、武之功業[7],周道粲然復興,詩人美之而作[8],上天祐之,爲生賢佐,後世稱誦,至今不絕。此夙夜不解行善之所致也。孔子曰'人能弘道,非道弘人'也[9]。故治亂廢興在於己,非天降命不可得反,其所操持誖謬失其統也。

【注】

[1] 所繇,所由,繇同"由"。適,往也。
[2] 具,工具。
[3] 雅頌之樂,謂盛世之樂。
[4] 孔子,春秋末哲學家,本書有傳。《論語·述而》:"子在齊聞《韶》,三月不知肉味,曰:不圖爲樂之至於斯也。"
[5] 幽、厲,周幽王姬宫涅和周厲王姬胡。
[6] 宣王,周宣王姬静,公元前 827—前 782 年在位。
[7] 文、武,周文王和周武王。
[8] 美之,贊美文武。
[9] 此引《論語·衛靈公》。弘,發揚光大。

"臣聞天之所大奉使之王者,必有非人力所能致而自至者,此受命之符也[1]。天下之人同心歸之,若歸父母,故天瑞應誠而至[2],《書》曰'白魚入於王舟,有火復於王屋,流爲烏'[3],此蓋受命之符也。周公曰'復哉復哉'[4],孔子曰'德不孤,必有鄰'[5],皆積善絫德之效也[6]。及至後世,淫佚衰微[7],不能統理羣生,諸侯背畔,殘賊良民以争壤土,廢德教而任刑罰。刑罰不中,則生邪氣;邪氣積於下,怨惡畜於上。上下不和,則陰陽繆盭而妖孽生矣[8]。此災異所緣而起也。

【注】

〔1〕受,受天命。符,祥瑞。
〔2〕天瑞,即天命之符。
〔3〕此引《尚書·泰誓》。復,通"覆",蓋也。流,流化。烏,烏鴉。
〔4〕周公,姓姬名旦,本書有傳。復,報也,謂天報此祥瑞。
〔5〕此引《論語·里仁》。德不孤,有德之人不孤獨。鄰,近也。謂有相一致的人來輔助。
〔6〕絫德,積纍道德。絫即"纍"。效,驗也。
〔7〕淫佚,縱欲放蕩。佚,也作"逸"或"泆"。
〔8〕繆盭,錯亂,違背。盭,古"戾"字。妖孽,怪異反常的事物。即妖災。

"臣聞命者天之令也〔1〕,性者生之質也〔2〕,情者人之欲也〔3〕。或夭或壽,或仁或鄙,陶冶而成之〔4〕,不能粹美,有治亂之所生,故不齊也。孔子曰:'君子之德風,小人之德艸,艸上之風必偃〔5〕。'故堯、舜行德則民仁壽,桀、紂行暴則民鄙夭。夫上之化下,下之從上,猶泥之在鈞〔6〕,唯甄者之所爲〔7〕;猶金之在鎔〔8〕,唯冶者之所鑄〔9〕。'綏之斯俫,動之斯和'〔10〕,此之謂也。

【注】

〔1〕命,天令之謂命。人所禀受。
〔2〕性,生之所以然,是天生的本質。
〔3〕情,人的欲望感情。
〔4〕陶冶,化育。

〔5〕此引《論語・顏淵》。德風,其德如風。屮,古"草"字。草上之風,草上有風。之,同"有"。偃,倒伏。

〔6〕鈞,制陶器所用的轉輪。

〔7〕甄者,制陶器的人,謂培養造就人者。甄,制陶之器。

〔8〕鎔,銷熔。

〔9〕冶者,熔鑠金屬者。鑄,造。

〔10〕此引《論語・子張》。綏,安撫。倈,歸順。

"臣謹案《春秋》之文〔1〕,求王道之端,得之於正。正次王,王次春〔2〕。春者,天之所爲也;正者,王之所爲也。其意曰,上承天之所爲,而下以正其所爲,正王道之端云爾〔3〕。然則王者欲有所爲,宜求其端於天〔4〕。天道之大者在陰陽。陽爲德,陰爲刑〔5〕;刑主殺而德主生。是故陽常居大夏,而以生育養長爲事;陰常居大冬,而積於空虛不用之處〔6〕。以此見天之任德不任刑也。天使陽出布施於上而主歲功〔7〕,使陰入伏於下而時出佐陽〔8〕;陽不得陰之助,亦不能獨成歲〔9〕。終陽以成歲爲名〔10〕,此天意也。王者承天意以從事,故任德教而不任刑。刑者不可任以治世,猶陰之不可任以成歲也。爲政而任刑,不順於天,故先王莫之肯爲也。今廢先王德教之官,而獨任執法之吏治民,毋乃任刑之意與〔11〕!孔子曰:'不教而誅謂之虐。'〔12〕虐政用於下,而欲德教之被四海〔13〕,故難成也。

【注】

〔1〕春秋之文,指《春秋》隱公元年"春王正月"。

〔2〕正次王,"正"字在"王"字後。王次春,"王"字在"春"字後。此解"春王正月"的次序排列。

〔3〕正其所爲,正王之所爲。端,始。云爾,如此説。

〔4〕端於天,開始於"天"。正者王之所爲,王上有春,春是天之所爲,故曰宜求其端於天。

〔5〕德,指教化。刑,刑殺。

〔6〕不用,不起作用。冬季陽氣已衰,萬物本來不能生長,故陰氣實際上不發生作用。《春秋繁露·陽尊陰卑》:"故陰,夏入居下,不得任歲事,冬出居上,置之空處也。"

〔7〕主歲功,陽主生,主一歲之生長養育之事功。

〔8〕佐,輔助。陰夏居下不任歲事,冬出居上置之空處,故陰是陽佐。

〔9〕不能獨成歲,指陰不能獨成歲。

〔10〕終陽以成歲爲名,即終以陽名歲。《春秋繁露·天辯在人》云,陰之行,"夏居空上,冬居空上",不能成歲事,故終以陽名歲。

〔11〕與,同"歟"。任刑之意,指違反任德不任刑的天意。

〔12〕此引《論語·堯曰》:"子曰:不教而殺謂之虐。"

〔13〕被四海,覆蓋天下。

"臣謹案《春秋》謂一元之意〔1〕,一者萬物之所從始也〔2〕,元者辭之所謂大也〔3〕。謂一爲元者,視大始而欲正本也〔4〕。《春秋》深探其本,而反自貴者始〔5〕。故爲人君者,正心以正朝廷,正朝廷以正百官,正百官以正萬民,正萬民以正四方。四方正,遠近莫敢不壹於正,而亡有邪氣奸其間者[6]。是以陰陽調而風雨時,羣生和而萬民殖,五穀孰而屮木茂,天地之間被潤澤而大豐美,四海之内聞盛德而皆徠臣[7],諸福之物,可致之祥,莫不畢至,而王道終矣。

【注】

〔1〕一元之意,《春秋》隱公元年:"元年,春王正月。"此釋隱公始即位,不稱一年而言元年。

〔2〕一,《說文》:"一,惟初太始,道立於一,造分天地,化成萬物。"王弼《老子》注:"一,數之始而物之極也。"

〔3〕元,始也。《易·文言》:"元者,善之長也。"故辭之所謂大也。《春秋繁露·王道》:"《春秋》何貴乎元而言之?元者,始也。言本正也"。

〔4〕視,示也。事物的開始就要端正其根本。

〔5〕始,指天。《春秋繁露·重政》:"是以《春秋》變一謂之元。元猶原也,其義以隨天地終始也。……故人雖生天氣及奉天氣者,不得與天元本、天元命而共違其所爲也。"故貴始,即貴天元本、天元命,貴天命也。

〔6〕亡有,無有。奸,犯也。

〔7〕徠臣,歸服。

"孔子曰:'鳳鳥不至,河不出圖,吾已矣夫[1]!'自悲可致此物,而身卑賤不得致也。今陛下貴爲天子,富有四海,居得致之位,操可致之勢,又有能致之資[2],行高而恩厚,知明而意美,愛民而好士,可謂誼主矣[3]。然而天地未應而美祥莫至者[4],何也?凡以教化不立而萬民不正也。夫萬民之從利也,如水之走下[5],不以教化隄防之[6],不能止也。是故教化立而姦邪皆止者,其隄防完也[7];教化廢而姦邪並出,刑罰不能勝者,其隄防壞也。古之王者明於此,是故南面而治天下,莫不以教化爲大務[8]。立大學以教於國[9],設庠序以化於邑[10],漸民以仁,摩民以誼[11],節民以禮[12],故其刑罰甚輕而禁不犯者,教化行而習俗美也[13]。

【注】

[1] 此引《論語・子罕》。鳳鳥,傳說中舜和周文王時曾出現過的一種神鳥。河圖,傳說伏羲時黃河中有龍背負八卦圖而出。鳳鳥河圖的出現象徵"聖王"出世。

[2] 資,才質。

[3] 誼主,知禮義的君主。

[4] 美祥,好的吉兆。

[5] 走下,向下奔流。

[6] 隄防,攔水的土壩,引申爲管束。

[7] 完,完整。

[8] 南面,君主見羣臣,坐北面朝南,故南面指君主。務,事務。

[9] 大學,即太學。也叫國學。漢武帝元朔六年始置太學。

[10] 庠序,古代地方所設立的學校。與大學相對而言。殷曰序,周曰庠。《禮記・學記》:"古之教者,家有塾,黨有庠,術有序,國有學。"

[11] 漸,浸潤,感化。摩,砥礪,磋磨。誼,同"義"。

〔12〕節,節制。
〔13〕習俗,風俗習慣。

　　"聖王之繼亂世也,埽除其跡而悉去之[1],復修教化而崇起之[2]。教化已明,習俗已成,子孫循之,行五六百歲尚未敗也。至周之末世,大爲亡道,以失天下。秦繼其後,獨不能改,又益甚之,重禁文學,不得挾書[3],棄捐禮誼而惡聞之,其心欲盡滅先王之道,而顓爲自恣苟簡之治[4],故立爲天子十四歲而國破亡矣。自古以徠,未嘗有以亂濟亂,大敗天下之民如秦者也[5]。其遺毒餘烈[6],至今未滅,使習俗薄惡,人民囂頑[7],抵冒殊扞[8],孰爛如此之甚者也[9]。孔子曰:"朽朽之木不可彫也,糞土之墻不可朽也。"[10]今漢繼秦之後,如朽木糞墙矣,雖欲善治之,亡可奈何。法出而姦生,令下而詐起,如以湯止沸,抱薪救火,愈甚亡益也。竊譬之琴瑟不調[11],甚者必解而更張之,乃可鼓也[12];爲政而不行,甚者必變而更化之,乃可理也[13]。當更張而不更張,雖有良工不能善調也;當更化而不更化,雖有大賢不能善治也。故漢得天下以來,常欲善治而至今不可善治者,失之於當更化而不更化也。古人有言曰:'臨淵羨魚,不如退而結網。'[14]今臨政而願治七十餘歲矣[15],不如退而更化;更化則可善治,善治則災害日去,福祿日來。《詩》云:'宜民宜人,受祿于天。'[16]爲政而宜於民者,固當受祿于天。夫仁誼禮知信,五常之道[17],王者所當修飭也[18];五者修飭,故受天之祐,而享鬼神之靈,德施于方外,延及羣生也。"

【注】

〔1〕悉去之,盡除之。
〔2〕崇起,推重而興起。
〔3〕文學,指文獻經典。挾書,私自藏書。
〔4〕顓,同"專"。恣,放縱。苟簡,草率簡單。
〔5〕以亂濟亂,以亂益亂。大敗,大傷。
〔6〕餘烈,遺留的事業。
〔7〕嚚頑,愚蠢而頑固。
〔8〕抵冒,觸犯。殊扞,不怕死。
〔9〕孰爛,腐爛,腐敗。孰,"熟"之本字。
〔10〕此引《論語·公冶長》:"朽木不可雕也,糞土之墻不可杇也。"圬,同"杇",涂飾墙壁的工具。
〔11〕竊,下對上之稱。琴瑟,絃樂器。
〔12〕更張,重新張設。鼓,敲擊。
〔13〕更化,更改變化。理,治也。
〔14〕《文子·上德》曰:"臨河欲魚,不如歸而織網。"此言當自求也。
〔15〕七十餘歲,指漢高祖以來到當時七十餘年。
〔16〕此引《詩經·大雅·假樂》。禄,福也。
〔17〕五常,仁、義、禮、智、信。
〔18〕修飭,整治。

天子覽其對而異焉,乃復册之曰[1]:

制曰：蓋聞虞舜之時，游於巖郎之上[2]，垂拱無爲[3]，而天下太平。周文王至於日昃不暇食[4]，而宇内亦治[5]。夫帝王之道，豈不同條共貫與[6]？何逸勞之殊也？

【注】

[1] 覽其對，看了董仲舒的對策。異焉，驚奇了。册，同"策"，指書簡。
[2] 巖郎，高峻的走廊。郎，"廊"之古字。
[3] 垂拱，垂衣拱手，形容無所事事。
[4] 日昃，太陽開始偏西。不暇食，没有空閒喫飯。
[5] 宇内，天下四境。
[6] 同條共貫，事理相通，脈絡連貫。

蓋儉者不造玄黄旌旗之飾[1]。及至周室，設兩觀[2]，乘大路[3]，朱干玉戚[4]，八佾陳於庭[5]，而頌聲興。夫帝王之道豈異指哉[6]？或曰良玉不瑑[7]，又曰非文無以輔德，二端異焉[8]。殷人執五刑以督姦[9]，傷肌膚以懲惡。成康不式[10]，四十餘年天下不犯，囹圄空虚[11]。秦國用之，死者甚衆，刑者相望[12]，耗矣哀哉[13]！

【注】

[1] 玄黄旌旗，彩色的絲帛旗幟。
[2] 兩觀，宫殿門外的兩座高臺。
[3] 乘，車也，此作動詞。大路，大車，也作"大輅"。
[4] 朱干玉戚，紅色的盾玉制的柄。

〔5〕八佾,八個歌舞行列。一行八人,八列六十四人。此指天子之儀。

〔6〕異指,意趣不同。

〔7〕瑑,謂雕刻的文理。

〔8〕二端,兩個極端。

〔9〕五刑,五種輕重不同的刑罰。其説不一。督,視責。

〔10〕成康,指周成王和周康王。不式,不模用。

〔11〕囹圄,牢獄。

〔12〕相望,彼此都能看見,喻刑者甚多。

〔13〕耗,不明。言刑罰暗亂。

烏虖！朕夙寤晨興,惟前帝王之憲[1],永思所以奉至尊,章洪業[2],皆在力本任賢[3]。今朕親耕藉田以爲農先[4],勸孝弟,崇有德,使者冠蓋相望[5],問勤勞,恤孤獨,盡思極神,功烈休德未始云獲也。今陰陽錯繆,氛氣充塞[6],羣生寡遂[7],黎民未濟,廉恥貿亂[8],賢不肖渾殽,未得其真,故詳延特起之士,庶幾乎[9]！今子大夫待詔百有餘人,或道世務而未濟,稽諸上古之不同,考之於今而難行,毋乃牽於文繫而不得騁與[10]？將所繇異術,所聞殊方與[11]？各悉對,著于篇,毋諱有司[12]。明其指略[13],切磋究之,以稱朕意。

【注】

〔1〕憲,法。

〔2〕章洪業,明大業。

〔3〕本,指農業。

〔4〕藉田,即籍田。古時帝王於春耕前親耕農田以奉祀祖先,以寓勸農之意。藉,借也。借民力治之,故謂藉田。

〔5〕冠蓋,禮帽和車蓋,指官吏的服飾和車乘。冠蓋相望,謂使者一路上前後不絕。

〔6〕氛氣,邪氣。

〔7〕寡遂,少成。

〔8〕貿亂,錯亂。

〔9〕詳延,廣泛地進用。特起,崛起。庶幾乎,也許可以嗎。

〔10〕牽於文繫,謂懼於文吏之法。騁,奔馳,謂發揮。

〔11〕殊方,異道。

〔12〕諱,顧忌。有司,官吏。古代設官分職,事各有專司,故稱有司。

〔13〕指略,大意,主要意思。

仲舒對曰:

"臣聞堯受命,以天下為憂,而未以位為樂也〔1〕,故誅逐亂臣,務求賢聖,是以得舜、禹、稷、卨、皋陶〔2〕。眾聖輔德,賢能佐職,教化大行,天下和洽,萬民皆安仁樂誼,各得其宜,動作應禮,從容中道〔3〕。故孔子曰'如有王者,必世而後仁'〔4〕,此之謂也。堯在位七十載,乃遜于位以禪虞舜〔5〕。堯崩〔6〕,天下不歸堯子丹朱而歸舜。舜知不可辟〔7〕,乃即天子之位,以禹為相,因堯之輔佐,繼其統業,是以垂拱無為而天下治。孔子曰'《韶》盡美矣,又盡善矣'〔8〕,此之謂也。至於殷紂,逆天暴物〔9〕,殺戮賢知,殘賊百姓。伯夷、太公皆當世賢者〔10〕,隱處而不為臣。守職之人皆奔走逃亡,入于河海。天下耗亂,萬民不安,故天下去殷而從周。文王順天理物,師用賢聖,是以閎夭、大顛、散宜生等亦聚於朝廷〔11〕。愛施兆民,天下歸之,故太公起海濱而即三公也〔12〕。當此之時,紂尚在上,尊卑昏亂,百姓散亡,故文王悼痛而欲安之,是以日昃而不暇食也。孔子作《春秋》,先正王而繫萬事,見素王之文焉〔13〕。繇此觀之,帝王之條貫同〔14〕,然而勞逸異者,所遇之時異也。孔子曰'《武》盡美矣,未盡善也,'〔15〕,此之謂也。

【注】

〔1〕位,指帝王之位。

〔2〕舜、禹、稷、卨、咎繇,指虞舜、夏禹、后稷即周的祖先周棄、殷的始祖契(也作偰)及皋陶。

〔3〕從容中道,舉動儀表符合道。

〔4〕此引《論語·子路》。世,三十年為一世。仁,指仁政。

〔5〕遜,退避。禪,以帝王之位傳讓於人。

〔6〕崩,帝王死稱崩。

〔7〕辟,避。

〔8〕此引《論語·八佾》。《韶》,虞舜時的一種樂曲。美,指音樂的藝術形式。善,指音樂的思想內容。

〔9〕暴物,殘害事物。

〔10〕伯夷,商孤竹君之子。相傳其父遺命立次子叔齊為繼承人,孤竹君死後,叔齊讓位於伯夷,伯夷不受,叔齊也不即位,兩人都逃到周國。太公,即太公望,姓姜,呂氏,名尚。周初人,後為周文王師。

〔11〕閎夭、大顛、散宜生,皆周文王之賢臣。
〔12〕即,就也。太公望呂尚,釣魚於渭濱,文王出獵相遇,後載而歸,立爲師。武王即位,尊爲師尚父。
〔13〕素王,有帝王之德而未居帝王之位的人。《論衡·定賢》:"孔子不王,素王之業在《春秋》。"
〔14〕條貫,系統。
〔15〕此引《論語·八佾》。《武》,指周武王時的一種樂曲。

　　"臣聞制度文采玄黃之飾[1],所以明尊卑,異貴賤,而勸有德也。故《春秋》受命所先制者,改正朔[2],易服色,所以應天也。然則宮室旌旗之制,有法而然者也。故孔子曰:'奢則不遜,儉則固[3]。'儉非聖人之中制也[4]。臣聞良玉不瑑,資質潤美,不待刻瑑,此亡異於達巷黨人不學而自知也[5]。然則常玉不瑑,不成文章[6];君子不學,不成其德。

【注】
〔1〕制度,指服色宮室旌旗等制度。
〔2〕正朔,一年的第一天。正,一年的開始;朔,一月的開始。古時改朝換代,新王表示應天承運,須重定正朔。
〔3〕此引《論語·述而》。奢,奢侈。不遜,不順,謂越禮。儉,節儉。固,簡陋。
〔4〕中制,正確、正常的制度。
〔5〕達巷,黨名。五百家爲黨。達巷黨人,指項橐,相傳春秋時項橐七歲而爲孔子師,故謂其不學而自知。《論語·子罕》:"達巷黨人曰,大哉孔子,博學而無所成名。"

〔6〕常玉,普通的玉,相對"良玉"。文章,錯雜的花紋。

"臣聞聖王之治天下也,少則習之學[1],長則材諸位[2],爵禄以養其德,刑罰以威其惡,故民曉於禮誼而恥犯其上。武王行大誼,平殘賊,周公作禮樂以文之,至於成康之隆,囹圄空虛四十餘年,此亦教化之漸而仁誼之流,非獨傷肌膚之效也[3]。至秦則不然。師申、商之法[4],行韓非之說[5],憎帝王之道,以貪狼爲俗[6],非有文德以教訓於天下也[7]。誅名而不察實,爲善者不必免,而犯惡者未必刑也。是以百官皆飾虛辭而不顧實[8],外有事君之禮,内有背上之心,造僞飾詐,趣利無恥;又好用憯酷之吏[9],賦斂亡度,竭民財力,百姓散亡[10],不得從耕織之業,羣盜並起。是以刑者甚衆,死者相望,而姦不息,俗化使然也[11]。故孔子曰'導之以政,齊之以刑,民免而無恥'[12],此之謂也。

【注】

〔1〕習之學,學是認識活動,習是將所學付諸實際。《論語·學而》:"學而時習之"。
〔2〕材諸位,隨其材之優劣授之於位。
〔3〕流,教化的流行。傷肌膚,指刑罰。
〔4〕申、商,申不害和商鞅。爲先秦法家,前者重術,後者重法。本書皆有傳。
〔5〕韓非,先秦法家之集大成者。本書有傳。

〔6〕貪狼,狼性皆貪,故稱貪爲貪狼。
〔7〕文德,指以禮義教化。
〔8〕誅名,責名。法家提出"循名責實",責名不察實則與此相反。
〔9〕憯酷,殘忍刻毒。
〔10〕散亡,流離逃亡。
〔11〕俗化,風俗教化。
〔12〕此引《論語·爲政》。齊,整齊,約束。免,避免,指免於刑罰。無恥,無羞恥之心。

　　"今陛下并有天下,海内莫不率服,廣覽兼聽,極羣下之知〔1〕,盡天下之美,至德昭然〔2〕,施於方外。夜郎、康居〔3〕,殊方萬里,説德歸誼〔4〕,此太平之致也。然而功不加於百姓者,殆王心未加焉〔5〕。曾子曰:'尊其所聞,則高明矣;行其所知,則光大矣。高明光大,不在於它,在乎加之意而已〔6〕。'願陛下因用所聞,設誠於内而致行之〔7〕,則三王何異哉!

【注】
〔1〕極,盡也。
〔2〕至德,最高尚的道德。昭然,顯明。
〔3〕夜郎,漢時我國西南地區的古國名。康居,古西域城國名。《漢書·西域傳》有"康居國"。
〔4〕説德,悦德。誼,即義。
〔5〕殆,可能,或然之詞。王心,指漢武帝的心意。加,施於。
〔6〕曾子,孔子弟子,姓曾名參,字子輿。加之意,施王之心意。
〔7〕致行之,行其所知。

"陛下親耕藉田以爲農先,夙寐晨興,憂勞萬民,思惟往古,而務以求賢,此亦堯、舜之用心也,然而未云獲者,士素不厲也[1]。夫不素養士而欲求賢,譬猶不琢玉而求文采也。故養士之大者,莫大虖太學;太學者,賢士之所關也[2],教化之本原也。今以一郡一國之衆,對亡應書者[3],是王道往往而絕也。臣願陛下興太學,置明師,以養天下之士,數考問以盡其材[4],則英俊宜可得矣。今之郡守、縣令[5],民之師帥[6],所使承流而宣化也[7];故師帥不賢,則主德不宣,恩澤不流。今吏既亡教訓於下,或不承用主上之法,暴虐百姓,與姦爲市[8],貧窮孤弱,冤苦失職,甚不稱陛下之意。是以陰陽錯繆,氛氣充塞,羣生寡遂,黎民未濟,皆長吏不明[9],使至於此也。

【注】

〔1〕素,平時。厲,勸勉。
〔2〕關,由也。
〔3〕對亡應書者,沒有應舉賢良文學詔書作對策的人。
〔4〕考問,考試訊問。
〔5〕郡守、縣令,爲郡縣的長官。
〔6〕師帥,原爲軍隊的統帥。此謂師法遵循。
〔7〕宣化,傳佈德化。
〔8〕與姦爲市,謂官有姦行,守令不舉,反與之交易而求利。
〔9〕長吏,長官。吏秩之尊長者。

"夫長吏多出於郎中、中郎[1],吏二千石子弟選郎吏[2],又以富訾[3],未必賢也。且古所謂功者,以任官稱職爲差[4],非謂積日絫久也。故小材雖絫日,不離於小官;賢材雖未久,不害爲輔佐。是以有司竭力盡知,務治其業而以赴功[5]。今則不然。絫日以取貴,積久以致官,是以廉恥貿亂,賢不肖渾殽,未得其真。臣愚以爲使諸列侯、郡守、二千石各擇其吏民之賢者,歲貢各二人以給宿衛[6],且以觀大臣之能;所貢賢者有賞,所貢不肖者有罰。夫如是,諸侯、吏二千石皆盡心於求賢,天下之士可得而官使也[7]。徧得天下之賢人,則三王之盛易爲,而堯、舜之名可及也。毋以日月爲功[8],實試賢能爲上,量材而授官,錄德而定位,則廉恥殊路,賢不肖異處矣。陛下加惠,寬臣之罪,令勿牽制於文[9],使得切磋究之,臣敢不盡愚!"

【注】

〔1〕郎中,官名。近侍之稱,以其爲郎居中,故名。中郎,官名。任宮中護衛、侍從。

〔2〕二千石,俸祿等級。漢代内自九卿郎將,外至郡守尉的俸祿都是二千石。分爲三等。郎吏,郎官。

〔3〕訾,通"資",錢財。

〔4〕差,等次。

〔5〕赴功,趨往功業。

〔6〕歲貢,每年向朝廷貢獻禮物。宿衛,在宮中住宿擔任警衛。

〔7〕官使,授之以官以使其材。
〔8〕毋以日月爲功,不要以時間積久爲功。
〔9〕牽制於文,即上文"牽於文繫"。

於是天子復册之。

制曰:蓋聞"善言天者必有徵於人,善言古者必有驗於今"[1]。故朕垂問虖天人之應[2],上嘉唐、虞,下悼桀、紂[3],寖微寖滅、寖明寖昌之道[4],虛心以改。今子大夫明於陰陽所以造化,習於先聖之道業,然而文采未極[5],豈惑虖當世之務哉?條貫靡竟[6],統紀未終,意朕之不明與?聽若眩與[7]?夫三王之教所祖不同,而皆有失[8],或謂久而不易者道也[9],意豈異哉?今子大夫既已著大道之極,陳治亂之端矣,其悉之究之,孰之復之[10]。《詩》不云虖:"嗟爾君子,毋常安息,神之聽之,介爾景福。"[11]朕將親覽焉,子大夫其茂明之[12]。

【注】
〔1〕蓋聞,指聞諸《荀子·性惡》。曰:"善言古者必有節於今,善言天者必有徵於人。"節,符合。徵,證驗。
〔2〕天人之應,天和人相互感應。
〔3〕嘉,贊美,表彰。悼,憂懼。
〔4〕寖,漸也。
〔5〕文采,才華。
〔6〕靡竟,未完。
〔7〕眩,惑也。意,我想。
〔8〕祖,本,始。有失,有不足。

〔9〕久而不易,常久而不改變。
〔10〕悉,盡。究,窮盡。復,反復。
〔11〕此引《詩經·小雅·小明》。神之,精神專一。介爾景福,助你大福。
〔12〕茂明,勉力明白地説。

　　仲舒復對曰:
　　　"臣聞《論語》曰:'有始有卒者,其唯聖人虖!'〔1〕今陛下幸加惠,留聽於承學之臣〔2〕,復下明册,以切其意,而究盡聖德,非愚臣之所能具也。前所上對,條貫靡竟,統紀不終,辭不別白,指不分明,此臣淺陋之罪也。

【注】
〔1〕此引《論語·子張》子夏之言。有卒,有終。
〔2〕承學,轉承師説而學之。此爲董仲舒謙虚之辭。

　　　"册曰:'善言天者必有徵於人,善言古者必有驗於今。'臣聞天者羣物之祖也,故徧覆包函而無所殊〔1〕,建日月風雨以和之,經陰陽寒暑以成之。故聖人法天而立道,亦溥愛而亡私〔2〕,布德施仁以厚之,設誼立禮以導之。春者,天之所以生也;仁者,君之所以愛也;夏者,天之所以長也;德者,君之所以養也;霜者,天之所以殺也;刑者君之所以罰也〔3〕。繇此言之,天人之徵,古今之道也。孔子作《春秋》,上揆之天道,下質諸人情,參之於古,考之於今[4]。故《春秋》之所譏[5],災害之所加也;《春秋》之所惡,怪異之所施也。書邦家之過[6],兼災異之變,以此見人之所爲,其美惡之極[7],乃與天地流通而往來相應[8],此亦言天之一端也。古者修教訓之官,務以德善化民,民已大化之後,天下常亡一人之獄矣。今世廢而不脩,亡以化民,民以故棄行誼而死財利,是以犯法而罪多,一歲之獄以萬千數。以此見古之不可不用也[9],故《春秋》變古則譏之[10]。天令之謂命,命非聖人不行;質樸之謂性,性非教化不成;人欲之謂情,情非度制不節。是故王者上謹於承天意,以順命也;下務明教化民,以成性也;正法度之宜,別上下之序,以防欲也。脩此三者,而大本舉矣[11]。人受命於天,固超然異於羣生,入有父子兄弟之親,出有君臣上下之誼,會聚相遇,則有耆老長幼之施[12];粲然有文以相接[13],驩然有恩以相愛[14],此人之所以貴也。生五穀以食之,桑麻以衣之[15],六畜以養之,服牛乘馬,圈豹檻虎[16],是其得天之靈,貴於物也。故孔子曰:'天地之性人爲貴。'[17]明於天性,知自貴於物;知自貴於物,然後知仁誼;知仁誼,然後重禮節;重禮節,然後安處善[18];安處善,然後樂循理;樂循理,然後謂之君子。故孔子曰'不知命,亡以爲君子'[19],此之謂也。

【注】

[1] 徧覆,普遍覆蓋。殊,異。

〔2〕 溥愛,博愛,普遍地愛。亡私,無私。
〔3〕 以上六句,言春生夏長秋殺,古今之天道;愛養刑罰,古今之人道。
〔4〕 揆,度。質,證。參,檢驗。考,考定。
〔5〕 譏,諷刺。
〔6〕 書,記。邦家,國家。過,失。
〔7〕 極,分也。
〔8〕 往來相應,相互相應。
〔9〕 古,指古之德化之法。
〔10〕 言《春秋》奉天法古也。
〔11〕 三者,指順天命而行、務教化成民之性、正制度以防人欲。大本,最根本的大事。
〔12〕 耆老,老人。六十曰耆,七十曰老。施,設也。
〔13〕 粲然,光明的樣子。文,指禮義制度。
〔14〕 驩然,歡樂的樣子。驩,通"歡"。
〔15〕 桑麻,絲麻。桑指蠶桑。
〔16〕 圈,柵欄。檻,欄杆。圈豹檻虎,畜養獸類。
〔17〕 此引《孝經》載孔子之言。性,通"生"。
〔18〕 安處善,居善道而安。
〔19〕 此引《論語·堯曰》。亡,無。

"册曰:'上嘉唐、虞,下悼桀、紂,寖微寖滅、寖明寖昌之道,虛心以改。'臣聞衆少成多,積小致鉅[1],故聖人莫不以晻致明[2],以微致顯。是以堯發於諸侯,舜興乎深山[3],非一日而顯也,蓋有漸以致之矣。言出於己,不可塞也;行發於身,不可掩也。言行,治之大者,君子之所以動天地也[4]。故盡小者大,慎微者著。《詩》云:'惟此文王,小心翼翼。'[5]故堯兢兢日行其道,而舜業業日致其孝[6],善積而名顯,德章而身尊[7],此其寖明寖昌之道也。積善在身,猶長日加益[8],而人不知也;積惡在身,猶火之銷膏[9],而人不見也。非明虖情性、察虖流俗者,孰能知之?此唐、虞之所以得令名[10],而桀、紂之可為悼懼者也。夫善惡之相從,如景鄉之應形聲也[11]。故桀、紂暴謾[12],讒賊並進,賢知隱伏,惡日顯,國日亂,晏然自以如日在天[13],終陵夷而大壞[14]。夫暴逆不仁者,非一日而亡也,亦以漸至,故桀、紂雖亡道,然猶享國十餘年,此其寖微寖滅之道也。

【注】

〔1〕鉅,大。

〔2〕晻,同"暗"。

〔3〕發,起也。興,起也。深山,指厲山。

〔4〕動天地,感動、影響天地。

〔5〕此引《詩經·大雅·大明》。翼翼,恭敬嚴肅的樣子。

〔6〕兢兢,戒慎的樣子。業業,危懼的樣子。

〔7〕德章,德明。章,通"彰"。

〔8〕長日加益,天天增長身體的高度。

〔9〕銷膏,消耗油脂。謂如燃燭。

〔10〕令名,美名。

〔11〕景鄉,影響。

〔12〕謾,通"慢"。

〔13〕晏然,自安的樣子。如日在天,謂如日終不墜亡。
〔14〕陵夷,衰落。

　　"册曰:'三王之教所祖不同,而皆有失,或謂久而不易者道也,意豈異哉?'臣聞夫樂而不亂、復而不厭者謂之道〔1〕;道者萬世亡弊,弊者道之失也〔2〕。先王之道必有偏而不起之處,故政有眊而不行〔3〕,舉其偏者以補其弊而已矣。三王之道所祖不同,非其相反,將以捄溢扶衰〔4〕,所遭之變然也。故孔子曰:'亡爲而治者,其舜乎!'〔5〕改正朔,易服色,以順天命而已;其餘盡循堯道,何更爲哉!故王者有改制之名,亡變道之實〔6〕。然夏上忠,殷上敬,周上文者〔7〕,所繼之捄〔8〕,當用此也。孔子曰:'殷因於夏禮,所損益可知也;周因於殷禮,所損益可知也;其或繼周者,雖百世可知也。'〔9〕此言百王之用,以此三者矣。夏因於虞,而獨不言所損益者,其道如一而所上同也。道之大原出於天〔10〕,天不變,道亦不變,是以禹繼舜,舜繼堯,三聖相受而守一道,亡救弊之政也,故不言其所損益也。繇是觀之,繼治世者其道同,繼亂世者其道變。今漢繼大亂之後,若宜少損周之文致〔11〕,用夏之忠者。

【注】
〔1〕復而不厭,反復行之而無厭倦。
〔2〕弊,衰敗。道永恒無弊,弊者非道,乃失道而弊。

〔3〕眊,不明。

〔4〕捄,同"救"。

〔5〕此引《論語・衛靈公》。

〔6〕名,指稱號服色等。實,指道理。《春秋繁露・楚莊王》:"故必徙居處,更稱號,改正朔,易服色,無他焉,不敢不順天志而明自顯也。若夫大綱、人倫、道理、政治、教化、習俗、文義盡如故,亦何改哉?故王者有改制之名,無易道之實。"

〔7〕上,通"尚"。

〔8〕繼之捄,謂三代繼承救前代之弊。

〔9〕此引《論語・爲政》。因,因襲,繼承。損益,減少和增加。

〔10〕道,指三綱五常之道理。大原,根本。

〔11〕致,至極他。

"陛下有明德嘉道[1],愍世俗之靡薄[2],悼王道之不昭[3],故舉賢良方正之士,論議考問,將欲興仁誼之休德,明帝王之法制,建太平之道也。臣愚不肖,述所聞,誦所學,道師之言,廑能勿失耳[4]。若乃論政事之得失,察天下之息耗[5],此大臣輔佐之職,三公九卿之任,非臣仲舒所能及也。然而臣竊有怪者。夫古之天下亦今之天下,今之天下亦古之天下,共是天下,古以大治,上下和睦,習俗美盛,不令而行,不禁而止,吏亡姦邪,民亡盜賊,囹圄空虛,德潤草木,澤被四海,鳳皇來集,麒麟來游[6],以古準今[7],壹何不相逮之遠也[8]!安所繆盭而陵夷若是[9]?意者有所失於古之道與?有所詭於天之理與[10]?試迹之於古[11],返之於天,黨可得見乎[12]。

【注】

〔1〕嘉道,美好的道。

〔2〕愍,憂傷。靡薄,輕浮。

〔3〕昭,明。

〔4〕廑,同"僅",少也。

〔5〕息耗,消長。指事物的生長與虧損,發展與衰落。

〔6〕鳳鳥,傳說之瑞鳥。也作鳳凰,雄爲鳳,雌爲凰。麒麟,傳說之仁獸,雄爲麒,雌爲麟。

〔7〕準,比照,衡量。

〔8〕相逮,相及。

〔9〕繆盭,繆戾,錯亂也。陵夷,衰落。

〔10〕意者,我想。詭,違。

〔11〕迹,考核,推究。

〔12〕黨,通"儻",偶然。

"夫天亦有所分予[1],予之齒者去其角,傅其翼者兩其足[2],是所受大者不得取小也。古之所予祿者,不食於力,不動於末[3],是亦受大者不得取小,與天同意者也。夫已受大,又取小,天不能足,而况人乎!此民之所以囂囂苦不足也[4]。身寵而載高位,家溫而食厚祿,因乘富貴之資力,以與民爭利於下,民安能如之哉!是故衆其奴婢,多其牛羊,廣其田宅,博其產業,畜其積委[5],務此而亡已,以迫蹴民[6],民日削月朘[7],寖以大窮。富者奢侈羨溢,貧者窮急愁苦;窮急愁苦而上不救,則民不樂生;民不樂生,尚不避死,安能避罪!此刑罰之所以蕃而姦邪不可勝者也[8]。故受禄之家,食禄而已,不與民争業,然後利可均布,而民可家足。此上天之理,而亦太古之道,天子之所宜法以爲制,大夫之所當循以爲行也。故公儀子相魯[9],之其家見織帛,怒而出其妻[10],食於舍而茹葵,愠而拔其葵[11],曰:"吾已食禄,又奪園夫紅女利虖!"[12]古之賢人君子在列位者皆如是,是故下高其行而從其教[13],民化其廉而不貪鄙。及至周室之衰,其卿大夫緩於誼而急於利,亡推讓之風而有争田之訟。故詩人疾而刺之,曰:'節彼南山,惟石巖巖,赫赫師尹,民具爾瞻。'[14]爾好誼,則民鄉仁而俗善[15];爾好利,則民好邪而俗敗。由是觀之,天子大夫者,下民之所視效,遠方之所四面而内望也。近者視而放之[16],遠者望而效之,豈可以居賢人之位而爲庶人行哉! 夫皇皇求財利常恐乏匱者[17],庶人之意也;皇皇求仁義常恐不能化民者,大夫之意也。《易》曰:'負且乘,致寇至。'[18]乘車者君子之位也,負擔者小人之事也,此言居君子之位而爲庶人之行者,其患禍必至也。若居君子之位,當君子之行,則舍公儀休之相魯[19],亡可爲者矣。

【注】

[1] 予,給與。

[2] 傅,附著。翼,翅膀。

[3] 力,指力農,力本。末,指工商。

[4] 嚻嚻,怨愁聲。

〔5〕畜,通"蓄"。積委,積聚,儲備。

〔6〕慹,驚懼。

〔7〕朘,縮減。日削月朘,經常被搜刮。

〔8〕蕃,通"繁",多。

〔9〕公儀子,復姓公儀,名休。

〔10〕之,到。出,棄逐。

〔11〕茹,吃菜曰茹。葵,菜名。慍,惱怒。

〔12〕園夫,種菜人。紅女,從事紡織縫紉的婦女,也作"工女"。

〔13〕下高其行,下面推崇他的操行。

〔14〕此引《詩經·小雅·節南山》。節,高峻的樣子。巖巖,形容積石。赫赫,顯赫盛大的樣子。師尹,周太師尹民。爾,你,代詞。瞻,敬仰。

〔15〕鄉,向。

〔16〕放,通"倣",仿傚。

〔17〕皇皇,急切的樣子。乏匱,缺少。匱,藏財物之器。

〔18〕此引《易經·解卦》之爻辭。負者小人之事,乘者君子之器,負且乘,喻小人居君子之位。寇,盜賊。

〔19〕舍,抛棄。

"《春秋》大一統者〔1〕,天地之常經,古今之通誼也〔2〕。今師異道,人異論,百家殊方,指意不同,是以上亡以持一統;法制數變,下不知所守。臣愚以爲諸不在六藝之科、孔子之術者〔3〕,皆絕其道,勿使並進。邪辟之説滅息〔4〕,然後統紀可一而法度可明,民知所從矣。"

【注】

〔1〕大,推重。敬詞。一統,統一。《春秋公羊傳》隱公元年:"春王正月,何言乎王正月?大一統也。"
〔2〕常經,永恒的原則。通誼,通行的義理。
〔3〕六藝,指儒家六經:《詩》、《書》、《禮》、《易》、《樂》、《春秋》。
〔4〕邪辟,乖戾不正。

對既畢,天子以仲舒爲江都相,事易王〔1〕。易王,帝兄,素驕,好勇。仲舒以禮誼匡正〔2〕,王敬重焉。久之,王問仲舒曰:"粤王句踐與大夫泄庸、種、蠡謀伐吳〔3〕,遂滅之。孔子稱殷有三仁〔4〕,寡人亦以爲粤有三仁〔5〕。桓公決疑於管仲〔6〕,寡人決疑於君。"仲舒對曰:"臣愚不足以奉大對〔7〕。聞昔者魯君問柳下惠〔8〕:'吾欲伐齊,何如?'柳下惠曰:'不可。'歸而有憂色,曰:'吾聞伐國不問仁人,此言何爲至於我哉!'徒見問耳,且猶羞之,況設詐以伐吳乎?繇此言之,粤本無一仁。夫仁人者,正其誼不謀其利,明其道不計其功〔9〕,是以仲尼之門,五尺之童羞稱五伯〔10〕,爲其先詐力而後仁誼也。苟爲詐而已,故不足稱於大君子之門也〔11〕。五伯比於他諸侯爲賢,其比三王,猶武夫之與美玉也〔12〕。"王曰:"善。"

【注】

〔1〕江都,漢縣名。以遠統長江爲一都會而名,今屬江蘇。相,官名,指江都王劉非的輔佐。
〔2〕匡正,扶正。
〔3〕粤王,即越王。種,大夫種。蠡,范蠡。

〔4〕三仁,三位仁人。《論語·微子》:"微子去之,箕子爲之奴,比干諫而死。孔子曰:殷有三仁焉。"
〔5〕粤有三仁,江都王劉非認爲越有大夫泄庸、大夫种和范蠡。
〔6〕桓公,齊桓公姜小白。管仲,齊桓公相,本書有傳。
〔7〕大對,謂對大問也。
〔8〕魯君,指魯僖公。柳下惠,春秋魯大夫,姓展名禽。封於柳下,惠爲謚號,故稱柳下惠。
〔9〕正其誼,端正其義。道,三綱五常之道。《春秋繁露·對膠西王越大夫不得爲仁》:"正其道不謀其利,修其理不急其功。"
〔10〕五尺之童,指尚未成年的兒童。五伯,五霸。
〔11〕大君子之門,指孔子之門。
〔12〕武夫,似玉的美石。《戰國策·魏策》:"白骨疑象,武夫類玉,此皆似之而非者也。"

仲舒治國,以《春秋》災異之變推陰陽所以錯行〔1〕,故求雨,閉諸陽,縱諸陰,其止雨反是〔2〕;行之一國,未嘗不得所欲。中廢爲中大夫〔3〕。先是遼東高廟、長陵高園殿災〔4〕,仲舒居家推說其意,艸稾未上〔5〕,主父偃候仲舒,私見,嫉之〔6〕,竊其書而奏焉。上召視諸儒〔7〕,仲舒弟子吕步舒不知其師書,以爲大愚。於是下仲舒吏〔8〕,當死,詔赦之。仲舒遂不敢復言災異。

【注】
〔1〕《春秋》災異之變,《春秋》記載的災異變化。推,追究。
〔2〕反是,即閉陰縱陽。
〔3〕中大夫,大夫之中等。指由諸侯王相降爲中大夫。

〔4〕遼東，漢郡名，轄今遼寧東南部遼河以東地。高廟，祭祀漢高祖的地方。長陵，漢縣名，漢高祖死後葬此，稱高園。今陝西咸陽市東北。

〔5〕艸稾，即草稿。

〔6〕主父偃，復姓主父，名偃。官至中大夫，後出任齊王相，因揭發齊王與其姊通姦，迫齊王自殺，以此得罪族誅。候，探望。私見，被主父偃私自看到。嫉之，妒忌董仲舒。

〔7〕視，示也。

〔8〕下仲舒吏，把董仲舒交官問罪。

    仲舒爲人廉直〔1〕。是時方外攘四夷〔2〕，公孫弘治《春秋》不如仲舒〔3〕，而弘希世用事〔4〕，位至公卿。仲舒以弘爲從諛〔5〕，弘嫉之。膠西王亦上兄也〔6〕，尤縱恣，數害吏二千石。弘乃言於上曰："獨董仲舒可使相膠西王。"膠西王聞仲舒大儒，善待之，仲舒恐久獲罪，病免〔7〕。凡相兩國，輒事驕王〔8〕，正身以率下，數上疏諫爭，教令國中，所居而治〔9〕。及去位歸居〔10〕，終不問家產業，以修學著書爲事。

【注】

〔1〕廉直，廉潔正直。

〔2〕攘，排斥。四夷，泛指四方少數民族。

〔3〕公孫弘，復姓公孫，名弘，字季。少爲獄吏，年四十餘始治《公羊春秋》，漢武帝初徵爲博士，後由御史大夫升任丞相。故下文曰位至公卿。

〔4〕希世，迎合世俗。用事，執政，當權。

〔5〕從諛,奉承慫恿。
〔6〕膠西王,漢景帝皇子劉端,武帝之兄。轄境當今山東高密市地。
〔7〕辠,罪。病免,以病免職。
〔8〕兩國,指江都和膠西。輒,每,總是。
〔9〕所居而治,指董仲舒所在的江都、膠西兩都治理很好。
〔10〕去位歸居,去官回家。

　　仲舒在家,朝廷如有大議[1],使使者及廷尉張湯就其家而問之,其對皆有明法[2]。自武帝初立,魏其、武安侯爲相而隆儒矣[3]。及仲舒對冊,推明孔氏,抑黜百家。立學校之官,州郡舉茂材孝廉,皆自仲舒發之[4]。年老,以壽終於家[5]。家徙茂陵[6],子及孫皆以學至大官。

【注】
〔1〕大議,討論重大問題。
〔2〕張湯,漢武帝時任太中大夫、廷尉、御史大夫等職。明法,指有根據。
〔3〕魏其、武安侯,即竇嬰和田蚡。武帝初即位,以竇嬰爲丞相,田蚡爲太尉,後爲丞相。《史記·魏其武安侯列傳》說:"魏其、武安俱好儒術。"
〔4〕茂材,秀才。茂材孝廉,漢選舉官吏的科目。發之,開始。
〔5〕壽,自然壽命。終於家,死在家中。
〔6〕茂陵,縣名,今陝西興平縣地。漢初爲茂鄉,屬槐裏縣,武帝葬此,因置爲縣。

仲舒所著，皆明經術之意[1]，及上疏條教[2]，凡百二十三篇。而說《春秋》事得失[3]，《聞舉》、《玉杯》、《蕃露》、《清明》、《竹林》之屬[4]，復數十篇，十餘萬言，皆傳於後世[5]。掇其切當世施朝廷者著于篇[6]。

【注】

[1] 經術，儒家經學。

[2] 上疏條教，指奏疏教令等。

[3] 說《春秋》事得失，解說《春秋》記事之得失。

[4] 此皆董仲舒所著書篇名。蕃露，即繁露，今爲書名《春秋繁露》。《玉杯》、《竹林》，今存《春秋繁露》中之二篇。

[5] 《漢書·藝文志》儒家錄《董仲舒》百二十三篇，又《春秋》錄《公羊董仲舒治獄》十六篇。今存《春秋繁露》十七卷，八十二篇，其中缺三篇。及舉賢良對策（天人三策）存本傳中，是研究董仲舒思想的主要資料。

[6] 掇，採拾。切，切合。

贊曰[1]：劉向稱"董仲舒有王佐之材[2]，雖伊、呂亡以加[3]，筦、晏之屬[4]，伯者之佐[5]，殆不及也"。至向子歆以爲"伊、呂迺聖人之耦[6]，王者不得則不興。故顏淵死，孔子曰'噫！天喪余。'[7] 唯此一人爲能當之，自宰我、子贛、子游、子夏不與焉[8]。仲舒遭漢承秦滅學之後，《六經》離析[9]，下帷發憤，潛心大業[10]，令後學者有所統壹，爲羣儒首，然考其師友淵源所漸，猶未及乎游、夏[11]，而曰筦、晏弗及，伊、呂不加，過矣[12]"。至向曾孫龔，篤論君子也，以歆之言爲然[13]。

【注】

〔1〕贊曰,班固稱頌說。實際上班固的"贊",不僅稱頌,兼包美惡。

〔2〕劉向,西漢經學家,目錄學家。本書有傳。王佐之材,做皇帝的輔佐的才能。

〔3〕伊、呂,商湯大臣伊尹和周文王之師呂望。

〔4〕筦、晏,齊桓公相管仲和齊景公相晏嬰。

〔5〕伯者,霸者。如齊桓、晉文之屬。

〔6〕歆,劉向之子。西漢末古文經學的開創者,字子駿,後改名秀,字穎叔。耦,對也。

〔7〕顏淵,孔子弟子。姓顏名回,字子淵,春秋魯人。此引《論語·先進》孔子語。

〔8〕宰我等皆孔子弟子。不與,即不豫,不高興。

〔9〕離析,分散。

〔10〕潛心,專心。

〔11〕游、夏,指子游、子夏。

〔12〕過矣,過分了。

〔13〕篤論,確當的評論。然,是。

選自《漢書》卷五十六《董仲舒傳》

司　馬　遷（前145—前86）

　　昔在顓頊[1]，命南正重司天，火正黎司地。唐、虞之際，紹重黎之後，使復典之，至於夏、商，故重黎氏世序天地。其在周，程伯休甫其後也。當宣王時，官失其守而爲司馬氏。司馬氏世典周史。惠、襄之間，司馬氏適晉。晉中軍隨會犇魏，而司馬氏入少梁。

【注】
[1]《漢書》自"昔在顓頊"至"遷俯首流涕曰：小子不敏，請悉論先人所次舊聞，弗敢闕"約二千字，抄自《史記·太史公自序》，個別字有異。見該傳注。

　　自司馬氏去周適晉，分散，或在衛，或在趙，或在秦。其在衛者，相中山。在趙者，以傳劍論顯，蒯聵其後也。在秦者錯，與張儀爭論，於是惠王使錯將兵伐蜀，遂拔，因而守之。錯孫靳，事武安君白起。而少梁更名夏陽。靳與武安君坑趙長平軍，還而與之俱賜死杜郵，葬於華池。靳孫昌，爲秦王鐵官。當始皇之時，蒯聵玄孫卬爲武信君將而徇朝歌。諸侯之相王，王卬於殷。漢之伐楚，卬歸漢，以其地爲河內郡。昌生毋懌，毋懌爲漢市長。毋懌生喜，喜爲五大夫，卒，皆葬高門。喜生談，談爲太史公。

太史公學天官於唐都,受《易》於楊何,習道論於黃子。太史公仕於建元、元封之間,愍學者不達其意而師誖,乃論六家之要指曰:

"《易大傳》曰:'天下一致而百慮,同歸而殊塗。'夫陰陽、儒、墨、名、法、道德,此務爲治者也,直所從言之異路,有省不省耳。嘗竊觀陰陽之術,大詳而衆忌諱,使人拘而多畏,然其序四時之大順,不可失也。儒者博而寡要,勞而少功,是以其事難盡從,然其敍君臣父子之禮,列夫婦長幼之別,不可易也。墨者儉而難遵,是以其事不可遍循,然其彊本節用,不可廢也。法家嚴而少恩,然其正君臣上下之分,不可改也。名家使人儉而善失真,然其正名實,不可不察也。道家使人精神專一,動合無形,澹足萬物,其爲術也,因陰陽之大順,採儒、墨之善,撮名、法之要,與時遷徙,應物變化,立俗施事,無所不宜,指約而易操,事少而功多。儒者則不然,以爲人主天下之儀表也,君唱臣和,主先臣隨。如此,則主勞而臣佚。至於大道之要,去健羨,黜聰明,釋此而任術。夫神大用則竭,形大勞則敝;神形蚤衰,欲與天地長久,非所聞也。

"夫陰陽,四時、八位、十二度、二十四節各有教令,曰順之者昌,逆之者亡,未必然也,故曰'使人拘而多畏'。夫春生夏長,秋收冬藏,此天道之大經也,弗順則無以爲天下紀綱,故曰'四時之大順,不可失也'。

"夫儒者,以六藝爲法,六藝經傳以千萬數,纍世不能通其學,當年不能究其禮,故曰'博而寡要,勞而少功'。若夫列君臣父子之禮,序夫婦長幼之別,雖百家弗能易也。

"墨者亦上堯舜,言其德行曰:'堂高三尺,土階三等,茅茨不翦,採椽不斲;飯土簋,啜土刑,糲粱之食,藜藿之羹;夏日葛衣,冬日鹿裘。'其送死,桐棺三寸,舉音不盡其哀。教喪禮,必以此爲萬民率。故天下共若此,則尊卑無別也。夫世異時移,事業不必同,故曰'儉而難遵'也。要曰彊本節用,則人給家足之道也。此墨子之所長,雖百家不能廢也。

"法家不別親疏,不殊貴賤,壹斷於法,則親親尊尊之恩絕矣,可以行一時之計,而不可長用也,故曰'嚴而少恩'。若尊主卑臣,明分職不得相逾越,雖百家不能改也。

"名家苛察繳繞,使人不得反其意,剸決於名,時失人情,故曰'使人儉而善失真'。若夫控名責實,參伍不失,此不可不察也。

"道家無爲,又曰無不爲,其實易行,其辭難知。其術以虛無爲本,以因循爲用。無成勢,無常形,故能究萬物之情。不爲物先後,故能爲萬物主。有法無法,因時爲業;有度無度,因物興舍。故曰'聖人不巧,時變是守'。虛者道之常也,因者君之綱也。羣臣並至,使各自明也。其實中其聲者謂之端,實不中其聲者謂之款。款言不聽,姦乃不生,賢不肖自分,白黑乃形。在所欲用耳,何事不成!乃合大道,混混冥冥。光耀天下,復反無名。凡人所生者神也,所託者形也。

神大用則竭，形大勞則敝，形神離則死。死者不可復生，離者不可復合，故聖人重之。由此觀之，神者生之本，形者生之具。不先定其神形，而曰'我有以治天下'，何由哉？"

太史公既掌天官，不治民。有子曰遷。

遷生龍門，耕牧河山之陽。年十歲則誦古文。二十而南游江淮，上會稽，探禹穴，窺九疑，浮沅湘。北涉汶泗，講業齊魯之都，觀夫子遺風，鄉射鄒嶧；戹困蕃、薛、彭城，過梁楚以歸。於是遷仕為郎中，奉使西征巴蜀以南，略邛、笮、昆明，還報命。

是歲，天子始建漢家之封，而太史公留滯周南，不得與從事，發憤且卒。而子遷適反，見父於河雒之間。太史公執遷手而泣曰："予先，周室之太史也。自上世嘗顯功名虞夏，典天官事。後世中衰，絕於予乎？汝復為太史，則續吾祖矣。今天子接千歲之統，封泰山，而予不得從行，是命也夫！命也夫！予死，爾必為太史；為太史，毋忘吾所欲論著矣。且夫孝，始於事親，中於事君，終於立身；揚名於後世，以顯父母，此孝之大也。夫天下稱周公，言其能論歌文、武之德，宣周、召之風，達大王、王季思慮，爰及公劉，以尊后稷也。幽、厲之後，王道缺，禮樂衰，孔子脩舊起廢，論《詩》《書》，作《春秋》，則學者至今則之。自獲麟以來四百有餘歲，而諸侯相兼，史記放絕。今漢興，海內壹統，明主賢君，忠臣義士，予為太史而不論載，廢天下之文，予甚懼焉，爾其念哉！"遷俯首流涕曰："小子不敏，請悉論先人所次舊聞,不敢闕。"卒三歲,而遷爲太史令,紬史記石室金鐀之書[1]。五年而當太初元年[2],十一月甲子朔旦冬至,天曆始改,建於明堂,諸神受記[3]。

【注】

[1] 紬史記,綴集史記。石室金鐀,皆國家藏書處。鐀,同"匱"。匣子。此句謂收集、整理、編纂各類史書。
[2] 五年而當太初元年,司馬遷爲太史後五年,正當漢武帝太初元年(前104)。
[3] 諸神受記,因爲新改元號,於是立明堂、諸侯朝聖、各郡守接受正朔、又祀名山大川,所以叫諸神受記。

太史公曰:"先人有言:'自周公卒五百歲而有孔子,孔子至於今五百歲,有能紹而明之,正《易傳》,繼《春秋》,本《詩》《書》《禮》《樂》之際。'意在斯乎!意在斯乎!小子何敢攘焉[1]!"

【注】

[1] 攘,古"讓"字,《史記》作"讓"。何敢攘焉,謂正當五百年一轉折的時期,自應該陳述先人的業迹,不敢自謙。

上大夫壺遂曰:"昔孔子爲何作《春秋》哉?"太史公曰:"余聞之董生[1]:'周道廢,孔子爲魯司寇,諸侯害之,大夫壅之。孔子知時之不用,道之不行也,是非二百四十二年之中[2],以爲天下儀表,貶諸侯,討大夫[3],以達王事而已矣。'子曰:'我欲載之空言,不如見之於行事之深切著明也。'《春秋》上明三王之道，下辨人事之經紀，別嫌疑，明是非，定猶與[4]，善善惡惡，賢賢賤不肖，存亡國，繼絕世，補弊起廢，王道之大者也。《易》著天地陰陽四時五行，故長於變[5]；《禮》綱紀人倫，故長於行[6]；《書》記先王之事，故長於政[7]；《詩》記山川谿谷、禽獸草木、牝牡雌雄，故長於風[8]；《樂》樂所以立，故長於和[9]；《春秋》辯是非，故長於治人[10]。是故《禮》以節人，《樂》以發和，《書》以道事，《詩》以達意[11]，《易》以道化，《春秋》以道義。撥亂世反之正[12]，莫近於《春秋》。《春秋》文成數萬，其指數千。萬物之散聚皆在《春秋》[13]。《春秋》之中，弒君三十六，亡國五十二，諸侯奔走不得保社稷者不可勝數[14]。察其所以，皆失其本已。故《易》曰'差以豪氂，謬以千里'[15]。故'臣弒君，子弒父，非一朝一夕之故，其漸久矣'[16]。有國者不可以不知《春秋》，前有讒而不見[17]，後有賊而不知。爲人臣者不可以不知《春秋》，守經事而不知其宜，遭變事而不知其權[18]。爲人君父者而不通於《春秋》之義者，必蒙首惡之名。爲人臣子不通於《春秋》之義者，必陷篡弒誅死之罪。其實皆以善爲之，而不知其義[19]，被之空言不敢辭[20]。夫不通禮義之指[21]，至於君不君[22]，臣不臣，父不父，子不子。夫君不君則犯[23]，臣不臣則誅，父不父則無道，子不子則不孝。此四行者，天下之大過也。以天下大過予之，受而不敢辭。故《春秋》者，禮義之大宗也[24]。夫禮禁未然之前，法施已然之後；法之所爲用者易見，而禮之所爲禁者難知。"

【注】

〔1〕董生,董仲舒,本書有傳。
〔2〕是非,得失。二百四十二年,指魯隱公元年到魯哀公十四年,即公元前722—前481年。
〔3〕貶,退,此謂譴責。討,治,此謂批評。
〔4〕猶與,猶豫。
〔5〕長於變,長於變化之道。
〔6〕長於行,長於人倫行為。
〔7〕長於政,長於治理政業。
〔8〕長於風,長於民俗風習。
〔9〕長於和,長於調協和諧。
〔10〕長於治人,長於人的治理。
〔11〕意,志也。
〔12〕撥,治理。反,恢復。正,正常安定。
〔13〕萬物之散聚皆在《春秋》,謂萬事萬物的變化規律都包含在《春秋》一書之中。
〔14〕《春秋》之中……不可勝數,見本書《劉向》傳注。
〔15〕差以豪氂,謬以千里,今本《易》經傳均無此語,然《易緯》中則有。
〔16〕臣弒君……其漸久矣,《易·坤卦·文言》之辭。
〔17〕讒,傷良的惡人。
〔18〕守經事,按常規辦事。權,變通。
〔19〕其實皆以善為之,而不知其義,他們的內心盡管善良,然而由於不懂得義理,終於陷入惡名。
〔20〕不敢辭,不敢推卸弒君之罪。
〔21〕指,恉意。
〔22〕君不君,下一君字為動詞。

〔23〕犯，侵犯。
〔24〕大宗，最高宗旨，綱領。

壺遂曰："孔子之時，上無明君，下不得任用，故作《春秋》，垂空文以斷禮義[1]，當一王之法。今夫子上遇明天子，下得守職，萬事既具，咸各序其宜，夫子所論，欲以何明？"太史公曰："唯唯，否否[2]，不然。余聞之先人曰：'虙戲至純厚[3]，作《易》八卦。堯舜之盛，《尚書》載之，禮樂作焉。湯武之隆，詩人歌之。《春秋》采善貶惡，推三代之德，褒周室，非獨刺譏而已也。'漢興已來，至明天子，獲符瑞，封禪，改正朔，易服色，受命於穆清[4]，澤流罔極[5]，海外殊俗重譯款塞[6]，請來獻見者，不可勝道。臣下百官力誦聖德，猶不能宣盡其意。且士賢能矣，而不用，有國者恥也；主上明聖，德不布聞，有司之過也。且余掌其官，廢明聖盛德不載，滅功臣賢大夫之業不述，墮先人所言[7]，罪莫大焉。余所謂述故事，整齊其世傳，非所謂作也，而君比之《春秋》，謬矣。"

【注】

〔1〕空文，僅以言論來貶褒是非。
〔2〕唯唯，否否，應答詞。即如今語"是是，不不"，順應而不表示可否。
〔3〕虙戲，同"伏羲"。
〔4〕穆清，穆，美德，謂天子有美德而政治清明。
〔5〕罔極，無極。

〔6〕譯,同"驛"。款,叩。重譯款塞,謂海外來朝的人擁滿驛站,到邊關叩塞門。

〔7〕墮,毀壞。

於是論次其文。十年而遭李陵之禍,幽於縲紲〔1〕。乃喟然而嘆曰:"是余之皋夫〔2〕!身虧不用矣。"退而深惟曰〔3〕:"夫《詩》《書》隱約者〔4〕,欲遂其志之思也。"卒述陶唐以來,至於麟止〔5〕,自黃帝始。《五帝本紀》第一,《夏本紀》第二,《殷本紀》第三。《周本紀》第四,《秦本紀》第五,《始皇本紀》第六,《項羽本紀》第七,《高祖本紀》第八,《吕后本紀》第九,《孝文本紀》第十,《孝景本紀》第十一,《今上本紀》第十二。《三代世表》第一,《十二諸侯年表》第二,《六國年表》第三,《秦楚之際月表》第四,《漢諸侯年表》第五,《高祖功臣年表》第六,《惠景間功臣年表》第七,《建元以來侯者年表》第八,《王子侯者年表》第九,《漢興以來將相名臣年表》第十。《禮書》第一,《樂書》第二,《律書》第三,《曆書》第四,《天官書》第五,《封禪書》第六,《河渠書》第七,《平準書》第八。《吴太伯世家》第一,《齊太公世家》第二,《魯周公世家》第三,《燕召公世家》第四,《管蔡世家》第五,《陳杞世家》第六,《衛康叔世家》第七,《宋微子世家》第八,《晉世家》第九,《楚世家》第十,《越世家》第十一,《鄭世家》第十二,《趙世家》第十三,《魏世家》第十四,《韓世家》第十五,《田完世家》第十六,《孔子世家》第十七,《陳涉世家》第十八,《外戚世家》第十九,《楚元王世家》第二十,《荆燕王世家》第二十一,《齊悼惠王世家》第二十二,《蕭相國世家》第二十三，《曹相國世家》第二十四，《留侯世家》第二十五，《陳丞相世家》第二十六，《絳侯世家》第二十七，《梁孝王世家》第二十八，《五宗世家》第二十九[6]，《三王世家》第三十。《伯夷列傳》第一，《管晏列傳》第二，《老子韓非列傳》第三，《司馬穰苴列傳》第四，《孫子吳起列傳》第五，《伍子胥列傳》第六，《仲尼弟子列傳》第七，《商君列傳》第八，《蘇秦列傳》第九，《張儀列傳》第十，《樗里甘茂列傳》第十一，《穰侯列傳》第十二，《白起王翦列傳》第十三，《孟子荀卿列傳》第十四，《平原虞卿列傳》第十五，《孟嘗君列傳》第十六，《魏公子列傳》第十七，《春申君列傳》第十八，《范雎蔡澤列傳》第十九，《樂毅列傳》第二十，《廉頗藺相如列傳》第二十一，《田單列傳》第二十二，《魯仲連列傳》第二十三，《屈原賈生列傳》第二十四，《呂不韋列傳》第二十五，《刺客列傳》第二十六，《李斯列傳》第二十七，《蒙恬列傳》第二十八，《張耳陳餘列傳》第二十九，《魏豹彭越列傳》第三十，《黥布列傳》第三十一，《淮陰侯韓信列傳》第三十二，《韓王信盧綰列傳》第三十三，《田儋列傳》第三十四，《樊酈滕灌列傳》第三十五，《張丞相倉列傳》第三十六，《酈生陸賈列傳》第三十七，《傅靳蒯成侯列傳》第三十八，《劉敬叔孫通列傳》第三十九，《季布欒布列傳》第四十，《爰盎朝錯列傳》第四十一，《張釋之馮唐列傳》第四十二，《萬石張叔列傳》第四十三，《田叔列傳》第四十四，《扁鵲倉公列傳》第四十五，《吳王濞列傳》第四十六，《魏其武安列傳》第四十七，《韓長孺列傳》第四十八，《李將軍列傳》第四十九，《衛將軍驃騎列傳》第五十，《平津侯主父列傳》第五十一，《匈奴列傳》第五十二,《南越列傳》第五十三,《閩越列傳》第五十四,《朝鮮列傳》第五十五,《西南夷列傳》第五十六,《司馬相如列傳》第五十七,《淮南衡山列傳》第五十八,《循吏列傳》第五十九,《汲鄭列傳》第六十,《儒林列傳》第六十一,《酷吏列傳》第六十二,《大宛列傳》第六十三,《游俠列傳》第六十四,《佞幸列傳》第六十五,《滑稽列傳》第六十六,《日者列傳》第六十七,《龜策列傳》第六十八,《貨殖列傳》第六十九[7]。

【注】

[1] 十年,《史記》作七年,是司馬遷爲太史令七年。此十年爲司馬談死後十年。縲,繫;紲,長繩。縲紲,比喻爲囚禁。

[2] 辠,即罪字。

[3] 惟,思。

[4] 隱約,隱微而簡約。此引申爲憂屈。

[5] 陶唐,指堯舜。《史記》以黃帝爲首,而曰陶唐,此本《尚書》。至於麟止,至於漢武帝獲白麟爲止。就像《春秋》只寫到獲麟一樣。

[6] 五宗,漢景帝子凡十三人爲王,而母五人所生,司馬遷以同母爲一宗,故云五宗。《漢書》作《景十三王傳》。

[7] 列傳六十九,後言作七十列傳,包括《太史公自序》。

惟漢繼五帝末流,接三代絶業。周道既廢,秦撥去古文,焚滅《詩》《書》,故明堂石室金鐀玉版圖籍散亂[1]。漢興,蕭何次律令,韓信申軍法,張蒼爲章程[2],叔孫通定禮儀,則文學彬彬稍進,《詩》《書》往往間出。自曹參薦蓋公言黃老,而賈誼、朝錯明申、韓,公孫弘以儒顯,百年之間,天下遺文古事靡不畢集[3]。太史公仍父子相繼纂其職[4]，曰："於戲！余維先人嘗掌斯事，顯於唐虞。至於周，復典之。故司馬氏世主天官，至於余乎，欽念哉[5]！"罔羅天下放失舊聞[6]，王迹所興，原始察終，見盛觀衰，論考之行事，略三代，錄秦漢，上記軒轅[7]，下至於茲，著十二本紀，既科條之矣。並時異世，年差不明，作十表[8]。禮樂損益，律曆改易，兵權山川鬼神，天人之際，承敝通變，作八書。二十八宿環北辰，三十輻共一轂，運行無窮[9]，輔弼股肱之臣配焉，忠信行道以奉主上，作三十世家。扶義俶儻[10]，不令己失時，立功名於天下，作七十列傳。凡百三十篇，五十二萬六千五百字，爲《太史公書》[11]。序略，以拾遺補藝，成一家言，協《六經》異傳，齊百家雜語，臧之名山，副在京師，以俟後聖君子[12]。第七十，遷之自敘云爾[13]。而十篇缺，有錄無書[14]。

【注】

[1] 玉版，刻有文字的玉板。

[2] 章程，章爲曆數之章術，程爲權衡丈尺斗斛等度量衡之法。

[3] 靡不畢集，無不盡集。

[4] 纂，同"撰"。

[5] 欽，敬。

[6] 罔羅，即網羅。放失，遺失放逸。謂舊聞有遺失放逸者，網羅而考論之。

[7] 軒轅，黃帝。

[8] 並時異世，年差不明，作十表，秦統一前各國所用年曆不一，朝

〔9〕二十八宿……運行無窮,此謂衆星共繞北辰,諸輻都歸車軸,象徵文武百官尊輔天子。
〔10〕俶儻,大節。
〔11〕《太史公書》,《史記》之原名。
〔12〕臧之名山,副在京師,謂正本藏在山中,以備亡失,而副本則留在京師。竢,古俟字。此語出《春秋公羊傳》。
〔13〕自敍云爾,自此以前,都是司馬遷自敍之辭;自此以下,則爲作者班固的文字。
〔14〕而十篇缺,有録無書,司馬遷死後,佚亡《景紀》、《武紀》、《禮書》、《樂書》、《漢興以來將相年表》、《日者列傳》、《三王世家》、《龜策列傳》、《傅靳列傳》。元帝、成帝之間,褚先生補缺,作《武帝紀》、《三王世家》、《龜策傳》、《日者傳》等,非司馬遷本人爲之。

遷既被刑之後,爲中書令[1],尊寵任職。故人益州刺史任安予遷書[2],責以古賢臣之義。遷報之曰:

【注】
〔1〕中書令,官名,中書省長官,主管尚書的奏事。
〔2〕故人,舊交友。任安,即任少卿。予遷書,給司馬遷信。

"少卿足下[1]:曩者辱賜書[2],教以慎於接物,推賢進士爲務,意氣勤勤懇懇[3],若望僕不相師用[4],而流俗人之言[5]。僕非敢如是也。雖罷駑[6],亦嘗側聞長者遺風矣。顧自以爲身殘處穢,動而見尤[7],欲益反損,是以抑鬱而無誰語[8]。諺曰:'誰爲爲之?

孰令聽之[9]？'蓋鍾子期死，伯牙終身不復鼓琴[10]。何則？士爲知己用，女爲說己容[11]。若僕大質已虧缺，雖材懷隨和[12]，行若由夷[13]，終不可以爲榮，適足以發笑而自點耳[14]。

【注】

〔1〕少卿，任安字。足下，古代下對上或同輩的敬稱。

〔2〕曩，以前。

〔3〕懇懇，至誠。

〔4〕望，埋怨。

〔5〕流，隨流。

〔6〕罷，疲。罷駑，謂愚鈍也。

〔7〕顧，思念。尤，過錯。

〔8〕無誰語，無知心人可以交談。

〔9〕誰爲爲之，孰令聽之，謂誰能夠做到，誰能夠聽他。

〔10〕伯牙、鍾子期都是楚國人。伯牙鼓琴，子期聆聽。伯牙鼓琴志在泰，山子期說"巍巍乎若泰山"；轉而志在流水，子期又說"湯湯乎若流水"。等子期死，伯牙破琴絕絃，終身不再鼓琴，因爲無知音了。

〔11〕說，通"悅"。

〔12〕大質，身體。大質已虧缺，謂身受宮刑有缺損。隨，隨侯珠；和，和氏璧。皆爲稀世之寶。

〔13〕由，許由；夷，伯夷。皆爲古代忠賢。

〔14〕點，污點。

"書辭宜答，會東從上來[1]，又迫賤事[2]，相見日淺,卒卒無須臾之間得竭指意[3]。今少卿抱不測之罪[4],涉旬月,迫季冬,僕又薄從上上雍[5],恐卒然不可諱[6]。是僕終已不得舒憤懣以曉左右[7],則長逝者魂魄私恨無窮[8]。請略陳固陋。闕然不報,幸勿過。

【注】

〔1〕會東從上來,謂隨從武帝歸來。
〔2〕賤事,所供職事。
〔3〕卒卒,倉促。須臾,片刻。
〔4〕不測,意外。
〔5〕薄從,迫從。
〔6〕卒然,猝然,突然。不可諱,亡故。
〔7〕懣,煩悶。曉,告訴。
〔8〕逝者,指死者任安。謂任安恨不見回信。

"僕聞之,修身者智之府也[1],愛施者仁之端也,取予者義之符也[2],恥辱者勇之決也,立名者行之極也。士有此五者,然後可以託於世,列於君子之林矣。故禍莫憯於欲利[3],悲莫痛於傷心,行莫醜於辱先[4],而詬莫大於宮刑[5]。刑餘之人,無所比數,非一世也,所從來遠矣。昔衛靈公與雍渠載,孔子適陳[6];商鞅因景監見,趙良寒心[7];同子參乘,袁絲變色[8]:自古而恥之。夫中材之人,事關於宦豎,莫不傷氣,況忼慨之士乎[9]!如今朝雖乏人,奈何令刀鋸之餘薦天下豪儁哉[10]！僕賴先人緒業，得待罪輦轂下[11]，二十餘年矣。所以自惟[12]：上之，不能納忠效信，有奇策材力之譽，自結明主；次之，又不能拾遺補闕，招賢進能，顯巖穴之士[13]；外之，不能備行伍，攻城野戰，有斬將搴旗之功[14]；下之，不能累日積勞，取尊官厚祿，以爲宗族交遊光寵。四者無一遂，苟合取容，無所短長之效，可見於此矣。鄉者，僕亦嘗廁下大夫之列[15]，陪外廷末議。不以此時引綱維，盡思慮，今已虧形爲掃除之隸，在闒茸之中[16]，乃欲卬首信眉[17]，論列是非，不亦輕朝廷，羞當世之士邪！嗟乎！嗟乎！如僕，尚何言哉！尚何言哉！

【注】

〔1〕府，所聚集的地方。

〔2〕符，信實。

〔3〕憯，通"惨"，惨痛。

〔4〕辱先，侮辱了父母。

〔5〕詬，恥辱。宫刑，又稱腐刑，古代破壞生殖機能的酷刑。

〔6〕雍渠，衛靈公親近的奄人。

〔7〕景監，秦之嬖人。趙良，賢者。

〔8〕同子，指趙談。因與司馬遷父司馬談同名而諱，故稱同子。以上所舉的歷史典故，都是因奄人受用而忠賢被黜。

〔9〕宦豎，對宦官的鄙稱。忼慨，同"慷慨"。心情激動，意氣風發。

〔10〕刀鋸，指受肉刑。

〔11〕輦轂下，謂侍從天子的車輿。

〔12〕惟，思。

〔13〕顯巖穴之士,推薦在野的人士。
〔14〕搴旗,拔取敵人的戰旗。
〔15〕鄉,以往。廁下大夫,太史令位下大夫。
〔16〕闒茸,猥賤。
〔17〕卬,仰。信,伸。

"且事本末未易明也。僕少負不羈之才,長無鄉曲之譽[1],主上幸以先人之故,使得奉薄技,出入周衛之中[2]。僕以爲戴盆何以望天,故絕賓客之知,忘室家之業,日夜思竭其不肖之材力,務壹心營職,以求親媚於主上[3]。而事乃有大謬不然者。夫僕與李陵俱居門下[4],素非相善也,趣舍異路,未嘗銜杯酒接殷勤之歡。然僕觀其爲人自奇士,事親孝,與士信,臨財廉,取予義,分別有讓,恭儉下人,常思奮不顧身以徇國家之急[5]。其素所畜積也[6],僕以爲有國士之風。夫人臣出萬死不顧一生之計,赴公家之難,斯已奇矣。今舉事壹不當,而全軀保妻子之臣隨而媒蘖其短[7],僕誠私心痛之,且李陵提步卒不滿五千[8],深踐戎馬之地,足歷王庭,垂餌虎口,橫挑彊胡,卬億萬之師[9],與單于連戰十餘日,所殺過當。虜救死扶傷不給[10],旃裘之君長咸震怖[11],乃悉徵左右賢王,舉引弓之民[12],一國共攻而圍之。轉鬬千里,矢盡道窮,救兵不至,士卒死傷如積。然李陵一呼勞軍,士無不起,躬自流涕,沫血飲泣,張空弮,冒白刃,北首争死敵[13]。陵未沒時,使有來報,漢公卿王侯皆奉觴上壽。後數日，陵敗書聞，主上爲之食不甘味，聽朝不怡[14]。大臣憂懼，不知所出。僕竊不自料其卑賤，見主上慘悽怛悼。誠欲效其款款之愚[15]。以爲李陵素與士大夫絕甘分少[16]，能得人之死力，雖古名將不過也。身雖陷敗，彼觀其意，且欲得其當而報漢[17]。事已無可奈何，其所摧敗，功亦足以暴於天下。僕懷欲陳之，而未有路。適會召問，即以此指推言陵功[18]，欲以廣主上之意，塞睚眦之辭[19]。未能盡明，明主不深曉，以爲僕沮貳師[20]，而爲李陵游說，遂下於理[21]。拳拳之忠，終不能自列[22]，因爲誣上，卒從吏議[23]。家貧，財賂不足以自贖，交遊莫救，左右親近不爲壹言。身非木石，獨與法吏爲伍，深幽囹圄之中，誰可告愬者！此正少卿所親見，僕行事豈不然邪？李陵既生降，隳其家聲[24]，而僕又茸以蠶室[25]，重爲天下觀笑。悲夫！悲夫！

【注】

[1] 負，恃。不羈之才，才質非凡，不可羈繫。鄉曲，指偏僻的地方。長無鄉曲之譽，長大後無什名聲。
[2] 薄技，薄才。周衛，宿衛周密。
[3] 此句謂當時只求做好本職，沒有想到要著書造論。
[4] 李陵，漢名將，後投匈奴。司馬遷因李陵案而受宮刑。以下所敘，即爲此案。
[5] 徇，服從。

〔6〕素,平常。畜積,蓄積。

〔7〕媒孽,謀合。

〔8〕提,領也。

〔9〕橫挑,截斷。卬,仰,面向。

〔10〕不給,沒有軍需供給。

〔11〕旃裘,氈製的衣服。此指胡之君長。

〔12〕舉引弓之民,謂會開弓放箭的人都徵用。

〔13〕弮,弓弩。冒,犯。北首,向北,北面。

〔14〕怡,樂也。

〔15〕慘悽怛悼,憂傷悲痛。款款,忠實誠懇。

〔16〕絕甘分少,寧可自己沒有,也要與大家分享。

〔17〕得其當而報漢,得到適當的時機報答漢廷。

〔18〕指,此意。

〔19〕睚眥,張目怒視,指當時敵視李陵的言論。

〔20〕沮,毀壞。貳師,即李廣利,漢武帝寵姬李夫人之兄,曾和李陵一道遠征匈奴,號稱貳師將軍。

〔21〕理,獄官。

〔22〕拳拳,忠謹的樣子。自列,自己陳敍出來。

〔23〕卒從吏議,終於按照判決執行。指下獄受宮刑。

〔24〕隤其家聲,墜毀家族的名聲。李陵家世爲名將。

〔25〕茸以蠶室,謂被推進上宮刑的密室。

"事未易一二爲俗人言也。僕之先人非有剖符丹書之功[1],文史星曆近乎卜祝之間[2],固主上所戲弄,倡優畜之,流俗之所輕也[3]。假令僕伏法受誅,若九牛亡一毛,與螻蟻何異[4]?而世又不與能死節者比[5]，特以爲智窮罪極，不能自免，卒就死耳。何也？素所自樹立使然。人固有一死，死有重於泰山，或輕於鴻毛，用之所趨異也[6]。太上不辱先，其次不辱身，其次不辱理色，其次不辱辭令，其次詘體受辱，其次易服受辱，其次關木索被箠楚受辱[7]，其次鬄毛髮嬰金鐵受辱[8]，其次毀肌膚斷支體受辱，最下腐刑，極矣。傳曰'刑不上大夫'，此言士節不可不厲也。猛虎處深山，百獸震恐，及其在穽檻之中，搖尾而求食，積威約之漸也[9]。故士有畫地爲牢勢不入，削木爲吏議不對，定計於鮮也[10]。今交手足，受木索，暴肌膚，受榜箠，幽於圜牆之中[11]，當此之時，見獄吏則頭搶地，視徒隸則心惕息[12]。何者？積威約之勢也，及已至此，言不辱者，所謂彊顔耳，曷足貴乎！且西伯，伯也，拘牖里；李斯，相也，具五刑；淮陰，王也，受械於陳[13]；彭越、張敖南鄉稱孤，繫獄具罪；絳侯誅諸呂，權傾五伯，囚於請室；魏其，大將也，衣赭關三木[14]；季布爲朱家鉗奴[15]；灌夫受辱居室。此人皆身至王侯將相，聲聞鄰國，及罪至罔加，不能引決自財[16]。在塵埃之中[17]，古今一體，安在其不辱也！由此言之，勇怯，勢也；彊弱，形也。審矣，曷足怪乎！且人不能蚤自財繩墨之外[18]，已稍陵夷至於鞭箠之間[19]，乃欲引節，斯不亦遠乎！古人所以重施刑於大夫者[20]，殆爲此也。夫人情莫不貪生惡死，念親戚，顧妻子，至激於義理者不然[21]，乃有不得已也。今僕不幸，蚤失二親，無兄弟之親，獨身孤立，少卿視僕於妻子何如哉？且勇者不必死節，怯夫慕義，何處不勉焉[22]！僕雖怯懦欲苟活[23]，亦頗識去就之分矣，何至自湛溺累紲之辱哉[24]！且夫臧獲婢妾猶能引決[25]，況若僕之不得已乎！所以隱忍苟活，函糞土之中而不辭者[26]，恨私心有所不盡，鄙没世而文采不表於後也[27]。

【注】

〔1〕剖符，古時帝王授與諸侯和功臣的憑證。丹書，帝王頒發給功臣的證書。

〔2〕文史，記事文書。星曆，天文曆數。卜祝，占卜的人。卜，占卜；祝，以辭告神。

〔3〕倡優，歌舞雜技藝人。此謂祖上所從事的官職，和倡優一樣，爲人主畜之戲弄的，都是不爲人重視的卑小之位。

〔4〕螻螘，螻蛄螞蟻。

〔5〕不能與死節者比，不會說我是爲名節而死。與，猶謂也。

〔6〕趨，趨向。

〔7〕箠，杖。楚，荊木。箠楚，指杖刑。

〔8〕髡，剃髮。嬰，通"攖"，遭遇。嬰金鐵，指受鉗刑。

〔9〕穽，陷井。約，減小，減少。積威約之漸，威勢越來越減弱。

〔10〕鮮，《左傳·昭公五年》杜預注："不以壽終爲鮮。"定計於鮮，拿定主意在受刑前自盡。

〔11〕圜墙，監獄。

〔12〕槍地，碰撞地。惕，恐懼。息，喘息。

〔13〕械，桎梏也。

〔14〕三木，指頸、手、足用木枷鎖。

〔15〕鉗奴,髠鉗爲奴者。
〔16〕財,通"裁"。
〔17〕塵埃,污濁之世。
〔18〕蚤,早。財,裁。繩墨,法度。
〔19〕陵夷,衰落。
〔20〕重,難,慎重。
〔21〕激於義理者不然,謂激於義理,則不顧念親戚妻子。
〔22〕此謂性格剛強,未必爲名節而死,而性格怯懦之人,以義理要求自己,却可以勉勵自己爲道義而死。
〔23〕耎,柔弱。
〔24〕湛,沉入。
〔25〕臧獲,奴婢。引決,指自殺。
〔26〕函,陷入。
〔27〕鄙,輕視。没世,死後。不表,不顯著。

"古者富貴而名摩滅,不可勝記,唯俶儻非常之人稱焉[1]。蓋西伯拘而演《周易》[2];仲尼厄而作《春秋》;屈原放逐,乃賦《離騷》;左丘失明,厥有《國語》[3];孫子臏脚,《兵法》修列[4];不韋遷蜀,世傳《吕覽》[5];韓非囚秦,《説難》、《孤憤》[6]。《詩》三百篇,大氐賢聖發憤之所爲作也[7]。此人皆意有所鬱結,不得通其道,故述往事,思來者[8]。及如左丘明無目,孫子斷足,終不可用,退論書策以舒其憤,思垂空文以自見。僕竊不遜,近自託於無能之辭,網羅天下放失舊聞,考之行事,稽其成敗興壞之理[9],凡百三十篇,亦欲以究天人之際[10],通古今之變,成一家之言[11]。草創未就，適會此禍，惜其不成，是以就極刑而無慍色。僕誠已著此書，藏之名山，傳之其人，通邑大都，則僕償前辱之責，雖萬被戮，豈有悔哉[12]！然此可爲智者道，難爲俗人言也。

【注】

〔1〕俶儻，卓異不凡。稱，讚揚。
〔2〕西伯，周文王。
〔3〕左丘失明，厥有《國語》，相傳《國語》爲左丘明失明以後所傳。
〔4〕孫子臏腳，《兵法》修列，臏與龐涓同學，後被龐涓斷足。
〔5〕《吕覽》，《呂氏春秋》篇名有八覽、六論。
〔6〕《說難》、《孤憤》，是爲韓非子名篇。
〔7〕氐，歸結爲。
〔8〕思來者，讓以後的人能瞭解自己的志向。
〔9〕稽，考。興壞，興衰。
〔10〕究，窮究。
〔11〕以上謂著《史記》的内心動機。
〔12〕以上謂雖受刑辱俱仍要將《史記》完成的決心。

"且負下未易居[1]，下流多謗議。僕以口語遇遭此禍，重爲鄉黨戮笑，汙辱先人，亦何面目復上父母之丘墓乎？雖累百世，垢彌甚耳！是以腸一日而九回，居則忽忽若有所亡，出則不知所如往。每念斯恥，汗未嘗不發背沾衣也。身直爲閨閤之臣，寧得自引深藏於巖穴邪[2]！故且從俗浮湛，與時俯仰，以通其狂惑。今少卿乃教以推賢進士，無乃與僕之私指謬乎[3]。今雖欲自雕瑑[4]，曼辭以自解[5]，無益，於俗不信，只取辱耳[6]。要之死日，然後是非乃定。書不能盡意，故略陳固陋。"

【注】

〔1〕負下，處在低賤的地位。
〔2〕司馬遷被赦出獄，被任爲中書令。中書令是皇帝親近的秘書，地位比太史令高，但大都是宦官充任，司馬遷因宮刑受辱，所以自傷身爲閨閣之臣，不如深藏山洞。
〔3〕私指，私意，本意。
〔4〕瑑，刻。
〔5〕曼辭，美辭。
〔6〕只，適，正好。

　　遷既死後，其書稍出。宣帝時，遷外孫平通侯楊惲祖述其書，遂宣布焉。至王莽時，求封遷後，爲史通子。

　　贊曰[1]：自古書契之作而有史官，其載籍博矣。至孔氏籑之，上斷唐堯，下訖秦繆[2]。唐虞以前雖有遺文，其語不經[3]，故言黃帝、顓頊之事未可明也。及孔子因魯史記而作《春秋》，而左丘明論輯其本事以爲之傳[4]，又籑異同爲《國語》。又有《世本》，錄黃帝以來至春秋時帝王公侯卿大夫祖世所出。春秋之後，七國並爭，秦兼諸侯，有《戰國策》。漢興伐秦定天下，有《楚漢春秋》。故司馬遷據《左氏》、《國語》[5]，採《世本》、《戰國策》，述《楚漢春秋》，接其後事,訖於天漢[6]。其言秦漢,詳矣。至於採經撫傳,分散數家之事,甚多疏略,或有抵梧[7]。亦其涉獵者廣博,貫穿經傳,馳騁古今,上下數千載間,斯以勤矣。又其是非頗繆於聖人[8],論大道則先黃老而後六經,序游俠則退處士而進姦雄,述貨殖則崇勢利而羞賤貧,此其所蔽也。然自劉向、揚雄博極羣書,皆稱遷有良史之材,服其善序事理,辨而不華,質而不俚[9],其文直,其事核[10],不虛美,不隱惡,故謂之實錄。烏呼!以遷之博物洽聞[11],而不能以知自全,既陷極刑,幽而發憤,書亦信矣[12]。迹其所以自傷悼,《小雅‧巷伯》之倫[13]。夫唯《大雅》"既明且哲,能保其身",難矣哉[14]!

【注】

[1] 贊曰,班固稱頌說。贊有美有惡,實即評論。

[2] 秦繆,即秦穆公。

[3] 不經,非經典所說。

[4] 論輯,論集。

[5]《左氏》,即《春秋左氏傳》。

[6] 天漢,漢武帝年號(前100—前97)。

[7] 抵梧,抵觸。

[8] 繆,同"謬",誤也。謬於聖人,指與周公孔子的正統思想不合。

[9] 質而不俚,文辭樸實,但不粗俗。

[10] 其事核,事情敘述得確實。

[11] 洽聞,多聞。

[12] 書亦信矣,指寫給任少卿的信中所敘述的情況是可信的。

[13] 迹,追究。《小雅‧巷伯》,宦官所作的詩。班固認爲司馬遷

作《史記》的原因,和宦官遇讒作《巷伯》一樣。
〔14〕大雅,指《詩經·大雅·丞民》。班固認爲司馬遷雖博物洽聞,但不能明哲保身。

選自《漢書》卷六十二《司馬遷傳》

京　　房（前77—前37）

　　京房字君明,東郡頓丘人也[1]。治《易》,事梁人焦延壽[2]。延壽字贛[3]。贛貧賤,以好學得幸梁王,王共其資用。令極意學[4]。既成,爲郡史,察舉補小黄令。以候司先知姦邪,盜賊不得發[5]。愛養吏民,化行縣中。舉最當遷[6],三老官屬上書願留贛,有詔許增秩留[7],卒於小黄。贛常曰:"得我道以亡身者,必京生也。"其説長於災變,分六十四卦,更直日用事,以風雨寒温爲候[8]:各有占驗。房用之尤精。好鐘律,知音聲[9]。初元四年以孝廉爲郎[10]。

【注】

[1] 京房,本姓李,西漢今文《易》學京氏學的創始人。頓丘,古地名,春秋時衛邑,戰國屬魏,秦置郡,治所在濮陽,即今河南濮陽市南。

[2] 京房受《易》於焦延壽。清黄宗羲《易學象數論》認爲,《易》象數學至京房、焦延壽而流爲方術,至陳摶而歧入道家,末流支離,彌失初旨。

[3] 焦延壽,昭帝時官爲小黄令,受《易》於孟喜,著有《易林》。

[4] 共,即供。極意,專心。

[5] 以候……不得發,因其常先知姦邪,故欲爲盜賊者,不敢起發作案。

〔6〕舉最當遷，課最優而被舉，故要升遷他官。

〔7〕增秩留，增加官禄而留任。

〔8〕分六十四……爲候，每卦有六爻，一爻主一日，六十四卦除掉震、離、兑、坎四卦餘六十卦，合三百六十爻，主三百六十日，所除四卦專司四時之氣，故以自然界風雨寒温爲徵候以預測人事。

〔9〕鐘，古樂器。律，定音或候氣的儀器。

〔10〕初元，漢元帝年號。初元四年，即公元前45年。孝廉，孝，謂善事父母；廉，清廉。自漢武帝元光元年冬十一月，初令郡國舉孝廉。

　　永光、建昭間[1]，西羌反，日蝕，又久青亡光，陰霧不精[2]。房數上疏，先言其將然，近數月，遠一歲，所言屢中，天子説之[3]。數召見問，房對曰："古帝王以功舉賢，則萬化成，瑞應著[4]，末世以毁譽取人，故功業廢而致災異。宜令百官各試其功，災異可息。"詔使房作其事，房奏考功課吏法[5]。上令公卿朝臣與房會議温室[6]，皆以房言煩碎，令上下相司，不可許。上意鄉之[7]。時部刺史奏事京師，上召見諸刺史，令房曉以課事[8]，刺史復以爲不可行。唯御史大夫鄭弘、光禄大夫周堪初言不可，後善之。

【注】

〔1〕永光，漢元帝年號（前43—前39）。建昭，漢元帝年號（前38—前34）。

〔2〕精，謂日光清明。

〔3〕將然，謂將有此事。説，通"悦"。

〔4〕以萬化成,謂以萬機之事,施以教化。瑞,吉祥之兆。
〔5〕考功課吏法,考核官吏功業的制度,其約爲:令丞尉治一縣,崇教化無犯法就予以升遷,有盜賊,三日不覺則治尉,等等。
〔6〕溫室,宮殿名。
〔7〕鄉,向,傾向。
〔8〕曉,告。

是時中書令石顯顓權[1],顯友人五鹿充宗爲尚書令,與房同經,論議相非[2]。二人用事,房嘗宴見[3],問上曰:"幽、厲之君何以危?所任者何人也?"上曰:"君不明,而所任者巧佞[4]。"房曰:"知其巧佞而用之邪,將以爲賢也?"上曰:"賢之。"房曰:"然則今何以知其不賢也?"上曰:"以其時亂而君危知之。"房曰:"若是,任賢必治,任不肖必亂,必然之道也。幽、厲何不覺寤而更求賢,曷爲卒任不肖以至於是[5]?"上曰:"臨亂之君各賢其臣,令皆覺寤[6],天下安得危亡之君?"房曰:"齊桓公、秦二世亦嘗聞此君而非笑之,然則任豎刁、趙高[7],政治日亂,盜賊滿山,何不以幽、厲卜之而覺寤乎?"上曰:"唯有道者能以往知來耳。"房因免冠頓首,曰:"《春秋》紀二百四十二年災異,以視萬世之君[8]。今陛下即位已來,日月失明,星辰逆行,山崩泉湧,地震石隕,夏霜冬靁[9],春凋秋榮,隕霜不殺,水旱螟蟲,民人飢疫,盜賊不禁,刑人滿市,《春秋》所記災異盡備[10]。陛下視今爲治邪,亂邪?"上曰:"亦極亂耳。尚何道!"房曰:"今所任用者誰與?"上曰:"然幸其瘉於彼,又以爲不在此人也[11]。"房曰:"夫前世之君亦皆然矣。臣恐後之視今,猶今之視前也。"上良久乃曰:"今爲亂者誰哉?"房曰:"明主宜自知之。"上曰:"不知也;如知,何故用之?"房曰:"上最所信任,與圖事帷幄之中,進退天下之士者是矣。"房指謂石顯,上亦知之,謂房曰:"已諭[12]。"

【注】

〔1〕中書令,官名,中書省長官,典尚書奏事。顓,通"專"。

〔2〕同經,同時治《易經》。論議相非,觀點不同。

〔3〕宴見,以閒宴時入見皇帝。

〔4〕巧佞,機巧姦詐。

〔5〕卒,終。

〔6〕寤,通"悟"。

〔7〕豎刁,春秋齊人,爲齊桓公寺人,甚見寵任,後桓公卒,與易牙、開方同亂齊國。趙高,秦宦者,有強力,通獄法,善史書。始皇崩,高與丞相李斯矯旨殺始皇長子扶蘇,立次子胡亥,高爲丞相;復誣殺李斯,獨秉朝政,後殺二世立子嬰,尋又欲殺子嬰,子嬰覺,誅之,夷三族。

〔8〕《春秋》,書名。記魯隱公元年至哀公十四年間事,共二百四十二年。視,通"示"。

〔9〕靁,古雷字。

〔10〕盡備,指今之災異,《春秋》都有記載。

〔11〕瘉,通"愈"。勝過。此謂今災異及政道勝過以往,又不由今天的當事人。

〔12〕諭,知曉。

房罷出,後上令房上弟子曉知考功課吏事者,欲試用之。房上中郎任良、姚平,"願以爲刺史,試考功法,臣得通籍殿中,爲奏事,以防雍塞[1]"。石顯、五鹿充宗皆疾房,欲遠之,建言宜試以房爲郡守[2]。元帝於是以房爲魏郡太守,秩八百石,居得以考功法治郡。房自請,願無屬刺史[3],得除用它郡人,自第吏千石已下[4],歲竟乘傳奏事[5]。天子許焉。

【注】

[1] 雍塞,壅塞。
[2] 疾,痛恨。遠,動詞,要京房遠離去。郡守,郡的長官。
[3] 刺史,郡的次官。
[4] 自第吏千石已下(千石以下的縣官),謂自己對他們進行考試,擇優録用。
[5] 乘傳,驛站的座騎分爲三等:高足、中足、下足,下足亦稱乘傳,此意爲騎馬進京奏事。

　　房自知數以論議爲大臣所非,内與石顯、五鹿充宗有隙,不欲遠離左右,及爲太守,憂懼。房以建昭二年二月朔拜,上封事曰:"辛酉以來[1],蒙氣衰去,太陽精明,臣獨欣然,以爲陛下有所定也。然少陰倍力而乘消息[2]。臣疑陛下雖行此道,猶不得如意,臣竊悼懼。守陽平侯鳳欲見未得,至己卯[3],臣拜爲太守,此言上雖明下猶勝之效也[4]。臣出之後,恐必爲用事所蔽[5],身死而功不成,故願歲盡乘傳奏事,蒙哀見許。乃辛巳[6],蒙氣復乘卦,太陽侵色,此上大夫覆陽而上意疑也[7]。己卯、庚辰之間[8],必有欲隔絶臣令不得乘傳奏事者。"

【注】

〔1〕辛酉,指漢宣帝神爵二年(前60)。
〔2〕辛酉以來……乘消息,京房以《易》的消卦和息卦來説服皇帝。消卦曰太陽,息卦曰太陰,消息卦爲辟,辟就是君主。其餘卦曰少陰少陽,都爲臣下。現少陰力大干擾消息卦,意味臣下權力超過君王,君權下降。
〔3〕己卯,指漢元帝永光二年(前42)。
〔4〕上雖明下猶勝之效,言權臣蔽主之明,故已出爲郡守了。
〔5〕用事,指當權者。
〔6〕辛巳,指漢元帝永光四年(前40)。
〔7〕蒙氣復乘卦,指晉卦、解卦。太陽侵色,指大壯卦。覆,掩蔽。
〔8〕己卯、庚辰之間,指漢元帝永光二、三年。

　　房未發,上令陽平侯鳳承制詔房,止無乘傳奏事。房意愈恐,去至新豐,因郵上封事曰[1]:"臣前以六月中言《遯卦》不效[2],法曰:'道人始去,寒,湧水爲災[3]。'至其七月,湧水出。臣弟子姚平謂臣曰:'房可謂知道,未可謂信道也。房言災異,未嘗不中,今湧水已出,道人當逐死,尚復何言?'臣曰:'陛下至仁,於臣尤厚,雖言而死,臣猶言也[4]。'平又曰:'房可謂小忠,未可謂大忠也。昔秦時趙高用事,有正先者[5],非刺高而死,高威自此成,故秦之亂,正先趣之[6]。'今臣得出守郡,自詭效功[7],恐未效而死。惟陛下毋使臣塞湧水之異[8],當正先之死,爲姚平所笑。"

【注】

〔1〕郵上封事,向君主傳送文書。
〔2〕遯卦,艮下乾上,退避。
〔3〕道人,有道術的人。寒,湧水爲災,天氣寒而又有水湧出,反常爲災。
〔4〕雖言而死,臣猶言也,謂諫不避死。
〔5〕正先,秦博士。
〔6〕趣,促成。
〔7〕自詭,自責。
〔8〕塞,成爲。

　　房至陝,復上封事曰:"乃丙戌小雨,丁亥蒙氣去,然少陰并力而乘消息,戊子益甚,到五十分〔1〕,蒙氣復起。此陛下欲正消息,雜卦之黨并力而争,消息之氣不勝。强弱安危之機不可不察。己丑夜,有還風〔2〕,盡辛卯,太陽復侵色,至癸巳,日月相薄〔3〕,此邪陰同力而太陽爲之疑也。臣前白九年不改,必有星亡之異〔4〕。臣願出任良試考功,臣得居内,星亡之異可去。議者知如此於身不利,臣不可蔽,故云使弟子不若試師。臣爲刺史又當奏事,故復云爲刺史恐太守不與同心,不若以爲太守,此其所以隔絶臣也。陛下不違其言而遂聽之,此乃蒙氣所以不解,太陽亡色者也〔5〕。臣去朝稍遠,太陽侵色益甚,唯陛下毋難還臣而易逆天意〔6〕。邪説雖安於人,天氣必變,故人可欺,天不可欺也,願陛下察焉。"房去月餘,竟徵下獄。

【注】

〔1〕五十分,分一日爲八十分,分起夜半,五十分則日已偏西,意指

臣黨勢盛而君不能勝。

〔2〕還風，暴風。

〔3〕薄，逼近。《呂氏春秋·明理》高誘注："日月激會相掩，名爲薄蝕。"即形容日蝕、月蝕。

〔4〕星亡，星辰不見。

〔5〕亡色，無光。

〔6〕易，輕易。

初，淮陽憲王舅張博從房受學，以女妻房[1]。房與相親，每朝見，輒爲博道其語[2]，以爲上意欲用房議，而羣臣惡其害己，故爲衆所排。博曰："淮陽王上親弟，敏達好政，欲爲國忠。今欲令王上書求入朝，得佐助房。"房曰："得無不可[3]？"博曰："前楚王朝薦士，何爲不可？"房曰："中書令石顯、尚書令五鹿君相與合同，巧佞之人也，事縣官十餘年；及丞相韋侯，皆久亡補於民，可謂亡功矣。此尤不欲行考功者也。淮陽王即朝見，勸上行考功，事善；不然，但言丞相、中書令任事久而不治，可休丞相，以御史大夫鄭弘代之，遷中書令置他官，以鉤盾令徐立代之[4]，如此，房考功事得施行矣。"博具從房記諸所説災異事，因令房爲淮陽王作求朝奏草，皆持柬與淮陽王。石顯微司具知之，以房親近[5]，未敢言。及房出守郡，顯告房與張博通謀，非謗政治，歸惡天子，詿誤諸侯王[6]，語在《憲王傳》。初，房見，道幽、厲事，出爲御史大夫鄭弘言之。房、博皆棄市[7]，弘坐免爲庶人。房本姓李，推律自定爲京氏，死時年四十一[8]。

【注】

〔1〕妻,嫁也。

〔2〕道其語,與皇帝講的話都告訴他。

〔3〕得無不可,恐怕不行。

〔4〕鉤盾,官署名。漢少府屬官有鉤盾令丞,主近池苑囿游觀之處。

〔5〕親近,與皇帝接近。

〔6〕詿誤,貽誤,連累。

〔7〕棄市,死刑。

〔8〕京房傳《易》學於東海殷嘉、河東姚平、河南乘弘等,由是《易》有京氏之學,京房自著有《京氏易傳》。

選自《漢書》卷七十五《眭兩夏侯京翼李傳》

劉　　向（約前77—前6）

　　向字子政,本名更生。年十二,以父德任爲輦郎[1]。既冠,以行修飭擢爲諫大夫[2]。是時,宣帝循武帝故事,招選名儒俊材置左右。更生以通達能屬文辭,與王褒、張子僑等並進對[3],獻賦頌凡數十篇。上復興神仙方術之事,而淮南有《枕中鴻寶苑祕書》。書言神仙使鬼物爲金之術,及鄒衍重道延命方,世人莫見,而更生父德,武帝時治淮南獄得其書。更生幼而讀誦,以爲奇,獻之,言黄金可成。上令典尚方鑄作事[4],費甚多,方不驗。上乃下更生吏,吏劾更生鑄僞黄金,繫當死。更生兄陽城侯安民上書,入國户半,贖更生罪。上亦奇其材,得逾冬減死論[5]。會初立《穀梁春秋》[6],徵更生受《穀梁》,講論五經於石渠[7]。復拜爲郎中給事黄門[8],遷散騎諫大夫給事中。

【注】

[1] 輦郎,父保任其子爲郎。
[2] 冠,古禮男子二十加冠稱冠。飭,整。諫大夫,即諫議大夫,秦始置,掌議論,無常員,多至數十人,屬郎中令。
[3] 進對,進見而對詔命。
[4] 尚方,掌管御用金銀玩好器物的官署。
[5] 逾冬減死論,漢律獄冬盡當處決,而得越冬,至春天減死刑。
[6] 《穀梁春秋》,唐朝楊士勛《穀梁傳疏》謂:"穀梁子名俶,字元

始,一名赤,受經於子夏,爲經作傳。"這裏的"經",即指《春秋》。
〔7〕石渠,即石渠閣,在未央大殿北,專藏秘書。
〔8〕黃門,官署名,有黃門侍郎,給事黃門侍郎等官,居禁中給事。

　　元帝初即位,太傅蕭望之爲前將軍,少傅周堪爲諸吏光祿大夫[1],皆領尚書事,甚見尊任。更生年少於望之、堪,然二人重之,薦更生宗室忠直,明經有行,擢爲散騎、宗正、給事中,與侍中金敞拾遺於左右[2]。四人同心輔政,患苦外戚許、史在位放縱,而中書宦官弘恭、石顯弄權。望之、堪、更生議,欲白罷退之。未白而語泄,遂爲許、史及恭、顯所譖愬[3],堪、更生下獄,及望之皆免官。語在《望之傳》。其春地震,夏,客星見昴、卷舌間[4]。上感悟,下詔賜望之爵關內侯,奉朝請。秋,徵堪、向,欲以爲諫大夫,恭、顯白皆爲中郎。冬,地復震。時恭、顯、許、史子弟侍中諸曹,皆側目於望之等,更生懼焉,乃使其外親上變事,言:

【注】

〔1〕光祿大夫,官名,銀章青綬,掌議論及顧問應對詔命。
〔2〕拾遺於左右,即在皇帝左右,時常有所陳説,以補救當時政治的缺失。
〔3〕愬,同"訴",告發。
〔4〕昴、卷舌,均爲星宿。此謂有異常天象。

　　"竊聞故前將軍蕭望之等,皆忠正無私,欲致大治,忤於貴戚尚書[1]。今道路人聞望之等復進,以爲且復見毀讒，必曰嘗有過之臣不宜復用，是大不然。臣聞春秋地震，爲在位執政太盛也，不爲三獨夫動[2]，亦已明矣。且往者高皇帝時，季布有罪，至於夷滅，後赦以爲將軍，高后、孝文之間卒爲名臣。孝武帝時，兒寬有重罪繫，按道侯韓說諫曰：'前吾丘壽王死，陛下至今恨之[3]；今殺寬，後將復大恨矣！'上感其言，遂貰寬[4]，復用之，位至御史大夫，御史大夫未有及寬者也。又董仲舒坐私爲災異書，主父偃取奏之，下吏，罪至不道，幸蒙不誅，復爲太中大夫、膠西相，以老病免歸。漢有所欲興，常有詔問。仲舒爲世儒宗，定議有益天下。孝宣皇帝時，夏侯勝坐誹謗繫獄三年，免爲庶人。宣帝復用勝，至長信少府、太子太傅，名敢直言，天下美之。若乃羣臣，多此比類[5]，難一二記。有過之臣，無負國家，有益天下，此四臣者，足以觀矣。

【注】

[1] 忤，逆。

[2] 三獨夫，指蕭望之、周堪、劉向。

[3] 恨，悔恨。

[4] 貰，音世，赦。

[5] 比類，相類似。

"前弘恭奏望之等獄決，三月，地大震。恭移病出[1]，後復視事，天陰雨雪[2]。由是言之，地動殆爲恭等[3]。

【注】
〔1〕移病出，以病移出，不居官府。
〔2〕雨，動詞，降落。
〔3〕殆，似。

"臣愚以爲宜退恭、顯以章蔽善之罰[1]，進望之等以通賢者之路。如此，太平之門開，災異之原塞矣[2]。"

【注】
〔1〕章，通"彰"，明也。
〔2〕原，同"源"。

書奏，恭、顯疑其更生所爲，白請考姦詐。辭果服，遂逮更生繫獄，下太傅韋玄成、諫大夫貢禹，與廷尉雜考。劾更生前爲九卿，坐與望之、堪謀排車騎將軍高、許、史氏侍中者，毀離親戚，欲退去之，而獨專權。爲臣不忠，幸不伏誅，復蒙恩徵用，不悔前過，而教令人言變事，誣罔不道。更生坐免爲庶人。而望之亦坐使子上書自冤前事，恭、顯白令詣獄置對[1]。望之自殺。天子甚悼恨之，乃擢周堪爲光祿勳，堪弟子張猛光祿大夫給事中，大見信任。恭、顯憚之[2]，數譖毀焉。更生見堪、猛在位，幾已得復進[3]，懼其傾危，乃上封事諫曰：

【注】

〔1〕置對,對質。

〔2〕憚,懼也。

〔3〕幾,通"冀",希望。

"臣前幸得以骨肉備九卿,奉法不謹,乃復蒙恩。竊見災異並起,天地失常,徵表爲國[1]。欲終不言,念忠臣雖在畎畝,猶不忘君,惓惓之義也[2]。況重以骨肉之親,又加以舊恩未報乎!欲竭愚誠,又恐越職,然惟二恩未報[3],忠臣之義,一杼愚意[4],退就農畝,死無所恨。

【注】

〔1〕徵,證實。

〔2〕畎,田中之溝。惓惓,亦作拳拳,忠謹之意。

〔3〕惟,思。

〔4〕杼,通"抒",引而發泄。

"臣聞舜命九官[1],濟濟相讓,和之至也。衆賢和於朝,則萬物和於野。故簫《韶》九成,而鳳皇來儀;擊石拊石,百獸率舞[2]。四海之内,靡不和寧。及至周文,開基西郊[3],雜遝衆賢[4],罔不肅和,崇推讓之風,以銷分争之訟。文王既没,周公思慕,歌詠文王之德,其《詩》曰:'於穆清廟,肅雝顯相;濟濟多士,秉文之德。'[5]當此之時,武王、周公繼政,朝臣和於内,萬國歡於外,故盡得其歡心,以事其先祖。其《詩》曰:'有來雍雍,至止肅肅,相維辟公,天子穆穆。'[6] 言四方皆以和來也。諸侯和於下,天應報於上,故《周頌》曰'降福穰穰'[7],又曰'飴我釐麰'[8]。釐麰,麥也,始自天降。此皆以和致和,獲天助也。

【注】

〔1〕九官,指傳說禹作司空,棄任后稷,契作司徒,咎繇作士,垂共工,益朕虞,伯夷秩宗,夔典樂,龍納言。

〔2〕韶,舜樂名。此謂舉簫管,奏韶樂,鳳凰見其容儀,擊鐘鳴磬而百獸相率來舞。

〔3〕開塞西郊,指周文王受命作周之事。

〔4〕雜遝,聚積的樣子。

〔5〕見《周頌·清廟》。穆,美。肅,敬。雍,和。顯,明。相,助。濟濟,盛況。謂文王有清淨之化,敬且和,光明著見,故濟濟之衆志皆執行文王之德。

〔6〕見《周頌·雝》。辟公,諸侯百辟。謂有賓客因和而來,乃助諸侯王公,於是天子則穆穆然矣。

〔7〕降福穰穰,見《周頌·執競》。穰穰,衆多的樣子。

〔8〕見《周頌·思文》。飴,遺,言天遺此物。麰音牟。

"下至幽、厲之際[1],朝廷不和,轉相非怨,詩人疾而憂之曰:'民之無良,相怨一方。'[2] 衆小在位而從邪議,歙歙相是而背君子,故其《詩》曰:'歙歙訿訿,亦孔之哀!謀之其臧,則具是違;謀之不臧,則具是依!'[3] 君子獨處守正,不橈衆枉[4],勉彊以從王事則反見憎毒讒愬,故其《詩》曰:'密勿從事,不敢告勞,無罪無辜,讒口嗷嗷!'[5]當是之時,日月薄蝕而無光[6],其《詩》曰:'朔日辛卯,日有蝕之,亦孔之醜!'[7]又曰:'彼月而微,此日而微,今此下民,亦孔之哀!'[8]又曰:'日月鞠凶,不用其行;四國無政,不用其良!'[9]天變見於上,地變動於下,水泉沸騰,山谷易處。其《詩》曰:'百川沸騰,山冢卒崩,高岸爲谷,深谷爲陵。哀今之人,胡憯莫懲!'[10]霜降失節,不以其時,其《詩》曰:'正月繁霜,我心憂傷;民之訛言,亦孔之將!'言民以是爲非,甚衆大也[11]。此皆不和,賢不肖易位之所致也[12]。

【注】

〔1〕幽、厲之際,厲王,夷王之子,厲王生宣王,宣王生幽王,幽、厲成爲後代暴君的代稱。

〔2〕見《小雅·角弓》刺幽王的詩。意謂人各爲不善,其意乖離,相互怨恨。

〔3〕見《小雅·小旻》刺幽王的詩。意謂在位的卿士們,歙歙然患其上,訾訾然不供職,各失臣節,甚可哀痛,而對於善美的意見,則違背,對於不善美的意見,又照着去辦。

〔4〕不橈衆枉,不爲衆曲而自屈。

〔5〕見《小雅·十月之交》刺幽王的詩。意謂勤勉地行事,不敢自認勞苦;實無罪過,反而被輿論讒譖。嗷嗷,衆人的言論聲音。

〔6〕薄,迫,被掩迫。

〔7〕見《小雅·十月之交》。孔,甚醜,惡。周代的十月,夏代的八月,朔日有辛卯,日月交會,而日見蝕,陰侵於陽。辛,金日;

卯,木辰。以卯侵金,意味着臣侵君,故甚惡之。

〔8〕微,虧。謂月當有虧日,而今太陽反而虧微,意味着君臣失道,是爲災異,故甚哀之。

〔9〕鞠,告。謂日月不按常行的軌道來告示凶災,是由於四方之國政治不理,不能用善忠之人的緣故。

〔10〕見《小雅·十月之交》。沸,湧出。騰,乘。冢,山頂。卒,盡。胡,何。憯,曾。懲,懲罰。意謂百川沸湧而相乘陵,山頂隆高而盡崩壞,陵谷易位,尊卑失序,咎異大矣,誠可畏懼,哀憐今人,何爲曾經受到懲罰呀!

〔11〕見《小雅·正月》刺幽王的詩。意謂王政乖舛,陽月多霜,害於生物,故己心爲之憂傷,而衆庶之人,共爲僞言,以是爲非,排斥賢良,禍其大呀!

〔12〕賢不肖易位,意謂賢者在下,惡人在上,位置被顛倒了。

"自此之後,天下大亂,篡殺殃禍並作,厲王奔彘[1],幽王見殺[2]。至乎平王末年,魯隱之始即位也[3],周大夫祭伯乖離不和,出奔於魯,而《春秋》爲諱,不言來奔,傷其禍殃自此始也。是後尹氏世卿而專恣[4],諸侯背畔而不朝,周室卑微。二百四十二年之間[5],日食三十六,地震五,山陵崩阤二[6],彗星三見,夜常星不見,夜中星隕如雨一,火災十四。長狄入三國[7],五石隕墜,六鶂退飛,多麋,有蜮、蜚,鸜鵒來巢者[8],皆一見。晝冥晦。雨木冰[9]。李梅冬實。七月霜降,草木不死。八月殺菽[10]。大雨雹。雨雪雷霆失序相乘。水、旱、饑、蝝、螽、螟蠡午並起[11]。當是時,禍亂輒應,殺君三十六,亡國五十二,諸侯奔走,不得保其社稷者,不可勝數也。周室多禍:晉敗其師於貿戎[12];伐其郊[13];鄭傷桓王[14];戎執其使[15];衞侯朔召不往,齊逆命而助朔;五大夫争權,三君更立,莫能正理[16]。遂至陵夷不能復興[17]。

【注】

〔1〕厲王奔彘,其意厲王無道,臣民都背離和怨恨厲王,厲王自感危機,出奔晉國的彘地。

〔2〕幽王見殺,其意幽王昏聵,犬戎乘機攻之,殺幽王於驪山下,虜褒姒,掃掠而歸。

〔3〕平王,幽王之子,公元前770—前720在位。魯隱公即位在公元前722年爲春秋時期之始。

〔4〕尹氏世卿而專恣,《春秋公羊傳》隱公三年:"尹氏者何?天子之大夫也。其稱尹氏何?貶也。曷爲貶?譏繼卿。繼卿,非禮也。"

〔5〕二百四十二年間,《春秋》以魯記年,魯隱公元年爲前722年,至魯滅,魯哀公十四年,即前481年,共二百四十二年。

〔6〕阤,音周,下頽。

〔7〕長狄入三國,《春秋公羊傳》文公十一年記:"狄者何?長狄也。兄弟三人,一者之齊,一者之魯,一者之晉。"長狄,當時北方少數民族。

〔8〕六鶃,《左傳》作六鷁。鷁,水鳥。鼰,短尾狐。蜚,草蟲。鸜鵒,鳴禽。俗名八哥。

〔9〕雨,動詞,降落。木冰,寒氣著樹木結爲冰。

〔10〕菽,豆類植物。

〔11〕螽,即螟,食苗心的蟲。螽午,雜至,交加。

〔12〕貿戎,地名。
〔13〕郊,指周邑。
〔14〕桓王,周桓王,公元前719—前697年在位。
〔15〕戎執其使,《春秋》桓公十六年:"天王使凡伯來聘,戎伐凡伯於楚丘以歸。"
〔16〕五大夫,周景王崩,單穆公、劉文公、鞏簡公、甘平公、召莊公。五大夫相與爭奪;更立王子猛、子朝及敬王,是爲三君。
〔17〕陵夷,衰微。

"由此觀之,和氣致祥,乖氣致異;祥多者其國安,異衆者其國危,天地之常經,古今之通義也。今陛下開三代之業,招文學之士,優游寬容,使得並進。今賢不肖渾淆[1],白黑不分,邪正雜糅,忠讒並進。章交公車,人滿北軍[2]。朝臣舛午[3],膠戾乖剌,更相讒愬,轉相是非。傳授增加,文書紛糾,前後錯繆,毀譽渾亂。所以營或耳目,感移心意,不可勝載。分曹爲黨[4],往往羣朋,將同心以陷正臣。正臣進者,治之表也[5];正臣陷者,亂之機也[6]。乘治亂之機,未知執任,而災異數見,此臣所以寒心者也。夫乘權藉勢之人[7],子弟鱗集於朝[8],羽翼陰付者衆,輻湊於前[9],毀譽將必用,以終乖離之咎。是以日月無光,雪霜夏隕,海水沸出,陵谷易處,列星失行,皆怨氣之所致也。夫遵衰周之軌迹,循詩人之所刺,而欲以成太平,致雅頌,猶却行而求及前人也[10]。初元以來六年矣,按《春秋》六年之中,災異未有稠如今者也[11]。

夫有《春秋》之異，無孔子之救，猶不能解紛，況甚於《春秋》乎[12]？

【注】

〔1〕渾淆，雜亂。
〔2〕章交公車，人滿北軍，謂上章交給公車，有不如法的，交付北軍尉治理。
〔3〕午，背離，衝突。
〔4〕曹，輩。
〔5〕表，正。
〔6〕機，關鍵。
〔7〕藉，借。
〔8〕鱗集，相次如魚鱗。
〔9〕輻湊於前，如車輻歸於轂。
〔10〕却行而求及前人，停止前進而又想追上前面的人。
〔11〕稠，多。
〔12〕此謂春秋時期的災異，孔子都不能解救其紛亂，何況比春秋更嚴重的呢？

"原其所以然者，讒邪並進也。讒邪之所以並進者，由上多疑心，既已用賢人而行善政，如或譖之，則賢人退而善政還[1]。夫執狐疑之心者，來讒賊之口；持不斷之意者，開羣枉之門。讒邪進則衆賢退，羣枉盛則正士消。故《易》有《否》《泰》[2]。小人道長，君子道消，君子道消，則政日亂，故爲否。否者，閉而亂也。君子道長，小人道消，小人道消，則政日治，故爲泰。泰者,通而治也。《詩》又云'雨雪麃麃,見晛聿消',[3]與《易》同義。昔者鯀、共工、驩兜與舜、禹雜處堯朝[4],周公與管、蔡並居周位,當是時,迭進相毀[5],流言相謗,豈可勝道哉!帝堯、成王能賢舜、禹、周公而消共工、管、蔡,故以大治,榮華至今。孔子與季、孟偕仕於魯[6],李斯與叔孫俱宦於秦[7],定公、始皇賢季、孟、李斯而消孔子、叔孫,故以大亂,汙辱至今。故治亂榮辱之端,在所信任;信任既賢,在於堅固而不移。《詩》云'我心匪石,不可轉也',[8]言守善篤也。《易》曰'渙汗其大號',[9]言號令如汗,汗出而不反者也。今出善令,未能逾時而反,是反汗也;用賢未能三旬而退,是轉石也。《論語》曰:'見不善如探湯。'[10]今二府奏佞讇不當在位[11]。歷年而不去。故出令則如反汗,用賢則如轉石,去佞則如拔山,如此望陰陽之調,不亦難乎!

【注】

〔1〕還,收還。

〔2〕《易》有《否》《泰》,否、泰爲《易》二卦,否凶泰吉。

〔3〕見《小雅·角弓》刺幽王喜歡讒佞的詩。麃麃,盛貌。見,無雲;晛,日氣;聿,辭。意謂雨雪呈盛,至於日出無雲,皆很快消釋。比喻爲小人雖多,只要王能興善政,那麼賢者升用,小人誅滅了。

〔4〕鯀、共工、驩兜,都爲姦佞惡臣。

〔5〕迭,互相。

〔6〕此謂季孫、孟孫,皆桓公的後代,執國權而卑公室。
〔7〕叔孫,指叔孫通。
〔8〕見《邶風・柏舟》中詩句。謂石性雖堅,尚可移轉,己志堅貞,執德不傾,過於石頭。
〔9〕見《易・渙卦》九五爻辭。意謂王者渙然大發號令,如同汗出。
〔10〕探湯,謂爲排除艱難無所退避。
〔11〕二府,指丞相、御史。譖,同"譛"。

"是以羣小窺見間隙,緣飾文字,巧言醜詆[1],流言飛文,譁於民間[2]。故《詩》云:'憂心悄悄,愠於羣小。'[3]小人成羣,誠足愠也。昔孔子與顏淵、子貢更相稱譽,不爲朋黨;禹、稷與皋陶傳相汲引,不爲比周[4]。何則?忠於爲國,無邪心也。故賢人在上位,則引其類而聚之於朝,《易》曰'飛龍在天,大人聚也'[5];在下位,則思與其類俱進,《易》曰'拔茅茹以其彙,征吉'[6]。在上則引其類,在下則推其類,故湯用伊尹,不仁者遠,而衆賢至,類相致也。今佞邪與賢臣並在交戟之內,合黨共謀,違善依惡,歙歙訾訾[7],數設危險之言,欲以傾移主上。如忽然用之,此天地之所以先戒,災異之所以重至者也[8]。"

【注】
〔1〕緣飾,猶文飾。詆,毀,辱。
〔2〕譁,喧嘩,吵嚷。
〔3〕見《邶風・柏舟》形容仁而不遇的詩。悄悄,憂心的樣子。愠,怒。

〔4〕見《尚書·舜典》。
〔5〕見《易·乾卦》九五象辭。意謂聖王正位，臨馭四方，則賢人君子皆來見朝。
〔6〕拔茅茹以期彙，征吉，這是《易·泰卦》初九爻辭。彙，類。茹，牽引。謂君有潔白之德如茅，臣下則引其類而仕之。
〔7〕交戟，相互宿衛。歙歙，投合，朋黨爲姦貌。訾訾，詆毀。
〔8〕重，反復多次。

"自古明聖，未有無誅而治者也，故舜有四放之罰[1]，而孔子有兩觀之誅[2]，然後聖化可得而行也。今以陛下明知，誠深思天地之心，迹察兩觀之誅，覽《否》《泰》之卦，觀雨雪之詩，歷周、唐之所進以爲法，原秦、魯之所消以爲戒，考祥應之福，省災異之禍，以揆當世之變[3]，放遠佞邪之黨，壞散險詖之聚[4]，杜閉羣枉之門，廣開衆正之路，決斷狐疑，分別猶豫，使是非炳然可知[5]，則百異消滅，而衆祥並至，太平之基，萬世之利也。

【注】
〔1〕四放之罰，指流共工於幽州，放驩兜于崇山，竄三苗於三危，殛鯀於羽山。
〔2〕孔子有兩觀之誅，謂少正卯奸雄之輩，故孔子攝司寇七日，誅之於兩觀之下。
〔3〕省，視。揆，度。
〔4〕詖，險言曰詖。
〔5〕炳然，明白。

"臣幸得託肺附[1],誠見陰陽不調,不敢不通所聞。竊推《春秋》災異,以救今事一二,條其所以[2],不宜宣泄。臣謹重封昧死上。"

【注】
[1] 肺附,以肝肺相附。
[2] 以,緣由。

恭、顯見其書,愈與許、史比而怨更生等。堪性公方,自見孤立,遂直道而不曲。是歲夏寒,日青無光,恭、顯及許、史皆言堪、猛用事之咎。上內重堪,又患眾口之浸潤,無所取信。時長安令楊興以材能幸,常稱譽堪。上欲以爲助,乃見問興:"朝臣斷斷不可光祿勳[1],何邪?"興者傾巧士,謂上疑堪,因順指曰:"堪非獨不可於朝廷,自州里亦不可也。臣見眾人聞堪前與劉更生等謀毀骨肉,以爲當誅,故臣前言堪不可誅傷,爲國養恩也。"上曰:"然此何罪而誅?今宜奈何?"興曰:"臣愚以爲可賜爵關內侯,食邑三百戶,勿令典事。明主不失師傅之恩,此最策之得者也。"上於是疑。會城門校尉諸葛豐亦言堪、猛短,上因發怒免豐。語在其傳。又曰:"豐言堪、猛貞信不立,朕閔而不治[2],又惜其材能未有所效,其左遷堪爲河東太守,猛槐里令。"

【注】
[1] 斷斷,忿嫉的樣子。
[2] 閔,同"憫"。

顯等專權日甚。後三歲餘,孝宣廟闕災[1],其晦,日有蝕之。於是上召諸前言日變在堪、猛者責問,皆稽首謝。乃因下詔曰:"河東太守堪,先帝賢之,命而傅朕。資質淑茂,道術通明,論議正直,秉心有常,發憤悃愊[2],信有憂國之心。以不能阿尊事貴,孤特寡助,抑厭遂退,卒不克明[3]。往者衆臣見異[4],不務自修,深惟其故,而反晻昧說天[5],託咎此人。朕不得已,出而試之,以彰其材。堪出之後,大變仍臻[6],衆亦嘿然。堪治未期年,而三老官屬有識之士詠頌其美,使者過郡,靡人不稱[7]。此固足以彰先帝之知人,而朕有以自明也。俗人乃造端作基,非議詆欺,或引幽隱,非所宜明,意疑以類,欲以陷之,朕亦不取也。朕迫於俗,不得專心,乃者天著大異,朕甚懼焉。今堪年衰歲暮,恐不得自信[8],排於異人,將安究之哉[9]?其征堪詣行在所。"拜爲光祿大夫,秩中二千石,領尚書事。猛復爲太中大夫、給事中。顯幹尚書事[10],尚書五人,皆其黨也。堪希得見,常因顯白事,事決顯口。會堪疾瘖[11],不能言而卒。顯誣譖猛,令自殺於公車。更生傷之,乃著《疾讒》、《擿要》[12]、《救危》及《世頌》,凡八篇,依興古事[13],悼己及同類也。遂廢十餘年。

【注】

[1] 闕,古代宮廟及墓門立雙柱者謂之闕。
[2] 淑,善。茂,美。悃,誠。愊,緻密。
[3] 厭,不伸。克,能夠。
[4] 異,災異。

〔5〕晻,音暗,不明。
〔6〕臻,完善。
〔7〕三老官屬,古代設三老五更之位,以養老人。靡,無。
〔8〕信,伸。
〔9〕究,明。
〔10〕幹,同"管"。
〔11〕瘖,不能言語。
〔12〕擿,指發。
〔13〕興,比喻。

　　成帝即位[1],顯等伏辜,更生乃復進用,更名向。向以故九卿召拜爲中郎,使領護三輔都水[2]。數奏封事,遷光禄大夫。是時帝元舅陽平侯王鳳爲大將軍秉政,倚太后,專國權,兄弟七人皆封爲列侯。時數有大異,向以爲外戚貴盛,鳳兄弟用事之咎。而上方精於《詩》《書》,觀古文,詔向領校中五經祕書[3]。向見《尚書·洪範》,箕子爲武王陳五行陰陽休咎之應[4]。向乃集合上古以來歷春秋六國至秦漢符瑞災異之記,推迹行事,連傳禍福,著其占驗,比類相從,各有條目,凡十一篇,號曰《洪範五行傳論》,奏之。天子心知向忠精,故爲鳳兄弟起此論也,然終不能奪王氏權。

【注】

〔1〕成帝,公元前32年至前7年在位。
〔2〕三輔,漢代的京兆尹、左馮翊、右扶風合稱三輔。都水,總管三輔水利的官。

〔3〕中五經祕書，內府所藏的五經祕書。

〔4〕休，美。

久之，營起昌陵，數年不成，復還歸延陵，制度泰奢。向上疏諫曰：

"臣聞《易》曰：'安不忘危，存不忘亡，是以身安而國家可保也。'[1]故賢聖之君，博觀終始，窮極事情，而是非分明。王者必通三統[2]，明天命所授者博，非獨一姓也。孔子論《詩》，至於'殷士膚敏，祼將於京'[3]，喟然嘆曰：'大哉天命！善不可不傳於子孫，是以富貴無常；不如是，則王公其何以戒慎，民萌何以勸勉？'[4]蓋傷微子之事周，而痛殷之亡也。雖有堯、舜之聖，不能化丹朱之子；雖有禹、湯之德，不能訓末孫之桀、紂。自古及今，未有不亡之國也。昔高皇帝既滅秦，將都雒陽，感寤劉敬之言，自以德不及周，而賢於秦，遂徙都關中，依周之德，因秦之阻[5]。世之長短，以德為效[6]，故常戰栗，不敢諱亡。孔子所謂'富貴無常'，蓋謂此也。

【注】

〔1〕見《易·繫辭下》。

〔2〕三統，指天地人。

〔3〕見《大雅·文王》中詩句。膚，美。敏，疾。祼，灌祭。將，行。京，周京。意謂殷之臣有美德而敏疾，乃來助周行灌祭事，天命無常，歸於有德。

〔4〕萌,通"氓",無知的樣子。
〔5〕阻,險要之地。
〔6〕效,徵驗。

"孝文皇帝居霸陵,北臨廁[1],意悽愴悲懷,顧謂羣臣曰:'嗟乎!以北山石爲槨,用紵絮斮陳漆其間,豈可動哉[2]!'張釋之進曰:'使其中有可欲,雖錮南山猶有隙;使其中無可欲,雖無石槨,又何戚焉[3]?'夫死者無終極,而國家有廢興,故釋之之言,爲無窮計也。孝文寤焉,遂薄葬,不起山墳。

【注】
〔1〕廁,近水。霸陵山北頭近霸水,文帝登其上以遠望。
〔2〕斮,斬。陳,施。此謂以北山石爲槨,以紵絮圍包,再涂上漆,則不可動搖了。
〔3〕此謂槨中有別人想要的金銀財寶,那麼再堅固的石槨還是有間隙,其中没有別人要的東西,則無人掘取,亦不必憂惑。

"《易》曰:'古之葬者,厚衣之以薪,臧之中野,不封不樹[1]。後世聖人易之以棺槨。'棺槨之作,自黄帝始。黄帝葬於橋山[2],堯葬濟陰,丘壠皆小[3],葬具甚微。舜葬蒼梧,二妃不從[4]。禹葬會稽,不改其列[5]。殷湯無葬處。文、武、周公葬於畢[6],秦穆公葬於雍橐泉宫祈年館下,樗里子葬於武庫,皆無丘隴之處。此聖帝明王賢君智士遠覽獨慮無窮之計也。

其賢臣孝子亦承命順意而薄葬之,此誠奉安君父,忠孝之至也。

【注】

〔1〕不封不樹,謂古代埋葬,以積薪覆蓋,不聚土爲墳,也不在其上種樹。
〔2〕橋山,在陽周。
〔3〕丘壠,冢墳。
〔4〕不從,不隨葬。
〔5〕列,以往的百物秩序。
〔6〕畢,在長安西北四十里。

"夫周公,武王弟也,葬兄甚微。孔子葬母於防,稱古墓而不墳[1],曰:'丘,東西南北之人也,不可不識也[2]。'爲四尺墳,遇雨而崩。弟子修之,以告孔子,孔子流涕曰:'吾聞之,古者不修墓。'蓋非之也[3]。延陵季子適齊而反[4],其子死,葬於嬴、博之間,穿不及泉,斂以時服,封墳掩坎,其高可隱,而號曰[5]:'骨肉歸復於土,命也,魂氣則無不之也。'夫嬴、博去吳千有餘里,季子不歸葬。孔子往觀曰:'延陵季子於禮合矣[6]。'故仲尼孝子,而延陵慈父,舜、禹忠臣,周公弟弟[7],其葬君親骨肉,皆微薄矣;非苟爲儉,誠便於體也。宋桓司馬爲石椁,仲尼曰'不如速朽'。秦相呂不韋集知略之士而造《春秋》[8],亦言薄葬之義,皆明於事情者也。

【注】

〔1〕墓而不墳,墓謂壙穴,墳謂積土。
〔2〕謂周游以行其道,不得專在本邦,故墓須表識。
〔3〕事見《禮記·檀弓上》。
〔4〕反,通"返"。
〔5〕號,哭。
〔6〕事見《禮記·檀弓下》。
〔7〕弟,動詞,悌惜。
〔8〕《春秋》,指《吕氏春秋》。

"逮至吳王闔閭,違禮厚葬,十有餘年,越人發之。及秦惠文、武、昭、嚴襄五王,皆大作丘隴,多其瘞臧[1],咸盡發掘暴露,甚足悲也。秦始皇帝葬於驪山之阿[2],下錮三泉[3],上崇山墳,其高五十餘丈,周回五里有餘,石槨為游館[4],人膏為燈燭,水銀為江海,黄金為鳧雁。珍寶之臧,機械之變[5],棺槨之麗,宫館之盛,不可勝原[6]。又多殺宫人,生薶工匠[7],計以萬數。天下苦其役而反之,驪山之作未成,而周章百萬之師至其下矣[8]。項籍燔其宫室營宇,往者咸見發掘。其後牧兒亡羊,羊入其鑿[9],牧者持火照求羊,失火燒其臧槨。自古至今,葬未有盛如始皇者也,數年之間,外被項籍之災,内離牧豎之禍[10],豈不哀哉!

【注】

〔1〕瘞,埋。

〔2〕阿,山曲。

〔3〕錮,同"固"。

〔4〕游館,離宮別館。

〔5〕機械之變,令匠作機弩矢,有所穿近,輒射之。

〔6〕勝原,勝數。

〔7〕薶,埋。

〔8〕周章,陳勝的將領。

〔9〕鑿,指以前盜墓者所挖之洞。

〔10〕離,遭。

"是故德彌厚者葬彌薄,知愈深者葬愈微。無德寡知,其葬愈厚,丘隴彌高,宮廟甚麗,發掘必速。由是觀之,明暗之效,葬之吉凶,昭然可見矣。周德既衰而奢侈,宣王賢而中興,更爲儉宮室,小寢廟。詩人美之,《斯干》之詩是也〔1〕,上章道宮室之如制,下章言子孫之衆多也。及魯嚴公刻飾宗廟〔2〕,多築臺囿,後嗣再絕,《春秋》刺焉。周宣如彼而昌,魯、秦如此而絕,是則奢儉之得失也。

【注】

〔1〕《斯干》,《小雅》篇名,贊美宣王考室。首章曰:"秩秩斯干。"秩秩,流行;干,澗,喻宣王之德如澗水之源,秩秩流出,無極無窮。

〔2〕魯嚴公,即魯莊公,公元前693—前662在位。

"陛下即位,躬親節儉,始營初陵,其制約小,天下莫不稱賢明。及徙昌陵，增埤爲高[1]，積土爲山，發民墳墓，積以萬數，營起邑居，期日迫卒[2]，功費大萬百餘[3]。死者恨於下，生者愁於上，怨氣感動陰陽，因之以饑饉，物故流離以十萬數[4]，臣甚憯焉[5]。以死者爲有知，發人之墓，其害多矣；若其無知，又安用大？謀之賢知則不說[6]，以示衆庶則苦之；若苟以說愚夫淫侈之人，又何爲哉！陛下慈仁篤美甚厚，聰明疏達蓋世，宜弘漢家之德，崇劉氏之美，光昭五帝、三王，而顧與暴秦亂君競爲奢侈[7]，比方丘隴，說愚夫之目，隆一時之觀，違賢知之心，亡萬世之安，臣竊爲陛下羞之。唯陛下上覽明聖黄帝、堯、舜、禹、湯、文、武、周公、仲尼之制，下觀賢知穆公、延陵、樗里、張釋之之意。孝文皇帝去墳薄葬，以儉安神，可以爲則；秦昭、始皇增山厚臧，以侈生害，足以爲戒。初陵之橅[8]，宜從公卿大臣之議，以息衆庶。"

【注】

[1] 埤，下。
[2] 卒，猝。
[3] 大萬，億。
[4] 物故，死亡。流離，失居所。
[5] 憯，同"憫"。
[6] 說，即"悅"，下文"說愚夫之目"之"說"同。
[7] 顧，反而。
[8] 橅，規劃墓地。

書奏,上甚感向言,而不能從其計。

向睹俗彌奢淫,而趙、衛之屬起微賤,逾禮制[1]。向以爲王教由內及外,自近者始。故采取《詩》《書》所載賢妃貞婦,興國顯家可法則,及孽嬖亂亡者[2],序次爲《列女傳》,凡八篇,以戒天子。及採傳記行事,著《新序》、《說苑》凡五十篇奏之。數上疏言得失,陳法戒。書數十上,以助觀覽,補遺闕。上雖不能盡用,然內嘉其言,常嗟嘆之。

【注】
[1] 趙、衛,指趙皇后、昭儀、衛婕妤。逾,越。
[2] 孽,庶;嬖,愛。

時上無繼嗣,政由王氏出,災異浸甚[1]。向雅奇陳湯智謀,與相親友,獨謂湯曰:"災異如此,而外家日盛,其漸必危劉氏。吾幸得同姓末屬,絫世蒙漢厚恩[2],身爲宗室遺老,歷事三主。上以我先帝舊臣,每進見常加優禮,吾而不言,孰當言者?"向遂上封事極諫曰:

【注】
[1] 浸,漸。
[2] 絫,古"累"字。

"臣聞人君莫不欲安,然而常危,莫不欲存,然而常亡,失御臣之術也[1]。夫大臣操權柄,持國政,未有不爲害者也。昔晉有六卿[2],齊有田、崔,衛有孫、甯，魯有季、孟，常掌國事，世執朝柄。終後田氏取齊；六卿分晉；崔杼殺其君光；孫林父、甯殖出其君衎，弒其君剽；季氏八佾舞於庭，三家者以《雍》徹[3]，並專國政，卒逐昭公。周大夫尹氏筦朝事[4]，濁亂王室，子朝、子猛更立，連年乃定。故經曰'王室亂'，又曰'尹氏殺王子克'，甚之也[5]。《春秋》舉成敗，錄禍福，如此類甚衆，皆陰盛而陽微，下失臣道之所致也。故《書》曰：'臣之有作威作福，害於而家，凶於而國[6]。'孔子曰'祿去公室，政逮大夫'，危亡之兆[7]。秦昭王舅穰侯及涇陽、葉陽君專國擅勢，上假太后之威，三人者權重於昭王，家富於秦國，國甚危殆，賴寤范雎之言[8]，而秦復存。二世委任趙高，專權自恣，壅蔽大臣，終有閻樂望夷之禍[9]，秦遂以亡。近事不遠，即漢所代也。

【注】

〔1〕御，駕馭，控制。

〔2〕六卿，指智伯、范、中行、韓、魏、趙。

〔3〕佾，列，舞者之行列，八人一佾，八佾六十四人。雍，樂詩名，徹饌奏之。均爲僭王者之制。

〔4〕筦，同"管"。

〔5〕甚，謂惡大甚。

〔6〕見《周書·洪範》。而，汝。謂唯君能作威作福，臣下爲之，則致凶害。

〔7〕見《論語》。意謂政不由君，下及大夫，是危亡的徵兆。

〔8〕寤，通"悟"。范雎，戰國時魏人，善口辯，入秦，說昭王外以遠交近攻之策，內定君王一人之尊，爲相，封應侯。

〔9〕二世，秦二世胡亥。秦二世齋於望夷宮，閻樂以兵殺二世。

"漢興，諸呂無道，擅相尊王。呂產、呂祿席太后之寵[1]，據將相之位，兼南北軍之衆，擁梁、趙王之尊，驕盈無厭，欲危劉氏。賴忠正大臣絳侯、朱虛侯等竭誠盡節以誅滅之，然後劉氏復安。今王氏一姓乘朱輪華轂者二十三人，青紫貂蟬充盈幄內，魚鱗左右[2]。大將軍秉事用權，五侯驕奢僭盛，並作威福，擊斷自恣，行汙而寄治，身私而託公[3]，依東宮之尊[4]，假甥舅之親，以爲威重。尚書九卿州牧郡守皆出其門，筦執樞機，朋黨比周。稱譽者登進，忤恨者誅傷；游談者助之說，執政者爲之言。排擯宗室，孤弱公族[5]，其有智能者，尤非毁而不進。遠絶宗室之任，不令得給事朝省，恐其與己分權；數稱燕王、蓋主以疑上心，避諱呂、霍而弗肯稱[6]。內有管、蔡之萌，外假周公之論，兄弟據重，宗族磐互[7]。歷上古至秦漢，外戚僭貴未有如王氏者也。雖周皇甫、秦穰侯、漢武安、呂、霍、上官之屬，皆不及也。

【注】

〔1〕席，因，沿。

〔2〕朱輪華轂，紅漆車輪，彩繪車轂。古代貴官所乘的車。青紫，指三公九卿的飾。魚鱗左右，在皇帝左右，相次若魚鱗。

〔3〕身私而託公,行私而託言公道。

〔4〕東宮,太后所居。

〔5〕孤弱,動詞,消蝕。

〔6〕避諱呂、霍而弗肯稱,呂后、霍后兩家皆坐僭擅誅滅,形相類似,故王氏諱而不言。

〔7〕磐互,相互磐結。

"物盛必有非常之變先見[1],爲其人微象。孝昭帝時,冠石立於泰山,仆柳起於上林[2]。而孝宣帝即位,今王氏先祖墳墓在濟南者,其梓柱生枝葉,扶疏上出屋,根㨄地中[3],雖立石起柳,無以過此之明也。事勢不兩大,王氏與劉氏亦且不並立,如下有泰山之安,則上有累卵之危。陛下爲人子孫,守持宗廟,而令國祚移於外親[4],降爲皂隸[5],縱不爲身,奈宗廟何!婦人内夫家,外父母家[6],此亦非皇太后之福也。孝宣皇帝不與舅平昌、樂昌侯權,所以安全之也。

【注】

〔1〕見,現。

〔2〕立,自立。仆柳,已死之樹。

〔3〕梓柱,梓樹。扶疏,枝葉茂盛。㨄,本作㩲,插也。

〔4〕國祚,帝王之位。

〔5〕皂隸,卑賤之人。

〔6〕内,親。外,疏。

"夫明者起福於無形,銷患於未然。宜發明詔,吐德音,援近宗室,親而納信[1],黜遠外戚,毋授以政,皆罷令就弟[2],以則效先帝之所行,厚安外戚,全其宗族,誠東宮之意,外家之福也。王氏永存,保其爵祿,劉氏長安,不失社稷,所以褒睦外內之姓,子子孫孫無疆之計也。如不行此策,田氏復見於今,六卿必起於漢,爲後嗣憂,昭昭甚明,不可不深圖,不可不蚤慮[3]。《易》曰:'君不密,則失臣;多臣不密,則失身;幾事不密,則害成。'[4]唯陛下深留聖思,審固幾密[5],覽往事之戒,以折中取信,居萬安之實,用保宗廟,久承皇太后[6],天下幸甚。"

【注】

[1] 援,引。信,指親信。
[2] 弟,通"第",住宅。
[3] 蚤,同"早"。
[4] 見《易·繫辭上》。密,慎密。
[5] 幾密,機密。
[6] 久承皇太后,社稷安而君安,君安而能久奉承皇太后。

書奏,天子召見向,嘆息悲傷其意,謂曰:"君且休矣,吾將思之。"以向爲中壘校尉。

向爲人簡易無威儀,廉靖樂道,不交接世俗,專積思於經術,晝誦書傳,夜觀星宿,或不寐達旦。元延中,星孛東井,蜀郡岷山崩雍江[1]。向惡此異,語在《五行志》。懷不能已,復上奏,其辭曰:

【注】

〔1〕孛,通"悖",逆忤。雍,通"壅"。

"臣聞帝舜戒伯禹,毋若丹朱敖[1];周公戒成王,毋若殷王紂[2]。《詩》曰'殷監不遠,在夏后之世'[3],亦言湯以桀爲戒也。聖帝明王常以敗亂自戒,不諱廢興,故臣敢極陳其愚,唯陛下留神察焉。

【注】

〔1〕見《虞書·益稷》。敖,通"傲"。
〔2〕見《周書·無逸》。
〔3〕見《大雅·蕩》。

"謹案春秋二百四十二年,日蝕三十六,襄公尤數,率三歲五月有奇而壹食[1]。漢興訖竟寧[2],孝景帝尤數[3],率三歲一月而一食。臣向前數言日當食,今連三年比食[4]。自建始以來,二十歲間而八食,率二歲六月而一發,古今罕有。異有小大希稠,占有舒疾緩急,而聖人所以斷疑也。《易》曰:'觀乎天文,以察時變。'[5]昔孔子對魯哀公[6],並言夏桀、殷紂暴虐天下,故厤失則攝提失方,孟陬無紀[7],此皆易姓之變也。秦始皇之末至二世時,日月薄食[8],山陵淪亡,辰星出於四孟[9],太白經天而行[10],無雲而雷,枉矢夜光[11],熒惑襲月[12],孽火燒宮[13],野禽戲廷[14],都門内崩[15],長人見臨洮,石隕於東郡,星孛大角,大角以亡[16]。觀孔子之言，考暴秦之異，天命信可畏也。及項籍之敗，亦孛大角。漢之入秦，五星聚於東井，得天下之象也。孝惠時，有雨血，日食於衝[17]，滅光星見之異。孝昭時，有泰山臥石自立，上林僵柳復起，大星如月西行，衆星隨之，此爲特異。孝宣興起之表，天狗夾漢而西[18]，久陰不雨者二十餘日，昌邑不終之異也。皆著於《漢紀》。觀秦、漢之易世，覽惠、昭之無後，察昌邑之不終，視孝宣之紹起，天之去就，豈不昭昭然哉！高宗、成王亦有雉雊拔木之變，能思其故，故高宗有百年之福，成王有復風之報[19]。神明之應，應若景嚮[20]，世所同聞也。

【注】

〔1〕奇，奇數。

〔2〕竟寧，公元前33年，元帝年號。

〔3〕景帝，公元前156—前141年在位。

〔4〕比，頻。

〔5〕見《易・賁・象辭》。

〔6〕魯哀公，公元前494—前476年在位。

〔7〕攝提，星名。隨斗杓建十二月，曆不正，失其所建。首時爲孟，正月爲陬。

〔8〕薄，逼。

〔9〕四孟，四時之孟月。

〔10〕太白，陰星。過午爲經天。

〔11〕枉矢夜光，流星如亂箭。

〔12〕熒惑襲月，熒惑星象徵內亂，月象徵刑罰，內亂深入刑法。

〔13〕孽,災。
〔14〕野禽戲廷,野鳥入居處,主人將去。
〔15〕內崩,內部毀壞。
〔16〕大角以亡,大角星,流星掩大角,大角因伏而不見。
〔17〕日食於衝,日月行交道之要衝,相逼而遇。
〔18〕天狗,流星,祅星。
〔19〕雛雉,雉鳴。復,恢復。
〔20〕景向,影響。

"臣幸得託末屬,誠見陛下有寬明之德,冀銷大異[1],而興高宗、成王之聲,以崇劉氏,故狠狠數奸死亡之誅[2]。今日食尤屢,星孛東井,攝提炎及紫宮[3],有識長老莫不震動,此變之大者也。其事難一二記,故《易》曰'書不盡言,言不盡意'[4],是以設卦指爻,而復說義。《書》曰'伻來以圖'[5],天文難以相曉,臣雖圖上,猶須口說,然後可知,願賜清燕之閒[6],指圖陳狀。"

【注】
〔1〕末屬,親族。冀,希望。異,災異。
〔2〕狠狠,狠音懇,真誠之意。奸,犯。
〔3〕炎,同"焰"。紫宮,星名,又名紫微垣,位於北斗東北,東西列以北極爲中樞,成屏藩狀。
〔4〕見《易·繫辭上》。
〔5〕見《周書·洛誥》。伻,使。意謂使人以圖來示成王,明口說不了,指圖明瞭。

〔6〕燕之閒，即宴之閒。

上輒入之⁽¹⁾，然終不能用也。向每召見，數言公族者國之枝葉，枝葉落則本根無所庇蔭；方今同姓疏遠，母黨專政，祿去公室，權在外家，非所以彊漢宗，卑私門，保守社稷，安固後嗣也。

【注】
〔1〕入，召入。

向自見得信於上，故常顯訟宗室，譏刺王氏及在位大臣，其言多痛切，發於至誠。上數欲用向為九卿，輒不為王氏居位者及丞相御史所持，故終不遷⁽¹⁾。居列大夫官前後三十餘年，年七十二卒。卒後十三歲而王氏代漢。向三子皆好學：長子伋，以《易》教授，官至郡守；中子賜，九卿丞，蚤卒；少子歆，最知名。

【注】
〔1〕持，支持。遷，提拔。

選自《漢書》卷三十六《楚元王傳》

揚　　雄（前53—18）

　　揚雄字子雲，蜀郡成都人也。其先出自有周伯僑者，以支庶初食采於晉之揚[1]，因氏焉，不知伯僑周何別也[2]。揚在河、汾之間[3]，周衰而揚氏或稱侯，號曰揚侯。會晉六卿爭權，韓、魏、趙興而范中行、知伯弊。當是時，偪揚侯[4]，揚侯逃於楚巫山，因家焉。楚漢之興也，揚氏遡江上，處巴江州[5]。而揚季官至廬江太守。漢元鼎間避仇復遡江上，處岷山之陽曰郫[6]，有田一廛[7]，有宅一區[8]，世世以農桑爲業。自季至雄，五世而傳一子，故雄亡它揚於蜀[9]。

【注】
〔1〕有周，指周代。支庶，旁支。采，以官受地，謂之采地。
〔2〕不知伯僑周何別也，不知道伯僑屬於周的哪一個分支。
〔3〕河汾，黃河、汾河。
〔4〕偪，同"逼"，壓迫。
〔5〕遡，同"溯"，逆流而上。
〔6〕元鼎，漢武帝年號（前116—前111）。郫，音疲，縣名。
〔7〕廛，同"廛"。一廛，一百畝。
〔8〕區，地有界域謂區。
〔9〕雄亡它揚於蜀，意謂在蜀姓揚者都非雄族。亡，無。

　　雄少而好學，不爲章句，訓詁通而已[1]，博覽無所不見。爲人簡易佚蕩,口吃不能劇談[2],默而好深湛之思[3],清静亡爲,少耆欲[4],不汲汲於富貴[5],不戚戚於貧賤[6],不修廉隅以徼名當世[7]。家産不過十金,乏無儋石之儲,晏如也[8]。自有大度,非聖哲之書不好也;非其意[9],雖富貴不事也。顧嘗好辭賦[10]。

【注】

[1] 不爲章句,不注意分章斷句。訓詁通而已,僅瞭解其意義而已。
[2] 佚蕩,舒緩。劇,疾速。劇談,快説。
[3] 湛,沉。
[4] 耆,同"嗜"。
[5] 汲汲,欲速之貌。
[6] 戚戚,憂慮的樣子。
[7] 廉隅,行爲方正。徼,求。
[8] 儋石,即擔石,二石爲一擔,二石米。晏,安。
[9] 非其意,不合其意。
[10] 顧,但是。

先是時,蜀有司馬相如[1],作賦甚弘麗温雅,雄心壯之,每作賦,常擬之以爲式[2]。又怪屈原文過相如,至不容[3],作《離騷》,自投江而死,悲其文,讀之未嘗不流涕也。以爲君子得時則大行,不得時則龍蛇[4],遇不遇命也,何必湛身哉[5]!乃作書,往往摭《離騷》文而反之[6],自岷山投諸江流以弔屈原,名曰《反離騷》;又旁《離騷》作重一篇[7],名曰《廣騷》;又旁《惜誦》以下至《懷沙》一卷,

名曰《畔牢愁》[8]。《畔牢愁》、《廣騷》文多不載,獨載《反離騷》,其辭曰:

【注】

[1] 司馬相如,漢成都人,字長卿,少好書,學擊劍,慕藺相如之爲人,口吃而善著書。武帝時,以獻賦爲郎,通西南夷有功,拜爲孝文園令。
[2] 擬之以爲式,以他爲範式來模仿。
[3] 怪,奇異。不容,不爲世所容。
[4] 大行,崇高的德行。龍蛇,像龍蛇一樣蟄伏,以存身也。
[5] 湛身,湛,沉,此謂投江而死。
[6] 摭,拾取。反,謂反其意義也。
[7] 旁,依。
[8] 畔牢愁,畔,離。牢,聊,意謂與君相離,愁而無聊。《惜誦》、《懷沙》都是屈原《九章》詩中的篇名。

"有周氏之蟬嫣兮,或鼻祖於汾隅[1],靈宗初諜伯僑兮,流於末之揚侯[2]。淑周楚之豐烈兮,超既離虖皇波[3],因江潭而汜記兮,欽弔楚之湘纍[4]。

【注】

[1] 蟬嫣,連聯,謂與周氏親連。鼻,祖,揚雄自稱系出周氏而食采於揚,故云始祖於汾隅。
[2] 諜,譜系,此謂從伯僑以來的譜系可以追敍。
[3] 淑,善。超,快速。離,歷。皇,大。
[4] 潭,水邊。汜,同"往"。記,此謂弔文。欽,敬。纍,不以罪死曰纍。

"惟天軌之不辟兮,何純潔而離紛[1]!紛纍以其洟涊兮,暗纍以其繽紛[2]。

"漢十世之陽朔兮[3],招搖紀於周正[4],正皇天之清則兮,度后土之方貞[5]。圖纍承彼洪族兮,又覽纍之昌辭[6],帶鉤矩而佩衡兮,履欃槍以為綦[7]。素初貯厥麗服兮,何文肆而孈[8]!資娪娃之珍髦兮,鬻九戎而索賴[9]。

【注】

[1] 天軌,天道。離,遭遇。紛,難。
[2] 洟涊,穢濁。繽紛,交雜。
[3] 陽朔,成帝八年稱陽朔,從高祖至成帝共十世。
[4] 招搖,斗杓星,主天時。周正,十一月。此謂在此時弔屈原。
[5] 此謂揚雄自認己心所履行皆取法天地。
[6] 圖,按本系的圖書。洪,大。覽,省視。昌,美。
[7] 鉤,規。矩,方。衡,平。欃槍,妖星。綦,履迹。
[8] 貯,積。肆,放。孈,狹。
[9] 娪娃,為美女。髦,髮。鬻,賣。九戎,被髮的少數民族。賴,利。

"鳳皇翔於蓬陼兮,豈駕鵝之能捷[1]!騁驊騮以曲囏兮,驢騾連蹇而齊足[2]。枳棘之榛榛兮,蝯貁擬而不敢下[3],靈修既信椒、蘭之啑佞兮,吾纍忽焉而不蚤睹[4]?

【注】

[1] 蓬陼,蓬萊仙島。駕鵝,鳥名。捷,及。

〔2〕驊騮,駿馬名。齅,古艱字。駿馬馳於屈曲艱阻之中,則與驢騾並行。
〔3〕枳棘,多刺的樹木,喻艱難險惡。榛榛,梗穢的樣子。蝯,善攀援。狖,似猴,長尾,善攀援。擬,同"疑"。
〔4〕靈修,楚王。椒蘭,令尹子椒、子蘭。喑佁,潛言。蚤,同"早"。

"衿芰茄之緑衣兮,被夫容之朱裳[1],芳酷烈而莫聞兮,不如襞而幽之離房[2]。閨中容競淖約兮,相態以麗佳[3],知衆嫭之嫉妒兮,何必颺纍之蛾眉[4]?

【注】
〔1〕衿,衣帶。芰,水菱。茄,荷。夫容,芙蓉。
〔2〕襞,迭衣。離房,别房。
〔3〕謂女子競爲佳麗之態以相傾。
〔4〕謂明知衆人要嫉妒,何必又自舉蛾眉給衆人看呢?

"懿神龍之淵潛,竢慶云而將舉[1],亡春風之被離兮[2],孰焉知龍之所處?愍吾纍之衆芬兮,颺燁燁之芳苓[3],遭季夏之凝霜兮,慶夭領而喪榮[4]。

【注】
〔1〕懿,美。竢,等待。龍以潛居待雲而爲美。
〔2〕被,通"披"。
〔3〕燁燁,光盛的樣子。
〔4〕慶,發語詞。領,古悴字。

"橫江、湘以南泩兮,雲走乎彼蒼吾,馳江潭之汎溢兮,將折衷虖重華[1]。舒中情之煩或兮,恐重華之不纍與[2],陵陽侯之素波兮[3],豈吾纍之獨見許?

【注】
[1] 泩,往。走,趣也。重華,舜名,死葬蒼梧,在江湘之南。
[2] 恐重華之不纍與,舜避父害以全身,進而事君,與屈原不能避禍而自沉不同。
[3] 陵,乘。陽侯,古代諸侯,有罪自投江,其神爲大波。

"精瓊靡與秋菊兮,將以延夫天年;臨汨羅而自隕兮[1],恐日薄於西山。解扶桑之總轡兮,縱令之遂奔馳[2],鸞皇騰而不屬兮,豈獨飛廉與雲師[3]!

【注】
[1] 精,細。瓊,玉之華也。靡,屑也。這裏認爲屈原既欲長壽而又沉汨羅自盡,言行不一。
[2] 扶桑,日出之處。總轡,繫馬繮,引申爲駕御。謂將繫日的結解開,讓其奔馳。
[3] 飛廉,風伯。謂結已解開,任其奔馳,風伯雲師也趕不上。

"卷薜芷與若蕙兮,臨湘淵而投之[1];棍申椒與菌桂兮,赴江湖而漚之[2]。費椒稰以要神兮,又勤索彼瓊茅[3],違靈氛而不從兮,反湛身於江皋[4]!

【注】

〔1〕薜芷,當歸靈芷。若蕙,杜若佩蘭。皆香草名。
〔2〕棍,一大束。申椒,香木名。菌桂,肉桂。漚,漬。
〔3〕椒稰,用椒香末饊。索,求。瓊茅,靈草。
〔4〕靈氛,古代善於占卜的人。江皋,江水邊的游地。

"纍既𢫦夫傅說兮[1],奚不信而遂行?徒恐鷤鴂之將鳴兮,顧先百草爲不芳[2]!

"初纍棄彼虙妃兮,更思瑤臺之逸女[3],抨雄鴆以作媒兮,何百離而曾不壹耦[4]!乘雲蜺之旖柅兮,望崑侖以樛流,覽四荒而顧懷兮,奚必云女彼高丘[5]?

【注】

〔1〕𢫦,古攀字。傅說,殷相。傅說曾築於傅巖之野,武丁訪得,舉以爲相。
〔2〕鷤鴂,即鷤鴂,杜鵑鳥。鷤鴂常在立夏鳴叫,鳴則百花將凋。
〔3〕虙妃,古神女。瑤臺,美玉砌成的臺。
〔4〕雄鴆,毒鳥。耦,合。
〔5〕旖柅,雲的形態。樛流,周流。女,仕。謂何必要仕於楚。

"既亡鸞車之幽藹兮,焉駕八龍之委蛇[1]?臨江瀕而掩涕兮,何有《九招》與《九歌》[2]?夫聖哲之不遭兮,固時命之所有;雖增欷以於邑兮,吾恐靈修之不纍改[3]。昔仲尼之去魯兮,斐斐遲遲而周邁[4],終回復於舊都兮,何必湘淵與濤瀨[5]!溷漁父之鋪歠兮,絜沐浴之振衣[6]，棄由、聃之所珍兮，蹠彭咸之所遺[7]！"

【注】
〔1〕幽藹，猶晻藹。謂既無鸞車，則不得雲駕八龍。
〔2〕《九招》，招讀曰韶。《離騷》云：奏九歌以舞韶。《九招》與《九歌》，哀樂不相副。
〔3〕增，重也。欷，抽咽嘆息聲。於邑，短氣。謂屈原自嘆以至短氣，而楚王終不改悟。
〔4〕斐斐，往來的樣子。
〔5〕濤，大波。瀨，急流。
〔6〕溷，混濁。餔，食。歠，通"啜"，飲也。絜，同"潔"。
〔7〕由，許由。聃，老聃。二人守道，不爲時俗所汙，保全自身。彭咸，殷代忠介之士，不得其志，投江而死。

孝成帝時，客有薦雄文似相如者，上方郊祠甘泉泰畤、汾陰后土，以求繼嗣，召雄待詔承明之庭。正月，從上甘泉，還奏《甘泉賦》以風[1]。其辭曰：

【注】
〔1〕風，通"諷"。

"惟漢十世，將郊上玄，定泰畤，雍神休[1]，尊明號，同符三皇，錄功五帝，邮胤錫羨[2]，拓迹開統。於是乃命羣僚，歷吉日，協靈辰，星陳而天行[3]。詔招搖與泰陰兮，伏鉤陳使當兵[4]，屬堪輿以壁壘兮，梢夔魖而抶獝狂[5]。八神奔而警蹕兮,振殷轔而軍裝[6];蚩尤之倫帶干將而秉玉戚兮,飛蒙茸而走陸梁[7]。齊總總撙撙,其相膠葛兮,猋駭雲訊,奮以方攘[8];駢羅列布,鱗以雜沓兮,柴虒參差,魚頡而鳥䎙[9];翕赫𩯈霍,霧集蒙合兮,半散照爛,粲以成章[10]。

【注】

〔1〕上玄,指天。泰畤,天子祭天的地方。雍,聚。休,美。
〔2〕邮,憂。胤,續。錫,與。羨,饒。
〔3〕歷吉日,選好日子。協靈辰,合於善時。星陳而天行,如星之陳,象天之行。
〔4〕招搖,星名,在北斗杓端。泰陰,歲後三辰。鉤陳,星名。
〔5〕堪輿,天地總稱。梢,擊。夔,人面龍身獸。魖名,耗鬼。抶,笞打。獝狂,惡鬼。
〔6〕蹕,古代帝王出行時,禁止行人以清道。警蹕,猶警戒。殷轔,盛況。
〔7〕玉戚,以玉爲戚柄。蒙茸,又作蒙戎。猶蓬鬆,亂也。陸梁,跳躍的樣子。
〔8〕總總撙撙,聚合貌。膠葛,錯雜貌。猋駭雲訊,如暴風疾雲。方攘,半散。
〔9〕駢羅,駢比羅列。柴虒參差,不齊的樣子。魚頡而鳥䎙,魚上而鳥下。
〔10〕翕赫𩯈霍,開合的樣子。霧集蒙合,大霧蒙蒙,地氣聚合。半散照爛,謂分佈而光明。

"於是乘輿乃登夫鳳皇兮翳華芝[1],駟蒼螭兮六素虬[2],蜩蟉蜿蟺[3],灕乎慘纚[4]。帥爾陰閉,霅然陽開[5],騰清霄而軼浮景兮,夫何旟旐郅偈之旖柅也[6]!流星旄以電燭兮,咸翠蓋而鸞旗[7]。敦萬騎於中營兮,方玉車之千乘[8]。聲駍隱以陸離兮,輕先疾雷而馺遺風[9]。陵高衍之嶵崣兮,超紆譎之清澄[10]。登椽欒而羾天門兮,馳閶闔而入凌兢[11]。

【注】

〔1〕鳳皇,以鳳凰爲車飾。翳,蔽。華芝,華蓋。
〔2〕駟,車駕四馬爲駟。螭,傳說的一種無角的龍,《說文》:"或無角曰螭。"虬,一本作"虯",《說文》:"龍子有角者。"。
〔3〕蜩蟉蜿蟺,螭虬的樣態。
〔4〕灕乎慘纚,車飾的樣子。
〔5〕帥,聚。霅,散。
〔6〕騰,昇。霄,日旁之氣。軼,過。車上畫鳥曰旟,畫龜蛇曰旐。郅偈,竿杠的樣子。旖柅,柔軟的樣子。
〔7〕燭,照。咸,都。
〔8〕敦,聚。方,並。
〔9〕馺,疾速。
〔10〕高衍,高陡的河岸。嶵崣,山上下衆多的樣子。紆譎,曲折。
〔11〕椽欒,甘泉南山。羾,至。入凌兢,入寒冷戰慄處。

"是時未轃夫甘泉也,乃望通天之繹繹[1]。下陰潛以慘廩兮,上洪紛而相錯[2];直嶢嶢以造天兮,厥高慶而不可虖疆度[3]。平原唐其壇曼兮,列新雉於林薄[4];攢并閭與茇苦兮,紛被麗其亡鄂[5]。崇丘陵之駊騀兮,深溝嶔巖而爲谷[6];逴逴離宮般以相燭兮,封巒石關施靡虖延屬[7]。

【注】

〔1〕輳,同"臻",至。通天,臺名。繹繹,相連的樣子。
〔2〕慘懍,寒涼。洪,大。紛,雜亂。錯,互相交織。
〔3〕嶢嶢,高聳的樣子。造,至。慶,發語辭。疆,境界。度,量。
〔4〕唐,道路。壇曼,廣大的樣子。列,排列。新雉,一種大樹。薄,草木叢生的樣子。
〔5〕攢,聚集。并閭,植物,相傳其葉隨時政,政平則平,政不平則傾。茇苦,草名。亡,無。被麗,即披離。鄂,垠。
〔6〕駊騀,高大的狀態。嶔巖,深險的樣子。
〔7〕逴,古往字。往往,謂所往之處則有之。般,相連的樣子。燭,照。封巒、石關,都是宮名。施靡,互相連結的樣子。屬,連結。

"於是大廈雲譎波詭,摧嶉而成觀[1],仰橋首以高視兮,目冥眴而亡見[2]。正瀏濫以弘惝兮,指東西之漫漫[3],徒回回以徨徨兮[4],魂固眇眇而昏亂。據輀軒而周流兮,忽軮軋而亡垠[5]。翠玉樹之青蔥兮,璧馬犀之瞵㻞[6]。金人仡仡其承鐘虡兮,嵌巖巖其龍鱗[7],揚光曜之燎燭兮,乘景炎之炘炘[8],配帝居之縣圃兮,象泰壹之威神[9]。洪臺掘其獨出兮,撠北極之崢嶸[10],列宿乃施於上榮兮,日月纔經於柍桭[11],雷鬱律而巖突兮,電倏忽於墻藩[12]。鬼魅不能自還兮,半長途而下顛[13]。歷倒景而絕飛梁兮,浮蔑蠓而撇天[14]。

【注】

[1] 大夏,即大廈。摧嶉,材木堆積而崇高的樣子。
[2] 撟,舉。冥眴,視不見。
[3] 瀏濫,泛濫。弘惝,高大。漫漫,長。
[4] 回回,同"迴迴"。
[5] 軨軒,軒間小軨。周流,周視。輓軋,遠遠相映。
[6] 玉樹,漢武帝所用,集各種寶貝做成,用來供神。馬犀,瑪瑙和犀牛角。瞵瑈,花紋豐富。
[7] 仡仡,勇健的樣子。嵌,張開的樣子。
[8] 炘炘,光采耀耀的樣子。
[9] 縣圃,爲崑崙的三重山之一,天帝神在其上。泰壹,即太一,天神名。
[10] 掘,同"崛"。抾,至。嶟嶟,陡峭的樣子。
[11] 施,延。榮,屋翼。柍,中央。桭,屋欄。
[12] 鬱律,雷聲。倏忽,電光。藩,藩籬。
[13] 謂屋之高深,鬼魅也不能至其極,故在半途就顛墜下來。
[14] 飛梁,浮道上的橋。蔑蠓,蚊子。撇,拂。

"左欃槍右玄冥兮,前熛闕後應門[1];陰西海與幽都兮,湧醴汨以生川[2]。蛟龍連蜷於東厓兮,白虎敦圉虖崑崙[3]。覽樛流於高光兮,溶方皇於西清[4]。前殿崔巍兮,和氏瓏玲[5],炕浮柱之飛榱兮,神莫莫而扶傾[6],閌閬閬其寥廓兮,似紫宮之崢嶸[7]。駢交錯而曼衍兮,峺嶁隗虖其相嬰[8]。乘雲閣而上下兮,紛蒙籠以棍成[9]。曳紅采之流離兮,颺翠氣之冤延[10]。襲琁室與傾宮兮,若登高妙遠,肅虖臨淵[11]。

【注】

〔1〕欃槍,彗星的別名。玄冥,水神。熛闕,赤色的門闕。應門,在熛闕之内。

〔2〕陰,蔽蓋。西海,西方極遠處。幽都,北方極遠處。湧醴汨,醴泉湧出的樣子。

〔3〕連蜷,卷曲的樣子。敦圉,盛怒的樣子。

〔4〕樛流,屈折。高光,宮名。溶,閒暇的樣子。方皇,彷徨。西清,西廂清閒的地方。

〔5〕崔巍,高大的樣子。和氏,和氏寶玉。瓏玲,明白清見的樣子。

〔6〕炕,同"抗"。舉。榱,屋椽。莫莫,暗中支持。

〔7〕閌,高門。閜閜,空虛。寥廓,宏遠。紫宮,天帝宮殿。崢嶸,深邃。

〔8〕駢,通"並"。峺,安施的樣子。嶁隗,猶崔巍。

〔9〕乘,登。雲閣,樓閣高聳入雲。蒙籠,深通的樣子。棍成,自然的樣子。

〔10〕紅采,紅彩之靈氣。颺,同"揚"。冤延,同"宛延",長曲的樣子。

〔11〕襲,繼。琁室,夏桀所用。傾宮,商紂所用。肅虖,同"嘯呼"。

"回猋肆其碭駭兮,披桂椒,鬱栘楊[1],香芬茀以窮隆兮,擊薄櫨而將榮[2]。薌呹肸以棍根兮,聲駍隱而歷鐘[3],排玉户而颺金鋪兮,發蘭蕙與穹窮[4]。惟翉㳂其拂汩兮,稍暗暗而靚深[5]。陰陽清濁穆羽相和兮,若夔、牙之調琴[6]。般、倕其棄剞劂兮,王爾投其鉤繩[7]。雖方征僑與偓佺兮,猶仿佛其若夢[8]。

【注】

〔1〕回猋,迴風即旋風。肆,放。碭,過。駭,動。翍,古披字。鬱,聚。柂,梄樹。楊,楊樹。
〔2〕芬茀,猶芬馥。香氣濃盛。薄櫨,屋柱上的斗拱。
〔3〕䬃,同"颯"。欻胏,迅速的擴散。謂香氣與風同歷千鐘,力騞隱而發聲。
〔4〕鋪,門首。發,激發。蘭惠,芳草木。
〔5〕翉㳂,風吹動帷帳而鼓起的樣子。拂汩,風動的樣子。暗暗,幽隱。靚,即靜字。
〔6〕穆羽,和穆細膩,不過羽。夔,舜的典樂。牙,伯牙。
〔7〕般,公輸般。倕,共工。皆操斧之能者。剞,曲刃。劂,曲鑿。王爾,巧人。鉤繩,爲技之具,猶規矩也。
〔8〕方,並行。征僑,仙人。偓佺,仙人。若夢,謂仙人亦以爲夢境。

"於是事變物化,目駭耳回[1],蓋天子穆然珍臺閒館琁題玉英蝸蛒螻濩之中[2],惟夫所以澄心清魂,儲精垂思,感動天地,逆釐三神者[3]。乃搜遂索耦皋、伊之徒,冠倫魁能[4],函甘棠之惠,挾束征之意[5],相與齊虖陽靈之宮[6]。靡薛荔而爲席兮,折瓊枝以爲芳[7],噏清雲之流瑕兮,飲若木之露英[8],集虖禮神之囿,登乎頌祇之堂。建光耀之長旍兮,昭華覆之威威[9],攀琁璣而下視兮,行遊目虖三危[10],陳衆車於東阬兮,肆玉釱而下馳[11],漂龍淵而還九垠兮[12],窺地底而上回。風從從而扶轄兮,鸞鳳紛其御蕤[13],梁弱水之濎濴兮,蹠不周之逶蛇[14],想西王母欣然而上壽兮,屏玉女而却虙妃[15]。玉女無所眺其清盧兮[16],虙妃曾不得施其蛾眉。方擥道德之精剛兮,侔神明與之爲資[17]。

【注】

〔1〕回,同"迴"。

〔2〕穆然,天子之容。蝍蛣蠖濩,屋中深廣的樣子。

〔3〕逆,迎也。釐,同"禧",福。

〔4〕逑,同"求"。耦,比合。皋,皋陶。伊,伊尹。魁能,魁傑。

〔5〕甘棠之惠,言邵公奭事。東征之意,言周公旦事。

〔6〕齊,同,同"集"。陽靈之宮,祭天之宮。

〔7〕靡,纖密。瓊,美玉。

〔8〕噏,同"吸"。瑕,日旁赤氣。露英,英華之甘露。

〔9〕旍,旗之旒。華覆,華蓋。

〔10〕三危,山名。

〔11〕東阬,大阜。釱,車轄。

〔12〕九垠,九垓。

〔13〕從從,前進的樣子。御,乘。蕤,車上的垂飾。

〔14〕梁,架橋。弱水,崑崙山東面有弱水。濎濴,小水的樣子。不周,山名。逶蛇,形容並不艱難。

〔15〕西王母,在西方。玉女、虙妃,皆神女。

〔16〕盧,眼珠子。
〔17〕摰,總匯。侔,等。

　　"於是欽紫宗祈[1]。燎熏皇天,招繇泰壹。舉洪頤,樹靈旗[2]。樵蒸焜上,配藜四施[3],東燭倉海,西耀流沙,北爌幽都,南煬丹厓[4]。玄瓚觩䚏,柜鬯沺淡[5],肸蠁豐融,懿懿芬芬。炎感黄龍兮,熛訛碩麟[6],選巫咸兮叫帝閽[7],開天庭兮延羣神。儐暗藹兮降清壇,瑞穰穰兮委如山[8]。

【注】
〔1〕欽,敬。紫,積紫。宗,尊。祈,求福。
〔2〕招繇、泰壹,皆神名。洪頤,旗名,即下面的靈旗。
〔3〕樵,木薪。蒸,麻干。焜,共同。配藜,同"披離"。四施,四方。
〔4〕爌,古晃字。煬,熱。
〔5〕去瓚,以玄玉裝飾之禮器。觩䚏,玄瓚的樣子。柜鬯,以黑黍香草釀成的酒。沺淡,滿。
〔6〕炎,光炎。熛訛碩麟,熛,炎盛的樣子;訛,化;碩,大。
〔7〕巫咸,古神巫名。
〔8〕儐,贊。暗藹,神的形影。穰穰,多。委,積。

　　"於是事畢功弘,回車而歸,度三巒兮偈棠棃[1]。天閫決兮地垠開[2],八荒協兮萬國諧。登長平兮雷鼓磕,天聲起兮勇士厲[3],雲飛揚兮雨滂沛,于胥德兮麗萬世[4]。

【注】

〔1〕三䜌,即封䜌。觀名。偈,讀曰憩。棠黎,宮名。
〔2〕閬,門限。地垠,地際。
〔3〕礚,擊鼓聲。天聲,聲響至天。厲,奮發。
〔4〕于,曰。胥,皆。麗,美。

"亂曰[1]:崇崇圜丘,隆隱天兮[2],登降峛崺,單埢垣兮[3]。增宮嶻差,駢嵯峨兮[4],嶺嶜嶙峋,洞亡厓兮[5]。上天之縡,杳旭卉兮[6],聖皇穆穆,信厥對兮[7]。俠祗郊禋[8],神所依兮,徘徊招搖,靈遲迡兮[9]。輝光眩耀,隆厥福兮,子子孫孫,長亡極兮。"

【注】

〔1〕亂,理,總理一賦之終。
〔2〕崇崇,高高的。圜,圓。隆隱,高高地隱在。
〔3〕峛崺,上下之道。單,周。埢垣,圜的樣子。
〔4〕增,重。嶻差,不齊。駢,同"並"。
〔5〕嶺嶜,深邃的樣子。嶙峋,節級的樣子。厓,山邊。
〔6〕縡,事。杳,高遠。旭卉,疾速。
〔7〕信,實。對,配。
〔8〕俠祗郊禋,以敬祗來郊祭祀。
〔9〕遲,讀棲。遲迡,謂神久留安處,不立即去。

甘泉本因秦離宮,既奢泰,而武帝復增通天、高光、迎風。宮外近則洪厓、旁皇、儲胥、弩陞,遠則石關、封巒、枝鵲、露寒、棠黎、師得,遊觀屈奇瑰瑋[1],非木摩而不彫,墻塗而不畫,周宣所考,殷庚所遷,夏卑宮室,唐虞採椽三等之制也[2]。且爲其已久矣,非成帝所造,欲諫則非時,欲默則不能已,故遂推而隆之,乃上比於帝室紫宮[3],若曰此非人力之所爲,黨鬼神可也[4]。又是時趙昭儀方大幸,每上甘泉,常法從,在屬車間豹尾中[5]。故雄聊盛言車騎之衆,參麗之駕,非所以感動天地,逆釐三神[6]。又言"屏玉女,却慮妃",以微戒齊肅之事。賦成奏之,天子異焉。

【注】
〔1〕屈奇瑰瑋,彎曲起伏而美觀。
〔2〕考,成功。殷庚,殷王名。採,柞木。三等,土堦三等,意不過前制。
〔3〕帝,指天帝。
〔4〕黨,等類。
〔5〕法從,從法。在屬車間豹尾中,漢制,大駕屬車八十一乘,作三行,尚書御書乘;最後一乘懸掛豹尾,豹尾以前皆爲省中。
〔6〕參,三神也。麗,偶也。

其三月,將祭后土[1],上乃帥羣臣橫大河,湊汾陰[2]。既祭,行遊介山,回安邑[3],顧龍門,覽鹽池,登歷觀[4],陟西岳以望八荒[5],迹殷周之虛[6],眇然以思唐虞之風。雄以爲臨川羨魚不如歸而結罔[7],還,上《河東賦》以勸,其辭曰:

【注】
〔1〕后土,大地。

〔2〕横,横渡。凑,趣。

〔3〕回,绕过。

〔4〕歷觀,歷山上的觀廟。

〔5〕西嶽,華山。八荒,八方荒遠之地。

〔6〕虚,同"墟"。殷都河内,周在岐豐,堯都平陽,舜都蒲阪,皆可想見。

〔7〕雄以……結罔,揚雄認爲追觀先代遺迹,思欲齊其德號,不如自興奮發至治,創造新的業迹。

　　"伊年暮春[1],將瘞后土[2];禮靈祇,謁汾陰於東郊[3],因兹以勒崇垂鴻,發祥隤祉,欽若神明者,盛哉鑠乎,越不可載已[4]!於是命羣臣,齊法服,整靈輿,乃撫翠鳳之駕[5],六先景之乘[6],掉犇星之流旃,彏天狼之威弧[7]。張耀日之玄旄,揚左纛,被雲梢[8]。奮電鞭,驂雷輜[9],鳴洪鐘,建五旗。羲和司日[10],顔倫奉輿[11],風發飆拂,神騰鬼趡[12];千乘霆亂,萬騎屈橋[13],嘻嘻旭旭,天地稠嶅[14]。簸丘跳巒,湧渭躍涇。秦神下讋,跖魂負沴[15];河靈矍踢,爪華蹈衰[16]。遂臻陰宫,穆穆肅肅,蹲蹲如也[17]。

【注】

[1] 伊,這。伊年,指甘泉之年。

[2] 瘞后土,祭地曰瘞。

[3] 東郊,京師之東。

[4] 勒崇,勒崇高的名聲。垂鴻,垂鴻業。隤,降。祉,福。欽,敬。若,順。鑠,美。越,曰。

〔5〕翠鳳之駕，以鳳形飾車駕，天子所乘。
〔6〕景，日光。先景，走在日光之前，形容馬行速疾。
〔7〕犇，古奔字。斿，旗飾。彉，急張。天狼、弧，星名。
〔8〕玄旄、左纛、雲梢，皆爲旗飾。
〔9〕電鞭，以閃電爲鞭策。雷輜，以雷鳴爲車輪。
〔10〕羲和，管太陽的神。
〔11〕顏倫，傳説中善於御駕車馬的人。
〔12〕飆，大風。趡，走。
〔13〕霆亂，如霆雷而亂動。屈橋，壯捷的樣子。
〔14〕嘻嘻旭旭，自得的樣子。稠嫩，搖動的樣子。
〔15〕秦神，怪牛。詟，恐懼。跖，蹈。汻，水渚。
〔16〕河靈，巨靈。矍踢，驚動的樣子。爪，古掌字。華，華山。衰，衰山。
〔17〕蹲蹲，行有節的樣子。

"靈祇既鄉，五位時敍[1]，絪緼玄黃，將紹厥後[2]。於是靈輿安步，周流容與[3]，以覽虖介山。嗟文公而愍推兮，勤大禹於龍門[4]，灑沈菑於豁瀆兮，播九河於東瀕[5]。登歷觀而遙望兮，聊浮游以經營。樂往昔之遺風兮，喜虞氏之所耕[6]。瞰帝唐之嵩高兮，眽隆周之大寧[7]。汨低回而不能去兮，行睨陔下與彭城[8]。濊南巢之坎坷兮，易幽岐之夷平[9]。乘翠龍而超河兮，陟西岳之嶢崢[10]。雲霏霏而來迎兮，澤滲灕而下降[11]，鬱蕭條其幽藹兮，滃汎沛以豐隆[12]。叱風伯於南北兮，呵雨師於西東，參天地而獨立兮，廓蕩蕩其亡雙[13]。

【注】

〔1〕鄉,同"向"。五位,五方之神。
〔2〕絪縕,天地合氣。玄黃,黑色和黃色,天地雜色。天玄地黃。將,大。紹,繼。
〔3〕靈輿,天子的車。容與,容豫,容暇而安豫。
〔4〕龍門,大禹鑿龍門山通河水。
〔5〕灑,分。菑,古災字。沈菑,洪水。豁,開。瀆,此指長江、黃河、淮河、濟水。播,布。東瀕,東海之濱。
〔6〕虞氏之所耕,虞舜曾耕於歷山。
〔7〕眂,視看。
〔8〕汩,往意低迴,徘徊。行,且。睨,不正視。陔下,項羽失敗之地。彭城,項羽都之地。
〔9〕濊,同"穢"。南巢,桀失敗之地。坎坷,不平的樣子。易,樂。豳岐,周的發祥之地。
〔10〕嶢崝,山石崢嶸。
〔11〕霃,古霩字,雲起的樣子。澤,雨露。滲漓,流動的樣子。降,下。
〔12〕此寫雲和雨的樣子。
〔13〕蕩蕩,浩大的樣子。

　　"遵逷虖歸來,以函夏之大漢兮,彼曾何足與比功[1]?建《乾》《坤》之貞兆兮,將悉總之以羣龍[2]。麗鉤芒與驂蓐收兮,服玄冥及祝融[3]。敦衆神使式道兮,奮六經以攄頌[4]。隃於穆之緝熙兮,過《清廟》之雖雖[5];軼五帝之遐迹兮,躡三皇之高蹤[6]。既發軔於平盈兮[7],誰謂路遠而不能從?

【注】

〔1〕遵逝虜歸來,循路而回京師。函夏,包含堯、舜、殷、周諸夏。
〔2〕貞兆,正兆,吉祥之兆。乾卦六爻都言龍。
〔3〕鉤芒,東方神。蓐收,西方神。玄冥,北方神。祝融,南方神。麗,並駕。
〔4〕敦,勉。式,表。六經,《詩》、《書》、《禮》、《樂》、《易》、《春秋》。攄,散。頌,詩頌。
〔5〕隃,同"逾"。緝熙,積漸至於光明。後因指光明。《清廟》,《詩·周頌》篇名。雍雍,和穆的樣子。
〔6〕軼,過。跟迹,過去的足迹。躡,踩。蹤,蹤迹。
〔7〕靷,止車的木塊。此謂將行,故撥去靷。

其十二月羽獵[1],雄從。以爲昔在二帝三王[2],宮館臺榭沼池苑囿林麓藪澤財足以奉郊廟,御賓客,充庖廚而已[3],不奪百姓膏腴穀土桑柘之地。女有餘布,男有餘粟,國家殷富,上下交足,故甘露零其庭,醴泉流其唐[4],鳳皇巢其樹,黃龍游其沼,麒麟臻其囿,神爵棲其林。昔者禹任益虞而上下和,屮木茂[5];成湯好田而天下用足;文王囿百里,民以爲尚小;齊宣王囿四十里,民以爲大:裕民之與奪民也。武帝廣開上林,南至宜春、鼎胡、御宿、昆吾,旁南山而西,至長楊、五柞,北繞黃山,瀕渭而東,周袤數百里[6]。穿昆明池象滇河,營建章、鳳闕、神明、駊娑、漸臺、泰液象海水周流方丈、瀛洲、蓬萊。游觀侈靡,窮妙極麗。雖頗割其三垂以贍齊民,然至羽獵田車戎馬器械儲偫禁禦所營,尚泰奢麗夸詡[7],非堯、舜、成湯、文王三驅之意

也[8]。又恐後世復修前好,不折中以泉臺[9],故聊因《校獵賦》以風[10],其辭曰:

【注】
[1] 羽獵,帝王狩獵,士卒負羽箭隨從。
[2] 二帝三王,堯、舜二帝,夏、商、周三王。
[3] 御,侍。充,充足。
[4] 唐,廟的中路。
[5] 益,大臣名。虞,管理山澤的官。上,山上。下,平地。屮,古草字。
[6] 旁,環。袤,長。
[7] 三垂,三邊,或山名。齊民,平民。營,圍守。儲偫,儲備。訊,大。
[8] 三驅,古代射獵的制度,一爲祀祭,二爲賓客,三爲充君之庖。
[9] 不折中以泉臺,魯莊公築泉臺,非禮,折中之,則不以前爲好。
[10] 風,同"諷"。

"或稱戲農,豈或帝王之彌文哉[1]?論者云否,各亦並時而得宜,奚必同條而共貫?則泰山之封,烏得七十而有二儀?是以創業垂統者俱不見其爽[2],遐邈五三孰知其是非[3]?遂作頌曰:麗哉神聖,處於玄宮,富既與地虖侔訾[4],貴正與天乎比崇。齊桓曾不足使扶轂,楚嚴未足以爲驂乘[5];陝三王之阢隒,嶠高舉而大興[6];歷五帝之寥廓,涉三皇之登閎[7];建道德以爲師,友仁義與爲朋。

【注】

〔1〕或稱,作者設某人問,以下對答。戲,伏羲。農,神農。文,文飾。
〔2〕爽,差別。
〔3〕五三,五帝三皇。
〔4〕侔,齊等。訾,同"貲",財貨。
〔5〕扶轂,扶翼車輪,在側擁進之意。驂乘,陪乘。
〔6〕陿,偏隘。阨,關塞。薜,同"僻"。嶠,舉步的樣子。
〔7〕寥廓,空曠。登閎,高遠。

"於是玄冬季月,天地隆烈[1],萬物權輿於內,徂落於外[2],帝將惟田於靈之囿[3],開北垠,受不周之制[4],以終始顓頊、玄冥之統[5]。乃詔虞人典澤,東延昆鄰,西馳閶闔[6]。儲積共偫,戍卒夾道,斬叢棘,夷野草[7],禦自汧、渭[8],經營酆、鎬,章皇周流,出入日月,天與地沓[9]。爾乃虎路三嵏以爲司馬,圍經百里而爲殿門[10]。外則正南極海,邪界虞淵,鴻濛沆茫,碣以崇山[11]。營合圍會,然後先置乎白楊之南,昆明靈沼之東[12]。賁育之倫,蒙盾負羽,杖鏌邪而羅者以萬計[13],其餘荷垂天之畢[14],張竟壄之罘[15],靡日月之朱竿,曳彗星之飛旗。青雲爲紛,紅蜺爲繯,屬之乎崑崙之虛[16],渙若天星之羅,浩如濤水之波,淫淫與與[17],前後要遮。欃槍爲閫[18],明月爲候,熒惑司命,天弧發射[19],鮮扁陸離,駢衍佖路[20]。徽車輕武,鴻絅緁獵[21],殷殷軫軫[22],被陵緣阪,窮冥極遠者,相與迥虖高原之上[23];羽騎營營,昈分殊事[24],繽紛往來,轠轤不絕[25],若光若滅者,布虖青林之下。

【注】

〔1〕玄冬,北方色黑故稱玄冬。隆烈,指陰氣盛。
〔2〕權輿,開始。徂落,死亡。
〔3〕靈之囿,有靈德的苑囿。語出《詩經・大雅・靈臺》。
〔4〕垠,涯也。不周之制,西北風爲不周風;制,制約。
〔5〕顓頊、玄冥,北方之神,主殺戮。
〔6〕虞人,古代掌管山澤苑囿田獵的官。昆鄰,昆明之邊。闔閭,閶闔,門名。
〔7〕偫,儲備。夷,平。
〔8〕禦,禁。
〔9〕周流,周徧。杳,深遠。
〔10〕嶐,峰聚於山。司馬,即司馬門,謂外門。殿門,内門。
〔11〕虞淵,日入之處。鴻蒙沆茫,廣大的樣子。碣,山特立的樣子。
〔12〕白楊,觀名。靈沼,指昆明池也。
〔13〕賁,孟賁。育,夏育。皆古代勇士。鏌邪,寶劍。羅,列遮禽獸。
〔14〕畢,田網。
〔15〕埜,古野字。罘,幡車網。
〔16〕纓,繫。屬,連綴。
〔17〕淫淫與與,往來的樣子。
〔18〕闉,戰爭時所用的障蔽。

〔19〕熒惑,星名。天弧,星名。

〔20〕鮮扁,輕疾的樣子。駢衍,廣大。佖,次比。

〔21〕徽車,有徽幟的車。鴻絧,直馳的樣子。緁獵,相差次。

〔22〕殷殷軫軫,盛況。

〔23〕迾,車駕出時,清道禁止行人。

〔24〕營營,周旋的樣子。旷,明。

〔25〕輼轤,環轉。

"於是天子乃以陽朅始出虖玄宫[1],撞鴻鐘,建九旒,六白虎,載靈輿,蚩尤並轂,蒙公先驅[2]。立歷天之旗,曳捎星之旃,辟歷列缺,吐火施鞭[3]。萃從允溶,淋離廓落,戲八鎮而開關[4],飛廉、雲師,吸嚊潚率,鱗羅布列,攢以龍翰[5]。秋秋蹌蹌,入西園,切神光[6];望平樂,徑竹林,蹂蕙圃,踐蘭唐。舉烽烈火,譻者施披,方馳千駟,校騎萬師[7]。虓虎之陳,從橫膠輵,猋泣雷厲,驞駍駖磕[8],洶洶旭旭,天動地岋[9]。羨漫半散,蕭條數千萬里外[10]。

【注】

[1]陽朅,陽朝,日出之後。玄宫,北方之宫。

[2]鴻,大。九旒,旗名。龍旗九旒,天子之旗也。白虎,指白虎幡。天子詔令傳信之用。蒙公,指蒙恬。

[3]旗,畫有龍形並繫鈴的旗。旃,赤色曲柄的旗。辟歷,雷電。列缺,天開電照。

[4]從,前進的樣子。戲,讀曰麾。八鎮,四方四隅爲八鎮。

[5]吸嚊,開張。潚率,聚斂。龍翰,如龍之浩瀚。

〔6〕秋秋蹌蹌,騰躍的樣子。切,切斷。
〔7〕轡者,駕御車馬執轡的人。方馳,並馳。校,軍爵。
〔8〕虦,同"哮"。膠輵,轇輵同。交加。泣,狂風迅疾的樣子。驦駍駖磕,聲響衆盛。
〔9〕岋,動搖。
〔10〕羡漫,散漫的樣子。蕭條,閒逸。

　　若夫壯士忼慨,殊鄉別趣[1],東西南北,騁耆奔欲[2]。拕蒼豨,跋犀犛,蹴浮麋[3]。斮巨狿,搏玄蝯[4],騰空虛,距連卷[5]。踔夭蟜,娭澗門[6],莫莫紛紛[7],山谷爲之風猋,林叢爲之生塵。及至獲夷之徒,蹳松柏,掌疾棃[8];獵蒙蘢,轔輕飛[9];履般首,帶修蛇[10];鉤赤豹,摼象犀[11];跇巒阬,超唐陂[12]。車騎雲會,登降闇藹,泰華爲旐,熊耳爲綴。木仆山還[13],漫若天外,儲與虖大溥,聊浪乎宇內[14]。

【注】
〔1〕忼慨,慷慨。鄉,同"向"。趣,趨向。
〔2〕耆,同"嗜"。謂隨其所欲而各馳騁。
〔3〕拕,曳。跋,反戾。浮麋,水上浮者。
〔4〕斮,斬。狿,獸名。玄蝯,黑猿。蝯,同"猨"。
〔5〕距,同"拒"。連卷,連卷的樹木。
〔6〕踔,走。夭蟜,木枝曲折。娭,戲。
〔7〕莫莫,塵埃的樣子。紛紛,亂起的樣子。
〔8〕獲夷之徒,能俘獲夷狄的人。蹳,用腳推。掌,用掌擊。疾棃,即棘棃,有刺的樹木。

〔9〕蒙蘢,草木蒙蔽的地方。轔,輪子。
〔10〕般首,班額虎。修蛇,長蛇。
〔11〕掔,古牽字。
〔12〕跇,渡。巒,小而銳峭的山。巒阬,指高山深坑。唐陂,大的河岸。
〔13〕還,旋。
〔14〕儲與,不舒展的樣子。聊浪,游放。

　　"於是天清日晏,逢蒙列眥,羿氏控絃[1]。皇車幽輶,光純天地,望舒彌轡,翼乎徐至於上蘭[2]。移圍徙陳,浸淫蹴部,曲隊堅重,各按行伍[3]。壁壘天旋,神抶電擊[4],逢之則碎,近之則破,鳥不及飛,獸不得過,軍驚師駭,刮野埽地。及至罕車飛揚,武騎聿皇[5];蹈飛豹,絹嗚陽[6];追天寶[7],出一方;應駍聲,擊流光。壄盡山窮,囊括其雌雄[8],沈沈容容,遥噱虖紘中[9]。三軍芒然,窮冘閼與[10]。亶觀夫票禽之絏踰,犀兕之抵觸,熊羆之挐攫,虎豹之凌遽[11],徒角搶題注,蹠竦譥怖,魂亡魄失,觸輻關脰[12]。妄發期中,進退履獲[13],創淫輪夷,丘累陵聚[14]。

【注】
〔1〕晏,無雲。眥,眼眶。列眥,裂開眼眶,示盛怒。控,引。
〔2〕幽輶,車聲。純,緣。望舒,御月者。彌轡,謂斂轡徐行。上蘭,觀名。
〔3〕陳,通"陣",指軍隊。浸淫,逐漸。蹴部,部隊聚逼。按,依。
〔4〕抶,笞擊。

〔5〕罕車,戰車。聿皇,迅疾的樣子。

〔6〕噪陽,似猩猩的動物。

〔7〕天寶,雞頭人身之怪。

〔8〕壄,古野字。

〔9〕噱乎紭中,張舌呼吸於網中。

〔10〕尣,行。閴,止。閴與,行動容暇。

〔11〕亶,同"但"。票禽,輕疾之禽。絀,度。隃,同"踰"。挈,牽引。攫,搏持。凌,戰慄。遽,惶。

〔12〕徒,但。搶,刺。題,額。脰,頸。

〔13〕妄歲期中,謂矢雖妄發而必有中。進退履獲,進則履之,退則獲之。

〔14〕淫,過。丘累陵聚,言其積多。

"於是禽殫中衰,相與集於靖冥之館,以臨珍池[1]。灌以歧梁,溢以江河,東瞰目盡,西暢亡厓,隨珠和氏,焯爍其陂[2]。玉石嶜崟,眩耀青熒[3],漢女水潛,怪物暗冥,不可殫形。玄鸞孔雀,翡翠垂榮,王雎關關,鴻雁嚶嚶[4],羣娭乎其中,噍噍昆鳴[5];鳧鷺振鷺[6],上下砰磕,聲若雷霆。乃使文身之技,水格鱗蟲[7],凌堅冰,犯嚴淵,探巖排碕,薄索蛟螭[8],蹈獱獺,據黿鼉,抾靈蠵[9]。入洞穴,出蒼梧,乘巨鱗,騎京魚[10]。浮彭蠡,目有虞[11]。方椎夜光之流離,剖明月之珠胎[12],鞭洛水之虙妃,餉屈原與彭胥[13]。

【注】

〔1〕殫,盡也。中衰,按射中等次。靖冥,深閒。珍池,山下之

流水。

〔2〕瞰,遠望。亡厓,無邊。焯爍,光照的樣子。

〔3〕嶜岑,高鋭的樣子。青熒,色青而有光熒。

〔4〕王雎關關,雎鳩和鳴。嚶嚶,相互應叫。

〔5〕娱,戲。噍噍,鳥叫聲。昆,同"也"。

〔6〕鳧鷖,均爲水鳥。

〔7〕格,格鬬。鱗蟲,魚龍之類。

〔8〕碕,同"圻",曲岸。薄,迫。索,求取。蛟螭,蛟龍。

〔9〕獱獺,水獺。抾靈蠵,取靈龜。

〔10〕京魚,鯨魚。

〔11〕浮,渡。目,望。

〔12〕珠胎,珠在蛤中如胎。

〔13〕彭胥,彭咸和伍子胥,皆水死者。

"於兹虖鴻生巨儒,俄軒冕,雜衣裳[1],修唐典,匡《雅》《頌》,揖讓於前[2]。昭光振耀,蠁曶如神[3],仁聲惠於北狄,武義動於南鄰。是以旃裘之王,胡貉之長,移珍來享,抗手稱臣[4]。前入圍口,後陳盧山。羣公常伯楊朱、墨翟之徒喟然稱曰[5]:"崇哉乎德,雖有唐、虞、大夏、成周之隆,何以侈兹!太古之觀東嶽,禪梁基,舍此世也[6],其誰與哉?""

【注】

〔1〕俄,陳舉的樣子。軒冕,官位爵禄,原指鄉大夫的軒車和冕服。雜,雜色。

〔2〕唐典,堯典。匡,正。

〔3〕鄉曶,同"向忽",疾速。
〔4〕旞裘之王,少數民族之王。享,獻。抗,舉。抗手,恭敬合掌而拜。
〔5〕常伯,官名。以從諸伯選撥而名,漢時爲侍中。楊朱、墨翟,本書有傳。此取譬。
〔6〕覲,朝見。東嶽,泰山。禪,古作墠。封土爲壇,掃地而祭。梁,泰山下的小山。《史記·封禪書》:"管仲曰:古者封泰山禪梁父者又十二家,而夷吾所記者十有二焉。"梁父,又作梁甫。即此梁基。舍,止。

"上猶謙讓而未俞也,方將上獵三靈之流〔1〕,下決醴泉之滋,發黄龍之穴,窺鳳皇之巢,臨麒麟之囿,幸神雀之林;奢雲夢,侈孟諸,非章華,是靈臺〔2〕,罕徂離宫而輟觀游〔3〕,土事不飾,木功不彫,承民乎農桑,勸之以弗迨,儕男女使莫違〔4〕;恐貧窮者不遍被洋溢之饒,開禁苑,散公儲,創道德之囿,弘仁惠之虞〔5〕,馳弋乎神明之囿,覽觀乎羣臣之有亡;放雉菟,收罝罘〔6〕,麋鹿芻蕘與百姓共之〔7〕,蓋所以臻兹也。於是醇洪鬯之德〔8〕,豐茂世之規,加勞三皇,昂勤五帝,不亦至乎!乃祇莊雍穆之徒〔9〕,立君臣之節,崇賢聖之業,未皇苑囿之麗〔10〕,游獵之靡也,因回軫還衡,背阿房,反未央〔11〕。"

【注】
〔1〕俞,然。三靈,日月星。
〔2〕以楚靈王章華之臺爲非,以周文王靈臺之制爲是。

〔3〕罕,希。徂,往。輟,止。
〔4〕承,舉。迨,同"逮",及。儕,配偶。
〔5〕虞,同"娛"。
〔6〕雉,野雞。菟,通"兔"。置罘,捕兔的網。
〔7〕麋鹿芻蕘,小鹿新草。
〔8〕洪,大。畼,同"暢",通"暢"。
〔9〕祗莊,敬也。雍穆,和也。
〔10〕皇,暇。
〔11〕軫,車後橫木。衡,車前橫木。回軫還衡,謂車調轉頭來。反,同"返"。未央,宮名。

明年,上將大誇胡人以多禽獸,秋,命右扶風發民入南山[1],西自褒斜,東至弘農,南歐漢中[2],張羅罔置罘,捕熊羆豪豬虎豹狖玃狐菟麋鹿[3],載以檻車,輸長楊射熊館。以罔爲周阹[4],縱禽獸其中,令胡人手搏之,自取其獲,上親臨觀焉。是時,農民不得收斂。雄從至射熊館,還,上《長楊賦》,聊因筆墨之成文章,故藉翰林以爲主人,子墨爲客卿以風[5]。其辭曰:

【注】

〔1〕右扶風,漢郡名,在今陝西長安縣西。與京兆、左馮翊爲三輔。
〔2〕歐,古驅字。
〔3〕狖,長尾猿。玃,大猴。
〔4〕阹,圍陳禽獸。
〔5〕藉,借。風,同"諷"。

"子墨客卿問於翰林主人曰：'蓋聞聖主之養民也，仁霑而恩洽，動不爲身[1]。今年獵長楊，先命右扶風，左太華而右襃斜，椓巀嶭而爲弋，紆南山以爲罝[2]，羅千乘於林莽，列萬騎於山隅[3]，帥軍踤阹，錫戎獲胡[4]。搤熊羆，拕豪豬，木雍槍纍，以爲儲胥[5]，此天下之窮覽極觀也。雖然，亦頗擾於農民。三旬有餘，其廑至矣，而功不圖[6]，恐不識者，外之則以爲娛樂之遊，內之則不以爲乾豆之事[7]，豈爲民乎哉！且人君以玄默爲神，澹泊爲德[8]，今樂遠出以露威靈，數搖動以罷車甲，本非人主之急務也，蒙竊或焉[9]。'

　　"翰林主人曰：'吁，謂之茲邪[10]！若客，所謂知其一未睹其二，見其外不識其內者也。僕嘗倦談，不能一二其詳，請略舉凡[11]，而客自覽其切焉[12]。'

【注】

[1] 霑，潤澤。洽，霑潤。動不爲身，謂憂百姓也。

[2] 椓，捶釘。弋，通"杙"。小木椿。紆，圍。罝，網。

[3] 莽，草平曰莽。隅，角。

[4] 踤，踢。錫，同"賜"。

[5] 搤，捉持。拕，拖之本字。胥，同"蓄"。

[6] 廑，古勤字。圖，謂圖謀民事。

[7] 乾豆，祭祀於宗廟。

[8] 玄默，清静無爲。澹泊，安静。

[9] 罷，疲。或，同"惑"。

[10] 謂之茲邪，何爲如此。

[11] 凡，大指。

〔12〕切,切要。

"客曰:'唯,唯。'

"主人曰:'昔有彊秦,封豕其士,窫窳其民,鑿齒之徒相與摩牙而爭之,豪俊麋沸雲擾,羣黎爲之不康〔1〕。於是上帝眷顧高祖〔2〕,高祖奉命,順斗極,運天關,橫鉅海,票昆侖〔3〕,提劍而叱之,所麾城撕邑,下將降旗,一日之戰,不可殫記〔4〕。當此之勤,頭蓬不暇疏,飢不及餐,鞮鍪生蟣蝨〔5〕,介冑被霑汗,以爲萬姓請命虖皇天。乃展民之所詘,振民之所乏,規億載,恢帝業,七年之間而天下密如也〔6〕。

【注】

〔1〕封豕、窫窳、鑿齒,都是害人之猛獸。麋,碎。黎,人民。康,安。

〔2〕眷顧,垂愛關注。高祖,漢高祖劉邦。

〔3〕票,動搖。

〔4〕撕,舉手擬之。麾、撕,即指揮。殫,盡。

〔5〕鞮鍪,兜蓬。

〔6〕密,靜。

'逮至聖文,隨風乘流,方垂意於至寧,躬服節儉,綈衣不敝,革鞜不穿〔1〕,大夏不居,木器無文〔2〕。於是後宮賤瑇瑁而疏珠璣,却翡翠之飾,除雕琢之巧,惡麗靡而不近,斥芬芳而不御,抑止絲竹晏衍之樂,憎聞鄭衛幼眇之聲[3]，是以玉衡正而太階平也[4]。

【注】
〔1〕綈衣，質地粗厚的衣服，即粗布衣。鞮，革履。
〔2〕大夏，即大廈，大的屋。文，文飾。
〔3〕眇，同"妙"。
〔4〕玉衡，天儀。

'其後熏鬻作虐，東夷橫畔，羌戎睚眦，閩越相亂，遐萌爲之不安，中國蒙被其難[1]。於是聖武勃怒，爰整其旅，乃命票、衛[2]，汾沄沸渭，雲合電發，猋騰波流，機駭蠭軼[3]，疾如奔星，擊如震霆，碎轒輼，破穹廬[4]，腦沙幕，髓余吾[5]。遂獵乎王延[6]。殿橐佗，燒熐蠡[7]，分梨單于，磔裂屬國[8]，夷阬谷，拔鹵莽，刊山石，蹂屍輿廝，係累老弱，兗鋋瘢、耆金鏃，淫夷者數十萬人[9]，皆稽顙樹領，扶服蛾伏[10]，二十餘年矣，尚不敢惕息[11]。夫天兵四臨，幽都先加，迴戈邪指，南越相夷，靡節西征，羌僰東馳。是以遐方疏俗殊鄰絕黨之域[12]，自上仁所不化，茂德所不綏，莫不蹻足抗手，請獻厥珍[13]，使海內澹然，永亡邊城之災，金革之患[14]。

【注】
〔1〕睚眦，怒目而視。遐萌，遠方的動亂始萌。
〔2〕票、衛，霍去病、衛青。

〔3〕鏠,同"鋒"。
〔4〕輼輬,匈奴車。穹廬,篷帳。
〔5〕腦沙幕,腦落沙漠。髓余吾,髓入余吾水。
〔6〕王延,指匈奴王廷。
〔7〕燒㸐蠡,燒乾酪。指去其養生之具。
〔8〕剺,剖剥。磔裂,分割。
〔9〕蹂屍,踐踏屍體。輿厮,車載傷員。充,括。鋌,小矛。瘢者,病馬。淫夷,過傷。
〔10〕稽顙樹頷,謂叩頭。蛾伏,跪伏如蟲。
〔11〕惕息,小息。
〔12〕謂遠方各地風俗各異的人們。
〔13〕綏,安定。蹻,舉。抗手,合手。珍,指珍貴之物。
〔14〕澹然,安定的樣子。金革,指兵器、戰爭。

'今朝廷純仁,遵道顯義,并包書林,聖風雲靡[1];英華沈浮,洋溢八區,普天所覆,莫不沾濡;士有不談王道者則樵夫笑之。故意者以為事罔隆而不殺,物靡盛而不虧,故平不肆險,安不忘危[2]。乃時以有年出兵,整輿竦戎[3],振師五柞,習馬長楊,簡力狡獸,校武票禽[4]。乃萃然登南山,瞰烏弋,西厭月堀,東震日域[5]。又恐後世迷於一時之事,常以此取國家之大務,淫荒田獵,陵夷而不禦也[6],是以車不安軔,日未靡旃,從者仿佛,觚屬而還[7];亦所以奉太宗之烈,遵文武之度,復三王之田,反五帝之虞;使農不輟耰,工不下機,婚姻以時,男女莫違[8];出愷弟,行簡易,矜劬勞,休力役[9];見百年,存孤弱,帥與之同苦樂。然後陳鐘鼓之樂,鳴韜磬之和,建碣磋之虡[10],拮隔鳴球[11],掉八列之舞;酌允鑠[12],肴樂胥,聽廟中之雍雍,受神人之福祜;歌投頌,吹合雅。其勤若此,故真神之所勞也。方將俟元符[13],以禪梁甫之基,增泰山之高,延光於將來,比榮乎往號,豈徒欲淫覽浮觀,馳騁粳稻之地,周流梨栗之林,蹂踐芻蕘,誇詡衆庶,盛犲獲之收,多麋鹿之獲哉!且盲不見咫尺,而離婁燭千里之隅[14];客徒愛胡人之獲我禽獸,曾不知我亦已獲其王侯。'"

【注】

[1] 書林,文人學者之羣。

[2] 殺,衰。肆,放心。

[3] 有年,豐年。勑,勸也。

[4] 簡,檢閱。校,計量。票禽,輕疾之禽。

[5] 萃,集。月𦚢,月昇起的地方。日域,日初出的地方。

[6] 禦,止。

[7] 軔,刹車。靡旂,倒下旗幟。跂,古委字,綿延。

[8] 輟,中止。耰,農具。輟耰,猶停止耕種。違,謂失婚姻之時。

[9] 愷弟,和樂簡易。劬勞,勤勞。

[10] 韜,小鼓。磬,石鐘。碣磋,石器上刻有猛獸。虡,掛鐘磬的柱子。

[11] 拮隔鳴球,擊敲玉磬。

[12] 允鑠,信而美。

[13] 元符,善瑞。

[14] 離婁,古代目明者。

"言未卒,墨客降席再拜稽首曰:'大哉體乎!允非小子之所能及也[1]。乃今日發矇,廓然已昭矣[2]!'"

【注】
〔1〕允,信也。
〔2〕發矇,啓發蒙昧。昭,明。

哀帝時,丁、傅、董賢用事,諸附離之者或起家至二千石[1]。時雄方草《太玄》,有以自守,泊如也[2]。或嘲雄以玄尚白[3],而雄解之,號曰《解嘲》。其辭曰:

【注】
〔1〕丁,漢哀帝母丁太后家。傅,哀帝祖母傅太后家。董賢,哀帝的倖臣。用事,掌權。離,同"麗"。附麗,依附。二千石,漢代內自九卿郎將,外至郡守尉的俸禄等級爲二千石。
〔2〕泊,安然。
〔3〕玄,黑色。玄尚白,謂《太玄》作不成。

"客嘲揚子曰:'吾聞上世之士,人綱人紀,不生則已,生則上尊人君,下榮父母,析人之圭,儋人之爵[1],懷人之符,分人之禄,紆青拕紫,朱丹其轂[2]。今子幸得遭明盛之世,處不諱之朝,與羣賢同行,歷金門上玉堂有日矣[3],曾不能畫一奇,出一策,上説人主,下談公卿。目如耀星,舌如電光,壹從壹衡,論者莫當,顧而作《太玄》五千文,支葉扶疏,獨説十餘萬言[4],深者入黃泉,高者出蒼天,大者含元氣,纖者入

無倫[5]，然而位不過侍郎，擢纔給事黃門[6]。意者玄得毋尚白乎？何爲官之拓落也[7]？'

【注】

[1] 人綱人紀，作爲衆人的綱紀。析，分。儋，擔。此謂分享高爵厚禄。圭，瑞玉，大臣上朝時所用。
[2] 紆，圍遶。佗，曳。青紫，青色紫色的絲帶。漢制公侯紫綬，九卿青綬。
[3] 同行，同"列"。金馬，指金馬門。玉堂，殿名。此謂能出入朝堂。
[4] 從，通"縱"。壹從壹衡，時而談合縱，時而談連橫。此謂說法不一。顧，反。扶疏，分佈。
[5] 纖者入無倫，細微的進入無法再分的地方。
[6] 給事黃門，官名。給事，供職。黃門，官署名。
[7] 拓落，不偶。指沒有升官的機會。

"揚子笑而應之曰：'客徒欲朱丹吾轂，不知一跌將赤吾之族也[1]！往者周罔解結，羣鹿争逸[2]，離爲十二，合爲六七[3]，四分五剖，並爲戰國。士無常君，國亡定臣，得士者富，失士者貧，矯翼厲翮，恣意所存[4]，故士或自盛以橐，或鑿坏以遁[5]。是故騶衍以頡亢而取世資[6]，孟軻雖連蹇[7]，猶爲萬乘師。

【注】

[1] 赤，誅而流血故曰赤。赤族，指全族被殺。
[2] 謂戰國諸侯争戰。
[3] 十二，指十二諸侯。六七，指山東六國和秦七國争雄。

〔4〕矯翼厲翮,恣意所存,謂士來去如鳥之飛,各任其意。
〔5〕自盛以橐,謂范雎。鑿坏以遁,謂顏闔,魯君聞闔賢,欲以爲相,往聘,鑿後壁而逃。
〔6〕騶衍,即鄒衍。本書有傳。頡亢,上下不定的樣子。
〔7〕孟軻,即孟子。本書有傳。連蹇,連續地受挫。

'今大漢左東海,右渠搜,前番禺,後陶塗。東南一尉,西北一侯[1]。徽以糾墨,製以質鈇[2],散以禮樂,風以《詩》《書》[3],曠以歲月,結以倚廬[4]。天下之士,雷動雲合,魚鱗雜襲,咸營於八區[5],家家自以爲稷契,人人自以爲咎繇,戴縰垂纓而談者皆擬於阿衡[6],五尺童子羞比晏嬰與夷吾;當塗者入青雲,失路者委溝渠,且握權則爲卿相,夕失勢則爲匹夫[7];譬若江湖之雀,勃解之鳥,乘雁集不爲之多,雙鳧飛不爲之少[8]。昔三仁去而殷虛,二老歸而周熾[9],子胥死而吳亡,種、蠡存而粵伯[10],五羖入而秦喜,樂毅出而燕懼[11],范雎以折摺而危穰侯,蔡澤雖噤吟而笑唐舉[12]。故當其有事也,非蕭、曹、子房、平、勃、樊、霍則不能安;當其亡事也,章句之徒相與坐而守之,亦亡所患[13]。故世亂,則聖哲馳騖而不足;世治,則庸夫高枕而有餘[14]。

【注】
〔1〕東南會稽都尉,西北玉門關侯。
〔2〕徽,束,繫。糾墨,即糾纆。繩索。質鈇,刑具。

〔3〕散,分佈。風,化。

〔4〕倚廬,服喪的小屋。

〔5〕雜襲,極其眾多。八區,八方。

〔6〕繼,冠織。阿衡,伊尹。

〔7〕當塗者,當權者。與失路者相對。旦,早。夕,晚。

〔8〕乘雁,四雁。鳧,野鴨。

〔9〕三仁,指箕子、微子、比干。二老,指伯夷、太公。

〔10〕粵伯,即越霸。

〔11〕五羖,指百里奚。

〔12〕摺,古拉字。嚰吟,閉口。

〔13〕章句之徒,小儒。亡,無。

〔14〕馳騖,奔走。庸夫,平庸的人。

'夫上世之士,或解縛而相[1],或釋褐而傅[2];或倚夷門而笑[3],或橫江潭而漁[4];或七十說而不遇[5],或立談間而封侯[6];或柱千乘於陋巷[7],或擁彗而先驅[8]。是以士頗得信其舌而奮其筆,窒隙蹈瑕而無所詘也[9]。當今縣令不請士,郡守不迎師,羣卿不揖客,將相不俛眉[10];言奇者見疑,行殊者得辟[11],是以欲談者宛舌而固聲,欲行者擬足而投迹[12]。鄉使上世之士處虖今[13],策非甲科,行非孝廉,舉非方正,獨可抗疏[14],時道是非,高得待詔,下觸聞罷,又安得青紫[15]?

【注】

〔1〕縛,束縛,指有罪。解縛而相,指管仲。

〔2〕褐,短衣。釋褐而傅,指甯戚。
〔3〕倚夷門而笑,指侯嬴。爲夷門卒,秦伐趙,趙求救,信陵君無忌將十餘人往辭嬴,嬴無所戒,更還,嬴笑之,以謀告無忌。
〔4〕潭,音尋。橫江潭而漁,指漁父。
〔5〕七十說而不遇,指孔子。
〔6〕立談間而封侯,指薛公。
〔7〕枉千乘於陋巷,指齊桓公見小臣稷。
〔8〕擁帚彗而先驅,指昭王迎騶衍之燕。
〔9〕信,申也。窒,塞。
〔10〕俛,低。俛眉低頭。
〔11〕辟,犯法。得辟,得罪。
〔12〕宛,屈。宛舌,卷舌。固,閉也。擬,疑也。投迹,按前人的足迹而行走。
〔13〕鄉,同"向",往昔。
〔14〕策,對策,試卷。甲科,甲等。抗疏,上奏章。
〔15〕待詔,等候命令備諮詢。聞罷,報聞罷退。青紫,綬帶,此指公侯九卿。

　　'且吾聞之,炎炎者滅,隆隆者絶;觀雷觀火,爲盈爲實,天收其聲,地藏其熱[1]。高明之家,鬼瞰其室[2]。攫挐者亡,默默者存[3];位極者宗危,自守者身全。是故知玄知默,守道之極;爰清爰靜,游神之廷;惟寂惟寞,守德之宅。世異事變,人道不殊,彼我易時,未知何如。今子乃以鴟梟而笑鳳皇,執蝘蜓而嘲龜龍[4],不亦病乎! 子徒笑我玄之尚白,吾亦笑子之病甚,不遭臾跗、扁鵲[5],悲夫!"

【注】

〔1〕炎炎，火光。隆隆，雷聲。爲盈爲實，以火與雷爲盈爲實。天收其聲，雷聲停止。地藏其熱，熱火消沉。此言極盛則衰。
〔2〕瞰，看。此言鬼神害盈而福謙，不可極盛也。
〔3〕攫挐，隨便抓拿牽引人。
〔4〕鴟梟，貓頭鷹。蝘蜒，蜥蜴。
〔5〕俞跗、扁鵲，二者皆古之良醫。

"客曰：'然則靡《玄》無所成名乎[1]？范、蔡以下何必《玄》哉？'"

"揚子曰：'范雎，魏之亡命也，折脅拉髂，免於徽索，翕肩蹈背，扶服入橐，激卬萬乘之主，界涇陽抵穰侯而代之，當也[2]。蔡澤，山東之匹夫也，鎮頤折頞，涕洟流沫，西揖彊秦之相，搤其咽，炕其氣，附其背而奪其位，時也[3]。天下已定，金革已平，都於雒陽，婁敬委輅脫輓，掉三寸之舌，建不拔之策，舉中國徙之長安，適也[4]。五帝垂典，三王傳禮，百世不易，叔孫通起於枹鼓之間，解甲投戈，遂作君臣之儀，得也[5]。《甫刑》靡敝，秦法酷烈，聖漢權制，而蕭何造律，宜也[6]。故有造蕭何律於唐虞之世，則誖矣[7]；有作叔孫通儀於夏殷之時，則惑矣；有建婁敬之策於成周之世，則繆矣；有談范、蔡之説於金、張、許、史之間，則狂矣。夫蕭規曹隨[8]，留侯畫策，陳平出奇，功若泰山，嚮若阺隤[9]，唯其人之贍知哉，亦會其時之可爲也。故爲可爲於可爲之時，則從；爲不可爲於不可爲之時，則凶。夫藺先生收功於章臺[10]，四皓采榮於南山[11]，公孫創業於金馬[12]，票騎發迹於祁連[13]，司馬長卿竊訾於卓氏，東方朔割炙於細君[14]。僕誠不能與此數公者並，故默然獨守吾《太玄》。'"

【注】

〔1〕靡，無。
〔2〕髂，骨。徽，繩。禽，斂。卬，怒。界，離間。當，當其時也。
〔3〕鎖頤，低頭。頦，同"額"。搚，急急地扼持。時也，遇其時。
〔4〕委輅脱輓，由於到處奔波而損壞了車輛。不拔，堅固。適，適時。
〔5〕枹鼓，鼓槌和鼓。古時作戰，擊鼓以示進軍，此喻軍旅、戰爭。此謂叔孫通起於戰爭之時，漢有天下，又解甲從文，爲西漢制定禮儀，得其時也。
〔6〕靡，散。謂蕭何爲漢作九章之律合宜也。
〔7〕誖，反。
〔8〕蕭規曹隨，蕭何制律，曹參隨之。
〔9〕嚮若阺隤，響如山崩。
〔10〕藺先生，藺相如。章臺，完璧歸趙之處。
〔11〕榮，名聲。
〔12〕公孫，指公孫弘。公孫弘對策於金馬門。
〔13〕票騎，指霍去病。
〔14〕割，損。

雄以爲賦者，將以風也[1]，必推類而言，極麗靡之辭，閎侈鉅衍，競於使人不能加也，既乃歸之於正，然覽者已過矣[2]。往時武帝好神仙，相如上《大人賦》，欲以風，帝反縹縹有陵雲之志。繇是言之[3]，賦勸而不止，明矣。又頗似俳優淳于髡、優孟之徒[4]，非法度所存，賢人君子詩賦之正也，於是輟不復爲[5]。而大潭思渾天[6]，參摹而四分之[7]，極於八十一。旁則三摹九据[8]，極之七百二十九贊[9]，亦自然之道也。故觀《易》者，見其卦而名之；觀《玄》者，數其畫而定之。《玄》首四重者，非卦也，數也[10]。其用自天元推一畫一夜陰陽數度律曆之紀，九九大運，與天終始。故《玄》三方、九州、二十七部、八十一家、二百四十三表、七百二十九贊[11]，分爲三卷，曰一二三，與《泰初曆》相應，亦有顓頊之曆焉[12]。撰之以三策，關之以休咎[13]，絣之以象類，播之以人事[14]，文之以五行，擬之以道德仁義禮知。無主無名，要合五經，苟非其事，文不虛生。爲其泰曼漶而不可知[15]，故有《首》、《衝》、《錯》、《測》、《攡》、《瑩》、《數》、《文》、《掜》、《圖》、《告》十一篇，皆以解剝《玄》體，離散其文，章句尚不存焉[16]。《玄》文多，故不著；觀之者難知，學之者難成。客有難《玄》大深，衆人之不好也，雄解之，號曰《解難》。其辭曰：

【注】

〔1〕風，諷，下以諷刺、批評上。
〔2〕閎侈鉅衍，推廣夸大。已過矣，謂賦的篇末以正道爲歸宿，但看賦的人已受了賦的夸大之詞的影響。
〔3〕縹縹，飄飄。繇，同"由"。
〔4〕淳于髡、優孟，二者皆古代著名的滑稽之士。

〔5〕輟,停止。
〔6〕潭,深。渾天,指天象。
〔7〕參摹,三次索求。《太玄·玄告》:"玄一摹而得乎天,再摹而得乎地,三摹而得乎人。"四分,指玄音四重。即方、州、部、家。
〔8〕据,位置。九据,九位。天三据,地三据,人三据,共九据。
〔9〕贊,相當於《周易》的爻辭。
〔10〕《玄》首,《太玄》的首,相當於《周易》的卦。《周易》是按二分法發展的,八卦三重(如乾☰)相互組合爲六十四卦(8×8=64)。《太玄》是按三分法發展的,每首都由方、州、部、家四重(如中首☰)的一、二、三互相組合爲八十一首(3×3×3×3=81)。所以說非卦也,數也。
〔11〕《太玄圖》:"一玄都覆三方,方同九州,枝載庶部,分正羣家。"一玄分爲天玄、地玄、人玄三方,三方又各分爲三州,每州又分爲三部共二十七部,每部又分爲三家共八十一家,太玄之辭八十一首,每首三表,故二百四十三表,每首有九贊,共有七百二十九贊。
〔12〕泰初曆,漢武帝太初元年,鄧平、洛下閎等所造的曆法。顓頊之曆,古代曆法的一種,漢初被采用。《漢書·藝文志》有《顓頊曆》二十一卷。
〔13〕揲,同"揲",分蓍草。揲之以三策,三三而分之。休咎,吉凶。
〔14〕絣,合併。象類,物象。播,布列。
〔15〕曼漶,不相分別的樣子。
〔16〕章句尚不存,謂上述十一篇是分析《玄》文,不是《太玄》的章句訓詁。

"客難揚子曰:'凡著書者,爲衆人之所好也,美味期乎合口,工聲調於比耳[1]。今吾子乃抗辭幽說,閎意眇指^[2],獨馳騁於有亡之際,而陶冶大鑪,旁薄羣生^[3],歷覽者兹年矣,而殊不寤^[4]。亶費精神於此^[5],而煩學者於彼,譬畫者畫於無形,絃者放於無聲,殆不可乎^[6]?'"

【注】

〔1〕工聲,美妙之音。比,和。
〔2〕閎意,宏大的意義。眇,同"妙"。眇指,微妙的指趣。
〔3〕旁薄,普及。
〔4〕兹,同"滋",益也。滋年,多年。寤,悟。
〔5〕亶,但。
〔6〕殆,近。

"揚子曰:'俞^[1]。若夫閎言崇議,幽微之塗,蓋難與覽者同也。昔人有觀象於天,視度於地,察法於人者,天麗且彌,地普而深,昔人之辭,乃玉乃金^[2]。彼豈好為艱難哉?勢不得已也。獨不見夫翠虯絳螭之將登虖天^[3],必聳身於倉梧之淵;不階浮雲,翼疾風,虛舉而上升,則不能撠膠葛,騰九閎^[4]。日月之經不千里,則不能燭六合,耀八紘^[5];泰山之高不嶕嶢^[6],則不能浡滃雲而散歊烝^[7]。是以宓犧氏之作《易》也^[8],緜絡天地,經以八卦,文王附六爻,孔子錯其象而象其辭,然後發天地之臧,定萬物之基。《典》《謨》之篇,《雅》《頌》之聲^[9],不温純深潤,則不足以揚鴻烈而章緝熙^[10]。蓋胥靡為宰,寂寞為尸^[11];大味必淡,大音必希[12];大語叫叫,大道低回[13]。是以聲之眇者不可同於衆人之耳,形之美者不可棍於世俗之目,辭之衍者不可齊於庸人之聽[14]。今夫絃者,高張急徽,追趨逐耆,則坐者不期而附矣[15];試爲之施《咸池》,揄《六莖》,發《簫韶》,詠《九成》,則莫有和也[16]。是故鍾期死,伯牙絕絃破琴而不肯與衆鼓[17];玃人亡,則匠石輟斤而不敢妄斲[18]。師曠之調鍾,竢知音者之在後也[19];孔子作《春秋》,幾君子之前睹也[20]。老聃有遺言,貴知我者希[21],此非其操與[22]!'"

【注】

〔1〕俞,然,對了。

〔2〕麗,彰著,明顯。彌,廣大。普,遍。乃,如。

〔3〕翠虯,翠綠色的無角龍。絳螭,絳色的無角龍。

〔4〕撠,持。膠葛,輕清上浮的雲氣。騰,昇。九閎,九天之門。

〔5〕燭,照。六合,天地四方。八紘,八方之綱維。

〔6〕嶕嶢,高聳。

〔7〕浮淦,雲氣盛大的樣子。歊烝,雲氣上昇。

〔8〕宓犧,伏犧。

〔9〕典謨,指《尚書》中《堯典》、《大禹謨》。雅頌,指《詩經》中的風、雅、頌的雅頌部分。

〔10〕鴻烈,大業。章,彰。緝熙,光明。

〔11〕胥靡,空無所有。尸,主。

〔12〕希,同"稀"。

〔13〕叫叫,聲音傳之很遠。低回,曲折。

〔14〕棞,同"混"。衍,廣。
〔15〕徽,琴的發音地方。耆,同"嗜"。
〔16〕《咸池》、《六莖》、《簫韶》、《九成》皆爲高曲,和者寡焉。
〔17〕鍾期,知音者。伯牙,古代名樂師。
〔18〕玃人,水泥匠。斲,斫。泥灰匠飛泥沾其鼻,石匠揮斧去之而不傷鼻,泥灰匠、石匠相互瞭解而信任。事見《莊子·徐無鬼》。
〔19〕竢,等待。
〔20〕幾,同"冀",希望。
〔21〕希,同"稀",見《老子·德經》。
〔22〕與,同"歟",嘆辭。

　　雄見諸子各以其知舛馳,大氐詆訾聖人[1],即爲怪迂[2],析辯詭辭,以撓世事,雖小辯,終破大道而或衆[3],使溺於所聞而不自知其非也。及太史公記六國,歷楚漢,訖麟止,不與聖人同,是非頗謬於經[4]。故人時有問雄者,常用法應之,譔以爲十三卷[5],象《論語》,號曰《法言》[6]。《法言》文多不著,獨著其目:

【注】
〔1〕舛,相背,大氐,大多,大歸。詆訾,毁謗。
〔2〕即,猶或。迂,遠。
〔3〕撓,擾亂。或,同"惑"。
〔4〕麟止,《漢書·司馬遷傳》:"卒述陶唐以來,至於麟止。"漢武帝曾獲一麟,訖麟止,謂終於漢武帝時。
〔5〕譔,同"撰",編著。

〔6〕象,模仿。論語,孔子的集語。

"天降生民,倥侗顓蒙,恣於情性,聰明不開,訓諸理〔1〕。證《學行》第一。

"降周迄孔,成於王道,終後誕章乖離,諸子圖微〔2〕。證《吾子》第二。

"事有本真,陳施於億,動不克咸,本諸身〔3〕。證《修身》第三。

"芒芒天道,在昔聖考,過則失中,不及則不至,不可姦罔〔4〕。證《問道》第四。

"神心㪍悅,經緯萬方,事繫諸道德仁誼禮〔5〕。證《問神》第五。

"明哲煌煌,旁燭亡疆,遜於不虞,以保天命〔6〕。證《問明》第六。

"假言周於天地,贊於神明,幽弘橫廣,絕於邇言〔7〕。證《寡見》第七。

"聖人恩明淵懿,繼天測靈,冠於羣倫,經諸範。證《五百》第八〔8〕。

"立政鼓衆,動化天下,莫上於中和,中和之發,在於哲民情〔9〕。證《先知》第九。

"仲尼以來,國君將相卿士名臣參差不齊,壹概諸聖〔10〕。證《重黎》第十。

"仲尼之後,訖於漢道,德行顏、閔,股肱蕭、曹,爰及名將尊卑之條,稱述品藻〔11〕。證《淵騫》第十一。

"君子純終領聞,蠢迪檢押,旁開聖則〔12〕。證《君子》第十二。

"孝莫大於寧親,寧親莫大於寧神,寧神莫大於四表之驩心〔13〕。證《孝至》第十三。"

【注】

〔1〕悾侗顓蒙,空洞昧蒙,天所知曉。訓,告訴,教導。
〔2〕降周迄孔,自周公至孔子。微,微言大義。
〔3〕億,億萬事情。動不克咸,行爲不能都善。
〔4〕考,巧。奸罔,奸誣。
〔5〕曶怳,恍惚。誼,同"義"。
〔6〕旁燭亡疆,光照天邊。遜,遜順。不虞,不慮,不測。
〔7〕假,至。邇,近,世俗。
〔8〕恖,同"聰"。經,常。範,法則。《五百》,揚雄以爲五百歲聖人出。參見《孟子》的政論。
〔9〕哲,知。
〔10〕參差不齊,指德業不同。概,衡量。
〔11〕品藻,品位文質。
〔12〕純,善於。純終領聞,善終而不失名聲。蠢,動;迪,道;檢押,規矩。
〔13〕四表之驩心,得四方之外的歡心。

贊曰:雄之自序云爾〔1〕。初,雄年四十餘,自蜀來至游京師,大司馬車騎將軍王音奇其文雅,召以爲門下史,薦雄待詔,歲餘,奏《羽獵賦》,除爲郎,給事黃門,與王莽、劉歆並〔2〕。哀帝之初,又與董賢同官。當成、哀、平間,莽、賢皆爲三公,權傾人主,所薦莫不拔擢,而雄三世不徙官。

及莽篡位,談說之士用符命稱功德獲封爵者甚衆,雄復不侯,以耆老久次轉爲大夫,恬於勢利乃如是[3]。實好古而樂道,其意欲求文章成名於後世,以爲經莫大於《易》,故作《太玄》;傳莫大於《論語》,作《法言》;史篇莫善於《倉頡》,作《訓纂》;箴莫善於《虞箴》,作《州箴》[4];賦莫深於《離騷》,反而廣之;辭莫麗於相如,作四賦:皆斟酌其本,相與放依而馳騁云[5]。用心於內,不求於外,於時人皆曶之[6];唯劉歆及范逡敬焉,而桓譚以爲絕倫[7]。

【注】

〔1〕贊曰,班固的評論。自《法言》書目之前,都是揚雄的自序之文。
〔2〕除,授官,任命。王莽、劉歆,見本書劉向傳和劉歆傳。
〔3〕耆老久次,資歷最長。恬,安。
〔4〕州箴,九州的箴詞。
〔5〕放依,摹仿。馳騁,謂推廣之意。
〔6〕曶,同"忽",輕忽。
〔7〕桓譚,本書有傳。絕倫,無與倫比。

　　王莽時,劉歆、甄豐皆爲上公,莽既以符命自立,即位之後欲絕其原以神前事,而豐子尋、歆子棻復獻之。莽誅豐父子,投棻四裔,辭所連及,便收不請[1]。時雄校書天祿閣上,治獄使者來,欲收雄,雄恐不能自免,乃從閣上自投下,幾死。莽聞之曰:"雄素不與事[2],何故在此?"間請問其故[3],乃劉棻嘗從雄學作奇字[4],雄不知情[5]。有詔勿問。然京師爲之語曰："惟寂寞,自投閣;爰清靜,作符命[6]。"

【注】
〔1〕收,逮捕入獄。請,奏請。
〔2〕與,參預。
〔3〕間,秘密使人。
〔4〕奇字,古文之異者。
〔5〕情,指獻符命之事。
〔6〕此以揚雄《解嘲》中的話譏諷雄。

　　雄以病免,復召爲大夫。家素貧,耆酒,人希至其門[1]。時有好事者載酒肴從游學,而鉅鹿侯芭常從雄居,受其《太玄》、《法言》焉。劉歆亦嘗觀之,謂雄曰："空自苦!今學者有祿利,然尚不能明《易》,又如《玄》何[2]?吾恐後人用覆醬瓿也[3]。"雄笑而不應。年七十一,天鳳五年卒[4],侯芭爲起墳,喪之三年。

【注】
〔1〕耆,同"嗜"。希,同"稀"。
〔2〕《易》立學官,學《易》可得利祿,但懂《易》的尚不可得,對於《太玄》又將如何?
〔3〕覆醬瓿也,譏其無用。瓿,小瓶。
〔4〕天鳳五年,公元18年。

　　時大司空王邑、納言嚴尤聞雄死[1],謂桓譚曰："子嘗稱揚雄書，豈能傳於後世乎？"譚曰："必傳。顧君與譚不及見也[2]。凡人賤近而貴遠，親見揚子雲禄位容貌不能動人，故輕其書。昔老聃著虚無之言兩篇[3]，薄仁義，非禮學，然後世好之者尚以爲過於五經，自漢文景之君及司馬遷皆有是言。今揚子之書文義至深，而論不詭於聖人[4]，若使遭遇時君，更閱賢知，爲所稱善，則必度越諸子矣[5]。"諸儒或譏以爲雄非聖人而作經，猶春秋吳楚之君僭號稱王，蓋誅絶之罪也[6]。自雄之没至今四十餘年，其《法言》大行，而《玄》終不顯，然篇籍具存[7]。

【注】

[1] 納言，官名，掌出納王命。

[2] 顧，念。

[3] 兩篇，指《道經》和《德經》。

[4] 詭，違背。

[5] 度越，超過。

[6] 絶，謂無後嗣。

[7] 《玄》終不顯，《太玄經》共十卷，至晉有范望注此書，以爲擬《易經》而作。宋衷、陸績各爲之注，望又刪定二家之注，並自注贊文，定其本，傳至今。

選自《漢書》卷八十七《揚雄傳》

劉　　歆（前？—23）

　　歆字子駿，少以通《詩》《書》能屬文召見成帝[1]，待詔宦者署，爲黃門郎。河平中[2]，受詔與父向領校祕書，講六藝傳記[3]，諸子、詩賦、數術、方技，無所不究。向死後，歆復爲中壘校尉。

【注】
〔1〕歆，劉歆，劉向之子，後曾改名爲劉秀。成帝，公元前33—前7年在位。
〔2〕河平，成帝年號，公元前28—前25年。
〔3〕六藝，指《易》、《禮》、《樂》、《詩》、《書》、《春秋》。

　　哀帝初即位[1]，大司馬王莽舉歆宗室有材行[2]，爲侍中太中大夫，遷騎都尉，奉車光禄大夫，貴幸。復領五經，卒父前業。歆乃集六藝羣書，種別爲《七略》[3]。語在《藝文志》。

【注】
〔1〕哀帝，公元前7—前1年在位。
〔2〕王莽，東平陵人，字巨君。本孝元皇后姪，永始元年封新都侯，謙恭下士，得一時人望。後爲大司馬，秉政。哀帝立，免就國。哀帝崩，復用事，迎立平帝，以女爲后，獨攬朝政，號安漢公，加

九錫。不久,弑平帝,立孺子嬰,居攝政,稱假皇帝,尋篡位自立,改國號爲新。材,才也。

〔3〕《七略》,《漢書·藝文志》:"成帝時,詔劉向校經傳、諸子、詩賦,向條其篇目,撮其旨意,錄而奏之,會向卒,向子歆總羣書,而奏其七略:故有《輯略》、《六藝略》、《諸子略》、《詩賦略》、《兵書略》、《術數略》、《方技略》。"共七卷,其書久佚。清馬國翰有輯佚本一卷。

歆及向始皆治《易》,宣帝時,詔向受《穀梁春秋》,十餘年,大明習。及歆校祕書,見古文《春秋左氏傳》[1],歆大好之。時丞相史尹咸以能治《左氏》,與歆共校經傳。歆略從咸及丞相翟方進受,質問大義[2]。初《左氏傳》多古字古言,學者傳訓故而已[3],及歆治《左氏》,引傳文以解經,轉相發明,由是章句義理備焉。歆亦湛靖有謀,父子俱好古,博見彊志[4],過絕於人。歆以爲左丘明好惡與聖人同[5],親見夫子,而公羊、穀梁在七十子後[6],傳聞之與親見之,其詳略不同。歆數以難向,向不能非間也[7],然猶自持其《穀梁》義。及歆親近,欲建立《左氏春秋》及《毛詩》、《逸禮》、《古文尚書》皆列於學官。哀帝令歆與五經博士講論其義,諸博士或不肯置對[8],歆因移書太常博士,責讓之曰:

【注】

〔1〕《春秋左氏傳》,簡稱《左傳》,《春秋》三傳之一,左丘明撰。《史記·十二諸侯年表序》:"魯君子左丘明因孔子史記具論其語,成《左氏春秋》。"

〔2〕質,責問人而正其是非。
〔3〕訓故,解釋古書字義。訓,道物之貌以告人;詁,通古今之言使人知。
〔4〕湛靖有謀,深謀遠慮。志,記。
〔5〕聖人,指孔子。《論語》載孔子言:"巧言令色足恭,左丘明恥之,丘亦恥之;匿怨而友其人,左丘明恥之,丘亦恥之。"
〔6〕七十子,指孔子弟子。
〔7〕難,問難,詰難。間,謂毛病,缺點。
〔8〕置對,設辭對答。

"昔唐虞既衰,而三代迭興,聖帝明王,累起相襲,其道甚著。周室既微而禮樂不正,道之難全也如此。是故孔子憂道之不行,歷國應聘。自衛反魯,然後樂正,《雅》《頌》乃得其所;修《易》,序《書》,制作《春秋》,以紀帝王之道。及夫子沒而微言絕,七十子終而大義乖。重遭戰國,棄籩豆之禮,理軍旅之陳[1],孔氏之道抑,而孫、吳之術興[2]。陵夷至於暴秦,燔經書,殺儒士,設挾書之法,行是古之罪[3],道術由是遂滅。漢興,去聖帝明王遐遠,仲尼之道又絕,法度無所因襲。時獨有一叔孫通略定禮儀[4],天下唯有《易》卜,未有它書。至孝惠之世,乃除挾書之律,然公卿大臣絳、灌之屬咸介胄武夫,莫以為意。至孝文皇帝,始使掌故朝錯從伏生受《尚書》[5]。《尚書》初出於屋壁[6],朽折散絕,今其書見在,時師傳讀而已。《詩》始萌牙[7]。天下眾書往往頗出,皆諸子傳說,猶廣立於學官[8],爲置博士。在漢朝之儒,唯賈生而已[9]。至孝武皇帝,然後鄒、魯、梁、趙頗有《詩》、《禮》、《春秋》先師[10],皆起於建元之間[11]。當此之時,一人不能獨盡其經,或爲《雅》,或爲《頌》,相合而成。《泰誓》後得,博士集而讀之。故詔書稱曰:"禮壞樂崩,書缺簡脫,朕甚閔焉[12]。"時漢興已七八十年,離於全經,固已遠矣[13]。

【注】

〔1〕籩豆,禮食之器。陳,通"陣"。
〔2〕孫、吳,孫子、吳起,皆爲軍事家。
〔3〕陵夷,衰落。燔,燒。是古之罪,肯定古代即有罪。
〔4〕叔孫通,漢薛人,初仕秦,後降漢,拜博士,勸説漢高祖徵魯諸生定朝儀,采古禮與秦儀雜用之,漢代朝廟典禮,多由通訂定,後歷太常徙太子太傅。
〔5〕掌故,官名。伏生,即伏勝,漢濟南人,字子賤,故爲秦博士。文帝時,求能治《尚書》,勝時年九十餘,老不能行,使朝錯往受之,得二十八篇。
〔6〕屋壁,指孔子故屋壁出之古文尚書。
〔7〕萌牙,萌芽。
〔8〕學官,即官學。
〔9〕賈生,賈誼。本書有傳。
〔10〕先師,前學之師。
〔11〕建元,武帝年號,公元前140—前135年。
〔12〕閔,通"憫"。
〔13〕離於全經,固已遠矣,意謂廢絶已久,不可得其真。

"及魯恭王壞孔子宅,欲以爲宮,而得古文於壞壁之中,《逸禮》有三十九,《書》十六篇。天漢之後[1],孔安國獻之,遭巫蠱倉卒之難[2],未及施行。及《春秋》左氏丘明所修,皆古文舊書,多者二十餘通,臧於祕府,伏而未發。孝成皇帝閔學殘文缺,稍離其真,乃陳發祕臧,校理舊文,得此三事,以考學官所傳,經或脫簡,傳或間編[3]。傳問民間,則有魯國柏公、趙國貫公、膠東庸生之遺學與此同,抑而未施。此乃有識者之所惜閔,士君子之所嗟痛也。往者綴學之士不思廢絕之闕,苟因陋就寡,分文析字,煩言碎辭,學者罷老且不能究其一藝[4]。信口說而背傳記,是末師而非往古,至於國家將有大事,若立辟雍、封禪、巡狩之儀,則幽冥而莫知其原[5]。猶欲保殘守缺,挾恐見破之私意,而無從善服義之公心,或懷妒嫉,不考情實,雷同相從,隨聲是非,抑此三學,以《尚書》爲備[6],謂左氏爲不傳《春秋》[7],豈不哀哉!

【注】

〔1〕天漢,武帝年號,公元前100—前97年。
〔2〕巫蠱,巫以咒詛之術爲蠱以害人。漢武帝信方士,諸巫都聚京師,女巫往來宮中。會帝病,江充言疾在巫蠱,乃以充爲使者,掘蠱宮中治獄,連及太子,太子反,兵敗自殺,後田千秋訟太子冤,得雪,族充之家,史稱巫蠱之難。
〔3〕脫簡,遺失。間編,錯簡。
〔4〕罷,疲。

〔5〕辟雍,天子設立的大學。原,同"源"。
〔6〕備,齊全。
〔7〕左氏爲不傳《春秋》,謂左氏不是解釋《春秋》的。

　　"今聖上德通神明,繼統揚業,亦閔文學錯亂,學士若玆,雖昭其情,猶依違謙讓[1],樂與士君子同之。故下明詔,試《左氏》可立不,遣近臣奉指銜命,將以輔弱扶微,與二三君子比意同力[2],冀得廢遺[3]。今則不然,深閉固距[4],而不肯試,猥以不誦絕之[5],欲以杜塞餘道,絕滅微學。夫可與樂成,難與慮始,此乃衆庶之所爲耳,非所望士君子也。且此數家之事,皆先帝所親論,今上所考視,其古文舊書,皆有徵驗,外内相應,豈苟而已哉!

【注】
〔1〕依違,不堅決。
〔2〕比,合。
〔3〕冀得廢遺,希望興立被廢遺的經藝。
〔4〕距,同"拒",排斥。
〔5〕猥,苟,謂苟不誦習之,欲絕此經藝。

　　"夫禮失求之於野,古文不猶愈於野乎[1]?往者博士《書》有歐陽,《春秋》公羊,《易》則施、孟,然孝宣皇帝猶復廣立《穀梁春秋》、《梁丘易》、《大小夏侯尚書》,義雖相反,猶並置之。何則?與其過而廢之也,寧過而立之[2]。傳曰："文武之道未墜於地,在人;賢者志其大者,不賢者志其小者[3]。"今此數家之言所以兼包大小之義,豈可偏絕哉!若必專己守殘[4],黨同門,妒道真[5],違明詔,失聖意,以陷於文吏之議[6],甚爲二三君子不取也。"

【注】

[1] 野,民間。愈,勝過。
[2] 過,誤。
[3] 見《論語·子張》孔子弟子子貢之言。志,記。
[4] 專己守殘,專執己所偏見,苟守殘缺之文。
[5] 黨同門,妒道真,謂同師的人結爲朋黨,妒忌有真道的人。
[6] 陷於文吏之議,陷入空泛的議論而不付之實施。

其言甚切,諸儒皆怨恨。是時名儒光禄大夫龔勝以歆移書上疏深自罪責,願乞骸骨罷。及儒者師丹爲大司空,亦大怒,奏歆改亂舊章,非毀先帝所立。上曰:"歆欲廣道術,亦何以爲非毀哉?"歆由是忤執政大臣,爲衆儒所訕[1],懼誅,求出補吏,爲河内太守。以宗室不宜典三河,徙守五原,後復轉在涿郡,歷三郡守。數年,以病免官,起家復爲安定屬國都尉。會哀帝崩,王莽持政,莽少與歆俱爲黃門郎,重之,白太后。太后留歆爲右曹太中大夫,遷中壘校尉,羲和,京兆尹[2],使治明堂辟雍,封紅休侯。典儒林史卜之官,考定律曆,著《三統曆譜》。

【注】
〔1〕忤,逆,違。訕,謗誹。
〔2〕羲和,官名。傳說在唐堯時掌管天地四對的家族,東漢末王莽持政時改稱天文官爲羲和。《漢書·律曆志》上:至元始中,博徵通知鐘律者,考其意義,劉歆典領條奏,班固取以爲志。京兆尹,官名,三輔之一。

　　初,歆以建平元年改名秀,字穎叔云[1]。及王莽篡位,歆爲國師,後事皆在《莽傳》。

【注】
〔1〕建平,漢哀帝年號,公元前5—前3年。

　　贊曰[1]:仲尼稱"材難不其然與[2]!"自孔子後,綴文之士衆矣[3],唯孟軻、孫況、董仲舒、司馬遷、劉向、揚雄。此數公者,皆博物洽聞,通達古今,其言有補於世[4]。傳曰"聖人不出,其間必有命世者焉"[5],豈近是乎?劉氏《鴻範論》發明《大傳》,著天人之應[6];《七略》剖判藝文,總百家之緒;《三統曆譜》考步日月五星之度[7]。有意其推本之也。嗚虖!向言山陵之戒,於今察之,哀哉!指明梓柱以推廢興,昭矣!豈非直諒多聞,古之益友與[8]!

【注】
〔1〕贊曰,班固的評說。
〔2〕見《論語》。材難,人才難得。不其然與,難道不是這樣嗎!
〔3〕綴文,著述,寫作。

〔4〕洽聞，多聞。補，益也。
〔5〕語出《孟子》："五百年必有王者興，其間必有名世者。"命，名也。
〔6〕天人之應，天和人之間相感應。
〔7〕步，測算。
〔8〕諒，守信用，誠實。直諒多聞，古之益友，《論語》："益者三友，損者三友。友直，友諒，友多聞，益矣。"

選自《漢書》卷三十六《楚元王傳》